혼공

유형독해

기본(순한맛)

저자 허준석 김상근

랭기지플러스

초판발행	2017년 8월 4일
초판 2쇄	2021년 8월 13일
저자	허준석, 김상근
책임 편집	송지은, 진혜정, 김한나
펴낸이	엄태상
디자인	권진희
마케팅본부	이승욱, 전한나, 왕성석, 노원준, 조인선, 조성민
경영기획	마정인, 최성훈, 정다운, 김다미, 오희연
제작	조성근
물류	정종진, 윤덕현, 양희은, 신승진
펴낸곳	랭기지플러스
주소	서울시 종로구 자하문로 300 시사빌딩
주문 및 교재 문의	1588-1582
팩스	(02)3671-0510
홈페이지	www.sisabooks.com
이메일	book_english@sisadream.com
등록일자	2000년 8월 17일
등록번호	1-2718호

ISBN 978-89-5518-380-1 (53740)

혼공

유형독해

기본(순한맛)

저자 허준석 김상근

랭기지플러스

구성과 특징

1. 그 어떤 책에서도 볼 수 없었던 친절한 해설이 제공됩니다. 강의에서 나오는 노하우를 친근한 말투로 해설에 담았습니다.

2. 가장 쉬운 유형의 문항을 공략하면서 서서히 어려운 유형까지 공략할 수 있도록 논리의 난이도 순서에 따라 배치하였습니다.

3. 선배들이 알려줄 것 같은 비법을 초반에 제시하였고, 짧은 글을 통해 자신감을 올릴 수 있도록 구성했습니다. 마무리는 어려운 문장을 제시하여 복습까지도 다루어 주려 했습니다.

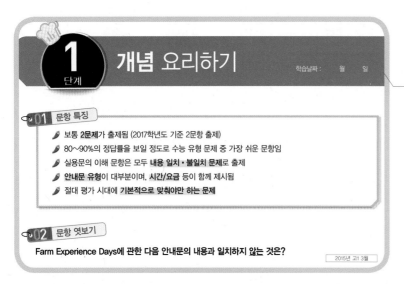

1단계 개념 요리하기

수능 문항의 유형별 정답률부터 공략 포인트까지 상세하게 설명해 줍니다. 직접 지문의 중요한 부분을 짚어주면서 시간을 절약할 수 있는 비법까지 알려주니까 일석이조랍니다.

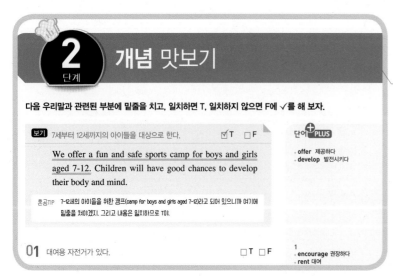

2단계 개념 맛보기

혼공 유형별 독해의 가장 강력한 부분입니다. 바로 하나의 완결된 글로 들어가지 않고 학습자들의 시야를 서서히 넓혀주는 부분입니다. 앞에서 배운 점을 가장 쉽게 적용함으로써 자신감을 배양할 수 있답니다.

3단계 모의고사 요리하기

1 Family Movie Night에 관한 다음 안내문의 내용과 일치하지 <u>않는</u> 것은?

2016년 고1 3월

Family Movie Night

Join us for a 'free' Family Movie Night in the Bluebird Elementary School gym on Thursday, May 12 at 6:30 p.m.

Movie: *SNOW PRINCE*

Free Popcorn for Everyone!
Pizza and soft drinks will be available for sale.
• Pizza Slice: $1.50

● 3단계 모의고사 요리하기

2단계에서 자신감을 축적했나요? 그렇다면 이제 실전 문항에서 앞의 요령을 적용해보는 거랍니다. 순한 맛인 관계로 고1 문항들이 많습니다. 비교적 쉬운 문항들을 완벽하게 잡아냄으로서 '매운맛'으로 갈 수 있는 기본기를 완벽하게 다질 수 있습니다.

4단계 혼공 개념 마무리

★ 혼공 1일차에 나온 구문들을 해석해 보자.

단어 PLUS

1 Here are some activities you can enjoy.

> 1
> • activity 활동

2 The activities of the day may change according to the weather.

> 2
> • according to ~에 따라

3 Students must be accompanied by their parents or guardian for the entire evening.

> 3
> • accompany 동반하다

● 4단계 혼공 개념 마무리

독해 공부를 하고 나면 늘 단어, 그리고 막혔던 문장을 복습하느라 시간이 많이 걸려요. 그 점을 조금 보완해주시기 위한 코너에요. 다시 공부해봐야 할 문장, 복습할 가치가 있는 표현이 들어간 부분을 선생님이 선별해서 정리했답니다. 이 부분을 공부하면서 복습도 커버할 수 있습니다.

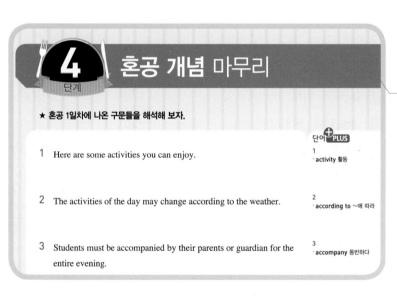

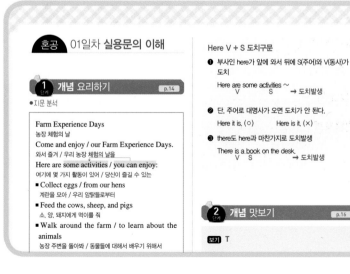

● 정답 및 해설

독해 문제를 풀 때 필요한 모든 설명을 친절하게 담아냈습니다. 단락을 나누어 문장을 분석하고, 놓치지 말아야 할 문법사항까지 정리해 놓아 독해 학습에 최적화 된 해설집이라고 할 수 있습니다.

유형독해 혼공 메뉴판

유형독해 혼공 메뉴판
기본(순한맛)

혼공 해석 기법 문장의 종류 5가지

기존에 5형식으로 알고 있는 문장의 구조를 좀 더 쉽게 설명해놨어. 결국 영단어는 '은, 는, 이, 가', '을, 를', '~에게,에서'만 잘 붙이면 신기하게 말이 잘 되니까 다 아는 내용이라고 해도 아래의 내용을 한번 읽어보길 바라.

1 1동사(1형식)

~은, 는, 이, 가 / ~한다

He / runs. 그는 / 달린다

He / runs / every day. 그는 / 달린다 / 매일(부록: 시간)

2 2동사(2형식)

~은, 는, 이, 가 / ~이다, ~되다 / 상태, 신분

I / am / happy. 나는 ~이다 / 행복한(상태)

He / became / a doctor / in 2010. 그는 / 되었다 / 의사(신분) / 2010년에(부록: 시간)

John / feels / lonely. 존은 / 느낀다 / 외로운(상태)

She / turned / pale / suddenly. 그녀는 / 되었다 / 창백한(상태) / 갑자기(부록: 기타)

3 3동사(3형식)

~은, 는, 이, 가 / ~한다 / ~을, 를

She / taught / English. 그녀는 / 가르쳤다 / 영어를

He / baked / cookies / in the kitchen. 그는 / 구웠다 / 쿠키를 / 부엌에서(부록: 장소)

4 4동사(4형식)

~은, 는, 이, 가 / ~준다 / ~에게 / ~을, 를

She / taught / me / English. 그녀는 / 가르쳐주었다 / 나에게 / 영어를

He / baked / us / cookies. 그는 / 구워주었다 / 우리에게 / 쿠키를

I / bought / her / a book / for her birthday. 나는 / 사주었다 / 그녀에게 / 책을 / 그녀의 생일을 위해

5 5동사(5형식)

~은, 는, 이, 가 / ~한다 / ~을,를 / 상태, 신분, 동작

They / called / him / Jack. 그들은 / 불렀다 / 그를 / Jack이라고(신분: 이름)

The movie / made / me / sad. 그 영화는 / 만들었다 / 나를 / 슬픈게(상태)

I / saw / a man / playing the piano. 나는 / 보았다 / 한 남자를 / 피아노 연주하는(동작)

머리말

    안녕하세요? 혼공지기 허준석, 김상근입니다. 요즘 혼밥이라는 말 들어봤죠? 말 그대로 혼자 식사를 하는 건데요. 그만큼 뭔가를 혼자 하는 사람들이 많이 생겨났다는 증거에요. 이와 같이, 공부 역시 인터넷 강의나 책을 통해 혼자 할 수 있는 시대가 활짝 열렸답니다. 특히 많은 학습자들이 인터넷 강의를 선호하는데 사실 인터넷 강의는 시청하는 시간과 복습하는 시간 즉, 2배의 시간이 들어간다는 큰 맹점이 존재합니다. 그래서 혼공할 수 있는 '책'을 구상하던 중 이렇게 혼공 독해 시리즈를 쓰게 되었답니다.

    독해를 잘 한다는 것이 무엇일까요? 단순히 문제를 잘 풀고 답을 잘 선택하는 것일까요? 노노!! 단지 수능에서 잘 찍는 것이 영어의 목표라면 그 친구는 아마 슬프게도 앞으로 또 다시 처음부터 영어 공부를 해야 할 거랍니다. 왜냐면 수능 이후에도 한국에서는 공무원 시험 영어, 토익, 텝스 등 영어 시험이 꽤 많거든요. 그래서 수능 시험 영어를 위해 가장 기본적으로 필요한 것이 무엇인지를 고민해봤어요.

    답이 나왔어요! 바로 하나의 글을 좀 더 자세하게 쪼개서 '작은 단위에서 해석해보고 생각해보자'였답니다. 많은 학생들이 글 하나를 읽고 요약해보라면 힘들어 합니다. 하지만 1~2문장을 읽고 요약해보라면 좀 더 쉽게 접근하더라구요. 그래서, 이 책은 기존 독해집보다 세부적인 단계 학습을 강조했답니다.

    혼공하다가 힘들면 네이버 '혼공 영어' 카페에 들어와서 질문도 하고 다른 분들 열공 하는 모습도 보면서 자극 받아보세요. 더 이상 여러분들은 혼자가 아니랍니다. 혼공하면서 '혼신의 힘을 다해 공부'해보세요! 혼공!

2017년 서서히 더위가 몰려올 즈음

허준석, 김상근샘

혼공 Study Plan

		학습날짜 (/) 완료 ☐
01 일차	실용문의 이해	학습날짜 (/) 완료 ☐
		복습날짜 (/) 완료 ☐
02 일차	내용 일치 · 불일치	학습날짜 (/) 완료 ☐
		복습날짜 (/) 완료 ☐
03 일차	도표의 이해	학습날짜 (/) 완료 ☐
		복습날짜 (/) 완료 ☐
04 일차	지칭추론	학습날짜 (/) 완료 ☐
		복습날짜 (/) 완료 ☐
05 일차	글의 목적	학습날짜 (/) 완료 ☐
		복습날짜 (/) 완료 ☐
06 일차	필자의 주장	학습날짜 (/) 완료 ☐
		복습날짜 (/) 완료 ☐
07 일차	글의 요지	학습날짜 (/) 완료 ☐
		복습날짜 (/) 완료 ☐
08 일차	주제추론	학습날짜 (/) 완료 ☐
		복습날짜 (/) 완료 ☐
09 일차	제목추론	학습날짜 (/) 완료 ☐
		복습날짜 (/) 완료 ☐
10 일차	연결사추론	학습날짜 (/) 완료 ☐
		복습날짜 (/) 완료 ☐
11 일차	무관한 문장 찾기	학습날짜 (/) 완료 ☐
		복습날짜 (/) 완료 ☐
12 일차	주어진 문장 넣기	학습날짜 (/) 완료 ☐
		복습날짜 (/) 완료 ☐
13 일차	글의 순서 배열	학습날짜 (/) 완료 ☐
		복습날짜 (/) 완료 ☐
14 일차	요약문 완성	학습날짜 (/) 완료 ☐
		복습날짜 (/) 완료 ☐
15 일차	빈칸추론(단어)	학습날짜 (/) 완료 ☐
		복습날짜 (/) 완료 ☐
16 일차	빈칸추론(구/문장)	학습날짜 (/) 완료 ☐
		복습날짜 (/) 완료 ☐
17 일차	장문의 이해 I	학습날짜 (/) 완료 ☐
		복습날짜 (/) 완료 ☐
18 일차	장문의 이해 II	학습날짜 (/) 완료 ☐
		복습날짜 (/) 완료 ☐
19 일차	어휘추론	학습날짜 (/) 완료 ☐
		복습날짜 (/) 완료 ☐
20 일차	어법추론	학습날짜 (/) 완료 ☐
		복습날짜 (/) 완료 ☐

A course

가장 쉬운 문항

혼공

01일차

실용문의 이해

정답률높음 #가장먼저풀문제임 #정답률90%
#시험지를넘기고가장먼저풀어라

난이도 🌶️🌶️🌶️

Stay Hungry. Stay Foolish.
by Steve Jobs

항상 갈망하라. 늘 우직하게.

01 문항 특징

🌶 보통 **2문제**가 출제됨 (2017학년도 기준 2문항 출제)

🌶 80~90%의 정답률을 보일 정도로 수능 유형 문제 중 가장 쉬운 문항임

🌶 실용문의 이해 문항은 모두 **내용 일치·불일치 문제**로 출제

🌶 **안내문 유형**이 대부분이며, **시간/요금** 등이 함께 제시됨

🌶 절대 평가 시대에 **기본적으로 맞춰야만 하는 문제**

02 문항 엿보기

Farm Experience Days에 관한 다음 안내문의 내용과 일치하지 <u>않는</u> 것은?

2015년 고1 3월

Farm Experience Days

Come and enjoy our Farm Experience Days.

Here are some activities you can enjoy:
- Collect eggs from our hens
- Feed the cows, sheep, and pigs
- Walk around the farm to learn about the animals

- The activities of the day may change according to the weather.
- The fee is $50 per person. This includes a hearty, homemade lunch.
- Reservations are required.
- We're only open on weekdays.

For more information, please call us at 5252-7088.

---

① 소, 양, 돼지에게 먹이를 줄 수 있다.

② 날씨에 따라 당일 체험 활동이 달라질 수 있다.

③ 점심 비용이 참가비에 포함되어 있다.

④ 예약이 필요하다.

⑤ 주말에도 이용할 수 있다.

WORD

farm 농장 activity 활동 hen 암탉 feed 먹이를 주다 according to ~에 따라 include 포함하다 homemade 수제의 reservation 예약
required 필요한 weekday 평일

Step 1
Step 1 ▶ 선택지를 먼저 보고, ①~⑤번 순서대로 숫자, 고유명사, 핵심정보에 미리 밑줄을 그어놔야 해.

① 소, 양, 돼지에게 먹이를 줄 수 있다.
② 날씨에 따라 당일 체험 활동이 달라질 수 있다.
③ 점심 비용이 참가비에 포함되어 있다.
④ 예약이 필요하다.
⑤ 주말에도 이용할 수 있다.

Step 2 ▶ 이제 본문으로 가서 ①~⑤번 순서대로 정보를 확인하면 돼. 아래처럼 보기 순서대로 나오니까 걱정 말고 잘 찾아봐.

Farm Experience Days

Come and enjoy our Farm Experience Days.

Here are some activities you can enjoy:
• Collect eggs from our hens
• ① Feed the cows, sheep, and pigs (소, 양, 돼지)
• Walk around the farm to learn about the animals

- ② The activities of the day may change according to the weather. (날씨)
- The fee is $50 per person. ③ This includes a hearty, homemade lunch. (점심 포함)
- ④ Reservations are required. (예약 필요)
- ⑤ We're only open on weekdays. (주중에만 오픈)

For more information, please call us at 5252-7088.

➡ 먹이다(feed), 바뀌다(change), 날씨에 따라서(according to the weather), 포함하다(include), 예약(reservation), 주중(weekdays)과 같은 어휘를 순서대로 보면서 선택지에서 고르면 간단하지. 거의 대부분 지문 위에서 아래로 스윽 내려오면 ①~⑤번에 해당하는 정보가 순서대로 나오니 아주 간단해.

정답: ⑤

다음 우리말과 관련된 부분에 밑줄을 치고, 일치하면 T, 일치하지 않으면 F에 √를 해 보자.

| 보기 | 7세부터 12세까지의 아이들을 대상으로 한다. | ☑T □F |

We offer a fun and safe sports camp for boys and girls aged 7-12. Children will have good chances to develop their body and mind.

> 혼공TIP 7-12세의 아이들을 위한 캠프(camp for boys and girls aged 7-12)라고 되어 있으니까 여기에 밑줄을 쳐야겠지. 그리고 내용은 일치하므로 T야.

+ offer 제공하다
+ develop 발전시키다

01 대여용 자전거가 있다. □T □F

We encourage you to bring your own bicycle, but we also have bicycles for rent.

1
+ encourage 권장하다
+ rent 대여

02 참가비에 간식 비용이 포함되지 않는다. □T □F

- Fee: $10 per person (Educational materials and snacks are included.)
- The first 15 people get a free helmet.
- Topics Covered: Rules of the Road, Cyclists' Rights, ABC Quick Check, Route Selection

2
+ educational 교육적인
+ material 자료, 재료
+ include 포함하다
+ cover 다루다
+ right 권리
+ route 길

03 오후에 열린다. □T □F

- Place: Nightingale High School
- Date: March 20, 2015
- Time: 3:00 p.m.-5:00 p.m.

3
+ place 장소

04 참가비는 1주일에 32달러이다. □T □F

Camp sports activities include:
- Swimming
- Soccer
- Badminton
- Basketball
- Tennis
- Kids Aerobics

Fee: $138 for a week, $32 for a day

4
+ activity 활동
+ week 주

05 점심과 음료수는 각자 가져와야 한다. □ T □ F

- Each child should bring a swim suit and a packed lunch with a drink.

- Registration must be made 24 hours in advance.

5
+ **packed lunch** 도시락
+ **registration** 등록
+ **in advance** 미리

06 전국을 대상으로 한 행사이다. □ T □ F

Welcome to our cooking contest! This is a community event. Your challenge is to use a seasonal ingredient to create a delicious dish.

6
+ **contest** 대회
+ **community** 지역, 공동체
+ **challenge** 도전
+ **seasonal** 계절의
+ **ingredient** 재료
+ **delicious** 맛있는
+ **dish** 요리, 접시

07 우승자에게 요리 기구를 준다. □ T □ F

- When: Sunday, April 10, 2016, 3 p.m.

- Where: Hill Community Center
- Prizes: Gift cards to three winners

7
+ **gift card** 상품권
+ **winner** 우승자

08 무료로 시식과 심사에 참여할 수 있다. □ T □ F

Participants should prepare their dishes beforehand and bring them to the event. Can't cook? Come eat! Join us in sampling the dishes and help to judge for just $3.

8
+ **participant** 참가자
+ **prepare** 준비하다
+ **beforehand** 미리
+ **sample** 맛보다
+ **judge** 심사하다, 판결하다

09 학생 작품 전시로 마무리 된다. □ T □ F

Instructors plan field trips and invite professionals to share their experience. The program ends with an exhibition of student works.

9
+ **instructor** 강사
+ **field trip** 소풍
+ **invite** 초대하다
+ **professional** 교수, 전문가
+ **share** 공유하다
+ **exhibition** 전시
+ **work** 작품

1 Family Movie Night에 관한 다음 안내문의 내용과 일치하지 <u>않는</u> 것은?

2016년 고1 3월

Family Movie Night

Join us for a 'free' Family Movie Night in the Bluebird Elementary School gym on Thursday, May 12 at 6:30 p.m.

Movie: *SNOW PRINCE*

Free Popcorn for Everyone!
Pizza and soft drinks will be available for sale.
• Pizza Slice: $1.50
• Soft Drinks: $1.00

Students must be accompanied by their parents or guardian for the entire evening.

Bring your own blanket or pillow and get comfortable!

---

① Bluebird 초등학교 체육관에서 진행된다.
② 팝콘을 무료로 제공한다.
③ 피자와 음료를 판매한다.
④ 학생은 부모나 보호자의 동행이 필요하다.
⑤ 영화 관람자에게 담요를 제공한다.

WORD

free 공짜의 elementary school 초등학교 gym 체육관 available 이용할 수 있는 accompany 동반하다 guardian 보호자 entire 전체의
blanket 담요 pillow 베개 comfortable 편안한

Oakland Museum of California에 관한 다음 안내문의 내용과 일치하지 <u>않는</u> 것은?

Oakland Museum of California

Time:
- Wednesday - Thursday, 11 a.m. - 5 p.m.
- Friday, 11 a.m. - 9 p.m.
- Saturday - Sunday, 11 a.m. - 5 p.m.
- Closed Monday and Tuesday

Parking:
- The parking fee is just $1/hour with an admission ticket.
- The parking fee without an admission ticket is $2.50/hour.

Admission rates:
- $15 general
- $10 students with current ID and seniors(ages 65+)
- Free for children ages 8 and under
- Adult groups of ten or more are $12 per person.

Other:
- Admission during *Friday Nights*, 5 p.m.- 9 p.m. every Friday, is half-off for adults, free for ages 18 and under.
- Admission is free the first Sunday of every month.

① 월요일과 화요일은 휴관일이다.
② 입장권이 있으면 주차 요금은 시간당 1달러이다.
③ 10인 이상의 성인 단체일 경우 1인당 입장료가 12달러이다.
④ 금요일 오후 5시 이후 18세 이하의 입장료는 반값이다.
⑤ 매달 첫째 일요일은 입장료가 무료이다.

WORD

museum 박물관 **parking fee** 주차요금 **admission** 입장 **admission rates** 입장료 **general** 일반적인 **current** 현재의 **senior** 어르신
adult 성인 **half-off** 절반의

01일차 실용문의 이해 19

2015년 고1 11월

Shoes with Heart
Donate your unwanted shoes!

We are collecting shoes for homeless children.

Our goal is to collect 500 pairs of shoes.

All you have to do is put your unwanted shoes in the shoe collection boxes we provide. The boxes are placed in the lobby of Kew Center.

All shoes will be repaired and given to children.

Just remember,
• Skates and Golf Shoes Are Not Accepted!
• Shoes Must Be in Pairs.

You can contact us at ☎ 455-212-7898.

Join Us Today!

① 집 없는 아이들을 위해 신발을 수집한다.
② 500켤레의 신발을 수집하는 것을 목표로 한다.
③ 신발 수집 상자는 Kew Center 로비에 비치되어 있다.
④ 모든 신발은 수선되어 아이들에게 전해질 것이다.
⑤ 스케이트와 골프화도 수집 대상에 포함된다.

WORD

donate 기부하다 unwanted 불필요한 provide 제공하다 be placed in ~에 있다 repair 수선하다 accept 받아들이다 contact 연락하다

★ 혼공 1일차에 나온 구문들을 해석해 보자.

1 Here are some activities you can enjoy.

2 The activities of the day may change according to the weather.

3 Students must be accompanied by their parents or guardian for the entire evening.

4 Bring your own blanket or pillow and get comfortable!

5 The parking fee without an admission ticket is $2.50/hour.

6 Admission during *Friday Nights*, 5 p.m.-9 p.m. every Friday, is half-off for adults, free for ages 18 and under.

7 All you have to do is put your unwanted shoes in the shoe collection boxes we provide.

8 All shoes will be repaired and given to children.

재미있는 영어 채팅 용어

요즘은 페이스북이나 인스타그램 등 다양한 Social Media를 통해 외국인 친구들을 쉽게 사귈 수 있어. 영어가 조금 서투르더라도 이 친구들이 하는 용어를 잘 살펴보다 보면 우리가 채팅할 때 쓰는 것처럼 재미있는 것들을 발견할 수 있어.

가령 위에 나온 lol은 'laugh out loud'의 줄인 말로 우리 표현으로 하면 'ㅋㅋㅋㅋㅋ' 정도 된다고 볼 수 있어.

그리고 'dunno'는 'don't know' 즉, '잘 모르겠어'라는 표현이야. 일단 친구를 사귀어보고 애매한 것들을 하나씩 정리하다보면 영어에 또 다른 흥미가 생길거야. 수능 영어만 영어는 아니니까 취미 삼아 영어 채팅을 가끔 해보는 건 어떨까?

02일차

내용 일치·불일치

\# 정답률높음 #가장먼저풀문제임 #정답률90%
#대부분_전기문_혹은_설명문

난이도 🌶🌶🌶

Study without desire spoils the memory, and it retains nothing that it takes in.
by Leonardo da Vinci

목적 없는 공부는 기억에 해가 될 뿐이며,
머리 속에 들어온 어떤 것도 간직하지 못한다.

01 문항 특징

- 보통 **1문제**가 출제됨 (2017학년도 기준 1문항 출제)
- 80∼90%의 정답률을 보일 정도로 수능 유형 문제 중 가장 쉬운 문항임
- 보통은 내용 일치보다는 **내용 불일치**로 출제가 많이 됨
- 인물, 지명, 단체, 동물, 식물에 대한 설명문 형태임
- **숫자나 부정문**에서 정답 출제가 많음
- 절대 평가 시대에 **기본적으로 맞춰야만 하는 문제**

02 문항 엿보기

Kaspar Fürstenau에 관한 다음 글의 내용과 일치하지 <u>않는</u> 것은?

2016년 고1 3월

Kaspar Fürstenau was a German flutist and composer. After he was orphaned, Anton Romberg took care of him and taught him to play the bassoon, but Fürstenau was more interested in the flute. At the age of 15, he was already a skilled flutist and played in a military band. In 1793-94, Fürstenau made his first concert tour in Germany. In 1794, he became a member of the "Chamber Orchestra of Oldenburg," where he played until the orchestra was abolished in 1811. Kaspar Fürstenau continued his career as a flutist performing together with his son Anton Fürstenau in the major cities of Europe.

*abolish: (단체 등을) 없애다

① 독일의 플루트 연주자이자 작곡가였다.
② 고아가 된 후 Anton Romberg의 보살핌을 받았다.
③ 15세에 군악대에서 연주했다.
④ 1811년에 Chamber Orchestra of Oldenburg의 일원이 되었다.
⑤ 아들과 함께 유럽의 주요 도시에서 공연했다.

WORD

flutist 플루트 연주자   **composer** 작곡가   **be orphaned** 고아가 되다   **take care of** ∼를 돌보다   **be interested in** ∼에 관심을 가지다
skilled 능숙한   **military band** 군악대   **continue** 계속하다   **perform** 연주하다, 공연하다

Step 1 선택지를 먼저 보고, ①~⑤번 순서대로 숫자, 고유명사, 핵심정보에 미리 밑줄을 그어놔야 해.

① 독일의 플루트 연주자이자 작곡가였다.
② 고아가 된 후 Anton Romberg의 보살핌을 받았다.
③ 15세에 군악대에서 연주했다.
④ 1811년에 Chamber Orchestra of Oldenburg의 일원이 되었다.
⑤ 아들과 함께 유럽의 주요 도시에서 공연했다.

Step 2 이제 본문으로 가서 ①~⑤번 순서대로 정보를 확인하면 돼. 아래처럼 보기 순서대로 나오니까 걱정 말고 잘 찾아봐.

① Kaspar Fürstenau was a German flutist and composer. (플루트 연주자) ② After he was orphaned, Anton Romberg took care of him and taught him to play the bassoon, (Anton Romberg) but Fürstenau was more interested in the flute. ③ At the age of 15, he was already a skilled flutist and played in a military band. (15세, 군악대) In 1793-94, Fürstenau made his first concert tour in Germany. In 1794, he became a member of the "Chamber Orchestra of Oldenburg," ④ where he played until the orchestra was abolished in 1811. (1811년에 해체) Kaspar Fürstenau continued his career as a flutist ⑤ performing together with his son Anton Fürstenau in the major cities of Europe. (아들, 유럽 공연)

➜ 플루트 연주자(flutist), Anton Romberg, 15세(At the age of 15), 1811년(in 1811), 아들(his son)과 같은 어휘를 순서대로 보면서 선택지에서 선택하면 간단하지. 거의 대부분 지문 위에서 아래로 스윽 내려오면 ①~⑤번에 해당하는 정보가 순서대로 나오니 아주 간단해.
④ '1811년에 Chamber Orchestra of Oldenburg의 일원이 되었다.'인데 1811년에 해당하는 in 1811이 있는 문장에 따르면 오케스트라의 일원이 된 것이 아니라 오히려 오케스트라가 없어졌지. 따라서 정답은 ④번이야.

정답: ④

다음 우리말과 관련된 부분에 밑줄을 치고, 일치하면 T, 일치하지 않으면 F에 √를 해 보자.

보기 UNICEF는 2차 세계대전 전에 창립되었다. □T ☑F

<u>UNICEF was created right after World War II</u> to help relieve the suffering of children caused by the war. The organization is supervised by the UN, and its programs are guided by the Convention on the Rights of the Child.

혼공TIP 유니세프는 2차 세계대전 이후에 창립되었으므로(UNICEF was created right after World War II) 주어진 우리말은 F가 되겠지.

단어 PLUS

+ **right after** 직후
+ **relieve** 완화하다
+ **suffering** 고통
+ **organization** 기구, 조직
+ **supervise** 감독하다
+ **right** 권리

---

01 161개의 국가에서 UNICEF가 활동하고 있다. □T □F

UNICEF's mission is to speak for children's rights, help meet their needs, and help them reach their greatest potentials. Today, UNICEF works in 161 countries, helping people find some ways to solve the problems that affect poor children and their families.

1
+ **mission** 임무
+ **speak for** 대변하다
+ **right** 권리
+ **need** 욕구
+ **potential** 잠재력
+ **affect** 영향을 주다

---

02 Milo는 Crotona 지역에 살았다. □T □F

The Greeks of old times told many stories. Some of these stories seem strangely up-to-date. One of the stories was about Milo, who lived in Crotona. Milo was a young shepherd who had the idea that he wanted to become as strong as Hercules.

2
+ **strangely** 이상하게도
+ **up-to-date** 최신의
+ **shepherd** 양치기

---

03 Milo는 다 자란 소를 들어 올리지 못했다. □T □F

Milo made up his mind to lift this ox every day. Each day the ox grew bigger and each day Milo lifted him. Finally the ox became full-grown, but Milo was still able to lift him.

3
+ **make up one's mind** 결심하다
+ **ox** 암소
+ **lift** 들어 올리다
+ **full-grown** 다 자란

---

04 이름은 열매의 모양과 관련이 있다. □ T □ F

The rambutan tree is native to Malaysia and Indonesia. Rambutan is the Malay word for hair, and refers to the hairlike spine of the fruit.

4
+ native 원산의, 토종의
+ refer to 언급하다
+ spine 가시, 가시털

05 열매로 잼이나 젤리를 만들기도 한다. □ T □ F

The fruit is mainly produced in Southeast Asia. The fruit is usually sold fresh. It is also used in making jams and jellies. The rambutan tree has various uses.

5
+ produce 생산하다
+ fresh 신선한
+ various 다양한

06 목재는 건축자재로 흔히 사용된다. □ T □ F

In Malaysia, its roots are used for treating fever. Rambutan wood is fairly hard and heavy, but is usually too small to be used in building houses or ships.

6
+ treat 치료하다
+ fever 열
+ fairly 매우

07 손가락이 짧고 눈이 작다. □ T □ F

The aye-aye is a strange little creature living in Madagascar. It has sharp front teeth like a rabbit or rat. It has ears like those of a bat and a tail like that of a squirrel. It has amazingly long fingers and big eyes.

7
+ strange 이상한
+ creature 생물체
+ sharp 날카로운
+ rabbit 토끼
+ rat 쥐
+ tail 꼬리
+ squirrel 다람쥐
+ amazingly 놀랍게

08 원주민들의 사랑을 받는다. □ T □ F

It is not so easy to see the animals because they are active mainly at night. The aye-aye is thought to be an evil creature and it is shot on sight by the people of Madagascar.

8
+ active 활발한
+ mainly 주로
+ evil 사악한
+ shot
  shoot(쏘다)의 과거분사
  * shoot-shot-shot

3단계 모의고사 요리하기

1 addax에 관한 다음 글의 내용과 일치하지 <u>않는</u> 것은?

2015년 고1 3월

The addax is a kind of antelope found in some areas in the Sahara Desert. It has twisted horns and short, thick legs. It is an endangered mammal and there are only about 500 left in the wild. The head and body length of the addax measures 150-170 centimeters. Males are slightly taller than females. The coat of the addax changes in color depending on the season. In winter, the addax is grayish-brown with white legs. During summer, their coat gets lighter, and is almost completely white. The addax prefers sandy desert areas and stony deserts. The addax is mostly active at night due to the heat of the desert.

*antelope: (동물) 영양 **coat: (동물의) 털

① 다리가 짧고 두껍다.
② 멸종 위기에 처해 있다.
③ 수컷이 암컷보다 약간 더 크다.
④ 계절에 따라 털 색깔이 변한다.
⑤ 주로 낮에 활동적이다.

WORD

antelope 영양　twisted 뒤틀린　horn 뿔　thick 두꺼운　endangered 멸종위기의　mammal 포유류　about 약　length 길이　measure (길이·치수 등이) ~이다　male 남성, 수컷　slightly 약간　female 여성, 암컷　depending on ~에 따라　light 밝은, 가벼운　almost 거의 completely 완전히　prefer 선호하다　sandy 모래의　stony 돌의　mostly 대개　due to ~ 때문에

2 golden poison frogs에 관한 다음 글의 내용과 일치하지 <u>않는</u> 것은?

2014년 고1 6월

Golden poison frogs are among the largest of the poison dart frogs, and can reach a length of over two inches as adults. They are active during the day and hunt insects using their long tongue to pull the prey to their mouth. They are considered the most poisonous animals on earth. They do not use their poison to hunt; it is only for defensive purposes. As they have virtually no natural predators, golden poison frogs make no attempt to hide from larger animals, and seem to be aware that they are not threatened by predators. They are social animals, and live in groups of four to seven individuals.

① 몸체는 2인치보다 더 자랄 수 있다.
② 긴 혀를 사용하여 곤충을 사냥한다.
③ 방어 목적으로만 독을 사용한다.
④ 몸집이 더 큰 동물들이 나타나면 숨는다.
⑤ 네 마리에서 일곱 마리가 무리지어 산다.

WORD

golden poison frog 황금 독화살 개구리   poison dart frog 독침 개구리   reach 도달하다   length 길이   active 활동적인   insect 곤충
tongue 혀   prey 먹이   be considered ~로 고려되다   poisonous 독성의   defensive 방어적인   make an attempt to ~을 시도하다
virtually 사실상, 가상으로   natural predator 천적   be aware that ~을 알다   threaten 위협하다   social 사회의, 사회적인   individual
개인, 개체

2016년 고1 9월

Edith Wharton was born into a wealthy family in 1862 in New York City. Educated by private tutors at home, she enjoyed reading and writing early on. After her first novel, *The Valley of Decision*, was published in 1902, she wrote many novels and some gained her a wide audience. Wharton also had a great love of architecture, and she designed and built her first real home. During World War I, she devoted much of her time to assisting orphans from France and Belgium and helped raise funds to support them. After the war, she settled in Provence, France, and she finished writing *The Age of Innocence* there. This novel won Wharton the 1921 Pulitzer Prize, making her the first woman to win the award.

① 1902년에 첫 소설이 출판되었다.
② 건축에 관심이 있어 자신의 집을 설계했다.
③ 프랑스와 벨기에의 고아를 도왔다.
④ 전쟁 중 *The Age of Innocence*를 완성했다.
⑤ 여성 최초로 Pulitzer상을 받았다.

WORD

be born 태어나다 wealthy 부유한 educate 교육하다 private tutor 가정교사 valley 계곡 decision 결정 publish 출판하다 gain 얻다 audience 독자, 관객 architecture 건축 devote A to ~ing A를 ~ing하는 데 헌신하다 assist 돕다 orphan 고아

★ 혼공 2일차에 나온 구문들을 해석해 보자.

1 The addax is a kind of antelope found in some areas in the Sahara Desert.

1
+ a kind of ~ 종류

2 The coat of the addax changes in color depending on the season.

2
+ depending on ~에 따라

3 They are active during the day and hunt insects using their long tongue to pull the prey to their mouth.

3
+ active 활발한
+ tongue 혀

4 They are considered the most poisonous animals on earth.

4
+ be considered ~로 간주되다
+ poisonous 독성의

5 Golden poison frogs make no attempt to hide from larger animals, and seem to be aware that they are not threatened by predators.

5
+ make an attempt to ~을 시도하다
+ be aware that ~을 알다

6 Educated by private tutors at home, she enjoyed reading and writing early on.

6
+ private tutor 가정교사

7 During World War I, she devoted much of her time to assisting orphans from France and Belgium and helped raise funds to support them.

7
+ devote A to ~ing A를 ~ing하는 데 헌신하다
+ orphan 고아

8 This novel won Wharton the 1921 Pulitzer Prize, making her the first woman to win the award.

8
+ award 상

팝송에 대한 오해

영어로 된 노래 즉, 팝송을 들으면 영어 듣기가 잘 된다는 속설이 있지. 주위에 '영어 팝송 많이 듣다보니 영어 듣기가 저절로 되던데?'라고 말하는 사람이 꼭 한명 정도는 있다보니 이런 말이 나왔나봐. 하지만, 실제로 팝송만 들어서 영어 듣기가 잘 되지는 않아. 왜냐고? 미국에서 팝송을 듣는다면 그 가사에 나온 표현을 생활 속에서 다시 들을 수도 있고, 친구들이 그 노래 가사에 대해 이야기 할 수 있겠지. 하지만 한국에서는 내가 영어 가사로 된 노래를 듣는다 하더라도 생활 속에서 사람들이 한국어로 대화하기 때문에 노래와 생활이 연결되기 무척 어려워. 팝송을 들어서 영어 공부를 잘 하게 된 경우에는 팝송을 통해 영어에 대해 흥미가 생긴 사람들이 대부분이야. 노래를 하나씩 하나씩 외우게 되고, 내용이 궁금해 단어를 찾고 해석을 해보면서 영어의 잔 근육이 생긴 거지. 자신만의 팝송 한 곡 정도 외워놓는 것도 살면서 아주 큰 자산이 될 수 있으니 한 곡 찾아보는 건 어떨까? 참고로 난 영어로 된 랩을 너무 좋아하고 '에미넴'의 'Lose yourself'는 내 힘든 시기의 탈출구가 되었지.

His palms are sweaty, knees weak, arms are heavy

그의 손바닥은 젖고, 무릎은 힘이 빠지고, 두팔은 무거워

There's vomit on his sweater already, mom's spaghetti

벌써 그의 스웨터에는 토사물이 묻었어, 엄마가 만든 스파게티를 토했어

He's nervous, but on the surface he looks calm and ready

그는 신경이 날카롭지만 겉으로는 평온해 보여

To drop bombs, but he keeps on forgettin'

그리고 폭탄을 떨어뜨릴 준비가 되어있지만 계속 잊어버려

What he wrote down, the whole crowd goes so loud

그가 쓴 것을 말야, 모든 사람들이 크게 떠들어.

He opens his mouth, but the words won't come out

그는 입을 벌리지만 말이 나오지 않아

He's chokin', how, everybody's jokin' now

그는 목이 메었어, 어떻게? 지금 모든 사람들이 비웃고 있어

03일차

도표의 이해

#정답률높음 #틀리면안됨 #정답률75~90%
#도표해석제대로OK

난이도 🌶🌶🌶

If you can concentrate always on the present, you'll be a happy man.
by Paulo Cuelho

언제나 현재에 집중할 수 있다면 행복할 것이다.

1 단계 개념 요리하기

학습날짜 : 월 일

01 문항 특징

- 보통 **1문제**가 출제됨 (2017학년도 기준 1문항 출제)
- 75~90%의 정답률을 보일 정도로 수능 유형 문제 중 가장 쉬운 문항임
- **주어진 도표를 잘못 설명하는 문장을 찾는 문항임**
- 긴 주어 구문과 비교구문이 많아 다소 길지만, 그리 어렵지 않음
- 막대그래프 형태가 가장 많이 출제됨 (막대 〉꺾은선 〉파이형)
- **증감, 비교, 최상급, 비율 등의 표현이 의미하는 바를 이해해야 함**
- **그래프에 직접 표시해가며 실수를 줄이는 전략을 써야 함**

02 문항 엿보기

다음 도표의 내용과 일치하지 <u>않는</u> 것은?

2014년 고1 3월

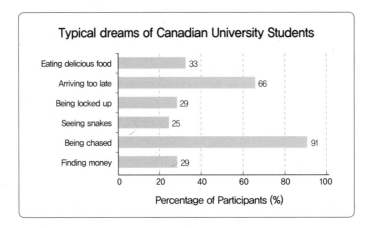

Typical dreams of Canadian University Students

Eating delicious food	33
Arriving too late	66
Being locked up	29
Seeing snakes	25
Being chased	91
Finding money	29

Percentage of Participants (%)

The above graph shows the typical dreams Canadian university students dream while sleeping. ① Among the six typical dreams, "Being chased" was the most frequently reported dream. ② It was followed by "Arriving too late," which was reported by 66 percent of the participants. ③ The percentage of "Eating delicious food" was half that of "Arriving too late." ④ The percentages of "Being locked up" and "Finding money" were the same. ⑤ "Seeing snakes" was the least frequent dream reported by one-third of the participants.

WORD

typical 전형적인 participant 참가자 chase 추적하다 frequently 빈번히 report 응답하다 be followed by ~보다 앞서다 delicious 맛있는 lock up 가두다 frequent 빈번한 one-third 1/3

Step 1 일단 도표에서 X, Y축을 먼저 확인해야 해. 각 축이 무엇을 의미하는지 알아야겠지.

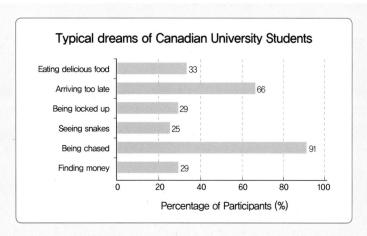

➔ Y축은 Dreams가 나오고, X축은 %가 나오지.

Step 2 이제는 본문에 있는 ①~⑤번 문장을 읽는 거야. 이 때는 ①번 읽고 그래프 확인하고, ②번 읽고 그래프 확인하는 과정을 거쳐야겠지. 대개 ①번 문장은 도표에 대한 일반적인 설명이 나오기 때문에 답이 아니야. 그래도 혹시 모르니까 읽어는 봐야겠지.

① Among the six typical dreams, "Being chased" was the most frequently reported dream.

➔ Being chased는 91%를 차지하니까 응답 빈도수가 가장 많지.

② It was followed by "Arriving too late," which was reported by 66 percent of the participants.

➔ 중요한 표현이 나오지. 'A be followed by B'라는 표현으로 A > B의 순서를 의미하지. It은 Being chased니까, Being chased > Arriving too late라는 거고, Arriving too late는 그래프에서 66%가 맞으니까 OK야.

③ The percentage of "Eating delicious food" was half that of "Arriving too late."

➔ Eating delicious food랑 Arriving too late랑 비교하는 건데, Eating은 33%고 Arriving은 66%니까 절반이 맞지. 그러니까 이것도 OK.

④ The percentages of "Being locked up" and "Finding money" were the same.

➔ Being locked up은 29%, Finding money도 29%니까 둘이 똑같이 OK.

⑤ "Seeing snakes" was the least frequent dream reported by <u>one-third</u>(→a quarter) of the participants.

➔ Seeing snakes는 25% 가장 적은 것은 맞는데, 참가자 전체의 1/3이 아니라 1/4이 되지. 따라서 이것이 정답이야.

정답: ⑤

- 증가 increase, rise, go up
- 감소 decrease, drop, diminish
- 초과 exceed, 능가 surpass, 뒤바뀜 reverse
- 30%까지 to 30% **vs** 30%의 변화량 by 30%
- A 〉 B A is followed by B
- 약간 slightly, 꾸준히 steadily **vs** 급격히 dramatically, sharply
- ~을 차지하다 account for

도표의 내용과 일치하면 T, 일치하지 않으면 F에 ✓를 해 보자.

보기 The number of births between 1960 and 1970 has not changed.

☐ T ☑ F

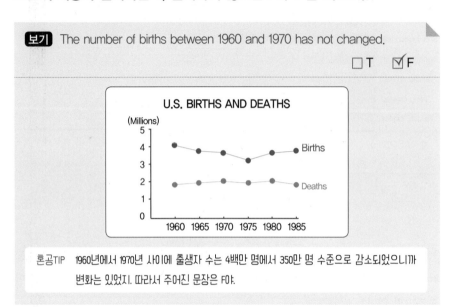

U.S. BIRTHS AND DEATHS

Births

Deaths

1960 1965 1970 1975 1980 1985

혼공TIP 1960년에서 1970년 사이에 출생자 수는 4백만 명에서 350만 명 수준으로 감소되었으니까 변화는 있었지. 따라서 주어진 문장은 F야.

단어 PLUS

+ **the number of** ~의 수
+ **birth** 탄생, 출산

What Do American High School Students Do in Free Time?

(350 students in total)

72%

49%

45%

42%

28%

Watch TV | Spend Time with Friends | Read | Exercise | Sing

01 Students like reading more than exercising.　　☐ T ☐ F

1
+ **exercising** 운동

02 Watching TV is students' favorite activity.　　☐ T ☐ F

2
+ **favorite** 선호하는
+ **activity** 활동

03 More than half of the students like exercising.　　☐ T ☐ F

3
+ **half of** ~의 절반

04 Few students like spending time with their friends.　　☐ T ☐ F

4
+ **few** 거의 없는
+ **spend** 소비하다

05 Students like singing less than reading in their free time.　　☐ T ☐ F

5
+ **free time** 자유시간

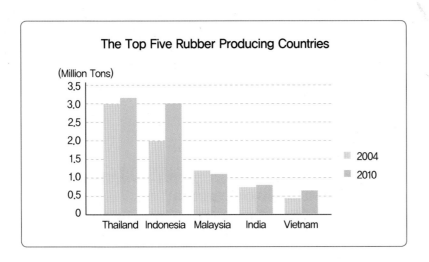

The Top Five Rubber Producing Countries

06 Of the five countries above, Thailand was the largest producer of rubber in both years. □ T □ F

+ **largest** 가장 큰
+ **producer** 생산자
+ **rubber** 고무

07 Malaysia showed a small decrease in 2010 from 2004. □ T □ F

7
+ **decrease** 감소

08 As Malaysia did in 2010, India's production also declined. □ T □ F

8
+ **production** 생산량
+ **decline** 감소하다

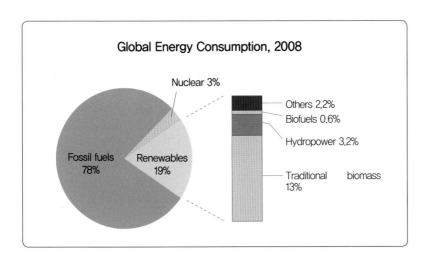

Global Energy Consumption, 2008

09 Of this 19 percent, traditional biomass is a bigger global energy source than hydropower. □ T □ F

9
+ **traditional** 전통적인
+ **global** 전세계적인
+ **hydropower** 수력발전

10 The rate of biofuels is 0.6 percent, which is as big as that of nuclear energy. □ T □ F

10
+ **nuclear** 핵의

모의고사 요리하기

1 다음 도표의 내용과 일치하지 <u>않는</u> 것은?

2015년 고1 3월

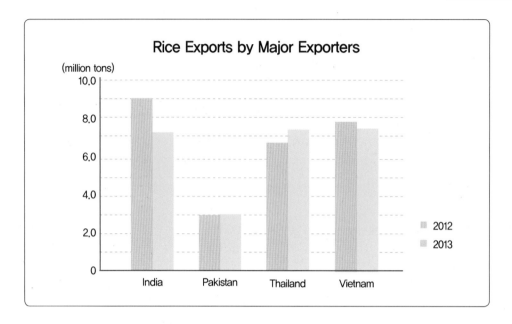

The graph above shows rice exports by four major exporters in 2012 and 2013. ① No other country exported more rice than India in 2012. ② In both years, Pakistan exported the smallest amount of rice of the four countries. ③ In 2012, the amount of rice exported by India was about three times larger than that exported by Pakistan. ④ The amount of rice exported by Thailand in 2013 decreased, compared with the previous year. ⑤ In 2013, Thailand exported almost the same amount of rice as Vietnam.

WORD

export 수출　**major** 주요한　**exporter** 수출국　**amount** 양　**about** 약　**decrease** 줄어들다　**compared with** ~와 비교할 때　**previous** 이전의　**almost** 거의

2 다음 도표의 내용과 일치하지 않는 것은?

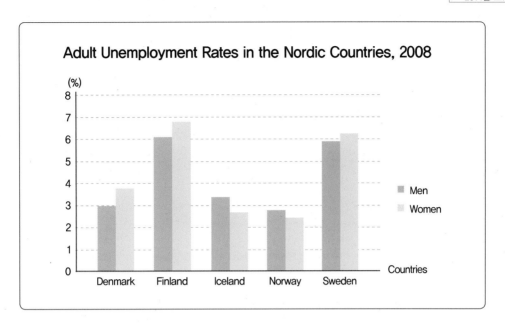

Adult Unemployment Rates in the Nordic Countries, 2008

The above graph shows the male and female adult unemployment rates in the five Nordic countries in 2008. ① There was no country among them which had an unemployment rate of higher than seven percent. ② The female adult unemployment rate exceeded the male adult rate in the three countries of Denmark, Finland, and Sweden. ③ Norway had the lowest male and female adult unemployment rates. ④ The male adult unemployment rate in Sweden was over two times higher than that in Iceland. ⑤ Both the male and female adult unemployment rates were highest in Finland, which was followed by Sweden.

WORD

unemployment rate 실업률   Nordic 북유럽의   male 남성의   female 여성의   adult 성인   exceed 초과하다   two times 두 배의
be followed by ～보다 앞서다

3 다음 도표의 내용과 일치하지 <u>않는</u> 것은?

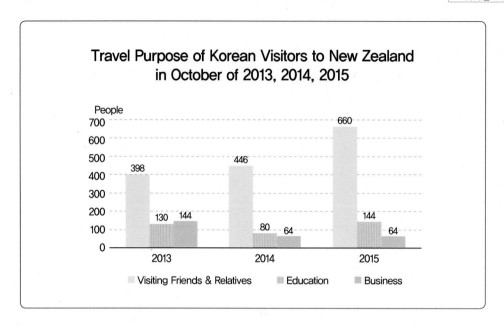

This graph shows the number of Korean visitors to New Zealand according to their travel purpose in October of 2013, 2014, and 2015. ① Over the given period, the most popular purpose of visiting New Zealand was visiting friends and relatives. ② Visitors for the purpose of education declined from 2013 to 2014, but then increased in the following year. ③ The number of Korean visitors with business interests in 2014 dropped compared with that in the previous year. ④ Education was the least popular travel purpose for all three years. ⑤ The number of people visiting friends and relatives in 2013 was more than double the number of those visiting for business purposes in 2013.

WORD

the number of ~의 수   visitor 방문객   according to ~에 따라   purpose 목적   given 주어진   popular 대중적인   relative 친척   decline 줄어들다   increase 늘어나다   business interests 사업 목적, 사업가들   drop 떨어지다   compared with ~와 비교할 때   previous 이전의   education 교육   the least 가장 적은

★ 혼공 3일차에 나온 구문들을 해석해 보자.

단어 ⊕ PLUS

1 Few students like spending time with their friends.

1
+ spend 소비하다

2 In 2012, the amount of rice exported by India was about three times larger than that exported by Pakistan.

2
+ amount 양
+ export 수출하다
+ about 약

3 The amount of rice exported by Thailand in 2013 decreased, compared with the previous year.

3
+ decrease 감소하다
+ compared with
　～와 비교하여

4 There was no country among them which had an unemployment rate of higher than seven percent.

4
+ unemployment 실업

5 Both the male and female adult unemployment rates were highest in Finland, which was followed by Sweden.

5
+ be followed by ～보다 앞서다

6 Over the given period, the most popular purpose of visiting New Zealand was visiting friends and relatives.

6
+ popular 대중적인
+ purpose 목적
+ relative 친척

7 The number of Korean visitors with business interests in 2014 dropped compared with that in the previous year.

7
+ the number of ～의 수
+ interest 관심
+ drop 떨어지다
+ previous 이전의

8 The number of people visiting friends and relatives in 2013 was more than double the number of those visiting for business purposes in 2013.

8
+ double 두배

영단어 암기법(단어장 편)

영어 단어 외우는데 좋은 방법이 없을까? 많이 써보고 읽다보면 저절로 외워지는 것일까? 좋은 영단어장이 반드시 필요한 것일까? 일단 가장 중요한 것은 영단어를 공부하는 원칙이야. 아래 내용을 꼭 명심하도록 해.

❶ 기초가 없는 친구들은 기초 또는 기본 단어장을 하나 구매하는 것이 효율적이다.

❷ 하루에 공부할 양을 정하는데 신중을 기해야 한다. 처음부터 많이 하려는 욕심을 버려라. 30개라도 제대로 외운다면 도움이 된다.

❸ 짧게 자주 보는 것이 최고의 방법이다. 손으로 쓰는 것보다 단어를 보고, 소리 내서 읽은 다음 뜻을 떠올려 보자. 3초 안으로 그 단어를 모른다면 과감히 뜻을 봐라. 그런 식으로 하루 5분씩 6번, 최소 30분 정도 단어를 보고 또 보자.

❹ 월요일에 공부한 30개를 화요일에 다시 봐라. 그리고 화요일에 공부할 30개를 추가로 보아라. 이런식으로 금요일까지 누적해서 학습해라.

❺ 주말에는 주중 공부한 단어를 총 복습하면서 계속해서 누적학습을 해라.

❻ 하루 학습량을 서서히 올리면서 단어장 한 권을 다 본다.

❼ 다시 처음으로 돌아와서 빠른 속도로 단어장을 2~3독 하면 90% 이상을 외울 수 있게 된다.

결국 단어는 무작정 외우기 보다는 자주 눈과 입으로 익혀 '숙지'하는 것이 최고라는 것을 꼭 염두해야 해. 다음 글에서는 '단어장'을 한 권 다 익힌 다음 학습법에 대해 알려줄게.

04일차

지칭추론

정답률높은편임 #최근정답률70~80% #대부분_일화
#대명사_파악이_최우선

난이도 🌶🌶🌶

Life is far too important a thing ever to talk seriously about.
by Oscar Wilde

인생이란 진지하게 이야기하기에는 너무나 중요한 것이다.

01 문항 특징

- 단독 1문제와 장문독해에서 1문제 총 **2문제** 출제 (2017학년도 기준 2문제 출제)
- 50~90%의 정답률 차이를 보이나 최근은 70~80% 정도의 정답률을 보임
- 대명사에 밑줄 긋고 다른 하나를 고르는 것이나, 최근 들어 명사나 사람 등에도 밑줄을 치기도 함
- 일화에 대한 내용이 대부분이라 읽기 쉬움
- 두 명 이상의 등장인물이 나오므로 대명사 앞의 사람에 주의해야 함
- **새로운 사람이 나올 때 check하는 습관**이 필요함

02 문항 엿보기

밑줄 친 부분이 가리키는 대상이 나머지 넷과 <u>다른</u> 것은?

2016년 고1 3월

Six-month-old Angela is sitting in her high chair during lunch and sees her bottle on the table. ① <u>She</u> is pretty tired – it's been a tough day! – and she wants her bottle. She looks at it as her mother, Sophie, feeds ② <u>her</u> and gets more and more frustrated. Eventually, she turns away from her mother's spoonfuls, arches her back, turns around in her high chair, and vocalizes as if ③ <u>she</u> is about to cry. Sophie is clueless about what Angela wants. When Sophie happens to look at the table for another reason, ④ <u>she</u> notices the bottle on it. "That's what you want," she says, and gives Angela ⑤ <u>her</u> bottle. Success at last!

*arch: (몸을) 아치 모양으로 구부리다

WORD

high chair 유아용 의자 **pretty** 아주 **tough** 힘든 **bottle** 병 **feed** 먹이다, 음식을 주다 **frustrated** 좌절된 **eventually** 결국 **spoonful** 한 숟가락 가득 양 **vocalize** 목소리를 내다 **be about to** 막 ~하려고 하다 **clueless** 단서 없는, 모르는 **happen to** 우연히 ~하다 **notice** 보다, 알아차리다

Step 1 보통 첫 문장부터 등장인물이 나오니까 첫 문장부터 차근차근 독해를 해야 해. 그리고 밑줄이 나오면 인물의 이름을 써 두는 게 좋지.

첫 번째 인물 Angela 등장
Six-month-old Angela is sitting in her high chair during lunch and sees her bottle on the table. ① She is pretty tired – it's been a tough day!
➡ 여기서 ① she는 Angela야.

Step 2 두 번째 인물이 나오면 Check! 해야 해.

두 번째 인물 Sophie 등장
She looks at it as her mother, Sophie, feeds ② her and gets more and more frustrated.
➡ ② her는 두 번째 인물인 Sophie가 먹이는 대상이니까 앞에 나온 Angela야.

Step 3 보기 외에 중간에 나오는 대명사에도 유의해야 해. 특히 이름 뒤이어 나오는 대명사에 주의하고 내용을 파악하며 답을 찾아야 해.

Eventually, she turns away from her mother's spoonfuls, arches her back, turns around
      Angela   Angela   Angela
in her high chair, and vocalizes as if ③ she is about to cry. Sophie is clueless about
  Angela   Angela   다시 Sophie 등장
what Angela wants. When Sophie happens to look at the table for another reason, ④
  다시 Angela 등장   다시 Sophie 등장
she notices the bottle on it. "That's what you want," she says, and gives Angela ⑤ her
바로 앞에 인물이 Sophie, 내용상 알아차린 것도 Sophie   변함없이 Sophie   다시 Angela 등장 내용상 Angela
bottle. Success at last!
➡ ③번에 Angela가 나왔다가 다시 Sophie가 등장하지. 따라서 바로 뒤이어 나오는 ④ she는 Sophie고, 내용상으로도 사실을 알아차린 사람이니까 Sophie지. 따라서 ④번이 정답이야.

정답: ④

이 글은 아기인 Angela와 엄마인 Sophie가 등장하는 글인데, 중간에 she/her라는 대명사가 많이 나와서 다소 헷갈리게 배치가 되어있어. 그래서 정답률이 73%였던 문제야. 너무 쉽지도 너무 어렵지도 않았던 문제지.

다음 글의 밑줄 친 대명사의 지칭 대상을 써 보자.

> 보기 Dragons have the skin of a reptile, the body of an elephant, the head of a horse, and the tail of a lizard. <u>They</u> are known to have many magical powers.

> 혼공TIP 앞에서 복수대명사로 사용된 것은 Dragons 밖에 없으니까, They가 의미하는 것은 바로 dragons가 되겠지.

단어 PLUS

+ **skin** 피부
+ **reptile** 파충류
+ **tail** 꼬리
+ **lizard** 도마뱀
+ **magical** 마법의

01 Every time the Indian comes to the restaurant, Ⓐ <u>he</u> eats three dinners. After a year of this, Ⓑ <u>he</u> comes into the restaurant looking sad. Weeping, Ⓒ <u>he</u> orders only two dinners. The owner approaches with Ⓓ <u>his</u> head bowed. Ⓔ <u>He</u> expresses his sorrow for the death of the Indian's brother.

Ⓐ :

Ⓑ :

Ⓒ :

Ⓓ :

Ⓔ :

1
+ **weep** 울다
+ **approach** 접근하다
+ **bow** 조아리다
+ **express** 표현하다
+ **sorrow** 슬픔

02 Whether dragons are good or evil, Ⓐ <u>they</u> are always symbols of strength and magic. Long ago, some people believed myths that Ⓑ <u>their</u> blood could protect Ⓒ <u>them</u> from wounds. Ⓓ <u>They</u> also believed that if they drank their blood, Ⓔ <u>they</u> would be able to understand the speech of animals.

Ⓐ :

Ⓑ :

Ⓒ :

Ⓓ :

Ⓔ :

2
+ **whether** ~이든 아니든
+ **evil** 악한
+ **symbol** 상징
+ **strength** 강함, 힘
+ **myth** 신화, 전설
+ **protect A from B**
  A를 B로부터 보호하다
+ **wound** 상처
+ **speech** 말

03 When Bibiana was born, all the neighbors assured her father that Ⓐ she was the most beautiful girl in Germany. Ⓑ She had, moreover, been brought up with great care by her aunt, Katrin. Ⓒ She was skilled in all areas of knowledge necessary to the education of a fine lady. Under Ⓓ her care, Bibiana grew in Ⓔ her abilities.

Ⓐ :

Ⓑ :

Ⓒ :

Ⓓ :

Ⓔ :

3
+ **be born** 태어나다
+ **neighbor** 이웃
+ **assure** 장담하다
+ **moreover** 게다가
+ **be brought up** 양육되다
+ **knowledge** 지식
+ **necessary** 필요한
+ **education** 교육

04 There lived a man in Puerto Rico who had a wonderful parrot. The parrot was unique; there was no other like Ⓐ him in the whole world. Ⓑ He could learn to say any word — except one. He could not say the name of Ⓒ his native town, Catano. The man did everything Ⓓ he could to teach the parrot to say "Catano," but he never succeeded.

Ⓐ :

Ⓑ :

Ⓒ :

Ⓓ :

4
+ **parrot** 앵무새
+ **unique** 독특한
+ **whole** 전체의
+ **except** 제외하고
+ **native town** 고향
+ **succeed** 성공하다

05 Peter thought King Edward was different from fairy tale kings. Ⓐ He was a real human being, a man with a serious, kind face. Ⓑ He had seen the king often when he was younger. Each morning, the king had come from the palace on Ⓒ his horse, and ridden alone through the streets, greeting Ⓓ his people.

Ⓐ :

Ⓑ :

Ⓒ :

Ⓓ :

5
+ **fairy tale** 동화
+ **human being** 인간
+ **serious** 진지한
+ **palace** 왕궁
+ **ridden**
  ride(말을 타다)의 과거분사
  * ride-rode-ridden
+ **greet** 인사하다

1 밑줄 친 부분이 가리키는 대상이 나머지 넷과 <u>다른</u> 것은?

2014년 고1 3월

When Mom decided to marry Dad, her father didn't like him. Dad was a painter from a poor family and ① <u>he</u> had no background to speak of. The important thing, Mom has told me, is that she knew she and ② <u>he</u> were soul mates. Nothing was going to stop her from spending the rest of her life with ③ <u>him</u>. So they got married and settled in Millerton, and my grandfather decided ④ <u>he</u> could put up with Dad. When Dad couldn't quite make a living with ⑤ <u>his</u> paintings, he and Mom bought an old house on Grant Avenue and turned it into a boarding house.

* boarding house: 하숙집

WORD

decide to ~을 결정하다   **background** 배경   **speak of** ~에 대해서 말하다   **soul mate** 영혼의 친구   **get married** 결혼하다   **settle** 정착하다   **put up with** ~을 받아들이다   **boarding house** 하숙집

48 혼공 유형독해

밑줄 친 부분이 가리키는 대상이 나머지 넷과 <u>다른</u> 것은?

Carol was new to the United States. One of her friends called to invite ① <u>her</u> to lunch. She offered to pick her up on the corner of 34th Street and Fifth Avenue at 11:30 a.m. Carol arrived a little early and was standing on the corner waiting for her friend when ② <u>she</u> noticed a sign above her head. It said, "No Standing." Carol didn't know what to do. She moved away from the sign and started walking back and forth on the street. She was happy to see her friend arrive and couldn't wait to get into ③ <u>her</u> car. She excitedly explained that it was a bad idea to meet at that corner because people aren't allowed to stand there. ④ <u>Her</u> friend said, "What are you talking about? Of course you can stand there." "No," ⑤ <u>she</u> said, "the sign says 'No Standing'." Her friend burst into laughter. "That means we cannot park cars there, but we can stop to pick up passengers."

WORD

invite 초대하다　offer 제공하다　pick up (차에) 태우다, 선택하다　avenue ~가　away from ~로부터 떨어져서　back and forth 왔다 갔다
get into 들어가다　excitedly 흥분하여　explain 설명하다　allow A to부정사 A에게 ~을 허용하다　burst into laughter 웃음을 터뜨리다
passenger 승객

3 밑줄 친 he[him]가 가리키는 대상이 나머지 넷과 <u>다른</u> 것은?

2014년 고1 9월

A newly retired executive was bothered when no one called ① <u>him</u> anymore. His list of calls to return, previously pages long, had vanished altogether. The younger man who replaced him at the office had politely declined his offer of a lunch date, claiming ② <u>he</u> was mastering the job "just fine." This 68-year-old man was the same person ③ <u>he</u> had been six months earlier, but no one sought him out after his retirement. One day, a friend encouraged him to serve as a crossing guard for the elementary school, pointing out that ④ <u>he</u> seemed to be getting more and more depressed and was sleeping in later and later. Skilled in signaling the oncoming cars and getting them to halt yards before the white lines, ⑤ <u>he</u> began taking on a straighter posture and a more confident gaze. Then he had found a compelling reason to get out of bed in the morning.

WORD

retired 은퇴한 **executive** 임원 **previously** 이전에 **vanish** 사라지다 **replace** 대체하다 **politely** 공손하게 **decline** 거절하다, 감소하다
claim 단언하다 **sought** seek의 과거 *seek–sought–sought 찾다 **retirement** 퇴직, 은퇴 **encourage** 격려하다 **serve** 근무하다, 제공하다
crossing guard 교통지킴이 **point out** 지적하다 **depressed** 우울한 **signal** 신호를 보내다 **oncoming** 접근하는 **halt** 멈추다, 세우다
posture 자세 **confident** 자신감 있는 **compelling** 설득력 있는, 강렬한 **get out of** ～에서 나오다

★ 혼공 4일차에 나온 구문들을 해석해 보자.

단어 PLUS

1 Long ago, some people believed myths that their blood could protect them from wounds.

1
+ **myth** 신화, 전설
+ **protect** 보호하다
+ **wound** 상처

2 She was skilled in all areas of knowledge necessary to the education of a fine lady.

2
+ **skilled** 능숙한
+ **knowledge** 지식

3 The man did everything he could to teach the parrot to say "Catano," but he never succeeded.

3
+ **parrot** 앵무새

4 Nothing was going to stop her from spending the rest of her life with him.

4
+ **stop A from ~ing**
  A가 ~하는 걸 막다

5 Carol arrived a little early and was standing on the corner waiting for her friend when she noticed a sign above her head.

5
+ **notice** 알아차리다

6 She excitedly explained that it was a bad idea to meet at that corner because people aren't allowed to stand there.

6
+ **excitedly** 흥분하며
+ **explain** 설명하다
+ **be allowed to**부정사
  ~하도록 허용하다

7 The younger man who replaced him at the office had politely declined his offer of a lunch date, claiming he was mastering the job "just fine."

7
+ **replace** 대체하다
+ **politely** 정중하게
+ **decline** 거절하다
+ **claim** 단언하다

8 Skilled in signaling the oncoming cars and getting them to halt yards before the white lines, he began taking on a straighter posture and a more confident gaze.

8
+ **oncoming** 다가오는
+ **halt** 멈추게 하다
+ **posture** 자세
+ **confident** 자신감있는
+ **gaze** 시선

B course

글의 핵심을
파악하면
해결되는 문항

05일차

글의 목적

정답률매우높음 #틀리면타격큼 #정답률90%이상
#편지나_이메일의_실용문

난이도

The merit of an action lies in finishing it to the end.
by Genghis Khan

행동의 가치는 그 행동을 끝까지 이루는 데 있다.

01 문항 특징

- 보통 **1문제**가 출제됨 (2017학년도 기준 1문항 출제)
- 90% 이상의 정답률을 보일 정도로 수능 유형 문제 중 가장 쉬운 문항임
- 처음에는 인사말이 나오며, **진짜 의도는 나중에 나옴**
- '도움이 많이 되었다' '그런데 좀 더 도와 달라' 등의 형태로 나옴. 이 경우 글의 목적은 '고마움'이 아니라 '요청'이 됨
- 첫 부분에 많이 현혹되어 실수를 유도함

02 문항 엿보기

다음 글의 목적으로 가장 적절한 것은?

2016년 고1 3월

Dear citizens,

As you all know from seeing the pictures on television and in the newspaper, Central America has been hit hard by a series of hurricanes. Tens of thousands of people are homeless and without basic necessities like food and clothing. I feel that we need to do something to help. So, we are asking you to donate canned goods, warm clothes, blankets, and money. Please bring all donations to the community center between 10 a.m. and 4 p.m., Saturday, September 10. Thank you for helping your fellow human beings in their time of desperate need.

Sincerely,

George Anderson

① 자연재해의 위험성을 경고하려고
② 재난 사고 시 대처 요령을 안내하려고
③ 재난 피해자를 위한 기부를 요청하려고
④ 자원봉사 활동의 일정 변경을 공지하려고
⑤ 재난 피해자를 도운 것에 대해 감사하려고

WORD

citizen 시민 **a series of** 일련의 **basic** 기본의 **necessity** 필수품 **donate** 기부하다 **canned goods** 캔 제품 **donation** 기부품
community 공동체 **fellow** 동료의 **desperate** 필사적인, 절박한 **sincerely** 진심으로, 올림

Step 1 보통 처음에는 '고마움'으로 시작하지만, 이게 목적이 아니야. '명령문'이나 '필요/중요'를 나타내는 단어에 필자의 의중이 담겨있어.

Dear citizens,

   As you all know from seeing the pictures on television and in the newspaper, Central America has been hit hard by a series of hurricanes. Tens of thousands of people are
허리케인과 관련된 내용이 나오지. 대개 자연재해가 나오면 예방, 대피, 도움 등이 생각이 나지.
homeless and without basic necessities like food and clothing. I feel that we need to do something to help. So, we are asking you to donate canned goods, warm clothes, blankets, and money. Please bring all donations to the community center between 10
명령문이 나오고 있어. '기부해 달라'는 내용을 단도직입적으로 말하고 있지.
a.m. and 4 p.m., Saturday, September 10.

Step 2 반전(However, But)과 인과관계(Thus, Therefore)에 주의하고 꼭 마지막 문장까지 읽어야 해.

Thank you for helping your fellow human beings in their time of desperate need.
➡ '고마워'라는 말에 속지 말아야 해. 아직 도와주지 않았어!! 이 부분이 바로 출제자가 노린 함정이야.

① 자연재해의 위험성을 경고하려고
➡ 자연재해는 이미 일어났어.

② 재난 사고 시 대처 요령을 안내하려고
➡ 대처 요령은 언급도 되지 않았지.

③ 재난 피해자를 위한 기부를 요청하려고
➡ 바로 이거지. 'bring all donations'만 보면 OK.

④ 자원봉사 활동의 일정 변경을 공지하려고
➡ 일정 변경 역시 언급이 안 되었어.

⑤ 재난 피해자를 도운 것에 대해 감사하려고
➡ 마지막 문장의 'Thank you'라는 말에 현혹되면 안 돼. 아직 도와준 것은 아니거든.

정답: ③

다음 글에서 필자의 의중이 담겨있는 문장에 밑줄을 치고, 글의 목적을 골라 보자.

보기 I am writing about a problem in this community. There is a park nearby, but dogs are not allowed. There is no field for my dog to exercise in. <u>Please help all dogs in this community.</u> Thank you for your consideration on this important issue.

① 친절한 동물 병원을 소개하기 위해

② 개를 위한 공원 조성을 제안하기 위해

③ 아파트 주민 간 갈등 해결을 요구하기 위해

단어 ➕ PLUS

+ **community** 공동체, 마을
+ **nearby** 근처에
+ **be allowed** 허용되다
+ **consideration** 배려, 고려

혼공TIP 'Please help all dog'에서 알 수 있듯이 개를 위한 공원을 만들어달라는 내용이지. 따라서 정답은 ②번이야.

01 Your ads show young people jumping and running around in busy city streets. Although the ads may look exciting and fun, they can be very dangerous for children who try to copy what they see. I trust that a company of your reputation will do the right thing and take the ads off the television immediately.

① 위험한 광고 방송의 중지를 요청하기 위해

② 광고에 나오는 사진 사용을 허락받기 위해

③ 상품 불매 운동에 동참할 것을 호소하기 위해

1
+ **exciting** 흥미로운
+ **dangerous** 위험한
+ **copy** 모방하다
+ **reputation** 평판
+ **immediately** 즉시

02 Most of my friends love breaks between classes. I have used a wheelchair since I was five. Sadly, children like me cannot use the playground equipment in our school. We need a special playground where students like me can play and have fun like other students. Please make my dream come true.

① 휠체어의 수리를 부탁하기 위해

② 쉬는 시간의 확대를 요청하기 위해

③ 장애 학생을 위한 운동장을 부탁하기 위해

2
+ **break** 휴식
+ **equipment** 장비
+ **playground** 운동장
+ **come true** 실현되다

03 Thank you very much for sending me the vacuum cleaner I ordered. But I'm very sorry to see that the color of the vacuum cleaner was not the same as I saw on the Internet. I thought it was silver, but the cleaner I've got is just gray. I'm sorry, but I would like to refund it.

① 진공청소기의 수리를 요청하기 위해서
② 진공청소기의 환불을 요청하기 위해서
③ 진공청소기를 보내준 것에 대해 감사하기 위해서

3
+ vacuum cleaner 진공 청소기
+ order 주문하다
+ the same as ~와 같은
+ gray 회색의
+ refund 환불하다

04 I've always enjoyed your class for the past two years. I didn't get an A in your class, but it was always interesting. Now I'm sad that Bayside High School is losing one of its greatest teachers. I appreciate all the effort you've put in teaching and wish you a happy retirement.

① 학점에 대한 불평을 말하기 위해서
② 선생님께 감사의 마음을 전하려고
③ 학습에 대한 조언을 구하려고

4
+ class 수업
+ appreciate 감사하다, 평가하다
+ effort 노력
+ retirement 은퇴

05 We have been offering healthy and natural foods for over thirty years. We always try our best to make your shopping visits an enjoyable experience. You can help us by answering the following survey questions. They will give you a special discount coupon in return for your cooperation.

① 설문지 작성을 부탁하려고
② 입사 지원 방법을 안내하려고
③ 정기 할인 판매를 홍보하려고

5
+ offer 제공하다
+ enjoyable 즐거운
+ experience 경험
+ following 다음의
+ survey 조사
+ discount 할인의
+ in return 보답으로
+ cooperation 협력

1 다음 글의 목적으로 가장 적절한 것은?

2015년 고1 3월

My dear Harriet,

  I was so delighted to receive your letter and to learn that you have been accepted to Royal Holloway. It's a good college and I know that the history department there is particularly strong. I can see why it was your first choice, and I am very pleased for you. You worked hard to enter that college, and you deserve your success. I'm so proud of you. Well done, Harriet! I send you my best wishes for a happy time at university.

With my love,

Elaine

① 추천서 작성을 부탁하려고
② 대학에 합격한 것을 축하하려고
③ 장학금 신청 절차를 안내하려고
④ 졸업 후 진로에 대해 조언하려고
⑤ 전공과목에 대한 정보를 제공하려고

WORD

delighted 기쁜 **accept** 받아들이다 **college** 대학 **history department** 역사학과 **department** 부서, 학과 **particularly** 특히 **pleased** 기쁜 **enter** 들어가다, 입학하다 **deserve** ~할 자격이 있다

2 다음 글의 목적으로 가장 적절한 것은?

The music business is very popular, and many young people like you are attracted towards this industry. As music becomes more accessible, it is increasingly easy for music to be copied. Some budding musicians steal other people's work by copying popular artists and presenting it in the market as their own work. That is why music licensing is important. To protect your original songs from being stolen and copied, you as an artist can license what you have made and then sell the right to use your work to others. Then, although someone uses your music without permission, you, the original artist, can still get paid. Licensing protects music from being stolen and preserves both new and older music, and this is why music licensing exists.

① 뛰어난 신인 음악 작곡가를 모집하려고
② 음원 이용료의 책정 기준을 안내하려고
③ 음악 사용 허가권 등록의 필요성을 알리려고
④ 젊은 층이 가장 선호하는 음악을 소개하려고
⑤ 고전 음악의 현대적인 해석 방법을 설명하려고

WORD

popular 대중적인, 인기 있는   attracted 매료된   industry 산업   accessible 접근하기 쉬운   increasingly 점차, 점점 더   budding 신예의
present 제시하다   protect 보호하다   original 원래의   right 권리   permission 허락, 허가   get paid 대가를 받다   preserve 보호하다
exist 존재하다

To Whom It May Concern:

My wife and I are residents of the Lakeview Senior Apartment Complex. We have been asked by some of the residents here to see if we can help improve their ability to get around town independently. The closest bus stop is half a mile below the apartment complex, down a steep hill. Very few of the residents here feel comfortable walking all the way to (and especially from) the bus stop. We are asking if the route for bus 15 could be changed slightly to come up the hill to the complex. I can promise you several very grateful riders each day in each direction. I look forward to hearing from you soon.

Sincerely,

Ron Miller

① 버스 노선의 변경을 요청하려고
② 버스 노선 운영의 중단을 공지하려고
③ 아파트 주변 산책로 조성을 건의하려고
④ 버스 기사의 친절한 서비스에 감사하려고
⑤ 아파트 관리비 과다청구에 대해 항의하려고

WORD

resident 거주민, 주민   apartment complex 아파트 단지   ask 요청하다, 질문하다   improve 개선하다   get around 돌아다니다
independently 혼자 힘으로   steep 가파른   comfortable 편안한   route 노선, 경로   slightly 약간   several 몇몇의   grateful 고마운
rider 승객   look forward to ~을 기대하다

★ 혼공 5일차에 나온 구문들을 해석해 보자.

단어➕PLUS

1 Your ads show young people jumping and running around in busy city streets.

> **1**
> + **run around** 정신없이 뛰다

2 We need a special playground where students like me can play and have fun like other students.

> **2**
> + **playground** 운동장

3 But I'm very sorry to see that the color of the vacuum cleaner was not the same as I saw on the Internet.

> **3**
> + **vacuum cleaner** 진공 청소기
> + **the same as** ~와 같은

4 I appreciate all the effort you've put in teaching and wish you a happy retirement.

> **4**
> + **appreciate** 감사하다
> + **retirement** 은퇴

5 I was so delighted to receive your letter and to learn that you have been accepted to Royal Holloway.

> **5**
> + **delighted** 즐거운
> + **accept** 받아들이다

6 Some budding musicians steal other people's work by copying popular artists and presenting it in the market as their own work.

> **6**
> + **budding** 신참의
> + **present** 내보이다

7 We have been asked by some of the residents here to see if we can help improve their ability to get around town independently.

> **7**
> + **resident** 주민
> + **improve** 개선하다
> + **get around** 돌아다니다

8 Very few of the residents here feel comfortable walking all the way to (and especially from) the bus stop.

> **8**
> + **comfortable** 편안한

영단어 암기법(단권화 편)

단어장으로 공부하면 기초 또는 기본 단어를 잘 공부할 수 있어. 하지만, 단어장에서 안 나오는 단어가 시험에서 나올 때에는 한숨이 나올 거야. 맞아, 단어장은 일반적인 학생들에게 꽤 괜찮은 수준의 단어를 제공해. 하지만 상급으로 올라가기 위해서는 결국 나만의 단어장을 구축해야 해. 모의고사를 보든, 내신 공부를 하든 다양한 단어들이 쏟아지지? 그 모든 단어를 한 권의 수첩에 정리하고 틈 날 때마다 외우는 것이 바로 단권화 학습이지. 요령은 아래와 같아.

❶ 반드시 단어장 한 권을 다 학습한 다음에 해야 부담이 적다.

❷ 영어 공부를 하다가 나온 단어를 다 한권의 노트에 간단히 정리한다.

❸ 이 때 파생어, 반의어 등을 따로 정리하지 말고 단어와 우리말 뜻 정도만 정리한다.

❹ "environment 환경"과 같이 스펠링과 단어의 뜻 순서대로 정리한다.

❺ 노트의 반을 접어 스펠링만 보이게 한 뒤 하루에 공부할 양을 정해서 '짧게 자주' 소리내면서 공부한다.

❻ 단어장 학습과 같은 요령으로 누적 학습한다.

얇은 노트로 공부하면 부담이 없어서 좋아. 이런 식으로 2권 정도만 만들어서 학습하면 그 이후 단어 공부에 대한 걱정은 거의 없을 거야.

06일차

필자의 주장

#정답률높음 #틀리면_타격_큼 #정답률90%이상
#가끔_어렵게_나오기도_함 #선택지는_한글

난이도 🌶🌶🌶

A room without books is like a body without a soul.
by Cicero

책 없는 방은 영혼 없는 육체와도 같다.

02 문항 엿보기

다음 글에서 필자가 주장하는 바로 가장 적절한 것은?

2015년 고1 3월

Some people need money more than we do. For example, some people have lost their homes due to natural disasters or war, while others don't have enough food or clothing. So this year, for our birthdays, let's tell our friends and family to donate money to a charity instead of buying us presents. I know that some kids might not want to give up their birthday presents, and I understand. However, remember that we can live without new toys or games more easily than someone can live without food, clothing, or shelter. So, we should tell our friends and family that, for our birthdays this year, we want to give to others.

① 생일 파티를 간소하게 하자.
② 부모님께 감사하는 마음을 갖자.
③ 사용하지 않는 물건을 자선단체에 기부하자.
④ 값비싼 선물보다는 정성이 담긴 편지를 쓰자.
⑤ 생일 선물에 드는 비용으로 어려운 사람을 돕자.

WORD

natural disaster 자연재해　**clothing** 옷　**donate** 기부하다　**charity** 자선단체　**instead of** ~대신에　**give up** 포기하다　**shelter** 안식처, 집

Step 1 본문을 내려 읽어 가면서 핵심 키워드를 파악해야 해.

Some people need money more than we do. For example, some people have lost their
_{돈이나 자연재해, 단순한 기부 행위가 주제가 아니야!}
homes due to natural disasters or war, while others don't have enough food or clothing.
So this year, for our birthdays, let's tell our friends and family to donate money to a
charity instead of buying us presents. I know that some kids might not want to give up
their birthday presents, and I understand.

➜ 처음에는 '돈'이 나오면서 꼭 '자연재해로 피해를 입은 사람을 돕자'라는 뉘앙스 같지만 중간부터 'birthday'와 'present'가 반복해서 나오고 있어. 이게 바로 이 글의 key-word, 바로 필자가 이야기하려는 핵심사항이지.

Step 2 주장을 나타내는 다양한 표현을 찾아 check!

However, remember that we can live without new toys or games more easily than
_{'반전'과 '명령문'이 나오므로 주목해야 해.}
someone can live without food, clothing, or shelter. So, we should tell our friends and
_{'결과'의 연결어 'so'와 주장을 나타내는 표현에 주목하자.}
family that, for our birthdays this year, we want to give to others.

➜ 역접을 나타내는 연결어 'However'가 등장하지. 바로 이제부터 필자가 중요한 것을 말하려고 한다는 신호야.

➜ 마지막에 'so'라는 결론을 나타내는 연결어가 등장하고, 필자가 하고 싶어 하는 말이 나와. 바로 '생일선물 대신 남을 돕자'가 필자의 주장에 해당되겠지.

① 생일 파티를 간소하게 하자.

➜ key-word는 나오지만, 초점이 어긋났지.

② 부모님께 감사하는 마음을 갖자.

➜ '감사'는 언급조차 되지 않았어.

③ 사용하지 않는 물건을 자선단체에 기부하자.

➜ '자선단체'와 '기부'가 언급되어서 상당히 매력적이지. 하지만, key-word인 '생일선물'이 언급되지 않았으니 오답이야!

④ 값비싼 선물보다는 정성이 담긴 편지를 쓰자.

➜ key-word인 '선물'이 언급되었지만, 편지를 쓰자는 건 초점이 아니지.

⑤ 생일 선물에 드는 비용으로 어려운 사람을 돕자.

➜ key-word인 '생일선물'이 언급되었고 그것으로 남을 돕자고 하니 이것이 정답이지.

정답: ⑤

주장을 나타내는 다양한 표현

- should, must (강한 주장)
- can, will, may (완곡한 주장)
- important, essential, necessary (필요, 중요 표현)
- Do, Don't (명령문)
- It's time ~ (~할 시간이다)
- be required, forced, asked, advised (강한 주장의 수동태)

2 단계 개념 맛보기

다음 글에서 주제문이 담겨있는 문장에 밑줄을 치고, 필자의 주장을 골라 보자.

보기 We depend greatly on fossil fuels because about 75% of the energy we use comes from them. The problem is that they increase the amount of carbon dioxide in the air and cause the greenhouse effect. In order to avoid this, <u>we should take steps to find clean energy</u>.

① 가정에서 전기 사용을 줄이자.
② 후손을 위하여 천연자원을 아껴 쓰자.
③ 환경친화적인 대체 에너지를 개발하자.

혼공TIP   화석연료가 온실효과의 주범이므로 친환경적인 에너지를 사용하자는 말이 마지막 문장에서 나오니까 정답은 ③ '환경친화적인 대체 에너지를 개발하자' 가 되겠지.

단어 ✛ PLUS

+ **depend on** ~에 의존하다
+ **fossil fuel** 화석연료
+ **the amount of** ~의 양
+ **carbon dioxide** 이산화탄소
+ **greenhouse effect** 온실효과
+ **avoid** 피하다
+ **take steps** 단계를 밟다

01 Many people have never even had a conversation with their neighbors. However, we need to get along with our neighbors. They have the potential to become a good friend because they already have something in common with us. So smile and say hello to a neighbor. It will make the neighborhood a brighter place.

① 이웃과 친하게 지내야 한다.
② 자신의 잠재력을 키워야 한다.
③ 안전한 동네를 만들어야 한다.

1
+ **have a conversation** 대화를 하다
+ **get along with** ~와 사이좋게 지내다
+ **potential** 잠재력
+ **in common** 공통의, 공동으로

02 When we start in the morning, we feel we must do hundreds of tasks that day. But if we do not take them one at a time and let them pass through the day slowly and evenly, we are certain to feel stress and fail to achieve our goal. Before a mass of tasks, always remember "one task at a time." You can then carry out your tasks successfully feeling less stress.

① 목표에 도달하는 과정을 즐겨라.
② 한 가지씩 차근차근 일을 처리하라.
③ 일 분 일 초도 헛되이 보내지 마라.

2
+ **task** 일
+ **evenly** 균등하게
+ **a mass of** 풍성한, 많은
+ **carry out** 수행하다

03 There is a saying that you broaden your horizons through travel, but if you are curious enough to listen to older people, you can broaden your horizons without ever going abroad. We have gathered information and stories from them without even realizing it. It all helps you extend your conversational range and broaden your thinking.

① 여행을 많이 해라.
② 비판적 사고 능력을 키워라.
③ 어른들의 경험과 지혜를 배워라.

3
+ saying 속담
+ broaden 넓히다
+ horizon 수평선, 시야
+ go abroad 해외에 가다
+ gather 모으다
+ realize 깨닫다
+ extend 확장하다
+ conversational 대화의

04 Television affects us more than we know. It makes us feel confused about what is real and what is not. The gap between our expectations and the reality gets bigger and bigger and we feel unsatisfied about our life. To live a satisfying life in the real world, we need to learn how to separate what we see on TV from what is real.

① TV 속 세상과 현실을 구분해야 한다.
② TV 프로그램은 평범한 일상을 다루어야 한다.
③ TV 프로그램은 행복한 삶의 모습을 보여주어야 한다.

4
+ affect 영향을 주다
+ confused 혼란스런
+ gap 차이
+ expectation 기대
+ unsatisfied 만족스럽지 않은
+ satisfying 만족스런
+ separate 분리하다

05 The happiness of young love can become an unreal standard in future romances. The best way to have long-term happiness in a relationship is not to stick to your first love. People with a more practical view of relationships tend to have more successful long-term ones. Because they don't try to recreate the strong passion they once shared with a past lover.

① 연인과 많은 시간을 보내도록 노력하라.
② 보다 현실적인 관점에서 성공에 대해 생각하라.
③ 원만한 이성 관계를 위해서 첫사랑에 집착하지 마라.

5
+ unreal 비현실적인
+ standard 기준
+ long-term 장기간의
+ relationship 이성관계
+ stick to 고수하다
+ practical 실용적인
+ recreate 재현하다
+ passion 열정
+ share 공유하다

1 다음 글에서 필자가 주장하는 바로 가장 적절한 것은?

2016년 고1 3월

Since you can't use gestures, make faces, or present an object to readers in writing, you must rely on words to do both the telling and the showing. Show more than you tell. Use words to make the reader *see*. For example, don't leave the reader guessing about Laura's beautiful hair. *Show* how the gentle wind touches the edge of her silky, brown hair. Don't just say you felt happy. *Show* yourself leaping down the steps four at a time, coat unzipped, shouting in the wind, "Hurray, I did it!"

① 글을 쓰기 전에 주변을 정돈해야 한다.
② 시각적으로 실감 나게 글을 써야 한다.
③ 일상생활에서 글의 소재를 찾아야 한다.
④ 글의 내용과 어울리는 그림을 제시해야 한다.
⑤ 마음속에 있는 것을 진솔하게 글에 담아야 한다.

WORD

make faces 찡그리다   **object** 물건   **rely on** 의존하다   **edge** 가장자리   **leap** 뛰다   **unzipped** 잠그지 않은   **shout** 소리치다

다음 글에서 필자가 주장하는 바로 가장 적절한 것은?

2014년 고1 6월

Even though people who set high expectations for themselves tend to achieve more in a negotiation than those who set low goals, they are almost always less satisfied with their results. Why? Because when the negotiation is over, they compare their final outcome to their initial expectations and focus on what they didn't get from the deal and feel like they failed. To solve this problem, they need to learn how to change their focus after the negotiation is complete. They must view their results in a more positive manner. With this simple adjustment of focus they will recognize everything they were able to get in the negotiation and feel pleased with their work.

① 협상 중에는 상대를 존중하라.
② 협상 전에 준비를 철저히 하라.
③ 가능한 한 높은 협상 목표를 설정하라.
④ 협상 시 가능한 모든 대안을 고려하라.
⑤ 협상 후에는 결과를 의미있게 수용하라.

WORD

expectation 기대 **achieve** 성취하다 **negotiation** 협상 **set a goal** 목표를 설정하다 **be satisfied with** ~에 만족하다 **be over** 끝이 나다 **compare A to B** A와 B를 비교하다 **outcome** 결과 **initial** 최초의 **complete** 완료된 **positive** 긍정적인 **adjustment** 조정 **recognize** 인지하다 **pleased** 기쁜

06일차 필자의 주장 69

3 다음 글에서 필자가 주장하는 바로 가장 적절한 것은?

2016년 고1 9월

Kids learn mostly by example. They model their own behavior after their parents and their older siblings. If your kids have bad eating habits, ask yourself how that happened in the first place. If you eat a poor diet yourself, neglect your health, or smoke and drink in front of them, you shouldn't be surprised when your children go down the same road. So be a good role model and set the stage for healthy eating at home and when you eat out as a family. Your actions speak louder than your words. Do not expect your kids to know for themselves what is good for them.

① 자녀의 건강한 식습관 형성을 위해 모범을 보여라.
② 가족이 함께 식사할 수 있는 시간을 확보하라.
③ 비만을 예방하기 위해 채소 섭취를 늘려라.
④ 건강을 해치는 무리한 다이어트를 피하라.
⑤ 자녀의 체질을 고려하여 식단을 짜라.

WORD

mostly 대개   **example** 본보기, 예시   **model A after B** B를 본떠서 A를 만들다   **behavior** 행동   **sibling** 형제, 자매   **neglect** 무시하다   **in front of** ~ 앞에   **set the stage** 무대를 꾸미다   **be good for** ~에 좋다

★ 혼공 6일차에 나온 구문들을 해석해 보자.

1 So this year, for our birthdays, let's tell our friends and family to donate money to a charity instead of buying us presents.

2 We depend greatly on fossil fuels because about 75% of the energy we use comes from them.

3 They have the potential to become a good friend because they already have something in common with us.

4 The gap between our expectations and the reality gets bigger and bigger and we feel unsatisfied about our life.

5 *Show* yourself leaping down the steps four at a time, coat unzipped, shouting in the wind, "Hurray, I did it!"

6 Even though people who set high expectations for themselves tend to achieve more in a negotiation than those who set low goals, they are almost always less satisfied with their results.

7 If you eat a poor diet yourself, neglect your health, or smoke and drink in front of them, you shouldn't be surprised when your children go down the same road.

음악을 들으면서 공부하는 게 좋나요?

하루 종일 공부에 시달리다 보면 지치고 스트레스 받을 때가 많지. 그래서 많은 학생들은 이어폰으로 음악을 들으면서 공부하기도 해. 물론 아무것도 듣지 않고 습관적으로 이어폰을 끼고 있기도 하지. 쟁점은 과연 음악을 듣는 것이 도움이 되냐는 거지.

기본적으로 뭔가를 보거나 쓰는 작업을 하면서 음악을 듣는다면 두 가지 이상의 일을 동시에 하게 되는 거야. 컴퓨터는 멀티태스킹이 가능하잖아? 그것을 우리가 하는 것과 같은 원리인거지. 문제는 컴퓨터는 그것을 꽤 잘 해내는 반면, 사람은 그렇지 않다는 거야. 내가 좋아하는 노래가 나올 때에는 거기에 맞춰 몸이 반응하기도 하고, 가사를 흥얼거리기도 하지. 때때로, 내가 원하지 않는 노래가 나오면 잠시 공부하던 것을 멈추고 다른 노래를 찾기 위해 시간을 쓰기도 하잖아?

결국 공부하기 위해 음악을 듣는데, 실제로는 음악 감상을 잘 하기 위해 중간 중간 공부를 끊어야 하는 상황이 필연적으로 발생하는 거지. 문제는 여기서 끝나지 않아. 간혹 평소에 음악을 들으면서 공부하는 것이 정말 편하다고 하더라도, 시험 환경을 생각해보자고. 아무런 소음도 없이 장시간을 집중해야 해. 배경 음악 같은 것은 당연히 없지. 그 동안 음악을 죽 들어왔다면 이 고요함이 너무 어색하고 집중하지 쉽지 않을 거야. 그래서 집중했다 싶으면 시간이 부족하거나 이상하게 문제가 잘 풀리지 않아 짜증 날 때가 많아.

정 음악을 듣고 싶다면, 국어 지문을 읽거나 영어 지문을 분석하고, 수학 문제를 푸는 공부보다는, 영어 단어를 반복해서 보거나 노트 정리를 하는 비교적 기계적인 학습 때 듣는 것이 좋아. 앞으로 이런 점을 명심해서 집중력을 조금 더 올리는데 힘써 보자구. 공부는 느낌으로 할 때도 있지만, 상당 부분은 과학적으로 접근해야 해.

07일차

글의 요지

#정답률_높은편임 #정답률70~90% #가끔_어렵게_나오기도_함
#선택지는한글

난이도 🌶🌶🌶

He who can, does. He who cannot, teaches.
by George Bernard Shaw

할 수 있는 자는 행한다. 할 수 없는 자는 가르친다.

01 문항 특징

- 🌶 보통 **1문제**가 출제됨 (2017학년도 수능에서 1문제 출제)
- 🌶 70~90% 이상의 정답률을 보일 정도로 난이도 차이가 있음
- 🌶 선택지가 우리말이라서 더 쉽게 다가옴
- 🌶 지문 자체가 어렵게 나오기도 함
- 🌶 **글의 구조를 파악**하는 것이 중요 (통념–반박, 원인–결과, 문제–해결)
- 🌶 **글의 일부나 부분적인 내용**을 글의 요지로 선택하면 안 됨

02 문항 엿보기

다음 글의 요지로 가장 적절한 것은?

2016년 고1 3월

It is important to recognize your pet's particular needs and respect them. If your pet is an athletic, high-energy dog, for example, he or she is going to be much more manageable indoors if you take him or her outside to chase a ball for an hour every day. If your cat is shy and timid, he or she won't want to be dressed up and displayed in cat shows. Similarly, you cannot expect macaws to be quiet and still all the time – they are, by nature, loud and emotional creatures, and it is not their fault that your apartment doesn't absorb sound as well as a rain forest.

*macaw: 마코 앵무새

① 애완동물에게는 적절한 운동이 필요하다.
② 애완동물도 다양한 감정을 느낄 수 있다.
③ 애완동물의 개별적 특성을 존중해야 한다.
④ 자신의 상황에 맞는 애완동물을 선택해야 한다.
⑤ 훈련을 통해 애완동물의 행동을 교정할 수 있다.

WORD

recognize 인식하다 **need** 욕구 **athletic** 운동의 **manageable** 다루기 쉬운 **chase** 쫓다 **timid** 소심한 **be dressed up** 잘 차려 입다
similarly 비슷하게도 **still** 정적인, 정지한, 여전히 **emotional** 감정의 **fault** 잘못 **absorb** 흡수하다

Step 1 지문의 첫 문장에 주의해야 해. 이후 나오는 내용이 첫 문장과 이어지는 것인지 반전되는 포인트가 있는 것인지 살펴봐야지.

It is important to recognize your pet's particular needs and respect them.
➜ 첫 문장에서 바로 주제를 나타내고 있어. 첫 문장이 주제문이지.

Step 2 첫 문장에서 일반론이 나오고, 그 뒤에 오는 문장들은 모두 부연설명을 하는 예시들이지. 예시 속에 등장하는 특수상황을 요지로 생각하면 안 돼.

If your pet is an athletic, high-energy dog, for example, he or she is going to be much more manageable indoors if you take him or her outside to chase a ball for an hour every day. If your cat is shy and timid, he or she won't want to be dressed up and displayed in cat shows. Similarly, you cannot expect macaws to be quiet and still all the time – they are, by nature, loud and emotional creatures, and it is not their fault that your apartment doesn't absorb sound as well as a rain forest.
➜ 주제문인 첫 문장을 부연설명 해주는 예시가 계속 나오고 있지.

① 애완동물에게는 적절한 운동이 필요하다.
➜ athletic이라는 단어로 인한 오답이야. 다양한 성격의 애완동물이 나오므로 이건 아니지.

② 애완동물도 다양한 감정을 느낄 수 있다.
➜ emotional, shy, timid라는 단어를 이용한 오답이지. 여기서는 감정이 포인트가 아니야.

③ 애완동물의 개별적 특성을 존중해야 한다.
➜ 다양한 애완동물의 상황을 고려하자는 내용이니까 이것이 정답이야.

④ 자신의 상황에 맞는 애완동물을 선택해야 한다.
➜ 여기서 포인트는 주인이 아닌 애완동물이지.

⑤ 훈련을 통해 애완동물의 행동을 교정할 수 있다.
➜ 훈련에 대한 내용은 언급조차 되지 않았어.

정답: ③

혼공 TIP
❶ 요즘 경향은 선택지에 글의 Key-word가 다 들어가므로, 글의 소재는 금방 알 수 있어.
❷ 절대로 예시 등에서 언급된 부분을 요지로 찾으면 안 되겠지.
❸ 재빠르게 반전의 연결어가 있나 확인해서 있으면 그 부분이 주제문이야. 없으면 첫 문장이 주제문일 확률이 높아.

개념 맛보기

다음 글에서 주제문에 밑줄을 치고, 글의 요지를 골라 보자.

단어 PLUS

+ **suppose** 가정하다
+ **figure out** 이해하다
+ **clue** 실마리
+ **sentence** 문장
+ **context** 문맥, 상황

보기 Suppose you are reading a story. You see a word you don't know. How can you figure out what the new word means? <u>One good way is to look for clues in the words and sentences that come before and after the new word.</u> The ideas that are around a new word are called its context. The meaning clues that you can see near a new word are called context clues.

① 독해를 잘하려면 책을 많이 읽어야 한다.
② 모르는 단어는 문맥을 통해 짐작해야 한다.
③ 모르는 단어는 포기하고 다음 문장을 봐야 한다.

혼공TIP 모르는 단어가 나오면 단어 주변에 있는 단어나 문맥을 통해서 그 단어를 알 수 있다는 내용이니까, 정답은 ②번이겠지.

01 We usually believe that what we remember is what really happened, but this is not always true. First, we tend to remember pleasant memories but forget unpleasant ones. Second, what we remember is sometimes only something which we imagined. Thus, it is possible for our memory to play various tricks on us.

① 상상력은 기억력에 영향을 준다.
② 기억은 때로 정확하지 않을 수 있다.
③ 기억력과 학습은 큰 상관관계가 있다.

1
+ **pleasant** 즐거운
+ **unpleasant** 불쾌한
+ **play tricks on** ~를 속이다

02 Seat belts don't fit young children and babies. So you might think you can just hold children in a car. But when a car stops suddenly, the child's body keeps moving forward. You no longer hold just the child's weight. This makes the child feel much heavier. That is why young children and babies should ride in child safety seats.

① 어린이용 안전벨트를 개발해야 한다.
② 아이들에게 안전벨트 착용 법을 알려 주어야 한다.
③ 아이들은 승차 시 어린이용 안전좌석에 앉아야 한다.

2
+ **seat belt** 안전벨트
+ **suddenly** 갑자기
+ **keep ~ing** 계속 ~하다
+ **ride** 타다

03 Do you feel nervous when you make a speech? Even great speakers get very nervous sometimes. It is impossible to remove speech anxiety completely. The most effective way is to practice. With enough practice, you can master the content of your speech and improve your speech skills.

① 약간의 긴장감은 연설에 도움이 된다.
② 훌륭한 연사들의 연설 기법을 배워야 한다.
③ 연설의 불안감을 줄이는 가장 좋은 방법은 연습이다.

3
+ nervous 긴장한
+ make a speech 연설하다
+ remove 제거하다
+ anxiety 걱정, 불안
+ completely 완전히
+ effecitve 효과적인
+ practice 연습하다
+ content 내용
+ improve 개선하다

04 In almost all competitions, there must be a loser. Most of the time, the loser leaves the field quickly, while the winner stays and celebrates. But is losing always a bad thing? When you lose, you often take time to understand why. Losing invites you to explore the reasons for the loss. You think about what you can do differently in the future. You can learn many things from losing.

① 패배를 통해 많은 것을 배울 수 있다.
② 경쟁에서 이기도록 최선을 다해야 한다.
③ 실수에 대해 아무런 변명을 하지 말아야 한다.

4
+ competition 대회
+ celebrate 축하하다
+ invite A to부정사
  A가 to부정사 하도록 유도하다

05 Items that have been stored in your house for more than a year are merely taking up space. They only make it more difficult to find the things you need. There are many wonderful non-profit organizations that can provide a way to put those annoying items to good use. This will allow you the pleasure of knowing your unused items are going to be used.

① 쓰지 않는 물건은 기부하는 것이 좋다.
② 집안 공간을 효율적으로 활용해야 한다.
③ 비영리 단체에서 봉사하는 것이 필요하다.

5
+ merely 단지
+ take up 차지하다
+ non-profit organization
  비영리 단체
+ provide 제공하다
+ annoying 짜증나는
+ allow 허용하다

1 다음 글의 요지로 가장 적절한 것은?

2015년 고1 3월

   Problems can appear to be unsolvable. We are social animals who need to discuss our problems with others. When we are alone, problems become more serious. By sharing, we can get opinions and find solutions. An experiment was conducted with a group of women who had low satisfaction in life. Some of the women were introduced to others who were in similar situations, and some of the women were left on their own to deal with their concerns. Those who interacted with others reduced their concerns by 55 percent over time, but those who were left on their own showed no improvement.

① 상대방의 의견을 존중하는 자세가 필요하다.
② 대부분의 걱정거리는 시간이 지나면 해결된다.
③ 사람들과 함께 있어도 외로움을 느낄 수 있다.
④ 해결할 수 없는 문제는 빨리 단념하는 것이 좋다.
⑤ 다른 사람들과 문제를 공유하면 해결에 도움이 된다.

WORD

unsolvable 해결할 수 없는 discuss 논의하다 serious 심각한 experiment 실험 conduct 행하다 similar 유사한 deal with 처리하다
interact 상호관계하다 reduce 줄이다 improvement 개선

2 다음 글의 요지로 가장 적절한 것은?

2016년 고1 6월

An interesting study about facial expressions was recently published by the American Psychological Association. Fifteen Chinese people and fifteen Scottish people took part in the study. They viewed emotion-neutral faces that were randomly changed on a computer screen and then categorized the facial expressions as happy, sad, surprised, fearful, or angry. The responses allowed researchers to identify the expressive facial features that participants associated with each emotion. The study found that the Chinese participants relied more on the eyes to tell facial expressions, while the Scottish participants relied on the eyebrows and mouth. People from different cultures perceive happy, sad, or angry facial expressions in different ways. That is, facial expressions are not the "universal language of emotions."

① 문화에 따라 표정을 인식하는 방식이 다르다.
② 동서양을 막론하고 선호하는 표정이 있다.
③ 노력을 통해 좋은 인상을 줄 수 있다.
④ 사람마다 고유한 감정 표현 방식이 있다.
⑤ 지나친 감정 표현은 오해를 불러일으킬 수 있다.

WORD

facial expression 표정   publish 발표하다   association 협회   take part in 참여하다   emotion-neutral 감정 중립적인   randomly 무작위로   categorize 분류하다   response 반응   identify 구별하다   expressive 표현하는   feature 특징, 특색, 이목구비   emotion 감정 participant 참가자   eyebrow 눈썹   perceive 인식하다   universal 보편적인

3 다음 글의 요지로 가장 적절한 것은?

2015년 고1 9월

You've probably looked around you and noticed that all people are unique and different. Even people who might seem really similar in certain ways can also be very different. From different appearances, to different personalities, to different beliefs – it's a big world full of interesting and diverse people! It is tolerance that protects the diversity which makes the world so exciting. Tolerance is the idea that all people should be equally accepted and equally treated, regardless of their differences from others. It's a lot like fairness. Having tolerance means giving every person the same consideration, despite a person's opinions, background, appearance, or other qualities, and whether or not those things are the same as your own. Tolerance allows the world to flourish. That is why treating other people with tolerance is very important.

① 긍정적인 사고방식은 삶의 가치를 높인다.
② 다양성을 수용하는 관용적인 태도가 필요하다.
③ 의사 결정 시 공과 사를 엄격히 구분해야 한다.
④ 타인의 실수에 대해 용서하는 마음을 가져야 한다.
⑤ 객관적 근거를 바탕으로 자신의 의견을 주장해야 한다.

WORD

notice 알아차리다   appearance 외모   personality 성격   diverse 다양한   tolerance 관용, 견딤   protect 보호하다   equally 동등하게
regardless of ~에 상관없이   fairness 공정함   consideration 고려, 배려   flourish 번창하다

★ 혼공 7일차에 나온 구문들을 해석해 보자.

1 It is important to recognize your pet's particular needs and respect them.

1
+**recognize** 인식하다
+**particular** 특별한
+**need** 욕구

2 The meaning clues that you can see near a new word are called context clues.

2
+**clue** 실마리
+**context** 문맥

3 We usually believe that what we remember is what really happened, but this is not always true.

3
+**usually** 보통

4 Items that have been stored in your house for more than a year are merely taking up space.

4
+**store** 저장하다
+**merely** 단지
+**take up** 차지하다

5 Those who interacted with others reduced their concerns by 55 percent over time, but those who were left on their own showed no improvement.

5
+**interact** 상호관계를 맺다
+**improvement** 개선

6 People from different cultures perceive happy, sad, or angry facial expressions in different ways.

6
+**perceive** 인식하다
+**facial** 얼굴의

7 Even people who might seem really similar in certain ways can also be very different.

7
+**similar** 유사한

8 It is tolerance that protects the diversity which makes the world so exciting.

8
+**tolerance** 관용
+**diversity** 다양성

영어 독해를 잘 하기 위한 순서

무작정 글을 많이 읽다보면 독해 실력이 늘까?

신기하게도 언어 능력이 출중해서 위의 방법대로 해도 실력이 느는 사람들이 분명히 있어. 하지만, 그렇다고 이 방법을 모든 사람들에게 적용하기는 어렵다. 괜히 마음의 상처만 받는 경우도 많지. 그래서 대략적인 독해의 '왕도'를 정리해줄까 해. 일단 수능에 중점을 두고 써볼게.

❶ 단어 학습

앞의 단어장 및 단권화 방법으로 매일 학습해야 한다.

❷ 구문(문장) 학습

짧은 인강이나 책을 통해 문장 단위의 해석 연습을 한다. 단어가 문장 속에서 어떤 역할을 하는지에 대한 감을 키우고 읽는 맛을 서서히 키울 수 있다.

❸ 수능 유형별 독해

가장 쉬운 유형부터 하루에 분량을 정해놓고 서서히 풀어본다. 푸는 양이 적더라도 복습을 철저하게 하는 것이 훨씬 중요하다. '해석을 완벽하게 하는 복습'과 '글을 요약해 보기' 복습으로 나뉘어 진다.

❹ 세트 문항 풀기

1주일에 한 번 정도 시간을 재고 3~4문제부터 풀어본다. 제한된 시간 내에 해석의 정확도와 논리력을 실험해본다. 3~4문제가 괜찮으면 5~6문제, 7~8문제 등 점점 분량을 늘려간다.

최종 목표는 독해 풀 세트가 될 것이다.

반드시 자신의 현재 수준을 잘 파악하고 거기에 맞추어 공부를 해야 해. 급해도 꼭 해야 하는 것들이 있거든. 위의 순서를 지켜나가면 무난히 2~3 등급까지는 갈 수 있을 거야. 1등급은? 저렇게 공부해도 부족한 점을 찾아서 마지막 화룡점정을 해야 받을 수 있겠지?

혼공

08일차

주제추론

#정답률_높은편임 #정답률70~90% #가끔_어렵게_나오기도_함
#선택지는_한글

난이도 🌶🌶🌶

The future is here. It's just not widely distributed yet.
by William Gibson

미래는 여기 있다. 아직 널리 퍼지지 않았을 뿐이다.

01 문항 특징

- 보통 **1문제**가 출제됨 (2017 수능에서 1문제 출제)
- 70~90% 이상의 정답률을 보일 정도로 난이도 차이가 있음
- 선택지가 영어로 제시 되어, 주장이나 요지보다 어려움
- 경제나 철학, 심리학 등 어려운 주제가 나오기도 함
- **글의 구조를 파악**하는 것이 중요 (통념–반박, 원인–결과, 문제–해결)
- 문장 하나하나 보다는 **전체 글의 주제를 파악하는 것이 중요**

02 문항 엿보기

다음 글의 주제로 가장 적절한 것은?

2016년 고1 3월

　　Hydroelectric power is a clean and renewable power source. However, there are a few things about dams that are important to know. To build a hydroelectric dam, a large area must be flooded behind the dam. Whole communities sometimes have to be moved to another place. Entire forests can be drowned. The water released from the dam can be colder than usual and this can affect the ecosystems in the rivers downstream. It can also wash away riverbanks and destroy life on the river bottoms. The worst effect of dams has been observed on salmon that have to travel upstream to lay their eggs. If blocked by a dam, the salmon life cycle cannot be completed.

*hydroelectric: 수력 발전의 **ecosystem: 생태계

① necessity of saving energy
② dark sides of hydroelectric dams
③ types of hydroelectric power plants
④ popularity of renewable power sources
⑤ importance of protecting the environment

WORD

hydroelectric 수력의　**renewable** 재생 가능한　**be flooded** 수몰되다　**community** 공동체, 군집　**entire** 전체의　**release** 배출하다
ecosystem 생태계　**downstream** 하류　**wash away** 휩쓸다　**observe** 관찰하다　**salmon** 연어　**be completed** 완료되다　**necessity**
필요성　**power plant** 수력 발전소　**popularity** 인기　**protect** 보호하다

03 혼공 전략

Step 1 지문의 첫 문장에 주의해야 해. 대부분 영어 지문은 처음에는 좋은 이야기를 하면, 나중에는 나쁜 이야기가 나와. 요즘은 첫 문장이나 초반의 내용은 주제가 아닐 경우가 많아.

Hydroelectric power is a clean and renewable power source.
처음에는 댐의 장점을 이야기하고 있어.

➜ 첫 문장에 주의해야 해. 뒤에 나오는 연결어를 잘 봐야겠지.

Step 2 중간에 나오는 지엽적인 예시를 전체 요지로 착각하면 안 되고, 연결어에 주의해야 해.

However, there are a few things about dams that are important to know. To build a
반전의 연결어 등장!! 첫 문장을 반박하는 거지.
hydroelectric dam, a large area must be flooded behind the dam. Whole communities sometimes have to be moved to another place. Entire forests can be drowned. The water released from the dam can be colder than usual and this can affect the ecosystems in the rivers downstream. It can also wash away riverbanks and destroy life on the river bottoms. The worst effect of dams has been observed on salmon that have to travel upstream to lay their eggs. If blocked by a dam, the salmon life cycle cannot be completed.
모조리 댐의 단점만을 모아놓았지.

➜ 아니라 다를까, 바로 뒤 문장에서 'However'가 나오면서 반전이 시작돼. 이 글은 '댐의 장점'이 아닌 '댐의 단점'을 이야기 하는 글이라는 거지.

Step 3 선택지를 볼 때 범위 설정에 주의해야 해. 너무 좁거나 넓은 것은 배제해야겠지?

① necessity of saving energy 에너지를 절약할 필요성
➜ 에너지 절약이 주제가 아니지.

② dark sides of hydroelectric dams 수력 발전용 댐의 안 좋은 점들
➜ 바로 이거지. 댐의 단점을 나타낸 주제라고 할 수 있겠지.

③ types of hydroelectric power plants 수력 발전소의 형태
➜ 말도 안 되는 주제지.

④ popularity of renewable power sources 재생 가능한 전력 자원의 인기
➜ 이 글의 주제는 '댐'이라는 사실.

⑤ importance of protecting the environment 환경보호의 중요성
➜ 역시 글의 주제인 '댐'과는 상관없는 이야기지.

정답: ②

❶ 주제문의 위치: 예시 앞, 반전 뒤, 통념에 대한 반박, 결론, 요약 (요즘은 첫 문장이나 초반의 내용은 주제가 아닌 경우가 많음)

❷ 중간에 나오는 지엽적인 예시를 전체 요지로 착각하면 안 됨 (예시는 주제가 아니다)

❸ 연결어가 핵심이므로 연결어에 주의 (however, therefore)

❹ 선택지의 범위 설정에 주의 (너무 좁거나 넓은 것은 배제)

다음 글에서 주제문에 밑줄을 치고, 글의 주제를 골라 보자.

보기 Of all superstitions, few are as widely believed as <u>the one saying the number thirteen is unlucky</u>. Many people are so uncomfortable with thirteen that the number is removed from most airline seating charts. In France, houses are never numbered thirteen. And the national lottery in Italy doesn't use the number.

① people's favorite number
② buildings without a thirteenth floor
③ the superstition about the number thirteen

+ superstition 미신
+ uncomfortable 불편한
+ remove 제거하다
+ lottery 복권

혼공TIP 숫자 13에 대한 부정적인 인식 탓에 여러 곳에서 그 숫자를 쓰지 않는다는 내용이지.
따라서 ③ 'the superstition about the number thirteen(숫자 13에 대한 미신)' 이 정답이야.

01 Among some animals, smell plays a different role from its role among people. Ants use smell to mark a path to food. Female butterflies attract male butterflies with a smell. Scientists have studied how people respond to smells too. For example, they have discovered one of the reasons that two people fall in love: They smell good to each other!

① the role of smells
② how the nose smells
③ the jobs for our nose

1
+ play a role 역할을 하다
+ mark 표시하다
+ path 길
+ respond 반응하다
+ discover 발견하다

02 Did you know that a bright room can make you happier and more hard-working? A recent study suggests that students do better on tests in sunny schools. Daylight is also good for business. The use of natural light makes customers spend more money in stores. In offices, workers who have windows near their desks work harder than those who don't.

① right places for schools
② positive effects of sunlight
③ using solar energy for lighting

2
+ be good for ~에 좋다
+ customer 고객

03 Collecting can open new worlds for children. Collecting stamps, for example, shows them cultures or historical events of a country. Collecting also gives children opportunities to learn skills that can be used every day. While playing with collections such as dolls, comic books, stickers, and so on, children can organize their treasures by size, shape, or color. This will teach them to see the world from different points of view.

① how to start collecting

② why children like collecting

③ educational effects of collecting

3
+ **historical** 역사적인
+ **organize** 체계화하다
+ **treasure** 보물
+ **educational** 교육적인

04 Life today is much different from life in the past. The home isn't the center of entertainment for everyone in the family anymore. But teenagers have to remember that family relationships are still very important. Asking a parent or a brother or a sister for advice is sometimes finding the right way to solve a problem.

① reasons of teenager problems

② the importance of family relationships

③ ways to solve the problems of your family

4
+ **entertainment** 오락
+ **relationship** 관계
+ **advice** 조언

05 As in marriage, understanding is the most important thing in friendship. Having a friend means that you may often be angry, even hurt by your friend. In such situation, however, you must be ready to understand your friend. If not, the friendship will soon break up. Without understanding, you can't get over any problems of relationship.

① the meaning of a successful marriage

② the art of living for human relationship

③ the importance of understanding in friendship

5
+ **marriage** 결혼
+ **break up** 깨지다
+ **get over** 극복하다

1 다음 글의 주제로 가장 적절한 것은?

2016년 고1 6월

When you face a severe source of stress, you may fight back, reacting immediately. While this served your ancestors well when they were attacked by a wild animal, it is less helpful today unless you are attacked physically. Technology makes it much easier to worsen a situation with a quick response. I know I have been guilty of responding too quickly to people, on email in particular, in a harsh tone that only made things worse. The more something causes your heart to race, the more important it is to step back before speaking or typing a single word. This will give you time to think things through and find a way to deal with the other person in a healthier manner.

① origins of violent human behaviors
② benefits of social media technology
③ importance of taking time in responding
④ relationship between health and heartbeat
⑤ difficulties in controlling emotional reactions

WORD

severe 극심한　**fight back** 반격하다　**immediately** 즉시　**serve** 도움이 되다　**physically** 물리적으로　**worsen** 악화시키다　**guilty** 죄책감의, 유죄의　**respond** 답변하다　**step back** 뒤로 물러서다　**origin** 기원　**violent** 폭력적인　**behavior** 행동　**reaction** 반응

다음 글의 주제로 가장 적절한 것은?

2015년 고1 6월

Have you been abroad? Do you travel a lot? Then you know what I'm talking about. Wherever you go on this globe, you can get along with English. Either most people speak it anyhow, or there is at least somebody around who can communicate in this language. But then, you realize that mostly there's something you may find odd about the way English is used there. If you are abroad, English is likely to be somewhat different from the way you speak it. Well, if you stay there, wherever that is, for a while, you'll get used to this. And if you stay there even longer, you may even pick up some of these features and begin to sound like the locals. What this example teaches us is: English is no longer just "one language."

① pros and cons of travelling abroad
② localization of English in different places
③ necessity for systematic English education
④ various methods to improve English ability
⑤ how to get along with local residents abroad

WORD

abroad 해외로 **get along with** ~로 살아가다, ~와 잘 지내다 **anyhow** 어떤 식으로든지 **odd** 이상한 **be likely to** ~ 할 것 같다 **get used to** ~에 익숙해지다 **feature** 특징 **local** 지역민 **no longer** 더 이상 ~이 아니다 **pros and cons** 찬성과 반대 **localization** 현지화 **necessity** 필요성 **systematic** 체계적인 **improve** 향상시키다, 개선하다 **resident** 주민, 거주민

다음 글의 주제로 가장 적절한 것은?

One day after the space shuttle *Challenger* exploded, Ulric Neisser asked a class of 106 students to write down exactly where they were when they heard the news. Two and a half years later, he asked them the same question. In that second interview, 25 percent of the students gave completely different accounts of where they were. Half had significant errors in their answers and less than 10 percent remembered with any real accuracy. Results such as these are part of the reason people make mistakes on the witness stand when they are asked months later to describe a crime they witnessed. Between 1989 and 2007, 201 prisoners in the United States were proven innocent on the basis of DNA evidence. Seventy-five percent of those prisoners had been declared guilty on the basis of mistaken eyewitness accounts.

① causes of major space mission failures
② inaccuracy of information recalled over time
③ importance of protecting witnesses from threats
④ factors that improve people's long-term memories
⑤ ways to collect DNA evidence in crime investigations

WORD

explode 폭발하다   exactly 정확하게   completely 완벽하게   account 설명   significant 중대한   accuracy 정확성   witness 목격, 목격하다
innocent 무죄의   on the basis of ~을 근거로   evidence 증거   declare 선언하다, 판결하다   inaccuracy 부정확성   recall 회상하다
protect 보호하다   threat 위협   factor 요인   investigation 조사

★ 혼공 8일차에 나온 구문들을 해석해 보자.

1 The water released from the dam can be colder than usual and this can affect the ecosystems in the rivers downstream.

1
+ **release** 배출하다
+ **ecosystem** 생태계
+ **downstream** 하류

2 Many people are so uncomfortable with thirteen that the number is removed from most airline seating charts.

2
+ **uncomfortable** 불편한
+ **remove** 제거하다

3 In offices, workers who have windows near their desks work harder than those who don't.

4 Asking a parent or a brother or a sister for advice is sometimes finding the right way to solve a problem.

4
+ **advice** 조언

5 Technology makes it much easier to worsen a situation with a quick response.

5
+ **worsen** 악화시키다

6 The more something causes your heart to race, the more important it is to step back before speaking or typing a single word.

6
+ **step back** 물러나다

7 What this example teaches us is: English is no longer just "one language."

7
+ **no longer** 더 이상 ～ 이 아니다

8 Results such as these are part of the reason people make mistakes on the witness stand when they are asked months later to describe a crime they witnessed.

8
+ **make a mistake** 실수하다
+ **witness** 목격, 목격하다
+ **crime** 범죄

공부는 엉덩이로?

내가 고등학생 때였어. 반 1등 친구가 있었는데 얼마나 공부를 잘했던지 반에서 1등이자 전교 1등이었고 그 등수가 한 번도 변한 적이 없었지. 오르지 못할 나무라고 생각했지만, 어떻게 하면 공부를 잘 할까 궁금하기도 했어. 한 달간 그 친구가 하는 행동을 살폈어. 수업 시간에 졸지는 않는지, 점심 시간은 어떻게 보내는지, 자습 시간은 어떻게 활용하는지를 철저하게 관찰했어. 물론 그 친구가 화장실에 갈 때 따라가서 볼 일 보는 데 걸리는 시간까지 확인했지. 그 정도로 열심히 관찰했다는 거니까 이상하게 보지는 말라구.

한 달 정도 지켜보는데 수업 시간에 자는 모습은 목격되지 않았어. 물론 그것을 관찰하기 위해 나는 더더욱 잠을 자면 안됐지. 그리고 문제는 자습 시간이었어. 야간 자습 시간 한 3시간 동안 그 친구는 딱 1번 정도만 일어서더라고. 와... 나는 고비가 수도 없이 찾아왔는데 그 친구는 평균 1번 정도에 컨디션 좋은 날엔 쉬는 시간까지 공부하더라고. 거기서 무릎을 치면서 깨달았지. 안 그래도 공부 잘하는 녀석이 집중력과 지구력까지 좋구나. 뭐, 이런 게 좋으니까 당연히 성적이 좋은 거겠지만 눈으로 직접 확인하니까 소름끼치더라고.

이제 그 비법을 직접 목격했으니까 나도 실천해야겠지? 그 친구가 졸 때까지 수업시간에는 두 눈을 부릅뜨고 졸지 않았어. 점심시간, 쉬는 시간도 알뜰하게 활용했지. 문제는 야간 자율학습이었어. 거기에서 집중력 차이가 확연히 나더라고. 한 세 달 정도 걸렸어. 그 친구가 나보다 먼저 일어서서 화장실에 가더라고. 그 순간이 아주 천천히 내 눈앞에 들어왔고, 마음 속으로 만세를 외쳤지. 그 날 이후로 내 집중력과 자신감은 서서히 상승하기 시작했고 그 해 무더운 여름을 잘 보낼 수 있었지.

당연히 성적은 수직상승했고, 내가 원하는 대학의 학과를 지망할 정도가 되었지. 물론 그 친구를 성적으로 이길 수 없었지만, 내 자신과의 싸움에서 승리한 나는 내가 원하는 사범대 영어교육과에 진학할 수 있었지. 그리고 지금 이 책을 쓰고 있는 거고. 그 친구는 어디 갔을까? 서울대학교 법대에 진학했어. 대단하지? 그 정도 친구를 벤치마킹하려 했으니 지금 생각해보면 참 어리석은 도전이었지만 내 공부에는 엄청난 발전을 가져왔지. 이렇게 때로는 내 한계를 끄집어 내기 위해 다른 친구를 본보기로 적절히 삼는 것도 좋아.

혼공

09일차

제목추론

#요즘_난이도_상승 #정답률50~90% #함축적_의미_조심
#내용이_어려워짐

난이도 🌶️🌶️🌶️

The love of learning, the sequestered nooks, And all the sweet serenity of books.
by Henry Wadsworth Longfellow

배움에 대한 애정과 세상을 등진 외딴 곳.
책이 주는 그 모든 달콤한 평온.

01 문항 특징

- 점점 제목추론 문제가 어려워지는 추세임
- 50~90%의 정답률을 보일 정도로 난이도 차이가 큼
- 소재가 어려워지고, **제목 자체를 함축적으로 제시함**
- **키워드가 바로 선택지에 주어지지 않는 경향**이 짙어짐

02 문항 엿보기

다음 글의 제목으로 가장 적절한 것은?

2016년 고1 3월

Give children options and allow them to make their own decisions – on how much they would like to eat, whether they want to eat or not, and what they would like to have. For example, include them in the decision-making process of what you are thinking of making for dinner – "Lisa, would you like to have pasta and meatballs, or chicken and a baked potato?" When discussing how much they should eat during dinner, serve them a reasonable amount; if they claim they are still "hungry" after they are through, ask them to wait five to ten minutes, and if they continue to feel hunger, then they can have a second plate of food. These are fantastic behaviors that, when taught properly, teach brilliant self-confidence and self-control.

① Be a Role Model to Your Children
② Hunger: The Best Sauce for Children
③ Table Manners: Are They Important?
④ Good Nutrition: Children's Brain Power
⑤ Teach Children Food Independence

WORD

option 선택　**would like to** ~하고 싶다　**include** 포함하다　**decision-making** 의사결정　**serve** 대접하다, 제공하다　**reasonable** 합리적인　**claim** 주장하다　**be through** 끝내다　**plate** 접시　**behavior** 행동　**properly** 적절히　**brilliant** 뛰어난　**self-confidence** 자신감　**self-control** 자기통제　**nutrition** 영양　**independence** 독립

Step 1 지문의 첫 문장이 중요하지. 첫 문장이 명령문인 경우는 필자의 생각이 반영된 부분이니 주제문이 될 가능성이 높아. 핵심은 이후 문장이 반전인지, 부연 설명인지야. 반전의 연결어가 있는지 꼭 체크를 해. 반전이 나오면 그 부분이 주제문일 확률이 높아.

Give children options and allow them to make their own decisions – on how much
첫 문장부터 명령문이야. 중요한 부분이지. 뒤에 반전이 나오는지 확인하는 것이 핵심!
they would like to eat, whether they want to eat or not, and what they would like
to have. For example, include them in the decision-making process of what you are
반전은 커녕 부연 설명하는 예시만 나오고 있어.
thinking of making for dinner – "Lisa, would you like to have pasta and meatballs,
or chicken and a baked potato?" When discussing how much they should eat during
dinner, serve them a reasonable amount; if they claim they are still "hungry" after they
are through, ask them to wait five to ten minutes, and if they continue to feel hunger,
then they can have a second plate of food.

Step 2 문장의 마지막도 중요해. 지문을 어떻게 마무리 짓느냐 인데, 보통은 주제문의 재진술이거나 글의 결론이 나오거든.

These are fantastic behaviors that, when taught properly, teach brilliant self-confidence
and self-control.
여기서는 위에서 언급된 내용의 결과로 '자존심'과 '자기 통제'가 나오고 있지.

➡ 마지막 문장에 위에 열거된 내용의 결과가 나오지.

Step 3 주제문을 찾았으면 선택지의 의미와 비교하면서 정답을 찾아야 해. 선택지의 이해가 매우 중요한데, 함축적인 내용을 제대로 파악해야겠지? 지엽적인 선택지를 고르는 실수를 조심해!

① Be a Role Model to Your Children 아이들에게 롤모델이 되라

➡ 위 글은 음식에만 국한된 내용이므로 '롤모델'은 너무 범위가 커.

② Hunger: The Best Sauce for Children 배고픔: 아이들을 위한 최고의 소스

➡ 배고픔이 언급되지만, 이게 핵심이 아니지.

③ Table Manners: Are They Important? 식사예절: 그것들이 중요한가?

➡ 식사예절에 관한 글인가? 아니지. 식사예절은 '나'와 '남'과의 이야기야.

④ Good Nutrition: Children's Brain Power 훌륭한 영양소: 아이들의 두뇌파워

➡ 영양소와 두뇌는 언급조차 되지 않았어.

⑤ Teach Children Food Independence 아이들에게 음식 자립심을 가르쳐라

➡ 바로 이거지. 첫 문장과 마지막 문장을 합치면 이 내용이 나오거든.

정답: ⑤

개념 맛보기

다음 글에서 주제문에 밑줄을 치고, 글의 제목을 골라 보자.

보기 <u>Some snails actually have as many as twenty-five thousand teeth!</u> The snail's teeth are found in a strange place. Look inside its mouth, which is found under the head. Examine its tongue. On the tongue you will find thousands of tiny teeth.

① Snail's Teeth
② Number of Snails
③ Importance of Teeth

+ snail 달팽이
+ strange 이상한
+ examine 조사하다
+ tongue 혀

혼공TIP 주어진 글에서 자주 반복되는 단어는 바로 snails와 teeth지. 그리고 모두 달팽이의 이빨에 대한 내용이 나오지? 그럼 당연히 제목은 ① 'Snail' s Teeth(달팽이의 이빨)'가 되겠지.

---

01 Communication means a sharing of information. People communicate with each other in many ways. Much communication is face-to-face and silent. People smile and laugh. They shake hands. They wave.

① What Information Means
② How People Communicate
③ Why Words Are Important

1
+ communication 의사소통
+ share 공유하다
+ information 정보
+ communicate 의사소통하다
+ silent 침묵의
+ shake hands 악수하다

---

02 Seek shelter in a large building as soon as you see a thunderstorm approaching. Taking shelter under a large tree would be a bad idea. You should lower your body and wait for the storm to pass, or take shelter in a car if one is nearby.

① The Cause of a Thunderstorm
② How to Cope with a Thunderstorm
③ The Time When a Thunderstorm Comes

2
+ seek 찾다
+ shelter 안식처, 집
+ approach 접근하다
+ take shelter 피하다
+ nearby 근처의
+ cope with 대처하다

03 The study of handwriting is not a modern science. Like fingerprints, handwriting can be used to identify someone. But some scientists use it for more than that. They claim that they can find out many things about a person from his or her writing. They can tell whether or not a person is healthy. They say writing shows what sort of mood a person is in.

① How to Write Beautifully
② Many Uses of Fingerprints
③ What Handwriting Can Show

3
+ **handwriting** 필체
+ **modern** 현대의
+ **fingerprint** 지문
+ **identify** 구분하다
+ **claim** 주장하다

04 Real environmental change depends on us. We can't wait for world leaders to take action. We must make changes ourselves and I believe we can. When we think of our environment, we have to think of our own responsibilities. We have to be more environment-friendly. We must not throw away so many things.

① Find New Energy for Future!
② Saving the Earth Starts from You!
③ World Leaders Have to Take Action Now!

4
+ **environmental** 환경의
+ **take action** 행동을 취하다
+ **responsibility** 책임
+ **environment-friendly** 친환경적인

05 Many people seem to agree that exercise should be painful. But the truth of the matter is that this is a very dangerous idea. Fatigue and pain are your body's ways of saying that it is in danger and is being overworked. While a good workout should offer pressure and challenges, it should absolutely never be painful. Likewise, you should never be pushing your body every day.

① How to Cure Muscle Pain
② Need Muscles? Go to Gym!
③ Painful Exercise: the Wrong Answer

5
+ **painful** 고통스러운
+ **fatigue** 피로
+ **overworked** 혹사당한
+ **workout** 운동
+ **pressure** 압력
+ **absolutely** 절대적으로
+ **likewise** 마찬가지로
+ **cure** 치료하다

1 다음 글의 제목으로 가장 적절한 것은?

2015년 고1 3월

Dr. John Ross was well-known for helping his patients. Many of his patients were poor farmers, and they could not always afford to pay Dr. Ross's small fee. The good doctor would accept vegetables, eggs, or even a simple "thank you" in payment. One winter afternoon, he went to a house to see a child with a fever. The girl's family had run out of the firewood they needed to keep their tiny house warm. Dr. Ross grabbed a spare blanket from his car and told the father to bathe his daughter's forehead with cool water. Then Dr. Ross left to take care of other patients. After setting a broken leg, delivering a baby, and cleaning an infected finger, he returned to the sick child's house with a load of firewood. He built a fire for the little girl and her family.

*deliver: 출산을 돕다

① A Warm-Hearted Doctor
② Folk Medicine Really Works
③ The Importance of Family Love
④ A Little Knowledge Is Dangerous
⑤ A Doctor Who Couldn't Cure Himself

WORD

patient 환자, 인내하는   can afford to ~할 여유가 있다   accept 받아들이다, 인정하다   payment 지불   run out of 바닥나다   grab 잡다
forehead 이마   deliver 분만하다, 배달하다   infected 감염된

2014년 고1 6월

In the late 1960s, a television producer, Joan Cooney, started an epidemic. She targeted children between three and five. Her agent of infection was television and the "virus" she wanted to spread was literacy. The show would be an hour long and run 5 days a week in hopes that it would become contagious enough to improve education. Her aim was to spread positive learning values to all children and even their parents. She also intended for it to give advantages to children with fewer opportunities once they began elementary school. What she wanted to do, in essence, was create a learning epidemic to fight the wide-spread epidemics of poverty and illiteracy. She called her idea *Sesame Street*.

*epidemic: 전염병

① *Sesame Street*: Educational Virus
② Are Children Sick of *Sesame Street*?
③ What Makes *Sesame Street* Harmful?
④ Too Much TV Time Equals Less Education
⑤ Don't Turn on TV Too Early in the Morning!

WORD

target ~을 목표로 하다 **agent** 병원체, 대리인 **infection** 감염, 전염 **spread** 퍼뜨리다 **literacy** 읽고 쓸 수 있는 능력 **contagious** 전염성이 있는 **improve** 개선하다 **positive** 긍정적인 **intend** 의도하다 **advantage** 이점 **in essence** 본질적으로 **poverty** 빈곤 **illiteracy** 문맹

Consider an innocent question asked years ago by a son to his father: "Who invented the automobile?" Trying to be instructive, the father told his son that in about 1886 Karl Benz invented the automobile. "Wow, he must have been a real genius to figure out the engine, the brakes, the spark plugs, the wheels, and how everything worked together!" "Well, someone else invented the tires; I think it was Firestone. And then there was even the person who invented the wheel...." But then he experienced a moment of realization. "I think I may have misled you. No one person invented all of the components of the automobile. Many people made significant discoveries that led to the invention of the automobile."

① The Trap of Group Thinking
② Curiosity: A Key to Success
③ Always Think About What's Next
④ More Successes, More Good Ideas
⑤ One Great Invention, Many Inventors

WORD

innocent 순진한, 죄 없는   invent 발명하다   automobile 자동차   instructive 교육적인   genius 천재   figure out 이해하다   spark 점화하다   realization 깨달음   mislead 오해하게 만들다   component 구성요소   significant 상당한   discovery 발견

★ 혼공 9일차에 나온 구문들을 해석해 보자.

단어PLUS

1 When discussing how much they should eat during dinner, serve them a reasonable amount.

1
+ discuss 토의하다
+ reasonable 합리적인

2 These are fantastic behaviors that, when taught properly, teach brilliant self-confidence and self-control.

2
+ behavior 행동
+ properly 적절히
+ brilliant 뛰어난
+ self-confidence 자신감
+ self-control 자기통제

3 Taking shelter under a large tree would be a bad idea.

3
+ take shelter 피하다

4 The show would be an hour long and run 5 days a week in hopes that it would become contagious enough to improve education.

4
+ contagious 전염성의

5 What she wanted to do, in essence, was create a learning epidemic to fight the widespread epidemics of poverty and illiteracy.

5
+ in essence 본질적으로
+ epidemic 전염병
+ poverty 가난
+ illiteracy 문맹

6 Consider an innocent question asked years ago by a son to his father.

6
+ innocent 순진한, 죄 없는

7 Wow, he must have been a real genius to figure out the engine, the brakes, the spark plugs, the wheels, and how everything worked together!

7
+ figure out 이해하다

C
course
승부수 문항

10일차

연결사추론

#요즘출제안됨 #그래도공부해야 #정답률70~93%
#문단간의_관계파악

난이도 🌶️🌶️🌶️

It's not that I'm so smart , it's just that I stay with problems longer.
by Albert Einstein

나는 똑똑한 것이 아니라 단지 문제를 더 오래 연구할 뿐이다.

01 문항 특징

- 2016 수능 이후 출제 되지 않았지만 앞으로 출제 가능성이 높고 내신과 학평에서는 출제가 됨
- 문단 간의 관계 파악이 중요
- **역접관계, 인과관계, 유사관계, 예시가 주로 출제 됨**
- 연결어의 의미를 아는 것은 기본

02 문항 엿보기

다음 글의 빈칸 (A), (B)에 들어갈 말로 가장 적절한 것은?

2016년 고1 3월

What's happening when we're actually doing two things at once? It's simple. Our brain has channels, and so we're able to process different kinds of data in different parts of our brain.   (A)   , you can talk and walk at the same time. There is no channel interference. But you're not really focused on both activities. One is happening in the foreground and the other in the background. If you were trying to explain on the cell phone how to operate a complex machine, you'd stop walking.   (B)   , if you were crossing a rope bridge over a valley, you'd likely stop talking. You can do two things at once, but you can't focus effectively on two things at once.

	(A)		(B)
①	However	………………	Thus
②	However	………………	Similarly
③	Therefore	………………	For example
④	Therefore	………………	Similarly
⑤	Moreover	………………	For example

WORD

actually 실제로   **at once** 동시에, 즉시   **process** 처리하다   **at the same time** 동시에   **interference** 간섭, 방해   **foreground** 전면   **background** 후면   **explain** 설명하다   **operate** 가동하다   **complex** 복잡한   **cross** 건너다   **rope bridge** 밧줄다리   **valley** 계곡   **effectively** 효과적으로

Step 1 문장 혹은 문단간의 관계를 파악하는 것이 가장 중요하지. 즉, 문장 해석 능력과 글의 흐름을 파악하는 논리력이 키포인트라고 할 수 있어.

Step 2 가장 많은 연결어는 역접(반전)과 예시야. 연결어 앞뒤 두 개의 문장이 반대의 내용인지, 일반적 내용과 구체적 내용인지 파악해야겠지.

What's happening when we're actually doing two things at once? It's simple. Our brain has channels, and so we're able to process different kinds of data in different parts of our brain. ____(A)____, you can talk and walk at the same time.

➡ 두 개의 문장이 각각 원인과 결과를 의미하고 있어. 앞 문장은 두 개의 기능을 할 수 있다는 것이고 뒤 문장은 그것의 구체적인 결과를 보여주지. 언뜻 보면 예시일 수도 있는데 선택지에 없으므로 결과(Therefore)가 적절하다고 할 수 있지.

There is no channel interference. But you're not really focused on both activities. One is happening in the foreground and the other in the background. If you were trying to explain on the cell phone how to operate a complex machine, you'd stop walking. ____(B)____, if you were crossing a rope bridge over a valley, you'd likely stop talking.

➡ 두 개의 문장이 서로 비슷한 예시를 이야기하고 있어. 따라서 적절한 연결사는 For example이 될 수 있어.

Step 3 선택지 (A)는 2-2-1의 구성으로 되어 있어서 크게 선택의 폭은 두 개라고 할 수 있어. 둘 중에 하나를 고르고 나면, (B)에서도 선택지가 두 개가 남게 돼.

	(A)		(B)
①	However	··············	Thus
②	However	··············	Similarly
③	Therefore	··············	For example
④	Therefore	··············	Similarly
⑤	Moreover	··············	For example

➡ (A)에서는 However vs Therefore, (B)에서는 Similarly vs For example의 대결이 벌어지고 있어. (A)에서는 인과관계니까 Therefore를 고르면 돼. 그러면 ③,④번으로 좁혀지고, 결국 For example vs Similarly가 되는데, (B)의 앞뒤로 비슷한 예시가 나오니까 정답은 Similarly가 되겠지.

정답: ④

혼공 TIP

❶ 선택지는 2-2-1 법칙으로 나오므로 (A)는 2파전 (2 vs 2)
❷ 구체적인 내용이 나오면 거의 예시 연결사(for example)를 골라야 함
❸ 전체 흐름상 문장 간의 관계가 +/- 인지 파악할 것
❹ in fact는 '① 대조 ② 첨가'의 두 가지 의미가 있으니 주의할 것

다음 글에서 빈칸에 들어갈 말로 가장 적절한 것을 골라 보자.

보기 When a woman tries on a new dress and asks a man, "How does it look?" she usually receives a response like good or fine. _____, that kind of simple response does not score any points. To score good points a man needs to respond the same way a woman would, by giving details.

① However

② In addition

③ For example

단어 **PLUS**

+ **try on** 착용해보다
+ **response** 반응
+ **score** 점수를 따다
+ **respond** 반응하다
+ **detail** 세부내용

혼공TIP 빈칸 앞에서는 여자들의 물음에 반응하는 남자의 모습이 나오는데, 뒤에서는 그것이 점수를 따지 못한다고 하지. 즉, 두 문장의 관계가 반대(-)가 되고 있어. 따라서 역접을 의미하는 ① 'However(그러나)'가 정답이 되지.

01 Many people think that nothing is better than a short nap after eating a big meal. _____, a nap isn't a good idea at all. Even though large dinners often make people sleepy, it is better to relax after a meal than to sleep.

① Therefore

② Moreover

③ However

1
+ **nap** 낮잠
+ **meal** 식사
+ **relax** 쉬다

02 Many magazines now publish a range of editions aimed at specific areas and groups, instead of a single national edition. _____, Time magazine publishes 357 different editions worldwide. They include special editions for doctors, educators, and college students.

① However

② As a result

③ For example

2
+ **publish** 출판하다
+ **a range of** 다양한
+ **edition** ~판, 편집
+ **aimed at** ~을 목표로 한
+ **specific** 구체적인
+ **instead of** ~대신에
+ **include** 포함하다

03 In their efforts to control infection, hospitals are turning to disposable medical equipment and products. Using these medical products controls infection and disease properly. _____, it ensures safety to staff and patients. Today, infections in hospitals create serious problems for the healthcare industry.

① But
② Besides
③ Otherwise

3
+ effort 노력
+ infection 감염
+ turn to ~에 의지하다
+ disposable 일회용의
+ equipment 장비
+ properly 적절하게
+ ensure 보장하다
+ serious 심각한, 진지한
+ healthcare industry
  건강관리 산업
+ otherwise 그렇지 않으면

04 A decision-maker's knowledge and experience are essential and can contribute to a good decision. The decision-maker predicts what will happen if something is done now, based on what happened when something was done in the past. _____, a decision-maker uses the past to predict the future.

① In contrast
② Furthermore
③ In other words

4
+ decision-maker 의사결정자
+ knowledge 지식
+ experience 경험
+ contribute to ~에 공헌하다
+ predict 예측하다

05 Americans consider freedom an essential right. They have fought many wars to protect it, and are willing to die to maintain it. _____, American culture has put much emphasis on prohibition as well. They believe they shouldn't drink too much, play too much, or show off too much wealth.

① Thus
② However
③ In addition

5
+ essential 필수적인
+ right 권리
+ protect 보호하다
+ be willing to ~할 의지가 있다
+ maintain 유지하다
+ put emphasis on 강조하다
+ emphasis 강조
+ prohibition 금지
+ show off 자랑하다

1 다음 글의 빈칸 (A), (B)에 들어갈 말로 가장 적절한 것은?

2016년 고1 6월

Finding the perfect shoe fit may be difficult for some people. Most adults think they know their exact foot size, so they don't measure their feet when buying new shoes. ___(A)___, many people squeeze into the same shoe size for years, or even decades. While feet stop growing in length by age twenty, most feet gradually widen with age, and sometimes women's feet "grow" after the birth of a child. ___(B)___, your feet can actually be different sizes at different times of the day, getting larger and returning to "normal" by the next morning. So, the next time you buy shoes, remember that your foot size can change.

	(A)		(B)
①	Therefore	………………	Besides
②	Therefore	………………	For instance
③	Otherwise	………………	Nevertheless
④	In contrast	………………	Similarly
⑤	In contrast	………………	However

WORD

exact 정확한 measure 측정하다 squeeze into ~로 눌러 넣다 decades 수십 년 gradually 점차 widen 커지다, 넓어지다 normal 정상의 besides 게다가 nevertheless 그럼에도 불구하고 similarly 비슷하게

다음 글의 빈칸 (A), (B)에 들어갈 말로 가장 적절한 것은?

We have evolved the capacity to care for other people, animals and things. __(A)__ , if children are hurt, parents often know that rationalizing with them is not enough. The children will often need a cuddle and a bit of tender loving care. We recognize that other people often need looking after and caring for, and we have evolved the capacity to do this within our brains. We can empathize with others and feel sad for them and often want to help them. __(B)__ , in depression, we often lose this inner capability. We often fail to look after or nurture ourselves, and we may not even recognize that we need to become more inwardly caring. To heal often means we have to learn to reactivate the caring-healing part of ourselves that depression has knocked out.

	(A)		(B)
①	For example	⋯⋯⋯⋯	However
②	For example	⋯⋯⋯⋯	Moreover
③	That is	⋯⋯⋯⋯	Therefore
④	That is	⋯⋯⋯⋯	Moreover
⑤	In addition	⋯⋯⋯⋯	However

WORD

evolve 발달시키다   capacity 능력   care for 돌보다   rationalize 합리화시키다   cuddle 껴안기, 포옹   tender 부드러운   recognize 인식하다   look after 돌보다   empathize 공감하다   depression 우울, 우울증   nurture 보살피다   inwardly 내적으로   reactivate 재활성화하다   knock out 쓰러뜨리다

3 다음 글의 빈칸 (A), (B)에 들어갈 말로 가장 적절한 것은?

2015년 고1 9월

Humans rely heavily on communicating through the meaning found in words and the way they are arranged. We can tell someone we love them in a sad, happy, or soft tone of voice, which gives nuance to our feelings – but the meaning of the words "I love you" remains the same. This is why "mixed signals" can be so confusing.   (A) , if a friend tells you that he or she likes you, you can interpret that in different ways, depending on the nonlanguage cues. If you hear "I like you" in a soft, upbeat tone and see your friend smiling and engaging you with friendly eye contact and body and arms relaxed, you will most likely believe that sentiment.   (B) , if you hear "I like you" in an angry tone of voice while your friend exhibits no facial expression, avoids eye contact, and sits slightly turned away from you, with arms folded tightly, you would question his or her motive.

	(A)		(B)
①	For example	⋯⋯⋯⋯⋯⋯	As a result
②	For example	⋯⋯⋯⋯⋯⋯	However
③	Otherwise	⋯⋯⋯⋯⋯⋯	However
④	In contrast	⋯⋯⋯⋯⋯⋯	As a result
⑤	In contrast	⋯⋯⋯⋯⋯⋯	Furthermore

WORD

rely on ~에 의존하다 communicate 의사소통하다 arrange 배열하다 nuance 뉘앙스(미묘한 차이) confusing 혼란스러운 interpret 해석하다 depending on ~에 따라 nonlanguage 비언어 cue 실마리 upbeat 경쾌한 engage A with B A를 B로 사로잡다 relaxed 편안한 sentiment 감정, 정서 exhibit 보여주다 motive 동기

★ 혼공 10일차에 나온 구문들을 해석해 보자.

단어 PLUS

1 One is happening in the foreground and the other in the background.

1
+ foregroud 전면
+ background 후면

2 To score good points a man needs to respond the same way a woman would, by giving details.

2
+ score 점수를 따다
+ respond 반응하다
+ detail 세부사항

3 Even though large dinners often make people sleepy, it is better to relax after a meal than to sleep.

3
+ relax 휴식을 취하다
+ meal 식사

4 Using these medical products controls infection and disease properly.

4
+ infection 감염
+ properly 적절히

5 Besides, your feet can actually be different sizes at different times of the day, getting larger and returning to "normal" by the next morning.

5
+ besides 게다가
+ actually 실제로
+ normal 정상의

6 We recognize that other people often need looking after and caring for, and we have evolved the capacity to do this within our brains.

6
+ recognize 인지하다
+ need ~ing ~될 필요가 있다
+ care for 돌보다
+ evolve 발달시키다
+ capacity 능력

7 Humans rely heavily on communicating through the meaning found in words and the way they are arranged.

7
+ rely on ~에 의존하다
+ communicate 의사소통하다
+ arrange 배열하다

논리적 관계	연결사 표현
유사성	also, in the same way, just as ~ so too, likewise, similarly
대조	but, however, on the other hand, nevertheless, nonetheless, notwithstanding(~에도 불구하고), in contrast, on the contrary, still, yet, in fact
시간	after, afterward, at last, before, currently, during, earlier, recently, immediately(즉시), later, meanwhile(그동안), now, subsequently(나중에), simultaneously(동시에), then
예시	for example, for instance
강조	even, indeed, in fact, of course, truly
원인과 결과	accordingly(그에 따라), consequently, hence, so, therefore, thus, as a result
부가적인 증거	additionally, besides, equally important, further, furthermore, in addition, moreover, then
요약	in a word, in brief, to summarize, in sum, in summary

혼공

11일차

무관한 문장 찾기

#1문제는_나오지 #생각보다쉬워 #정답률70~93%
#문장간의_변화_포인트

난이도 🌶🌶🌶

It's lack of faith that makes people afraid of meeting challenges,
and I believe in myself.
by Muhammad Ali

믿음이 부족하기 때문에 도전하길 두려워하는 바, 나는 스스로를 믿는다.

01 문항 특징

- 매년 1문제씩 출제 (2017 수능 1문제 출제)
- 무관한 문장도 지문의 키워드나 소재를 포함하고 있음
- **앞문장과는 내용이 자연스럽게 이어짐 but 뒷문장과는 이어지지 않음**
- 전체 문단과의 관계에서 튀는 녀석을 잡아야 함

02 문항 엿보기

다음 글에서 전체 흐름과 관계 없는 문장은?

2016년 고1 3월

The water that is embedded in our food and manufactured products is called "virtual water." For example, about 265 gallons of water is needed to produce two pounds of wheat. ① So, the virtual water of these two pounds of wheat is 265 gallons. ② Virtual water is also present in dairy products, soups, beverages, and liquid medicines. ③ However, it is necessary to drink as much water as possible to stay healthy. ④ Every day, humans consume lots of virtual water and the content of virtual water varies according to products. ⑤ For instance, to produce two pounds of meat requires about 5 to 10 times as much water as to produce two pounds of vegetables.

*virtual water: 공산품 · 농축산물의 제조 · 재배에 드는 물

WORD

embedded 내포된, 포함된　**manufacture** 제조하다　**virtual** 가상의　**gallon** 갤런　**pound** 파운드　**wheat** 밀　**present** 존재하는, 있는　**dairy product** 유제품　**beverage** 음료　**liquid** 액체(의)　**medicine** 약, 약물　**consume** 소비하다　**content** 내용물, 함유량　**vary** 다르다　**require** 필요하다, 요구하다　**vegetable** 채소

03 혼공 전략

Step 1 ▶ 글의 흐름상 무관한 문장을 고르는 것은 즉, 글의 흐름을 파악해야 한다는 거야.

Step 2 ▶ 말하려는 대상(키워드나 소재)은 동일한데, 그 녀석의 다른 특징을 말하는 것을 찾아야 해. 글의 키워드나 소재를 이용해서 정말로 관계가 있는 것처럼 숨어있는 경우가 많아.

Step 3 ▶ 앞문장과는 자연스럽게 연결되지만 뒷문장과는 연결이 어색하거나, 갑자기 튀는 부분을 잡아야 해.

예 '사과의 장점'을 이야기 하다가 갑자기 '사과의 종류'를 이야기하고 다시 '사과의 장점'으로 가는 것처럼 전개가 되지. '사과'라는 소재는 동일하지만 '장점'과 '종류'라는 다른 방향성을 지니는 거지.

The water that is embedded in our food and manufactured products is called "virtual water."

➔ 글의 주제문이야. 키워드는 바로 "virtual water(가상의 물)"이지.

For example, about 265 gallons of water is needed to produce two pounds of wheat. ① So, the virtual water of these two pounds of wheat is 265 gallons. ② Virtual water is also present in dairy products, soups, beverages, and liquid medicines. ③ However, it is necessary to drink as much water as possible to stay healthy. ④ Every day, humans consume lots of virtual water and the content of virtual water varies according to products.

➔ ③번은 물에 대한 이야기는 맞는데, 건강과 관련된 방향으로 전개되고 있어. 그런데 다시 ④번에서는 virtual water(가상의 물)로 되돌아가고 있지. 따라서 건강과 물을 연결한 ③번 문장은 전체적인 방향인 가상의 물에 대한 내용과는 동떨어진 내용이 되어버렸지.

⑤ For instance, to produce two pounds of meat requires about 5 to 10 times as much water as to produce two pounds of vegetables.

정답: ③

혼공 TIP
❶ 모든 문장의 소재나 키워드는 동일하게 나옴
❷ 앞문장과는 자연스럽게 연결되지만, 뒷문장과는 비약이 느껴짐
❸ 소재로 파악하는 것이 아니라 문장의 방향성으로 봐야 함
❹ 잔잔하게 흐르는 물에서 튀는 부분을 잡아야 함

다음 글에서 전체 흐름과 관계 <u>없는</u> 문장은?

단어 PLUS

+ burglar 강도
+ property 재산

보기 Is your home safe from burglars? Here are some tips on how to keep your home safe. ① One way to keep a burglar out is to make sure that someone is home. ② <u>Make it hard for the burglar to sell your property.</u> ③ A burglar would rather try an empty house. ④ You may be able to fool a burglar by keeping a light on when you are out.

혼공TIP 이 글은 강도가 집에 들어오지 않게 하는 방법을 알려주고 있어. 그런데 ②번은 강도가 훔친 물건을 팔기 어렵게 하라는 내용이므로 이 문장이 정답이 되겠지.

01 Comedies are my favorite way to relax. ① Horror films scare me, but comedies entertain and refresh me after work. ② Woody Allen pictures, especially the early ones, help me take my mind off the stress of the day. ③ For example, watching his film Bananas is more relaxing for me than drinking wine. ④ So I've been trying to give up watching his films.

1
+ favorite 선호하는
+ horror 공포
+ scare 무섭게 하다
+ entertain 즐겁게 하다
+ refresh 생기를 찾게 하다
+ relaxing 편안한

02 Every child learns through play. ① Many experts in childhood development think of play as the "work of children." ② It helps children to solve problems, get along with other people, and control their bodies. ③ Children, however, prefer going to a movie to watching a play. ④ While children appear to be "just playing," they truly are at work – gaining knowledge of the world.

2
+ get along with ~와 잘 지내다
+ prefer A to B
  B보다 A를 더 좋아하다
+ appear ~처럼 보이다
+ gain 얻다
+ knowledge 지식

03 Contrary to popular belief, reading books in poor light does not ruin your eyes. ① When you read by moonlight or under the covers, you tend to squint to focus on letters. ② Sometimes, this gives you a headache, makes you tired, or causes pain in the muscles around your eyes and your vision seems less clear. ③ Direct lighting helps people stay more focused while reading books. ④ However, you won't suffer any long-term eye damage with a good night's rest.

*squint: 눈을 가늘게 뜨고 보다

3
+ contrary to ~와 반대로
+ ruin 망치다
+ letter 문자
+ muscle 근육
+ vision 시력
+ damage 손상

04 When you are in danger and feel afraid, your body automatically produces a chemical, called adrenalin, in your blood. ① With adrenalin in the blood system, you actually feel stronger and are ready to fight. ② However, when you are absolutely terrified, your body can produce too much adrenalin. ③ When this happens, your muscles become very hard and you find out that you can't move at all. ④ That's why you do exercise to build up your muscles.

4
+ automatically 자동적으로
+ chemical 화학 물질
+ called 불리는
+ absolutely 절대적으로
+ terrified 두려운
+ hard 딱딱한
+ build up 형성하다, 강화시키다

05 Beans are a good source of vitamins A and C and can be safely eaten every day, but should always be cooked before consumption. ① Raw beans contain hydrocyanic acid, which is poisonous and can cause sickness and blood pressure problems. ② Once cooked, however, beans can help lower blood pressure. ③ Recently, the number of blood donors has increased rapidly. ④ Beans contain a significant amount of calcium, the basic building material of all bones and teeth.

*hydrocyanic acid: 시안화수소산

5
+ bean 콩
+ consumption 소비
+ poisonous 독성의
+ sickness 병, 아픔
+ blood pressure 혈압
+ donor 기증자
+ rapidly 빠르게
+ significant 상당한, 중대한
+ material 물질

3단계 모의고사 요리하기

1 다음 글에서 전체 흐름과 관계 <u>없는</u> 문장은?

2015년 고1 3월

Music study enriches all the learning – in reading, math, and other subjects – that children do at school. ① It also helps to develop language and communication skills. ② As children grow, musical training continues to help them develop the discipline and self-confidence needed to achieve in school. ③ Studying while listening to music causes students to have a difficult time learning the material. ④ The day-to-day practice in music, along with setting goals and reaching them, develops self-discipline, patience, and responsibility. ⑤ That discipline carries over to other areas, such as doing homework and other school projects on time and keeping materials organized.

*discipline: 자제력

WORD

enrich 질을 높이다 **subject** 과목 **develop** 발달시키다 **communication** 의사소통 **skill** 기술 **continue** 계속하다 **self-confidence** 자신감 **achieve** 성취하다 **cause** ~하게 하다, 일으키다 **have a difficult time ~ing** ~하는데 어려움이 있다 **material** 자료, 재료 **day-to-day** 매일의 **practice** 연습(하다) **along with** ~와 더불어 **self-discipline** 자제력 **patience** 인내력 **responsibility** 책임감 **carry over to** ~로 옮겨지다 **organize** 정리하다, 조직하다

2 다음 글에서 전체 흐름과 관계 <u>없는</u> 문장은?

2014년 고1 9월

When the Muslims invaded southern Europe in the eighth century, they passed a law forbidding the sale of pork. This was done because the founder of the Muslim religion had declared pork to be unclean. ① This law, of course, didn't change the Europeans' love of pork, and there soon developed a black market for the meat. ② In secret transactions, usually conducted at night, farmers would sell to city dwellers pigs concealed in large bags. ③ Occasionally, a dishonest farmer would trick a buyer by selling a bag containing not a pig but a cat. ④ Pigs were traditionally associated with dirtiness because of their habit of rolling around in mud while cats were believed to be clean. ⑤ If something went wrong and the bag came open during the transaction, this literally "let the cat out of the bag" and this is why revealing a secret is said to be "letting the cat out of the bag."

WORD

invade 침입하다 forbid 금지하다 pork 돼지 founder 창시자 declare 선언하다 black market 암시장 transaction 거래 conduct 행하다 dweller 거주민, 주민 conceal 감추다 occasionally 때때로 dishonest 부정직한 be associated with ~와 연관되다 literally 말 그대로 let the cat out of the bag 비밀을 폭로하다 reveal 드러내다

다음 글에서 전체 흐름과 관계 없는 문장은?

Have you ever done something absent-minded like throwing the peeled potato into the bin and the peelings into the pot? ① How about sending an email saying there is a document attached without actually attaching the document? ② Everyday mistakes like these happen all the time because our brains have to keep track of hundreds of different responses to thousands of different potential stimuli every hour of our waking lives. ③ Even though a second earlier we wrote that we were attaching a document to the email, the very next second our brain gives a command to our fingers to send the attachment-less email. ④ It is wise not to open email attachments from an unknown, doubtful, or untrustworthy source. ⑤ Sometimes we don't even realize our mistake until we get an email from the addressee pointing it out.

WORD

absent-minded 멍청한　**peel** 벗기다　**bin** 쓰레기통　**how about ~?** ~은 어떠한가?　**attach** 첨부하다　**document** 자료　**keep track of** ~을 기록하다　**response** 반응　**potential** 잠재적인　**stimuli** 자극　**command** 명령(하다)　**attachment** 첨부(물)　**doubtful** 의심스러운　**addressee** 수신인

혼공 개념 마무리

★ 혼공 11일차에 나온 구문들을 해석해 보자.

단어 PLUS

1 The water that is embedded in our food and manufactured products is called "virtual water."

1
+ **embed** 내포된, 포함된
+ **manufactured** 제조된
+ **virtual** 가상의

2 Contrary to popular belief, reading books in poor light does not ruin your eyes.

2
+ **contrary to** ~와 반대로
+ **ruin** 망치다

3 Raw beans contain hydrocyanic acid, which is poisonous and can cause sickness and blood pressure problems.

3
+ **raw** 날것의
+ **bean** 콩
+ **acid** 산
+ **poisonous** 독성의
+ **blood pressure** 혈압

4 As children grow, musical training continues to help them develop the discipline and self-confidence needed to achieve in school.

4
+ **discipline** 자제력, 규율
+ **self-confidence** 자신감

5 The day-to-day practice in music, along with setting goals and reaching them, develops self-discipline, patience, and responsibility.

5
+ **day-to-day** 일상의
+ **practice** 연습
+ **along with** ~와 더불어
+ **patience** 인내
+ **responsibility** 책임감

6 In secret transactions, usually conducted at night, farmers would sell to city dwellers pigs concealed in large bags.

6
+ **trasaction** 거래
+ **conduct** 행하다
+ **dweller** 주민, 거주자
+ **conceal** 숨기다

7 How about sending an email saying there is a document attached without actually attaching the document?

7
+ **how about ~?**
  ~하는 게 어때?
+ **attach** 첨부하다

잠만 자던 우리 반 반장

내가 고3 때였어. 나는 문과 반이었고, 우리 반 반장은 곱상하게 잘 생긴 외모에 운동도 잘하는 남학생이었지. 남고였지만 발렌타인데이에는 정문에서 이 친구에게 초콜릿을 줄 여학생들이 줄을 서 있을 정도였어.

이 친구에 대해 놀라운 것은 공부를 아주 잘했다는 것이고, 더 놀라운 것은 수업시간과 자습시간에 잠만 자는 친구였다는 거지. 많은 친구들이 반장이 잠만 자니까 처음에는 걱정을 했어. 그런데 웬 걸, 첫 모의고사 성적을 보니 그 친구가 반에서 2등을 한 거야. 어떻게 잠만 자고서도 그렇게 좋은 성적을 올릴 수 있을까 다들 아주 궁금했었지.

하지만, 반장은 성적에 대해서는 늘 한마디도 하지 않았고 신나게 잠만 잤어. 그 잘생긴 얼굴로 교복 소매에 침을 한 바가지 흘려가면서 말이지. 특히 야간 자율 학습은 잠의 향연이라 볼 수 있었어. 사람이 어떻게 그렇게 잘 수 있을까 싶을 정도로 집중력 있게 잘 자더라고. 3시간 연속으로 자는 것도 보았고, 여름 방학 동안 자습할 때에는 땀을 뻘뻘 흘려가면서 자는 모습도 보여 주었어.

하루는 학부모님들이 학교에 수업을 보러 오는 날이 있었어. 반장의 어머니께서도 학교에 오셨지. 자신의 어머니께서 방문하신다는 것을 알고 있었기에, 평소 같으면 맨날 잠을 자던 반장이었지만 이 날 만큼은 깨어있었어. 여러 명의 어머님들께서 교실을 방문하셨고 반장은 자신의 어머니를 향해 반갑게 손을 흔들었어.

어머니께서 밝게 웃으시면서, '어머나, 열심히 공부하네. 요즘 집에서 맨날 잠만 자서 너무 걱정했는데 다행이다. 오호호호.' 이렇게 말씀하셨어. 우리는 다 얼어붙었지.

'오늘만 깨어 있는 건데. 우리 반장 학교에서도 집에서도 자면 도대체 언제 공부하는거야?'

이 반장은 결국 그 해 수능에서 대박이 나서 서울대학교 국문학과를 갔어. 사실 부럽고 질투날 수도 있지만, 때론 말로 설명하기 힘든 현상도 있잖아. 그냥 이 친구는 전생에 나라를 구했나 보다.

12일차

주어진 문장 넣기

#2문제_나옴 #어렵다 #정답률29~82%
#1등급을_결정한다

난이도

Genius without education is like silver in the mine.
by Benjamin Franklin

교육 없는 천재는 광산 속의 은이나 마찬가지이다.

1 단계 개념 요리하기

01 문항 특징

- 매년 1~2문제씩 출제 (2017수능 2문제 출제)
- 최근 들어 매우 어려워지고 있음
- 2문제 중 1문제는 3점 짜리로 **극강의 난이도**를 자랑함
- 문장 사이의 **논리적 빈 공간**을 찾아야 함
- 급격한 반전, 갑작스런 대명사 등장, 연결어 등이 힌트로 주어짐

02 문항 엿보기

글의 흐름으로 보아, 주어진 문장이 들어가기에 가장 적절한 곳을 고르시오.

2016년 고1 3월

> But there will be times in your life when there is no one around to stand up and cheer you on.

It's great to have people in your life who believe in you and cheer you on. (①) They are truly interested in what you are trying to achieve and support you in all of your goals and efforts. (②) Each of us needs people in our lives who encourage us so that we can feel confident in our capabilities and move forward toward our goals. (③) When this happens, don't get depressed. (④) Instead, become your own cheerleader. (⑤) Give yourself a motivational pep talk because nobody knows your strengths and talents better than you and no one can motivate you better than you.

*pep talk: 격려의 말

WORD

stand up 서 있다   cheer on ~를 응원하다   achieve 성취하다   support 지지하다   encourage 격려하다   confident 확신하는, 자신 있는   capability 능력   forward 앞으로   depressed 우울한   motivational 동기를 부여하는   strength 장점, 강점   motivate 동기를 부여하다

Step 1 일단 주어진 문장을 꼼꼼히 읽고 내용을 파악해야 해. 또 주어진 문장에 연결어나 대명사가 있나 여부를 살펴봐야 해. 굉장한 힌트 역할을 하거든.

> **But** there will be times in your life when there is no one around to stand up and cheer you on. 주변에 사람이 없다는 내용이야.

➜ 주어진 문장에 역접을 나타내는 연결어가 나와. 즉 이 문장 앞에는 '여러분 곁에는 사람들이 있다'라는 내용이, 뒤에는 '없다'라는 내용이 온다는 거지.

Step 2 전체적으로 this, they, it 같은 대명사가 어떤 역할을 하는지, 연결어가 역접(+/-)인지 결과인지 추가인지 살펴봐야 해. 그리고 문장 사이에 논리적으로 연결이 되지 않은 부분을 체크해야 해.

It's great to have people in your life who believe in you and cheer you on. (①) They are truly interested in what you are trying to achieve and support you in all of your goals and efforts. (②) Each of us needs people in our lives who encourage us so that we can feel confident in our capabilities and move forward toward our goals.

➜ 여기까지는 여러분 곁에 격려해주는 사람들이 존재한다는 내용이 나오고 있어.

(③) When this happens, don't get depressed.

➜ 갑자기 '이런' 일이 일어나면, 우울해지지 말라고 하네. 대명사가 가리키는 것이 무엇인지 잘 파악해야 해. 앞에서는 옆에 사람이 있는데 왜 우울해져? 이 문장 앞에 무언가 안 좋은 일이 벌어져야 하겠지. 주어진 문장이 옆에 사람이 없을 때가 온다는 내용이므로 안 좋은 일이지. 따라서 정답은 ③번이야.

(④) Instead, become your own cheerleader. (⑤) Give yourself a motivational pep talk because nobody knows your strengths and talents better than you and no one can motivate you better than you.

정답: ③

혼공
TIP
❶ 주어진 문장을 먼저 읽고 대명사나 연결어가 있나 살핌
❷ 대명사가 있을 때, 단수인지 복수인지, 남자인지 여자인지 파악할 것
❸ 연결어가 존재할 때 반대/예시/추가/재 진술/인과관계인지 파악할 것
❹ 문장 사이의 논리적 비약이 있는 가를 살펴야 함

글의 흐름으로 보아, 주어진 문장이 들어가기에 가작 적절한 곳은?

보기
> If not, the plants will soon suffer from too much water or too little.

It is easy to fill your house or apartment with the magic of green plants. (①) First, buy a number of cheap but healthy plants at a store. (②) Second, place them attractively on the shelves. (③) Third, water lightly but lovingly, as directed by the seller, plant labels, or gardening books. (④)

단어PLUS

+ **suffer** 고생하다
+ **attractively** 매력적으로
+ **shelves** 선반 (shelf의 복수형)
+ **water** 물을 주다

혼공TIP 주어진 문장은 물을 너무 적게 주거나 너무 많이 주어서 화초가 병에 걸릴 수 있다고 하는 내용이지. 물을 알맞게 주라는 내용 다음으로 들어가면 되니까, 바로 ④번이 정답이 되겠지.

01

> In this case, blind people can use a 'talking watch'.

Clocks and watches help us get to places on time. (①) When we look at a watch, we know if we have to hurry or take our time. (②) But what about people who are blind? (③) The watch shows the correct time, but it also has a button. (④) When the button is pressed, a voice 'tells' the time.

1
+ **on time** 정각에
+ **take one's time** 천천히 하다

02

> So, when you visit the moon, you should be able to separate the water from the other chemicals.

Astronauts found no water on the surface of the moon. (①) They found no living things on the moon – no animals or plants. (②) However, scientists have discovered what seems to be water and ice beneath the surface of the moon. (③) Most of it is combined together with other chemicals. (④) Then, you will be able to drink the water.

2
+ **separate** 분리하다
+ **chemical** 화학 물질
+ **astronaut** 우주비행사
+ **surface** 표면
+ **discover** 발견하다
+ **beneath** ~아래
+ **combine** 결합하다

03

| Also, the paperless office saves time. |

3
+ **paperless** 종이 없는
+ **benefit** 이점
+ **environment** 환경
+ **electronic** 전자의
+ **it takes** 시간 to부정사
  to부정사 하는데 시간이 걸리다
+ **document** 자료

The idea of a paperless office appeared more than 20 years ago. The paperless office has many benefits. First, it helps the environment by saving more trees. (①) Another benefit is to save money. (②) Printers, paper and ink are expensive, so keeping an electronic file saves a lot of money. (③) It takes hours to search data with paper document. (④) But with digital document, you can search data within seconds.

04

| This can lead to headaches and unclear vision. |

4
+ **headache** 두통
+ **unclear** 불확실한
+ **keep in mind** 명심하다
+ **be good for** ~에 좋다
+ **nearby** 가까이
+ **converge** 집중하다, 수렴하다
+ **distance** 먼 곳, 거리
+ **at the same time** 동시에

We should keep in mind that 3-D movies might not be good for our eyes. (①) When we look at things nearby, our eyes converge. (②) Our eyes do the opposite when we look at things in the distance. (③) When we watch 3-D movies, however, our eyes focus on things that are both far and near at the same time. (④) Therefore, 3-D movie producers should do something to solve these types of problems.

05

| Then one day I had the opportunity to fly with friends on a plane to a beautiful resort. |

5
+ **opportunity** 기회
+ **scared** 두려운
+ **describe** 묘사하다
+ **scene** 장면
+ **flight** 비행
+ **landing** 착륙

I was scared of air travel. (①) Friends said air travel is safer than highway travel, but it made no difference to me. (②) I had read many news stories describing crash scenes and imagined these scenes happening to me. (③) I didn't want to miss such a great vacation. (④) So I spent two weeks imagining a smooth flight on a beautiful sunny day and an easy landing.

1 글의 흐름으로 보아, 주어진 문장이 들어가기에 가장 적절한 곳을 고르시오.

2015년 고1 3월

> This is not the case for people who live in the suburbs.

For the most part, people who live or work in cities walk throughout the day – to go from the parking lot to the office, to shop, and to run errands. (①) It's often easier and cheaper to walk a few blocks than to wait for a taxi or subway. (②) In this way, exercise can be structured into the daily routine. (③) Because the suburbs are spread out, it's too far to walk to the office or run to the store. (④) Walking to the bus stop used to provide at least some movement, but now most public transportation is limited, so suburban people drive everywhere. (⑤) The price they pay is limited physical movement during the day.

*suburb: 교외 **run errands: 용무를 보다

WORD

for the most part 대부분의 경우에 **throughout** ~동안 죽 **parking lot** 주차장 **errand** 심부름 **structure** 구조화하다 **daily routine** 일과 **spread out** ~을 펼치다 **used to부정사** ~하곤 했다 **provide** 제공하다 **at least** 적어도 **public transportation** 대중교통 **limited** 제한된 **pay the price** 대가를 치르다 **physical** 신체적인, 물리적인

2 글의 흐름으로 보아, 주어진 문장이 들어가기에 가장 적절한 곳을 고르시오.

2015년 고1 9월

However, they are unable to remember any of the words that they heard in the other ear, even if the same small set of words had been repeated a dozen times.

A classic psychological experiment asks a group of people to wear headphones. (①) In this experiment, spoken words are played through the headphones, but a different set of words is played to each ear. (②) Participants are told to listen to the words being sent to one ear (say the left ear) and to repeat them aloud. (③) When given these instructions, people are quite good at repeating the words that were spoken to that ear. (④) This example shows that much of the information that is available to your ears does not make it too far into your head. (⑤) You are selecting only a small amount of that information to be processed enough to know what words were being spoken.

WORD

repeat 반복하다 **a dozen times** 수십 번 **classic** 전형적인 **psychological** 심리학의 **experiment** 실험 **spoken word** 음성언어
participant 참가자 **instruction** 지시, 교육 **available** 이용 가능한 **select** 고르다, 선택하다 **process** 처리하다

3 글의 흐름으로 보아, 주어진 문장이 들어가기에 가장 적절한 곳을 고르시오.

> In contrast, the individual who responds to anger in the same way every time has little capacity to constructively adapt his responses to different situations.

The goal in anger management is to increase the options you have to express anger in a healthy way. (①) By learning a variety of anger management strategies, you develop control, choices, and flexibility in how you respond to angry feelings. (②) A person who has learned a variety of ways to handle anger is more competent and confident. (③) And with competence and confidence comes the strength needed to cope with situations that cause frustration and anger. (④) The development of a set of such skills further enhances our sense of optimism that we can effectively handle the challenges that come our way. (⑤) Such individuals are more likely to feel frustrated and to have conflicts with others and themselves.

WORD

respond 대응하다 capacity 능력 constructively 건설적으로 adapt 적응시키다 management 관리, 경영 express 표현하다 a variety of 다양한 strategy 전략 flexibility 융통성 handle 다루다 competent 유능한 confident 자신감 있는 competence 능력 frustration 좌절감 enhance 고양시키다 optimism 낙천주의 challenge 도전, 어려움 conflict 다툼, 갈등

혼공 개념 마무리

★ 혼공 12일차에 나온 구문들을 해석해 보자.

1 But there will be times in your life when there is no one around to stand up and cheer you on.

2 However, scientists have discovered what seems to be water and ice beneath the surface of the moon.

3 When we watch 3-D movies, however, our eyes focus on things that are both far and near at the same time.

4 So I spent two weeks imagining a smooth flight on a beautiful sunny day and an easy landing.

5 Walking to the bus stop used to provide at least some movement, but now most public transportation is limited, so suburban people drive everywhere.

6 When given these instructions, people are quite good at repeating the words that were spoken to that ear.

7 In contrast, the individual who responds to anger in the same way every time has little capacity to constructively adapt his responses to different situations.

단어 PLUS

1
+stand up 서다
+cheer on ~를 응원하다

2
+discover 발견하다
+surface 표면

3
+at the same time 동시에

4
+smooth 부드러운
+flight 비행
+landing 착륙

5
+provide 제공하다
+movement 움직임
+public transportation 대중교통
+limited 제한된
+suburban 교외의

6
+instruction 지시, 설명
+quite 아주
+be good at ~에 능숙하다

7
+in contrast 반대로
+individual 개인(의)
+respond 대응하다
+capacity 능력
+constructively 건설적으로
+adapt 적응시키다

수능영어 절대평가에 대해서

여러분도 알다시피 2018 수능부터는 영어가 절대평가로 바뀌지.

예전에는 상대평가라서 자신이 몇 % 에 속하느냐에 따라서 등급이 결정되었지. 그래서 1개를 틀려도 운이 나쁘면 2등급을 받게 될 수도 있었어. 많은 친구들이 무조건 100점을 목표로 공부를 하게 되었지. 그렇다 보니 영어를 어려워 하는 친구들의 경우, 자신이 맞은 점수가 높아도 원하는 등급을 받기가 힘들어져서 영어공부를 포기하기도 했어.

하지만, 이제는 달라졌지. 수능영어는 백분위에 따라 등급이 결정되는 것이 아니라 자신이 맞은 점수로 등급이 결정돼. 즉 100~90점은 1등급, 89~80점은 2등급, 79~70은 3등급 이런 식으로 말이지. 절대평가가 좋은 건 한마디로 자신의 노력에 따라서 영어등급을 얻을 수 있다는 거야.

상대평가에서는 나뿐만 아니라 친구의 성적까지 고려를 해야 하는데, 절대평가는 그렇지 않거든. 내가 열심히 해서 목표로 한 점수만 따면, 그 등급을 받을 수 있다는 거지. 더군다나 절대평가로 치러지는 시험의 경우 상대평가때보다는 조금이라도 문제난이도가 낮아지는 이점까지 있어. 그러니까 예전처럼 굳이 영어를 포기할 필요가 없다는 거야. 5개 틀리면 1등급, 10개 틀려도 2등급을 받을 수 있으니까 확실히 등급 따는 데 여유가 생기지.

옆에 있는 친구의 점수와는 상관없이 나만 열심히 하면 원하는 등급을 딸 확률이 높아진거지. 그러니까 절대로 영어 포기하지마. 어려운 것은 나중에 하더라도 쉬운 것만 맞춰도 어느정도 등급은 나올 수 있어. 이것은 나중에 대학 갈 때 큰 영향력을 끼치게 돼. 나중에 3학년이 되면 대학입시에서 수능최저라는 것을 맞추는데 분명히 영어가 큰 도움을 줄 거라고 생각해.

13일차

글의 순서 배열

#2문제_나옴 #어렵다 #정답률72~87%
#1등급을_결정한다

난이도 🌶🌶🌶

Try not to become a man of success but rather to become a man of value.
by Albert Einstein

성공한 사람보다는 가치 있는 사람이 되려 하라.

개념 요리하기

학습날짜 : 　월　　일

01 문항 특징

- 🌶 매년 2문제씩 출제 (2017수능 2문제 출제)
- 🌶 주어진 글 다음에 (A), (B), (C) 세 개의 단락을 배열하는 문제이지만 실제로는 **두 문단의 순서만 맞춰도 답이 나오는 유형임**
- 🌶 여러 실마리를 사용하여 문장의 전후관계를 맞춰야 하므로 **대명사와 연결사, 논리적 독해 능력과 사고력이 필요함**
- 🌶 문제 자체는 그렇게 어렵지 않지만, 시험 후반부에 배치되어 있어 시간에 대한 압박감으로 인해 **체감 난이도와 실제 오답률이 높은 편**

02 문항 엿보기

주어진 글 다음에 이어질 글의 순서로 가장 적절한 것은?

2015년 고1 3월

I took a job on the night shift because the money was much better.

(A) I took a slightly longer break than usual and my boss wasn't too happy about that. So, we couldn't do it very often, but I loved it when they came.

(B) Unfortunately, working at night meant I could no longer have dinner with my wife and kids. A sandwich in the cafeteria isn't exactly the same thing as a hot meal at home.

(C) One night, my wife surprised me by packing up the kids and dinner and coming to see me at work. The five of us sat around the cafeteria table and it was the best meal I'd had in a long time.

* night shift: 야간 근무

① (A) - (C) - (B)　　　　② (B) - (A) - (C)　　　　③ (B) - (C) - (A)

④ (C) - (A) - (B)　　　　⑤ (C) - (B) - (A)

WORD

slightly 약간　**break** 휴식　**than usual** 평소보다　**unfortunately** 불행히도　**mean** 의미하다　**no longer** 더 이상 ~ 하지 않다　**cafeteria** 구내식당　**exactly** 정확하게　**the same thing as** ~와 같은 것　**pack up** ~을 싸다　**in a long time** 한동안

Step 1 ▶ 주어진 문장을 읽고 글의 주제를 파악해야 해.

> I took a job on the night shift because the money was much better.

➜ 주어진 문장에서 우리는 글의 주제가 night shift(야간 근무)라는 걸 알 수 있어.

Step 2 ▶ (A),(B),(C) 중 한 문단을 선택해야 해. 보통은 (B)아니면 (C)야. this, they, it 같은 대명사가 어떤 역할을 하는지(+/−), 연결어가 역접인지 결과인지 추가인지 살펴보자.

(A) I took a slightly longer break than usual and my boss wasn't too happy about that. So, we couldn't do it very often, but I loved it when they came.

❸ (B)의 마지막에서는 불만이 나오고 있는데 (A)는 갑자기 긴 휴식을 취하고 있다는 내용으로 시작하지. 따라서 (B) 다음에는 구체적 사례가 나오는 (C)가 적절해. 그러면 굳이 (A)를 다 읽지 않고도 (B) - (C) - (A)라고 답이 나오겠지.

(B) Unfortunately, working at night meant I could no longer have dinner with my wife and kids. A sandwich in the cafeteria isn't exactly the same thing as a hot meal at home.

❷ (B)와 (C)를 비교해 봤을 때, (B)에서는 야간 근무의 단점을 이야기 하고 있고 (C)에서는 구체적인 예시가 나오고 있지. 주어진 문장은 야간 근무를 하고 있다는 단순한 사실이야. 갑자기 구체적인 사례가 나오기에는 이상하지. 따라서 (B)가 먼저 나와야 해.

(C) One night, my wife surprised me by packing up the kids and dinner and coming to see me at work. The five of us sat around the cafeteria table and it was the best meal I'd had in a long time.

① (A) - (C) - (B)　　　　② (B) - (A) - (C)　　　　③ (B) - (C) - (A)

❶ 보기의 구성을 보면 (A)로 시작하는 게 하나야. 이건 제거하면 돼. 따라서 순서는 (B) 또는 (C)로 시작하겠지.

④ (C) - (A) - (B)　　　　⑤ (C) - (B) - (A)

정답: ③

혼공 TIP ❶ 첫 번째 문단으로 선택지에 제시된 것이 하나면 제거
　　➜ 주로 (A)는 제거, (B) 또는 (C)로 시작하는 경우가 대부분
　　❷ 대명사나 연결어를 적극 활용할 것. 특히 대조 관계일 경우 (+/−) 개념으로 구분
　　❸ 주어진 문장은 글의 주제 파악 정도만 할 것
　　❹ 보통 두 번째 문단이 정해지면 굳이 세 번째 문단을 읽어볼 필요 없음. 바로 다음 문제로 Go Go!

주어진 글 다음에 이어질 글의 순서를 맞춰 보자.

> **보기** Credit is an important tool for dealing with your money and increasing your ability to borrow money.
>
> (A) For example, it can help you get a car loan or a house loan.
> (B) But when credit is used badly, it can lead to great debt and a money crisis.
> (C) Building good credit is important for buying major life goods.
>
> **혼공TIP** 주어진 문장은 신용의 역할을 설명하고 있어. (C)에서는 신용을 쌓는 것의 중요한 점을 말하고 있으니 역할과 자연스레 연결되지. (A)에서는 신용의 역할에 대한 예시가 나오고 (B)에서는 단점이 나오니, (C) - (A) - (B)가 자연스럽겠지.

단어 PLUS

+ credit 신용
+ deal with 처리하다, 다루다
+ increase 향상시키다
+ ability 능력
+ borrow 빌리다
+ loan 대출
+ debt 빚
+ crisis 위험
+ build 쌓다

01 Masks have been used in many ways for thousands of years.

(A) They thought the masks helped them win.
(B) Others thought that wearing masks would make their gods happy.
(C) Some tribes wore masks when they went to war.

1
+ tribe 부족

02 According to doctors, laughter has an effect on our body as well as our mind.

(A) Maria was told that she had cancer and had only one year to live.
(B) Finally, laughter helped her to live longer than expected.
(C) She didn't want to die, so she asked her friends to tell her as many funny things as they could.

2
+ laughter 웃음
+ have an effect on ~에 영향을 주다
+ cancer 암
+ expect 예상하다

03

> The Internet has several big advantages: there's lots of information, and it can be totally up-to-date.

(A) However, it's not always a reliable source.

(B) Therefore, avoid using the Internet as your first or only source of information.

(C) There are often no editors to make sure the facts are straight, and anyone with a computer can post his or her own opinions as fact.

3
+ several 몇 개의
+ advantage 장점
+ up-to-date 최신의
+ reliable 믿을만한
+ source 자료, 출처
+ editor 편집자
+ straight 직설적인
+ post 게시하다
+ opinion 의견

04

> Leonardo Da Vinci was born in 1452. He lived in a period called the Renaissance, when everyone was interested in art.

(A) He was a scientist, an inventor, an architect, a musician, and a mathematician. When he was thirty, he moved to Milan.

(B) Even though Da Vinci was a great artist of that period, he became famous because he could do many other things.

(C) In that place, he painted most of his pictures. His paintings were done in a realistic style.

4
+ period 기간
+ be interested in
  ~에 관심이 있다
+ inventor 발명가
+ architect 건축가
+ musician 음악가
+ mathematician 수학자
+ realistic 사실적인

05

> Do you think broccoli tastes bitter? Don't blame the cook!

(A) Genes also determine how many taste buds are on your tongue. Some people have many taste buds.

(B) Because of this, they find the flavor of some foods unpleasantly strong. Broccoli tastes very bitter to them.

(C) Researchers say that what tastes good or bad can depend on the taster's genes. Genes determine the color of your eyes and the shape of your face.

5
+ bitter 쓴
+ blame 탓하다
+ determine 결정하다
+ taste bud 미각돌기(미뢰)
+ flavor 맛, 향
+ unpleasantly 불쾌하게
+ depend on ~에 의존하다
+ gene 유전자

1 주어진 글 다음에 이어질 글의 순서로 가장 적절한 것은?

2014년 고1 6월

> When I was eight years old and was spending a weekend at my aunt's, a middle-aged man visited one evening. After a polite argument with my aunt, he devoted his attention to me.

(A) To reduce my excitement, my aunt informed me that he, a New York lawyer, cared nothing about them. I asked for the reason he still talked all the time about boats.

(B) At that time, I was excited about boats, and the visitor discussed the subject with me in a way that seemed to me particularly interesting. After he left, I spoke of him with enthusiasm. What a man!

(C) My aunt answered, "Because he is a gentleman. He saw you were interested in boats, and he talked about the things he knew would interest and please you."

① (A) - (C) - (B)　　　② (B) - (A) - (C)　　　③ (B) - (C) - (A)

④ (C) - (A) - (B)　　　⑤ (C) - (B) - (A)

2 주어진 글 다음에 이어질 글의 순서로 가장 적절한 것은?

> The habit of reading books multiple times encourages people to engage with them emotionally. If they only read a book once, they tend to only focus on the events and stories in it.

(A) The same effect can be seen with familiar holiday destinations. Re-visiting a place can also help people better understand both the place and themselves. Considering the immense benefits, don't hesitate to give re-consuming a try.

(B) By enjoying the emotional effects of the book more deeply, people become more in touch with their own feelings. Despite their familiarity with the stories, re-reading brings renewed understanding of both the book and themselves.

(C) But with a second read-through, the repeated experience brings back the initial emotions caused by the book, and allows people to appreciate those emotions at their leisure.

① (A) - (C) - (B)   ② (B) - (A) - (C)   ③ (B) - (C) - (A)

④ (C) - (A) - (B)   ⑤ (C) - (B) - (A)

WORD

habit 습관 multiple 다양한, 여러 번 encourage 격려하다 engage 연결시키다 emotionally 감정적으로 destination 목적지, 여행지 immense 거대한, 수많은 benefit 이점 hesitate 주저하다 despite ~임에도 불구하고 familiarity 익숙함 initial 최초의 emotion 감정 appreciate 감상하다 at one's leisure 느긋하게

13일차 글의 순서 배열 139

3 주어진 글 다음에 이어질 글의 순서로 가장 적절한 것은?

2016년 고1 9월

Frank Barrett, an organizational behavior expert, explains that disrupting routines and looking at a situation from another's perspective can lead to new solutions.

(A) While everyone else was in meetings on the first day of the workshop, the airline's vice president of marketing had the beds in each leader's hotel room replaced with airline seats.

(B) After having spent that night in airline seats, the company's leaders came up with some "radical innovations." If he had not disrupted their sleeping routines and allowed them to experience their customers' discomfort, the workshop may have ended without any noteworthy changes.

(C) In a lecture, Barrett shares the story of an airline that was dealing with many complaints about their customer service. The airline's leaders held a workshop to focus on how to create a better experience for their customers.

① (A) - (C) - (B)　　　② (B) - (A) - (C)　　　③ (B) - (C) - (A)
④ (C) - (A) - (B)　　　⑤ (C) - (B) - (A)

WORD

organizational 조직의　behavior 행동　expert 전문가　explain 설명하다　disrupt 방해하다　perspective 관점　lead to ~로 이끌다
come up with 생각해내다　radical 급진적인, 획기적인　innovation 혁신　discomfort 불편　noteworthy 가치 있는　deal with 처리하다,
다루다　complaint 불평

혼공 개념 마무리

★ 혼공 13일차에 나온 구문들을 해석해 보자.

1 She didn't want to die, so she asked her friends to tell her as many funny things as they could.

1
+ ask A to부정사
  A에게 to부정사 하라고 요구하다

2 There are often no editors to make sure the facts are straight, and anyone with a computer can post his or her own opinions as fact.

2
+ editor 편집자
+ straight 직설적인
+ post 게시하다
+ opinion 의견

3 He lived in a period called the Renaissance, when everyone was interested in art.

3
+ period 기간
+ be interested in
  ~에 관심이 있다

4 Researchers say that what tastes good or bad can depend on the taster's genes.

4
+ depend on ~에 의존하다
+ gene 유전자

5 Considering the immense benefits, don't hesitate to give re-consuming a try.

5
+ consider 고려하다
+ immense 거대한
+ benefit 이익
+ hesitate 주저하다
+ re-consume 재소비하다

6 He saw you were interested in boats, and he talked about the things he knew would interest and please you.

6
+ please 기쁘게 하다

7 If he had not disrupted their sleeping routines and allowed them to experience their customers' discomfort, the workshop may have ended without any noteworthy changes.

7
+ disrupt 방해하다
+ routine 일상
+ allow 허용하다
+ customer 고객
+ discomfort 불편
+ noteworthy 주목할 만한

Just the way you are

- Bruno Mars

Oh her eyes
오 그녀의 눈

her eyes make the stars look like they're not shining
그녀의 눈은 저 별들이 빛나지 않은 것처럼 만들어 버려

her hair
그녀의 머리

her hair falls perfectly without her trying.
그녀의 머리는 노력 없이도 완0벽하게 찰랑거려

she's so beautiful
그녀는 너무 아름다워

and I tell her every day
그리고 난 그녀에게 매일 얘기하지

yeah I know, I know
그래 난 알아

when I compliment her
내가 그녀를 칭찬할 때

she won't believe me
그녀는 날 믿지 않을 거야

and it's so,
근데 그건 정말

it's so sad to think she don't see what I see
내가 보는 것을 그녀는 보지 않는다는 걸 생각하니 정말 슬퍼

but every time she asks me, "Do I look okay?"
근데 매번 그녀는 나에게 자기 모습이 괜찮냐고 물어봐

I say
난 말해

When I see your face
내가 네 얼굴을 볼 때

there's not a thing that I would change
cause you're amazing
내가 바꿀만한 어떤 것도 있지 않아
왜냐면 넌 환상적이니까

just the way you are
네 모습 그대로

요약문 완성

#1문제_나옴 #장문독해_바로_전 #정답률43~90%
#먼저풀자

난이도 🌶🌶🌶

Great deeds are usually wrought at great risks.
by Herodotus

위대한 업적은 대개 커다란 위험을 감수한 결과이다.

01 문항 특징

🌶 매년 1문제씩 출제 (2017수능 1문제 출제)

🌶 주어진 글의 내용을 한 문장으로 요약하여 **2개의 빈칸을 채우는 문제**

🌶 빈칸에는 **글의 핵심어(키워드)**가 들어가야 함

🌶 본문에서 언급된 단어보다는 **유사어나 파생어**가 들어감

🌶 거의 마지막에 위치해 실제 난이도 보다 **체감 난이도가 높음**

02 문항 엿보기

다음 글의 내용을 한 문장으로 요약하고자 한다. 빈칸 (A)와 (B)에 들어갈 말로 가장 적절한 것은?

2016년 고1 3월

Children are much more resistant to giving something to someone else than to helping them. One can observe this difference clearly in very young children. Even though one-and-a-half-year-olds will support each other in difficult situations, they are not willing to share their own toys with others. The little ones even defend their possessions with screams and, if necessary, blows. This is the daily experience of parents troubled by constant quarreling between toddlers. There was no word I heard more frequently than "Mine!" from my daughters when they were still in diapers.

*toddler: (걸음마를 배우는) 아기

↓

Although very young children will ___(A)___ each other in difficult situations, they are unwilling to ___(B)___ their possessions.

	(A)		(B)
①	ignore	·············	share
②	help	·············	hide
③	ignore	·············	defend
④	understand	·············	hide
⑤	help	·············	share

WORD

resistant 저항하는 observe 관찰하다 difference 차이점 even though 비록 ~할지라도 support 돕다, 지지하다 be willing to 기꺼이 ~하다 share 공유하다 defend 지키다, 방어하다 possession 소유물 scream 소리침 if necessary 필요하면 blow 일격, 강타 constant 지속적인 quarreling 다툼 frequently 종종 diaper 기저귀 be unwilling to ~하지 않다 ignore 무시하다 hide 숨기다, 감추다

Step 1 ▶ 거의 마지막에 위치해서 시간에 쫓겨서 푸는 경향이 많아 상대적 체감 난이도가 높은 편이지. 먼저 풀어보는 것도 한 방법이라고 할 수 있어.

Step 2 ▶ 당연히 주어진 요약문부터 읽고 지문을 읽는 것이 좋아. 요약문은 일종의 주제문이기 때문에 글의 내용을 유추해볼 수 있어.

Step 3 ▶ 선택지를 보면 보통 어휘가 2-2-1로 구성되어 있어. 결국 둘 중에 하나를 고르는 문제라고 할 수 있어. 본문에 나온 핵심어를 그대로 쓰기 보다는 유사어나 다른 파생어로 바꾸는 경향이 짙어. 오히려 본문에 나온 단어는 오답일 확률이 높아.

---

❷ 주어진 문장에서 주제문의 향기가 느껴지지. 뒤에 역접을 나타내는 연결어가 없다면 이게 주제문이야.

Children are much more resistant to giving something to someone else than to helping them. One can observe this difference clearly in very young children. Even though one-and-a-half-year-olds will support each other in difficult situations, they are not willing to share their own toys with others. The little ones even defend their possessions with screams and, if necessary, blows. This is the daily experience of parents troubled by constant quarreling between toddlers. There was no word I heard more frequently than "Mine!" from my daughters when they were still in diapers. 모두 주제문을 뒷받침할 예시가 나오고 있어.

↓

Although very young children will __(A)__ each other in difficult situations, they are unwilling to __(B)__ their possessions.

❶ 요약문부터 읽어봐야겠지. '어린 아이들은 어려운 상황에서 서로를 (A)하지만, 그들의 소유물을 (B)하지 않을 거야'라는 내용이야. 근데 조심해야 할 건 (B) 앞에 있는 unwilling이지. 부정어야. 즉, (B)에는 핵심어의 반의어가 들어가야겠지.

	(A)		(B)
①	ignore	·············	share
②	help	·············	hide
③	ignore	·············	defend
④	understand	·············	hide
⑤	help	·············	share

➜ 첫 문장 주제문에서 바로 나오지. '돕기'보다는 '주는'데 인색하다는 거야. 따라서 (A)에는 help가 들어가야 하지. 근데 (B)에서는 앞에 부정어 unwilling이 있고, 주제문에도 부정어인 resistant가 있으니까 둘 다 똑같아. 그러면 giving something의 의미를 가진 share 이 적절하겠지.

정답: ⑤

---

❶ 주어진 요약문을 먼저 읽어 글의 내용 전개를 유추

❷ 본문에 나온 단어가 선택지에 있다면 오답일 확률이 높음

❸ 요약문 빈칸 앞에 부정어(little, few, no, not, never, rarely)가 있다면, 빈칸에는 키워드의 반의어가 들어가야 함

개념 맛보기

다음 글을 한 문장으로 요약하고자 한다. 빈칸에 가장 적절한 것을 골라 보자.

보기 Some scientists studied children who could not focus on the teacher in class. They prepared two different classrooms. They painted the wall of one classroom brown and yellow. The children who studied there were overactive as their heart rates went up. The other classroom was painted light and dark blue. Their heart rates were slower and they were much calmer.

↓

Colors affect students' _____ in the classroom.

① hopes　　② feelings　　③ hobbies

혼공TIP 교실에 칠해진 색에 따라 학생들의 심장박동의 속도가 달라지므로 색(color)이 학생들의 감정(feelings)에 영향을 준다는 ②번이 정답이지.

01 Winter may be a bad time for thin people. They usually feel cold during these months. They might feel depressed during cold weather. In hot summer weather, on the other hand, overweight people may feel unhappy. The summer heat may make them tired and angry. Low air pressure relaxes people.

↓

Whether has a strong influence on people's _____.

① work　　② clothes　　③ feelings

02 Research on marijuana shows that this drug weakens memory. Subjects who had smoked marijuana could recall items for a brief period, but they forgot more and more of the information over time. In contrast, some drugs have been used to strengthen memory.

↓

Memory can be both strengthened and weakened with _____.

① drug use　　② smoke　　③ information

03 The part-time jobs can give teens the chance to learn what they like and don't like about certain types of jobs. It will help them to choose their life-long job after graduating. Moreover, working with others builds leadership, teamwork, and the ability to consider others.

⬇

> Through part-time jobs, teens can find out their interest in jobs and develop _____ skills.

① study　　　② language　　　③ social

3
+ **choose** 선택하다
+ **graduate** 졸업하다
+ **moreover** 게다가
+ **consider** 고려하다

04 Online shoppers are now taking more time to click the "buy" button than they were two years ago. They are taking more than half a day longer before making a buying decision and placing an order, according to a recent report on digital window shopping. In discussing reasons for the increased time, the report said that online shoppers went from site to site to find better and cheaper products.

⬇

> Online consumers have become slower shoppers because they want to _____ the products.

① advertise　　　② compare　　　③ exchange

4
+ **decision** 결정
+ **place an order** 주문을 하다
+ **according to** ～에 따르면
+ **product** 상품

05 When we walk into a supermarket, we can find many tropical fruits. But if we look at the labels, we see mangoes from India and pineapples from the Philippines. That usually means they have been flown from those countries so that we can eat them fresh! A problem rises here. Air flight increases global warming gases. Again, it adds to the global warming gases.

⬇

> The more _____ of fruits we have, the more serious global warming becomes.

① choices　　　② safety　　　③ exports

5
+ **tropical** 열대의
+ **flown**
　fly(날다)의 과거분사
　* fly-flew-flown
+ **flight** 운항
+ **global warming** 지구 온난화

1 다음 글의 내용을 한 문장으로 요약하고자 한다. 빈칸 (A)와 (B)에 들어갈 말로 가장 적절한 것은?

2015년 고1 3월

Natural boundaries between states or countries are found along rivers, lakes, deserts, and mountain ranges. Among them, river boundaries would seem to be ideal: they provide clear separation, and they are established and recognized physical features. In reality, however, river boundaries can change as rivers change course. Following flooding, a river's course may shift, altering the boundary between states or countries. For example, the Rio Grande, separating the United States and Mexico, has frequently shifted its course, causing problems in determining the exact location of the international boundary.

* boundary: 경계

↓

A river seems to be ideal in ___(A)___ boundaries, but in fact it isn't, because its course is ___(B)___.

	(A)		(B)
①	establishing	⋯⋯⋯⋯	invisible
②	establishing	⋯⋯⋯⋯	changeable
③	removing	⋯⋯⋯⋯	fixed
④	linking	⋯⋯⋯⋯	fixed
⑤	linking	⋯⋯⋯⋯	changeable

WORD

natural 자연적인　mountain range 산맥　ideal 이상적인　separation 분리, 구분　establish 확립하다　recognize 인식하다　physical 물리적인　feature 특징　in reality 실제로　shift 변하다　alter 바꾸다　frequently 빈번하게　determine 결정하다　location 위치

2 다음 글의 내용을 한 문장으로 요약하고자 한다. 빈칸 (A)와 (B)에 들어갈 말로 가장 적절한 것은?

In one study, researchers asked students to arrange ten posters in order of beauty. They promised that afterward the students could have one of the ten posters as a reward for their participation. However, when the students finished the task, the researchers said that the students were not allowed to keep the poster that they had rated as the third-most beautiful. Then, they asked the students to judge all ten posters again from the very beginning. What happened was that the poster they were unable to keep was suddenly ranked as the most beautiful. This is an example of the "Romeo and Juliet effect": Just like Romeo and Juliet in the Shakespearean tragedy, people become more attached to each other when their love is prohibited.

> When people find they cannot ___(A)___ something, they begin to think it more ___(B)___.

	(A)		(B)
①	own	··········	attractive
②	own	··········	forgettable
③	create	··········	charming
④	create	··········	romantic
⑤	accept	··········	disappointing

---

researcher 연구자 arrange 배열하다 order 순서, 질서, 명령, 주문 afterward 나중에 reward 보상 participation 참여 be allowed to ~가 허용되다 rate 평가하다 rank 순위를 매기다 tragedy 비극 attached 애착을 가진 prohibit 금지하다 own 소유하다 attractive 매력적인 forgettable 잘 잊혀질 charming 매력적인 disappointing 실망스러운

3 다음 글의 내용을 한 문장으로 요약하고자 한다. 빈칸 (A)와 (B)에 들어갈 말로 가장 적절한 것은?

2014년 고1 9월

The human voice can form incredibly different sounds, but each individual language contains only a subset of potential sound units, or phonemes. One phoneme that occurs in only about twenty percent of the world's languages is the ejective consonant, such as [p'] or [k']. Caleb Everett, an anthropologist, decided to map where this sound occurs. He took a sample of 567 languages spoken around the world and compared the locations and altitudes of those that either contained or ignored ejective consonants. Everett discovered that languages that included ejective consonants were generally spoken at a higher elevation than those that did not. He suggests that the sounds are more popular at high altitudes because lower air pressure may make it easier to produce the burst of air that is a key characteristic of ejective consonants.

A study revealed that ___(A)___ factors may play a role in determining the ___(B)___ of ejective consonants in each language.

	(A)		(B)
①	psychological	⋯⋯⋯⋯⋯	definition
②	geographic	⋯⋯⋯⋯⋯	pitch
③	geographic	⋯⋯⋯⋯⋯	presence
④	cultural	⋯⋯⋯⋯⋯	survival
⑤	cultural	⋯⋯⋯⋯⋯	existence

WORD

form 만들어내다, 형성하다　incredibly 믿을 수 없을 만큼　individual 각각의　contain 포함하다　subset 부분집합　potential 잠재적인
phoneme 음소　ejective consonant 방출음　anthropologist 인류학자　altitude 고도　pressure 압력　burst 방출　characteristic
특징　reveal 드러내다　play a role 역할을 하다　determine 결정하다　definition 정의　geographic 지리적인

★ 혼공 14일차에 나온 구문들을 해석해 보자.

1 Children are much more resistant to giving something to someone else than to helping them.

2 The part-time jobs can give teens the chance to learn what they like and don't like about certain types of jobs.

3 They are taking more than half a day longer before making a buying decision and placing an order.

4 Following flooding, a river's course may shift, altering the boundary between states or countries.

5 What happened was that the poster they were unable to keep was suddenly ranked as the most beautiful.

6 One phoneme that occurs in only about twenty percent of the world's languages is the ejective consonant, such as [p] or [k].

7 He suggests that the sounds are more popular at high altitudes because lower air pressure may make it easier to produce the burst of air that is a key characteristic of ejective consonants.

단어 PLUS

1
+ resistant to ~에 저항하는

2
+ teen 십대
+ certain 어떤

3
+ decision 결정
+ place an order 주문하다

4
+ follow 따르다
+ flooding 홍수
+ shift 변하다
+ alter 바꾸다
+ boundary 경계

5
+ rank 순위를 매기다

6
+ phoneme 음소
+ ejective consonant 방출음

7
+ suggest 제시하다
+ altitude 고도
+ pressure 압력
+ burst 방출, 파열
+ characteristic 특징

영화 추천 - 죽은 시인의 사회

굉장히 오래된 영화지만 학생일 때 꼭 한번 보면 좋을 만한 영화야. 지금은 하늘나라로 가신, '로빈 윌리엄스'라는 대배우의 명연기를 마음껏 볼 수 있어. 그리고 학교를 배경으로 한 영화이기 때문에 많은 것이 와 닿을 거야.

학생들이 가지고 있던 고정관념을 깨고 자꾸만 새로운 것을 시도하고 도전할 수 있도록 키팅 선생님(로빈 윌리엄스)께서 애를 써주시지. 단지 우수한 성적으로 졸업하는 게 중요한 게 아니라는 것을 깨달은 학생들은 파격적인 선생님의 수업 속에서 용기를 얻고 또 자신을 누르는 것과 싸우게 되고, 결국 한 학생은 가정에서의 압박을 이기지 못하고 극단적인 선택을 해.

키팅 선생님께서는 교단에서 물러나야 하는 상황에 직면하게 되고 학생들은 그런 학교 측의 결정에 처음으로 반대하기 위해 책걸상 위로 올라가 자신의 의견을 처음으로 피력하게 되었어. 키팅 선생님께서 수업 중에 하셨던 명대사를 하나 소개해 줄게.

Seize the day. "Gather ye rosebuds while ye may."

Why does the writer use these lines?

Because we are food for worms, lads.

Because, believe it or not, each and everyone of us in this room,

is one day going to stop breathing, turn cold, and die...

Carpe Diem. Seize the day, boys.

Make your lives extraordinary.

오늘을 즐겨라. "네가 할 수 있는 동안에 장미꽃 봉오리를 모아라"

이 작가는 왜 이런 글을 썼을까?

우리는 모두 벌레들의 먹이이기 때문이지, 제군들.

왜냐하면, 믿거나 말거나, 이 방에 있는 우리 각각 모두가,

언젠가는 숨이 멈추고, 몸이 차가워지고, 죽을 것이기 때문이다.

오늘을 즐겨라, 여러분.

너의 인생을 특별하게 만들어라.

15일차

빈칸추론(단어)

#핵심문제임 #1등급_결정문제 #정답률46~79%
#어렵다

난이도 🌶🌶🌶

Whoso neglects learning in his youth,
Loses the past and is dead for the future.
by Euripides

젊었을 때 배움을 게을리 한 사람은 과거를 상실하며 미래도 없다.

01 문항 특징

- 빈칸추론(단어)는 매년 1문제씩 출제 (2017수능 1문제 출제)
- 빈칸추론 문제는 크게 주제문이나, 뒷받침 문장에 빈칸을 만들어 놓음
- **글의 주제를 파악**해야 빈칸에 들어갈 말을 유추할 수 있음
- 빈칸추론 문제가 연달아 나오므로 시간이 오래 걸리고 문제도 어려움
- 평상시 독해할 때 **글의 논리를 잘 파악하는 연습**을 해야 함

02 문항 엿보기

다음 빈칸에 들어갈 말로 가장 적절한 것을 고르시오.

2017년 고1 3월

In small towns the same workman makes chairs and doors and tables, and often the same person builds houses. And it is, of course, impossible for a man of many trades to be skilled in all of them. In large cities, on the other hand, because many people make demands on each trade, one trade alone — very often even less than a whole trade — is enough to support a man. For instance, one man makes shoes for men, and another for women. And there are places even where one man earns a living by only stitching shoes, another by cutting them out, and another by sewing the uppers together. Such skilled workers may have used simple tools, but their _____ did result in more efficient and productive work.

*trade: 직종

① specialization   ② criticism   ③ competition

④ diligence   ⑤ imagination

WORD

skilled 능숙한, 숙련된   **make demands on** ~을 필요로 하다, ~을 요구하다   **support** 부양하다, 먹여 살리다   **place** 경우, 장소   **earn a living** 생계를 꾸리다, 생계를 유지하다   **stitch** 바느질하다   **cut out** (잘라서) ~을 만들다   **sew ~ together** ~을 꿰매 붙이다   **uppers** (신발의) 윗부분   **tool** 도구   **efficient** 효율적인   **productive** 생산적인

Step 1 ▶ 모의고사나 수능에서 가장 난이도가 높은 문제 유형이야. 영어 절대평가 시대 1등급을 결정하는 문제라고 할 수 있지. 먼저 선택지를 보고 선택지의 단어가 글의 내용과 +/-인지 파악하는 것이 좋아.

Step 2 ▶ 빈칸추론(단어)의 경우 빈칸에 들어갈 녀석은 글의 키워드일 가능성이 높아. 글에서 반복적으로 언급된 단어를 찾아보자.

Step 3 ▶ 빈칸이 있는 문장의 앞뒤 문장을 주의 깊게 보자. 그곳에 힌트가 숨어 있어.

In small towns the same workman makes chairs and doors and tables, and often the same person builds houses. And it is, of course, impossible for a man of many trades to be skilled in all of them. 모든 분야에 능숙할 수는 없다는 밑밥을 깔고 있어. In large cities, on the other hand, because many people make demands on each trade, one trade alone — very often even less than a whole trade — is enough to support a man. For instance, one man makes shoes for men, and another for women. And there are places even where one man earns a living by only stitching shoes, another by cutting them out, and another by sewing the uppers together. Such skilled workers may have used simple tools, but their _____ did result in more efficient and productive work.

➡ '직종 하나만으로' '그런 숙련된 직공들'이라는 힌트로 인해서 한 분야에서 뛰어난 능력을 유추할 수 있겠지. 그리고 주어진 예시에서는 각 분야에서 자신만의 능력을 발휘하는 모습이 나오고 있어.

① specialization 전문화
② criticism 비평
③ competition 경쟁
④ diligence 근면성
⑤ imagination 상상력

정답: ①

혼공 TIP
❶ 빈칸이 한 단어를 위한 것이라면 글의 키워드와 관련이 있음
❷ 빈칸은 반드시 글에서 2번 이상 언급이 됨
❸ 빈칸은 답을 고르기 보다는 오답을 배제하는 전략으로 가는 것이 편함
❹ 선택지가 글의 내용과 +/− 관계인지 파악하기

개념 맛보기

다음 빈칸에 들어갈 말로 가장 적절한 것을 골라 보자.

단어 PLUS

보기 On his way home from school, Jimmy Brown often stops at Brady's News-stand on Main Street. Jimmy loves to look at magazines, and Brady's has the best magazines in town. Sometimes Jimmy spends the whole afternoon reading about sports, movies, and pop music. Mr. Brady, the owner of the news-stand, is very _____. He doesn't mind if Jimmy looks at the magazines, as long as he puts them back in the right place.

① angry　　② bad　　③ honest　　④ kind

+ **on one's way** 집에 오는 길
+ **news-stand** 가판대
+ **whole** 전체의
+ **owner** 소유자
+ **mind** 꺼리다
+ **as long as** ~하는 한

혼공TIP 잡지 판매점에서 잡지를 사지 않고 보기만 하는 사람에게 화를 내지 않는 잡지 판매점 주인에 대한 내용이므로 ④ 'kind'가 적절하지.

01 People have used cosmetics all throughout history. In fact, some of them have been quite _____ to people. For example, long ago in Italian culture, people thought women with big eyes were beautiful. Therefore, in the name of beauty, women began to put drops of belladonna in their eyes to make their pupils larger. Today we know belladonna is poisonous, and it can harm the nerves in the body seriously.

① helpful　　② glorious　　③ graceful　　④ dangerous

1
+ **cosmetics** 화장품
+ **throughout** ~내내
+ **in fact** 사실은
+ **therefore** 그래서
+ **drop** 방울
+ **pupil** 동공
+ **poisonous** 독성의
+ **harm** 손상시키다
+ **nerve** 신경
+ **seriously** 심각하게

02 What is the essence of law? I think the law takes away the right of revenge from people and gives the right to the community. If someone harmed one of your family members, you must not harm that person's family members. Instead, you must appeal to the court of law, which will _____ the person.

① punish　　② avoid　　③ trust　　④ free

2
+ **essence** 본질
+ **take away** 앗아가다
+ **revenge** 복수
+ **right** 권리
+ **community** 사회, 공동체
+ **harm** 위해를 가하다
+ **appeal** 호소하다

03 A recent study shows that kids who watch a lot of TV are more likely to be _____ than those who do not. Can you guess why? It's because of commercials on TV! The junk food is often advertised in commercials by their favorite cartoon characters. It is so appealing that kids just want to go out and get it right away! Kids who watch a lot of TV are also likely to stay only at home and be getting less exercise.

① active   ② violent   ③ diligent   ④ overweight

3
+ recent 최근에
+ be likely to ~하는 경향이 있다
+ commercial 광고
+ appealing 매력적인
+ violent 폭력적인
+ diligent 근면한
+ overweight 과체중의

04 Scientists want to know what affects our personality. The twins help scientists understand the connection between environment and biology. Researchers at the University of Minnesota studied 350 sets of identical twins who did not grow up together. They discovered many similarities in their personalities. Scientists believe that personality characteristics such as friendliness, shyness, and fears are not a result of environment. These characteristics are probably _____.

① inherited   ② changeable   ③ controlled   ④ learned

4
+ affect 영향을 주다
+ personality 성격
+ connection 관계
+ biology 생물학
+ identical twins 일란성 쌍둥이
+ discover 발견하다
+ similarity 유사성
+ characteristic 특징
+ shyness 수줍음
+ inherited 유전된
+ changeable 변화 가능한
+ controlled 통제된

05 It often feels reasonable to give a _____. With a customer, that may mean saying "I can do this for between $10,000 and $15,000." With a new employee, you could be tempted to say, "You can start between April 1 and April 15." But that word *between* tends to suggest that you will take a step back, and any clever negotiator will quickly focus on the cheaper price or the later deadline.

① job   ② range   ③ hint   ④ prize

5
+ reasonable 합리적인
+ customer 고객
+ employee 직원
+ be tempted to ~하고 싶어하다
+ tend to ~하는 경향이 있다
+ suggest 제시하다
+ take a step back 물러서다
+ negotiator 협상가
+ deadline 마감일
+ range 범위

1 다음 빈칸에 들어갈 말로 가장 적절한 것을 고르시오.

2016년 고1 3월

Recently on a flight to Asia, I met Debbie, who was warmly greeted by all of the flight attendants and was even welcomed aboard the plane by the pilot. Amazed at all the attention being paid to her, I asked if she worked with the airline. She did not, but she deserved the attention, for this flight marked the milestone of her flying over 4 million miles with this same airline. During the flight I learned that the airline's CEO personally called her to thank her for using their service for a long time and she received a catalogue of fine luxury gifts to choose from. Debbie was able to acquire this special treatment for one very important reason: she was a _____ customer to that one airline.

*milestone: 획기적인 사건

① courageous   ② loyal   ③ complaining

④ dangerous   ⑤ temporary

WORD

recently 최근에   flight 비행, 항공편   greet 인사하다   flight attendant 비행기 승무원   aboard 탑승한   pay attention to ~에 관심을 갖다   airline 항공사   deserve ~을 받을 자격이 있다   mark 기록하다, 특징짓다   CEO (chief executive officer) 최고 경영자   catalogue 목록   luxury 사치(품)   acquire 얻다, 획득하다   treatment 대우, 취급   courageous 용기 있는   loyal 충성스런   complaining 불평하는   temporary 일시적인

158 혼공 유형독해

2 다음 빈칸에 들어갈 말로 가장 적절한 것을 고르시오.

2014년 고1 3월

Today, 3-D printing technology is used only in companies and universities, but the prices are now getting lower and the quality better. We can imagine every home having a 3-D printer in the future. Note that 3-D printing technology doesn't require an original object to copy: any drawing will do, as long as it describes the piece precisely. Soon anyone can use a home sketching tool to produce the proper design, and then the home printer will be able to create the actual physical object. If you can _____ it, you can make it. For example, if you don't have enough dinner plates for your guests, you can "print out" some real plates from your sketch.

① mix   ② open   ③ draw

④ move   ⑤ taste

WORD

quality 품질, 질   note 주목하다   require 요구하다   original 원래의   object 물건   drawing 그림, 그리기   as long as ~하는 한
describe 묘사하다   precisely 정확하게   tool 도구   proper 적당한   actual 사실적인   physical 물리적인, 신체적인   plate 접시

Every leader starts in his inner circle, the comfort zone. This is the place where we operate from what we are comfortable with, where we know well what we are capable of and can consistently achieve expected outcomes and results. The goal of the next zone is to push out beyond that area and begin to learn new things. This is known as the learning zone. In a new environment or area, we have to adapt and learn to perform in new ways. Beyond the learning zone lies the courage zone. In this zone, we continue to learn, but the learning curve is steeper because we are challenged to accomplish greater and more difficult things that take a fair amount of courage to achieve. The outermost circle is known as the _____ zone – because once we have mastered the new learning and mustered the courage to experiment with all the new knowledge, we will really start to perform differently from before.

*muster: 발휘하다

① fairness   ② performance   ③ diligence
④ morality   ⑤ consistency

WORD

inner 내부의   comfort 안락   zone 영역   operate 작동하다   comfortable 편안한   consistently 지속적으로   outcome 결과   adapt 적응하다   perform 실행하다   beyond ~을 넘어   lie ~에 놓여있다   courage 용기   curve 곡선   steep 가파른   challenge 도전하다   accomplish 성취하다   outermost 가장 바깥의   knowledge 지식

★ 혼공 15일차에 나온 구문들을 해석해 보자.

단어 PLUS

1 And it is, of course, impossible for a man of many trades to be skilled in all of them.

1
+of course 물론
+trade 거래, 무역
+skilled 능숙한

2 He doesn't mind if Jimmy looks at the magazines, as long as he puts them back in the right place.

2
+mind 꺼리다
+as long as ~하는 한

3 Kids who watch a lot of TV are also likely to stay only at home and be getting less exercise.

3
+be likely to ~하는 경향이 있다
+stay 머물다

4 The twins help scientists understand the connection between environment and biology.

4
+connection 관계
+biology 생물학

5 Amazed at all the attention being paid to her, I asked if she worked with the airline.

5
+amazed 놀란
+attention 관심

6 Today, 3-D printing technology is used only in companies and universities, but the prices are now getting lower and the quality better.

6
+price 가격
+quality 품질

7 This is the place where we operate from what we are comfortable with, where we know well what we are capable of and can consistently achieve expected outcomes and results.

7
+operate 운영하다
+comfortable 편안한
+consistently 지속적으로
+expect 기대하다
+outcome 결과

포스코 패밀리가 선정한 버킷리스트

1 혼자서 또는 사랑하는 사람들과 세계일주 떠나기

2 다른 나라 언어 하나 이상 마스터 하기

3 악기 하나 마스터 하기

4 열정적인 사랑 그리고 행복한 결혼

5 국가가 인증하는 자격증 따기

6 국내 여행 완전 정복

7 나보다 어려운 누군가의 후원자 되기

8 우리 가족을 위해 내 손으로 집 짓기

9 오로지 혼자 떠나는 한 달간의 자유여행

10 생활 속 봉사활동, 재능 기부하기

11 1년에 책 100권 읽기

12 우리 가족 각자의 인생 계획표 만들기

13 내 후손에게 물려줄 수 있는 가치있는 유산 만들기

14 아마추어 사진작가에 도전하기

'Kick the bucket' 목에 밧줄을 걸고 양동이에 올라간 다음 그 양동이를 걷어차면 그 사람은 죽게 되겠지? 그래서 Bucket list는 죽기 전에 꼭 해보고 싶은 일들을 정리한 것을 의미해. 위의 버킷 리스트는 포스코 패밀리에서 선정된 25가지 버킷리스트의 일부야. 참고해서, 내가 정말 하고 싶은 어떠한 일이라도 마음껏 수첩에 정리해봐. 적은 자와 그렇지 않은 자의 삶은 분명 다를 거야.

16일차

빈칸추론(구/문장)

#핵심_문제임 #1등급_결정문제 #정답률33~74%
#어렵다

난이도 🌶🌶🌶

Order is the shape upon which beauty depends.
by Pearl S Buck

질서있는 모습이 아름다움을 결정한다.

1 단계 개념 요리하기

01 문항 특징

- 빈칸추론(구/문장)은 매년 3~4문제씩 출제 (2017수능 3문제 출제)
- 빈칸추론 문제는 크게 주제문이나 뒷받침 문장 혹은 반박 문장에 빈칸을 만들어 놓음
- **글의 주제를 파악해야** 빈칸에 들어갈 말을 유추할 수 있음
- 빈칸추론 문제가 연달아 나오므로 시간이 오래 걸리고 문제도 어려움
- 평상시 독해할 때 **글의 논리를 잘 파악하는 연습**을 해야 함

02 문항 엿보기

다음 빈칸에 들어갈 말로 가장 적절한 것을 고르시오.

2017년 고1 3월

What do advertising and map-making have in common? Without doubt the best answer is their shared need to communicate a limited version of the truth. An advertisement must create an image that's appealing and a map must present an image that's clear, but neither can meet its goal by _____. Ads will cover up or play down negative aspects of the company or service they advertise. In this way, they can promote a favorable comparison with similar products or differentiate a product from its competitors. Likewise, the map must remove details that would be confusing.

① reducing the amount of information
② telling or showing everything
③ listening to people's voices
④ relying on visual images only
⑤ making itself available to everyone

WORD

advertising 광고하기, 광고(업)　map-making 지도 제작　have ~ in common ~을 공통으로 지니다　share 공유하다　communicate 전달하다, 의사소통하다　limited 제한된　appealing 매력적인　present 제시하다　meet 충족하다　cover up 숨기다　play down 약화시키다　promote 홍보하다　comparison 비교, 비유　similar 유사한　differentiate 구별하다　competitor 경쟁자　likewise 마찬가지로　remove 제거하다　detail 세부사항　confusing 혼란스런　reduce 줄이다　rely on ~에 의존하다　available 이용 가능한

Step 1 빈칸추론(구/절)의 경우 무엇보다 전체 지문의 분위기를 살펴야 해. 반복해서 등장하는 핵심어 위주로 글의 내용을 파악해 보자.

Step 2 빈칸이 있는 문장의 앞뒤 문장을 주의 깊게 보자. 그곳에 힌트가 숨어 있어.

What do advertising and map-making have in common? Without doubt the best answer is their shared need to communicate a limited version of the truth. An advertisement must create an image that's appealing and a map must present an image that's clear, **but neither can meet its goal** by _____.

➡ 광고와 지도의 목적을 이룰 수 없다고 해. 즉 뒤에 나오는 빈칸은 '하지 말아야 하는 것'이지.

Ads will cover up or play down negative aspects of the company or service they advertise. In this way, they can promote a favorable comparison with similar products or differentiate a product from its competitors. Likewise, the map must remove details that would be confusing.

➡ 광고와 지도 모두 세세한 부분을 보여주지 말라고 하고 있어. 즉 빈칸의 내용을 세세히 풀어주고 있지. 따라서 '빈칸'은 하지 말아야 하는 부분이니, '세세한 것을 보여줘라'와 비슷한 것을 고르면 돼.

Step 3 빈칸이 긴 경우는 무엇보다 선택지의 성향을 파악하는 것이 중요하지. 선택지의 전체적인 분위기가 긍정적인지 부정적인지 파악하는 것이 좋아.

① reducing the amount of information 정보의 양을 줄임

➡ 이건 해야 하는 일이지. 본래의 목적인데 우리가 선택해야 하는 건 바로 '하지 말아야 하는 것'이야.

② telling or showing everything 모든 것을 말하거나 보여줌

➡ 세세한 것을 보여주지 말라고 했으니 바로 이것이 정답이 되겠지.

③ listening to people's voices 사람들의 목소리를 들음

➡ 이건 언급되지 않았어.

④ relying on visual images only 오직 시각적 이미지에 의존함

➡ 전혀 연관이 없지.

⑤ making itself available to everyone 모든 이에게 이용할 수 있게 함

➡ 활용 여부는 상관없어.

정답: ②

❶ 빈칸이 긴 경우, 선택지의 분위기 파악이 중요하므로 선택지의 분위기(+/−)를 고려해야 함
❷ 글의 전체 분위기를 파악하는 것이 먼저임
❸ 빈칸 앞에 부정어가 있다면, 전체 분위기와 반대인 녀석이 정답

다음 빈칸에 들어갈 말로 가장 적절한 것을 골라 보자.

단어 PLUS

+ **police captain** 경찰서장
+ **thieves** thief(도둑)의 복수
+ **throw a party** 파티를 열다

보기 Prince William was staying with his family in the small town of Augsburg. The town's police captain was very lazy. He was not doing his job and the people of Augsburg were becoming unhappy and angry. Their money was not safe in the banks of the town. There were a lot of thieves in the streets. Prince William heard about this and got angry. So he decided to _____.

① make the captain leave his job
② throw a party for the captain
③ thank the captain for his work

혼공TIP 경찰서장의 직무태만에 대해 취할 수 있는 조치로는 ① '경찰서장을 해고하기로 결정했다' 가 가장 적절하겠지.

01 While blue is one of the most popular colors, it _____. Blue food is rare in nature. There are no blue vegetables and no blue meats. Food researchers say that when humans searched for food, they learned to avoid toxic objects, which were often blue, black, or purple. When food dyed blue is served to people, they lose appetite – they don't want to eat.

① makes people relaxed   ② makes people feel blue
③ decreases the desire to eat

1
+ **popular** 인기있는
+ **rare** 드문
+ **vegetable** 채소
+ **toxic** 독성의
+ **object** 물질, 대상
+ **purple** 보라색의
+ **dyed** 염색된
+ **serve** 제공하다
+ **appetite** 식욕
+ **feel blue** 우울함을 느끼다

02 According to wise men throughout the years, _____ is a sure way to happiness. Political scientist Alex Michalos, asked 18,000 college students in thirty-nine countries how happy they were. Then he asked them how close they were to having all they wanted in life. He found that the people who are less happy are those with desires that are much higher than what they already had. Instead of being satisfied, most of us merely want more.

① getting a better job   ② achieving your goal
③ decreasing your desires

2
+ **according to** ~에 따라서
+ **throughout** ~ 내내
+ **political** 정치학의, 정치의
+ **desire** 욕망, 욕구
+ **instead of** ~ 대신에
+ **satisfied** 만족한
+ **merely** 단지

03 Most dinosaurs were much larger than reptiles that we have today. In addition, the legs of most reptiles today are on the sides of their body. However, dinosaurs' legs were on the bottom of their body. On top of that, today's reptiles use the environment to control their body temperature. On the other hand, dinosaurs controlled their own body temperature. All of these facts show that dinosaurs and modern reptiles _____.

① survived the ice age
② have the same ancestors
③ are actually quite different

3
+ dinosaur 공룡
+ reptile 파충류
+ in addition 게다가
+ on top of that 그 밖에
+ temperature 온도
+ on the other hand 반면
+ survive 살아남다
+ the ice age 빙하 시대

04 What makes a good walk? Most of all, a good walk should be _____. There should be rich colors to delight our eyes and sweet sound to ring in our ears. Spring flowers, summer trees, autumn leaves, and winter snow are all nice surprises along the way. The singing of birds, murmuring of a stream, whispering of the wind, and happy talking of people are the symphonic sounds of a good walk.

*murmur: (시냇물 등이) 졸졸 흐르다

① taken regularly if possible
② a pleasant experience to our senses
③ done considering our physical condition

4
+ delight 즐겁게하다
+ sweet 달콤한
+ stream 개울
+ whisper 속삭이다
+ symphonic 교향곡의
+ regularly 정기적으로
+ pleasant 즐거운
+ physical 물리적인, 신체적인

05 Chuck felt sorry about not going to a dance party with his friends after school, but he thought he had better prepare for a final exam coming up in a couple of days. So he went back home and studied for the exam. His efforts at studying resulted in a high grade on the exam. His friends did not score half as well as he did. Chuck learned from this experience that it's true that _____.

① you reap what you sow
② two heads are better than one
③ too many cooks spoil the broth

5
+ prepare 준비하다
+ come up 다가오다
+ a couple of 둘의, 몇 개의
+ effort 노력
+ result in ~의 결과가 나다
+ experience 경험
+ reap 거두다
+ sow 뿌리다
+ spoil 망치다
+ broth 수프, 죽

1 다음 빈칸에 들어갈 말로 가장 적절한 것을 고르시오.

2016년 고1 3월

Some of the most extensive research on the subject of success was conducted by George and Alec Gallup. They interviewed people acknowledged as successful in a wide variety of areas: business, science, literature, education, religion, etc. The goal of the researchers was to determine what these high-achieving people had in common. There was one thing they all had in common: the willingness to _____. All of them agreed that success wasn't something that had just happened to them due to luck or special talents. It happened because they'd made it happen through continuous effort. Instead of looking for shortcuts and ways to avoid hard work, these people welcomed it as a necessary part of the process.

① take a risk
② make plans ahead
③ get rid of bad habits
④ work long, hard hours
⑤ respect others' opinions

WORD

extensive 광범위한, 넓은 **subject** 주제, 과목 **conduct** (실험·연구 등을) 수행하다 **acknowledge** 인정하다, 승인하다 **a wide variety of** 아주 다양한 **literature** 문학 **researcher** 연구원 **high-achieving** 성취도가 높은 **have ~ in common** ~을 공통으로 갖다 **willingness to** 기꺼이 ~하고자 하는 것 **due to** ~ 때문에 **talent** 재능 **continuous** 계속적인 **shortcut** 지름길 **welcome** 기꺼이 맞이하다, 환영하다 **process** 과정

2 다음 빈칸에 들어갈 말로 가장 적절한 것을 고르시오.

2015년 고1 3월

It is not always easy to eat well when you have a newborn baby. It can seem like you do not have time to prepare tasty nutritious meals or even to eat them. You will need to learn the following trick. Try not to wait until _____.
When you have a newborn baby, preparing food will probably take longer than usual. If you start when you are already hungry, you will be absolutely starving before the food is ready. When you are starving and tired, eating healthy is difficult. You may want to eat fatty fast food, chocolates, cookies or chips. This type of food is okay sometimes, but not every day.

① your baby cries to be fed at night
② you find a new recipe for your meal
③ you are really hungry to think about eating
④ your kids finish all the food on their plates
⑤ you feel like taking a nap after a heavy meal

WORD

newborn baby 신생아 **prepare** 준비하다 **tasty** 맛있는 **nutritious** 영양가 많은 **trick** 요령, 비결 **probably** 아마 **absolutely** 대단히, 절대적으로 **starve** 매우 배고프다, 굶주리다 **fatty** 기름진 **chip** (감자튀김 따위의) 얇은 조각 **feed** 먹을 것을 주다, 먹이다 **recipe** 요리법 **plate** 접시 **feel like ~ing** ～하고 싶은 기분이 들다 **take a nap** 낮잠을 자다

3 다음 빈칸에 들어갈 말로 가장 적절한 것을 고르시오.

2015년 고1 6월

Friends. Can you imagine what life would be like without them? Who would you hang out with during lunch? Who would you tell about the new boy in your history class? Let's face it. Without friends, the world would be a pretty lonely place. Although friends and friendship mean different things to different people, most people realize that friends are pretty important. While it's fun to read what other people have said about friendship, what matters most is what you think of when you hear the word "friend." _____ has a lot to do with what kind of friend you are. If, for instance, you believe that loyalty goes hand in hand with friendship, you are probably a loyal friend yourself. If you believe a friend is someone who'll go out of her way for you, maybe just to pick up a homework assignment you missed when you were sick, it's likely that you'd also go out of your way for your friends.

① A shared experience with friends
② Your personality that needs improvement
③ Your own personal definition of friendship
④ The way of talking and listening to others
⑤ The honesty between you and your friends

WORD

face 직면하다 friendship 우정 pretty 아주 matter 중요하다 have to do with ~와 관련이 있다 loyalty 충성, 충직성 go hand in hand with ~와 협력하다 go out of one's way 특별한 노력을 하다 assignment 숙제 personality 성격 improvement 개선 definition 정의

★ 혼공 16일차에 나온 구문들을 해석해 보자.

단어 PLUS

1 An advertisement must create an image that's appealing and a map must present an image that's clear, but neither can meet its goal by telling or showing everything.

1
+ **appealing** 매력적인
+ **present** 제시하다

2 Food researchers say that when humans searched for food, they learned to avoid toxic objects, which were often blue, black, or purple.

2
+ **avoid** 피하다
+ **toxic** 독성의
+ **object** 대상, 물질
+ **purple** 보라색의

3 Chuck felt sorry about not going to a dance party with his friends after school, but he thought he had better prepare for a final exam coming up in a couple of days.

3
+ **prepare for** ~을 준비하다
+ **come up** 다가오다

4 Some of the most extensive research on the subject of success was conducted by George and Alec Gallup.

4
+ **extensive** 넓은
+ **subject** 주제, 대상
+ **conduct** 행하다

5 It is not always easy to eat well when you have a newborn baby.

5
+ **newborn baby** 신생아

6 While it's fun to read what other people have said about friendship, what matters most is what you think of when you hear the word "friend."

6
+ **friendship** 우정
+ **matter** 중요하다

D course

디테일에
강해야 하는
문항

17일차

장문의 이해 I

#제목 #빈칸추론 #생각보다_쉬움 #정답률50~60%
#길다고_쫄지말자

난이도 🌶🌶🌶

True life is lived when tiny changes occur.
by Leo Tolstoy

작은 변화가 일어날 때 진정한 삶을 살게 된다.

01 문항 특징

- 2개 문항이 있는 첫 번째 장문독해 (2017학년도 기준 2문항 출제)
- 50~60%의 정답률을 보일 정도로 수능 유형 문제 중 중간 난이도 문항임
- 보통 2개의 단락으로 이루어진 긴 지문을 가지고 2개의 문항인 **글의 제목**과 **빈칸추론 문제**로 출제

02 문항 엿보기

[1 ~ 2] 다음 글을 읽고, 물음에 답하시오.

2016년 고1 3월

Food is one of the most important tools you can use as a manager. Having a full stomach makes people feel satisfied and happier. Eating together gives employees time to make connections with each other. Providing an occasional snack or paying for a lunch now and then can help your employees feel appreciated and make the office feel more welcoming. These do not need to be elaborate setups. If you have a small budget, you're not going to want to buy lunch at a restaurant for your entire group. Bringing in some cookies once in a while is enough; you can also encourage employees to bring in food themselves.

The key to using food effectively is for it not to become a _____ event. If everyone knows you bring donuts to the Friday morning meeting, it becomes an expectation and not a surprise. To create goodwill, the food must appear to be unexpected. It is also a good idea to praise employees who bring food in without being asked; this creates an atmosphere of sharing.

*elaborate: 공들인

1. 윗글의 제목으로 가장 적절한 것은?

① Offer Food for Better Relationships
② Eat Out but Consider Your Budget
③ Eat More Lunch but Less Dinner
④ Take a Break Not to Be Tired
⑤ Don't Eat During Work Hours

2. 윗글의 빈칸에 들어갈 말로 가장 적절한 것은?

① surprising   ② humorous   ③ comfortable
④ random   ⑤ planned

WORD

manager 경영자 **satisfied** 만족한 **make connection with** ~와 관계를 맺다 **now and then** 때때로 **appreciated** 고마워하는 **setup** 계획 **budget** 예산 **once in a while** 때때로 **effectively** 효과적으로 **goodwill** 호의 **atmosphere** 분위기 **sharing** 공유

Step 1 크게 장문독해 1은 두 개의 문단으로 구성되어 있는데, 두 개 모두 한 개의 방향성을 지니므로 <u>한 단락만으로도 제목을 유추할 수 있어.</u> 주제문을 먼저 파악하는 것이 가장 중요해. 또 한 가지 주의해야 할 점은 <u>너무 넓지도 너무 좁지도 않은 범위의 제목을 선택하는 것이지.</u>

Food is one of the most important tools you can use as a manager. Having a full stomach makes people feel satisfied and happier. Eating together gives employees time to make connections with each other. Providing an occasional snack or paying for a lunch now and then can help your employees feel appreciated and make the office feel more welcoming. These do not need to be elaborate setups. If you have a small budget, you're not going to want to buy lunch at a restaurant for your entire group. Bringing in some cookies once in a while is enough; you can also encourage employees to bring in food themselves.

➡ food, eating, snack, lunch와 manager, meeting, employee처럼 음식과 비즈니스가 연관된 단어들이 반복해서 나오지. 그리고 이 둘의 관계는 긍정적이야(satisfied, appreciated, encourage, effectively). 따라서 주어진 선택지에서는 ①번이 가장 적절해.

1. 윗글의 제목으로 가장 적절한 것은?
① Offer Food for Better Relationships 더 좋은 관계를 위해 음식을 제공하라
② Eat Out but Consider Your Budget 외식하되, 예산을 고려하라
③ Eat More Lunch but Less Dinner 점심을 더 많이 먹되, 저녁을 덜 먹어라
④ Take a Break Not to Be Tired 피곤하지 않게 휴식을 취해라
⑤ Don't Eat During Work Hours 근무시간 중에 먹지 마라

정답: ①

Step 2 역시 빈칸추론 해결법으로 푸는데, 대개 장문 독해의 빈칸은 단어를 묻곤 하지. 즉, <u>전체 지문의 핵심어가 무엇인지 파악만 하면 그리 어렵지 않아.</u> 조심할 것은 <u>앞에 부정어가 있다면 부정어를 선택지에 넣어서 생각하라는 거지.</u>

The key to using food effectively is for it **not** to become a _____ event. If everyone
빈칸 앞 부정어야!
knows you bring donuts to the Friday morning meeting, it becomes an expectation and not a surprise. To create goodwill, the food must appear to be unexpected. It is also a good idea to praise employees who bring food in without being asked; this creates an atmosphere of sharing.

➡ 두 번째 단락에 빈칸이 있는 경우는 앞 단락에 힌트가 있는지, 이후에 힌트가 있는지를 조심해야 해. 여기서는 후자의 경우야. '음식을 효과적으로 사용하려면'에 대한 내용인데, 바로 이어지는 문장들로 보아 'surprise, unexpected'와 관련된 것을 선택지에서 찾으면 돼. 주의할 것은 빈칸 앞에 부정어인 not이 있으니까 이것을 선택지에 넣어서 생각하면 ⑤ (not) planned(계획되지 않은)가 적절하지.

정답: ⑤

❶ 제목은 주제문을 찾는 것이 급선무
❷ 빈칸의 경우 대부분 두 번째 단락이니까 차근차근 읽어야 함
❸ 빈칸 앞에 부정어가 있다면 정반대의 의미가 정답이니 조심!

다음 글을 읽고 물음에 답해 보자.

보기 Many families can't buy expensive things such as a car or a computer. These families should consider cooperative buying. Almost anything one might want to buy can be jointly owned. There are several _____ to this. First, it will cost less than buying something by yourself, and there will be fewer worries about the cost required to keep it in good condition.

단어⊕PLUS

+ **cooperative** 협동하는
+ **jointly** 공동으로

1. 윗글의 제목으로 가장 적절한 것은?
① The Best Way to Buy Expensive Things
② How to Keep Things in Good Condition
③ Cooperative Buying: the Enemy of the Smart Consumer

2. 윗글의 빈칸에 들어가기에 가장 적절한 것은?
① faults　　　② risks　　　③ advantages

혼공TIP　1. 값비싼 물건을 살 수 없는 상황에 대한 해결책으로 '협동구매(Cooperative Buying)'를 들고 있는 글이니까 ① 'The Best Way to Buy Expensive Things(값비싼 물건을 사는 최고의 방법)'가 제목으로 적절해. 2. 빈칸 다음에는 협동구매의 좋은 점들이 나열되고 있으니 빈칸에 들어갈 가장 적절한 것은 ③ 'advantages(장점)'라고 할 수 있지.

01-2 A beaver cuts down trees with its teeth, and it puts the trees and some dirt across a small river. This stops the river water and makes a lake. Then the beaver makes a home in the middle of the lake under the water. The beaver has to work long and hard to do all this. That's why we sometimes say that someone is as _____ as a beaver.

1~2
+ **cut down** 베다, 쓰러뜨리다
+ **dirt** 흙
+ **lake** 호수
+ **in the middle of** 중간에
+ **That's why** ~의 이유다
+ **guard** 파수꾼

1. 윗글의 제목으로 가장 적절한 것은?
① Reason of Flood in a River
② Beaver as the Forest's Guard
③ Beaver: The Animal in A Hard Work

2. 윗글의 빈칸에 들어가기에 가장 적절한 것은?
① wet　　　② busy　　　③ heavy

03-4 No two people in the world have exactly the same opinion. People with different views and opinions can respect each other and live happily together. You have to be open to learning about their differences. Accept new things and learn about other people without negative thoughts. That is, you have to be _____.

3~4
+ exactly 정확하게
+ opinion 의견
+ respect 존중하다
+ accept 받아들이다
+ negative 부정적인
+ talkative 수다스런
+ open-minded 개방적인
+ strong-hearted 용감한

3. 윗글의 제목으로 가장 적절한 것은?
① Live a Harmonious Life with Others
② How to Select a Good Opinions
③ Be Positive to Yourself!

4. 윗글의 빈칸에 들어가기에 가장 적절한 것은?
① talkative   ② open-minded   ③ strong-hearted

05-6 I just want to have a cup of coffee at a coffee stand. I say: "I'd like a large cup of coffee." "What kind?" "Hot and very large." "Yeah, but what kind – mocha, espresso, what?" "I want just a cup of coffee." After five minutes, I finally get a cup of coffee. I have to go through a whole process just to get a cup of ice cream. There are so many things to decide on in this country. Too much _____ in everyday life makes me feel I'm a stranger in my own country.

5~6
+ coffee stand 커피 판매대
+ go through 겪다
+ whole 전체의
+ process 과정
+ decide 결정하다
+ stranger 낯선 사람
+ own 자신의, 소유하다

5. 윗글의 제목으로 가장 적절한 것은?
① The More, The Worse
② How to Make a Diecious Coffee
③ The Advantage of Various Selections

6. 윗글의 빈칸에 들어가기에 가장 적절한 것은?
① choice   ② worry   ③ pleasure

1~2 다음 글을 읽고, 물음에 답하시오.

2015년 고1 3월

A few years ago, I asked two groups of people to spend an afternoon picking up trash in a park. I told them that they were participating in an experiment to examine the best way to make people take care of their local parks. One group was paid very well for their time, but the other was only given a small amount of cash. After an hour of hard, boring work, everyone rated how much they enjoyed the afternoon. You might think that those who earned a lot of money would have been more positive than those who earned very little.

In fact, the result was the exact opposite. The average enjoyment for the well-paid group was only 2 out of 10, while the poorly paid group's average rating was an amazing 8.5. It seemed that those who had been paid well thought, "Well, people usually pay me to do things I dislike. I was paid a large amount, so I must dislike cleaning the park." In contrast, those who received less money thought, "I don't need to be paid much to do something I enjoy. I worked for very little pay, so I must have enjoyed cleaning the park." According to the result of this study, it seems that giving excessive _____ may have a negative effect on the attitude of the people doing the work.

1. 위 글의 제목으로 가장 적절한 것은?
① Does More Money Make Us Work More Happily?
② Can You Be Happy When Others Are Sad?
③ Is Following Your Heart Always Right?
④ Enjoy Your Work and You Will Become Rich
⑤ Pay More and Your Employees Will Work Harder

2. 위 글의 빈칸에 들어갈 말로 가장 적절한 것은?
① rewards   ② criticism   ③ stress
④ attention   ⑤ expectations

WORD

pick up 줍다   participate in ~에 참가하다   experiment 실험   examine 조사하다   local 지역의, 지방의   boring 지루한   rate 등급을 매기다   earn 벌다   positive 긍정적인   exact 정확한   opposite 정반대   average 평균의   in contrast 반대로   according to ~에 의하면   excessive 초과하는   negative 부정적인   attitude 태도   reward 보상   criticism 비판   attention 관심   expectation 기대, 예상

3~4 다음 글을 읽고, 물음에 답하시오.

2014년 고1 6월

The anger that criticism causes can upset employees, family members and friends, and still not correct the situation which is a problem. George is the safety supervisor for an engineering company. One of his responsibilities is to see that employees wear their hard hats whenever they are on the job in the field. He reported that whenever he came across workers who were not wearing hard hats, he would tell them in a firm voice that they must follow the rules. As a result, the workers would do as he said, but right after he left, the workers would remove the hats.

He decided to try a different approach. The next time he found some of the workers not wearing their hard hats, he asked if the hats were uncomfortable or did not fit properly. Then he reminded the men in a pleasant tone of voice that the hat was designed to protect them from injury. The result was increased _____ of the regulation with no resentment or anger. They began to wear hats more often.

3. 위 글의 제목으로 가장 적절한 것은?
① How to Change Employee Behavior
② Why Should Workers Follow the Rules?
③ Learn How to Talk to Your Supervisors
④ Never Complain about Your Company's Policy
⑤ The More Listening, the Better Understanding

4. 위 글의 빈칸에 들어갈 말로 가장 적절한 것은?
① acceptance ② denial ③ revisions
④ announcement ⑤ doubts

WORD

criticism 비판 **upset** 화나게 하다 **employee** 근로자 **supervisor** 감독관 **responsibility** 책임 **come across** 우연히 만나다 **firm** 확고한 **as a result** 결과적으로 **remove** 제거하다 **approach** 접근법 **uncomfortable** 불편한 **properly** 적절히 **remind** 상기시키다 **injury** 부상 **regulation** 규제 **resentment** 분노 **behavior** 행동 **complain** 불평하다 **policy** 정책 **acceptance** 수락 **denial** 부인 **revision** 개정 **announcement** 발표

We can start to help our babies learn to love great foods even before they are born. The latest science is uncovering fascinating connections between what moms eat while pregnant and what foods their babies enjoy after birth. Remarkable, but true. Babies in the womb taste, remember, and form preferences for what Mom has been eating. Consider a fascinating study involving carrot juice. As part of the study, one group of pregnant women drank ten ounces of carrot juice four times a week for three weeks in a row.

Another group of women in the study drank water. When their babies were old enough to start eating cereal, it was time to look for a difference between the groups. An observer who didn't know to which group each baby belonged studied the babies as they ate cereal mixed with carrot juice. The babies who _____ this earlier experience of tasting carrot juice in the womb protested and made unhappy faces when they first tasted the juice, whereas the others readily accepted and enjoyed the carrot juice in the cereal. There was a dramatic difference between those who had sampled carrot juice in the womb and those who had not.

* womb: 자궁

5. 윗글의 제목으로 가장 적절한 것은?
① Change Your Diet for Your Health
② Learn about the Recipes Using Carrots
③ The Critical Period for a Baby's Growth
④ What Mom Eats Influences the Baby's Taste
⑤ Various Ways to Promote Eating Great Foods

6. 윗글의 빈칸에 들어갈 말로 가장 적절한 것은?
① used   ② forgot   ③ lacked
④ recalled   ⑤ maintained

WORD

latest 최근의 uncover 알아내다 fascinating 흥미로운 pregnant 임신한 remarkable 놀라운 preference 선호도 involve 포함하다 carrot 당근 observer 관찰자 belong to ~에 속하다 protest 저항하다 whereas 반면에 readily 쉽게 accept 받아들이다 dramatic 극적인 sample 맛보다 recipe 조리법 critical 중요한 influence 영향을 미치다 various 다양한

★ 혼공 17일차에 나온 구문들을 해석해 보자.

1 I asked two groups of people to spend an afternoon picking up trash in a park.

1
+ pick up 줍다
+ trash 쓰레기

2 The anger that criticism causes can upset employees, family members and friends, and still not correct the situation which is a problem.

2
+ criticism 비판
+ employee 직원

3 He reminded the men in a pleasant tone of voice that the hat was designed to protect them from injury.

3
+ remind 상기시키다
+ pleasant 즐거운
+ protect 보호하다

4 You might think that those who earned a lot of money would have been more positive than those who earned very little.

4
+ earn 벌다
+ positive 긍정적인

5 An observer who didn't know to which group each baby belonged studied the babies as they ate cereal mixed with carrot juice.

5
+ observer 관찰자
+ belong to ~에 속하다
+ mix 섞다

6 There was a dramatic difference between those who had sampled carrot juice in the womb and those who had not.

6
+ sample 맛보다
+ womb 자궁

수능 영어 듣기: 숨겨진 꿀팁

❶ 계산 문제

계산 문제는 반드시 할인이 등장하지. 10%, 20% 할인이 가장 많이 나오는데 10% 할인의 경우 지금까지 총액에 0.9를 곱하고, 20%할인은 0.8을 곱하면 간단하게 답이 나온다는 것, 알고 있었니?

❷ 담화 문제

3번 문제에 주로 등장하는 '여지(남지)가 하는 말의 주제'를 담화 문제라고 해. 영어는 돌직구, 즉 초반에 하고 싶은 말이 등장하기 때문에 담화 문제는 주로 초반 3문장 안에 정답이 등장해. 특히, 'Now', 'Today' 가 등장하면 그 다음에 바로 주제가 등장하니 귀를 쫑긋 세우자고.

❸ 대화 문제

답을 부르는 표현이 있어. Actually, Hmm, By the way, Recently, '대화 중간에 상대방 이름 부르기'를 주목해봐. 이 표현 다음에는 반드시 진지한 말, 즉 화자가 중요하게 생각하는 말이 나올 가능성이 높아.

❹ 말하기 문제

1,2번의 짧은 대화에 이어질 응답을 찾는 문제와 13, 14의 긴 대화에 이어질 응답을 찾는 문제를 말하기 문제라고 해. 이 문제는 미리 선택지를 읽은 다음 핵심 동사와 명사에 밑줄을 그어놓아야 해. 그러면 정답을 맞출 확률이 무척 높아지니 참고하도록 해.

수능 듣기에는 모든 유형에 다 이와 같은 요령들이 있어. 하지만 그 중에서 가장 대표적인 요령들을 나열해 봤어. 만약 몰랐던 것들이 있다면 꼭 숙지해서 좋은 성적을 거두길 바라.

혼공

18일차

장문의 이해 II

#마지막3문제 #지칭+순서+일치 #정답률72~92%
#쉽다

난이도 🌶🌶🌶

Quality is never an accident; it is always the result of intelligent effort.
by John Ruskin

품질이란 우연히 만들어지는 것이 아니라,
언제나 지적 노력의 결과이다.

- 3개의 문항이 있는 두 번째 장문독해 (2017학년도 기준 3문항 출제)
- 70~90%대의 정답률을 보이지만, 문항별로 차이 있음
- 마지막 43~45번 문제이고 매우 긴 지문이지만, **지문의 난이도는 쉬움**
- 문장의 길이도 짧아서 독해가 어렵지 않으므로 반드시 맞혀야 하는 문제임

[1~3] 다음 글을 읽고, 물음에 답하시오.

2017년 고1 3월

(A)

Once in a village lived a rich man. He had many slaves and servants for work. The rich man was very unkind and cruel to them. One day one of the slaves made a mistake while cooking food. (a) <u>He</u> overcooked the food. When the rich man saw the food, he became angry and punished the slave. He kept the slave in a small room and locked it from outside.

(B)

After a few days the lion recovered. The slave and the lion became very close friends. A few days went by but one day the slave was caught by one of the guards of the rich man. The guard took (b) <u>him</u> to the rich man, who decided to punish him severely. The rich man ordered guards to put him in the lion's cage.

(C)

Somehow the slave escaped from that room and ran away. (c) <u>He</u> went to a forest. There he saw a lion. Instead of becoming afraid of the lion and running away, he went close to the lion. He saw the lion was injured and one of his legs was bleeding. The slave searched for herbs to cure the lion's wound and took care of the lion.

(D)

The whole village got the news about it and came to see. As soon as the slave was locked in the lion's cage, the lion came near (d) <u>him</u> and started licking his hand and hugged him. It was the same lion that the slave had helped in the forest. Seeing this, everyone was surprised. The rich man thought that the slave was such a great person that the lion didn't kill him. (e) <u>He</u> freed the slave, made him his friend and started to treat all his servants and slaves better.

1. 주어진 글 (A)에 이어질 내용을 순서에 맞게 배열한 것으로 가장 적절한 것은?

① (B) - (D) - (C)   ② (C) - (B) - (D)   ③ (C) - (D) - (B)
④ (D) - (B) - (C)   ⑤ (D) - (C) - (B)

2. 밑줄 친 (a)~(e) 중에서 가리키는 대상이 나머지 넷과 <u>다른</u> 것은?

① (a)   ② (b)   ③ (c)
④ (d)   ⑤ (e)

3. 윗글의 내용으로 적절하지 <u>않은</u> 것은?

① 부자는 노예가 요리한 음식을 보고 화가 났다.
② 노예는 부자의 경비병에게 잡혔다.
③ 노예는 사자를 보자 재빨리 달아났다.
④ 사자의 다리에서 피가 나고 있었다.
⑤ 노예는 사자 우리에 갇혔다.

Step 1 글의 순서 파악하기: 지문의 길이가 매우 길 뿐만 아니라 여러분이 어려워하는 글의 순서 유형 문제지. 하지만 문장의 길이와 구문 수준이 생각보다 어렵지 않아서 독해는 술술 되는 편이야. 기본적인 글의 순서 문제 전략으로 다가가면 돼. <u>대명사와 연결어</u>, 그리고 <u>사건의 흐름을 종합적으로 판단</u>해야 되는데, 생각보다 어렵지 않다는 것을 잊지 마.

Step 2 지칭추론: 가리키는 대상 중 다른 하나를 고르는 문제야. 역시 마찬가지로 지문의 길이가 길어서 지레 겁을 먹는데, 장문독해는 시간상의 압박감만 없으면 어렵지 않아. 보통은 등장인물이 2~3명이 나오는데, 밑줄 친 대명사에 해당인물을 체크만 해놓으면 문제없이 맞힐 수 있어.

Step 3 내용일치: 보통은 일치하지 않는 것을 고르는 문제가 출제 돼. 원래 내용일치는 선택지를 먼저보고 독해를 하는데 비해, 장문독해는 길이가 기니까 <u>독해를 하고 나서 그 내용을 기억해서 선택지와 맞춰보는 방식</u>을 취해야 해. 지문의 내용이 대부분 일화니까 기억하기는 그리 어렵지 않아.

(A)

Once in a village lived a rich man. He had many slaves and servants for work. The rich man was very unkind and cruel to them. One day one of the slaves made a mistake while cooking food. (a) He overcooked the food. When the rich man saw the food, he became angry and punished the slave. He kept the slave in a small room and locked it from outside.

➡ 노예를 가두었는데, (B)와 (D)에는 노예 이야기가 나오지 않으니까 (C)가 와야겠지.

(C)

Somehow the slave escaped from that room and ran away. (c) He went to a forest. There he saw a lion. Instead of becoming afraid of the lion and running a way, he went close to the lion. He saw the lion was injured and one of his legs was bleeding. The slave searched for herbs to cure the lion's wound and took care of the lion.

➡ the lion이 갑자기 나오니까 이에 대한 설명을 해주는 것이 나와야 해.

(B)

After a few days the lion recovered. The slave and the lion became very close friends. A few days went by but one day the slave was caught by one of the guards of the rich man. The guard took (b) him to the rich man, who decided to punish him severely. The rich man ordered guards to put him in the lion's cage.

➡ 부자가 노예를 잡아서 사자 우리에 넣으라고 지시하는 내용이 이어져.

(D)

The whole village got the news about it and came to see. As soon as the slave was locked in the lion's cage, the lion came near (d) him and started licking his hand and hugged him. It was the same lion that the slave had helped in the forest. Seeing this, everyone was surprised. The rich man thought that the slave was such a great person that the lion didn't kill him. (e) He freed the slave, made him his friend and started to treat all his servants and slaves better.

the slaves (under (d) him)

the rich man → 이것이 정답 (under (e) He)

3. 윗글의 내용으로 적절하지 <u>않은</u> 것은?

① 부자는 노예가 요리한 음식을 보고 화가 났다.
② 노예는 부자의 경비병에게 잡혔다.
③ 노예는 사자를 보자 재빨리 달아났다.

➜ 부상당한 사자를 오히려 돌보아주었으므로 이것이 정답이지.

④ 사자의 다리에서 피가 나고 있었다.
⑤ 노예는 사자 우리에 갇혔다.

정답: 1. ② 2. ⑤ 3. ③

---

❶ 43~45번 문제를 먼저 풀어봐야 함(쉬운 걸 시간 부족으로 버릴 필요는 없음)
❷ 쉽기 때문에 3개짜리 장문독해는 찍지 말고 풀어보기!

다음 글을 읽고, 물음에 답해 보자.

보기

(A)

Meghan Vogel was tired. She had just won the 2012 state championship in the 1,600-meter race. She was so exhausted afterward that (a) she was in last place toward the end of her next race, the 3,200 meters.

(B)

Later, Vogel's hometown held a parade in her honor. It wasn't because of the race where she finished first. It was because of the race where (b) she finished last.

(C)

And then she gave McMath a gentle push across it, just ahead of Vogel herself. "If you work hard to get to the state meet, you deserve to finish," (c) she said.

(D)

As she came around the final turn in the long race, the runner in front of her, Arden McMath, fell to the ground. Vogel made a quick decision. She stopped and helped McMath to her feet. Together, they walked the last 30 meters. Vogel guided (d) her to the finish line.

단어 PLUS

+ **championship** 선수권 대회
+ **exhausted** 기진맥진한
+ **afterward** 그 후에
+ **ahead of** ~ 앞에
+ **deserve** 자격이 있다
+ **make a decision** 결정하다
+ **to one's feet** 일어서 있는

1. 주어진 글 (A)에 이어질 내용을 순서에 맞게 배열한 것으로 가장 적절한 것은?

   ① (B)-(D)-(C)　　② (C)-(B)-(D)　　③ (D)-(C)-(B)

2. 밑줄 친 (a)~(e) 중에서 가리키는 대상이 나머지 넷과 다른 것은?

   ① (a)　　　　② (b)　　　　③ (c)　　　　④ (d)

3. 윗글의 내용으로 적절하지 않은 것은?

   ① Vogel 은 1,600미터 대회에서 우승을 했다.

   ② 두 선수는 남은 거리를 같이 걸었다.

   ③ Vogel의 우승 기념 퍼레이드가 열렸다.

혼공TIP　1. Vogel이 꼴찌를 하고 있었는데 앞에서 McMath가 쓰러지는 (D), 그녀를 도와주는 (C), 그리고 마지막에는 이를 기념하는 퍼레이드가 담긴 (B) 순으로 이어져야 해. 2. (a),(b),(c)는 모두 Vogel을 의미하고, (d)는 McMath를 의미하지. 3. ③ 우승 기념이 아닌 꼴찌 기념 퍼레이드였어.

01-3

1~3
+ elderly 나이 많은
+ carpenter 목수
+ retire 은퇴하다
+ leisurely 여유로운
+ material 재료
+ unfortunate 불운한
+ lifelong 평생의
+ paycheck 급여
+ favor 호의

(A)

An elderly carpenter was ready to retire. He told his boss of his plans to leave the housebuilding business to live a more leisurely life with (a) his family.

(B)

The carpenter said yes, but over time it was easy to see that (b) his heart was not in his work. He used poor materials and didn't put much time or effort into his last work. It was an unfortunate way to end his lifelong career.

(C)

He would miss the paycheck each week, but he wanted to retire. The boss was sorry to see his good worker go and asked if (c) he could build just one more house as a personal favor.

(D)

When he finished his work, his boss came to check out the house. Then (d) he handed the front-door key to the worker and said, "This is your house, my gift to you."

1. 주어진 글 (A)에 이어질 내용을 순서에 맞게 배열한 것으로 가장 적절한 것은?

① (B)-(D)-(C) ② (C)-(B)-(D)

③ (C)-(D)-(B) ④ (D)-(C)-(B)

2. 밑줄 친 (a)~(e) 중에서 가리키는 대상이 나머지 넷과 다른 것은?

① (a) ② (b) ③ (c) ④ (d)

3. 윗글의 내용으로 적절하지 않은 것은?

① 가족과 함께 보내기 위해서 일을 그만두려 한다.
② 급여를 받지 않고 마지막 집을 지었다.
③ 좋지 않은 재료로 집을 지었다.
④ 마지막 집은 사장을 위한 집이었다.

1~3 다음 글을 읽고, 물음에 답하시오.

2016년 고1 3월

(A)

Families don't grow strong unless parents invest precious time in them. In *New Man*, Gary Oliver writes about a difficult decision made by professional baseball player Tim Burke concerning his family. From the time Tim can first remember, his dream was to be a professional baseball player. Through years of hard work (a) <u>he</u> achieved that goal.

(B)

When Tim left the stadium for the last time, a reporter stopped him. And then (b) <u>he</u> asked why he was retiring. "Baseball is going to do just fine without me," he said to the reporter. "It's not going to miss a beat. But I'm the only father my children have and I'm the only husband my wife has. And they need me a lot more than baseball does."

(C)

While he was a successful pitcher for the Montreal Expos, (c) <u>he</u> and his wife wanted to start a family but discovered that they were unable to have children. After much thought, they decided to adopt four specialneeds international children. This led to one of the most difficult decisions of Tim's life.

(D)

He discovered that his life on the road conflicted with his ability to be a quality husband and dad. Over time, it became clear that (d) <u>he</u> couldn't do a good job at both. After more thought, he made what many considered an unbelievable decision: (e) <u>he</u> decided to give up professional baseball.

1. 주어진 글 (A)에 이어질 내용을 순서에 맞게 배열한 것으로 가장 적절한 것은?

① (B) - (D) - (C) 　　② (C) - (B) - (D) 　　③ (C) - (D) - (B)

④ (D) - (B) - (C) 　　⑤ (D) - (C) - (B)

2. 밑줄 친 (a)~(e) 중에서 가리키는 대상이 나머지 넷과 <u>다른</u> 것은?

① (a)   ② (b)   ③ (c)   ④ (d)   ⑤ (e)

3. 윗글의 Tim Burke에 관한 내용과 일치하지 <u>않는</u> 것은?

① 열심히 노력하여 프로 야구 선수가 되었다.
② 마지막 경기 후에 기자로부터 질문을 받았다.
③ Montreal Expos 팀의 투수였다.
④ 네 명의 아이를 입양하기로 했다.
⑤ 가정을 위해 프로 야구를 계속하기로 했다.

4~6 다음 글을 읽고, 물음에 답하시오.

2015년 고1 3월

(A)

My husband David called me on my cell phone the week before our daughter's wedding and said, "We have a problem." He told me that the electric company announced a future power outage in our neighborhood to allow for a major repair. The real problem was that we were going to have the power outage on the day of the wedding.

*power outage: 정전

(B)

So we got up early on Sunday morning, and found a generator parked right outside of our house – it was (a) <u>her</u> solution. That's right – our house was connected to electricity all day from our own private generator while the rest of the neighborhood had a blackout! It was amazing. Rosa made it clear that our happiness was important to (b) <u>her</u> as well. There are truly people with big hearts. Kindness is still alive.

*generator: 발전기

(C)

I called the electric company to ask, or rather to beg, them to put off the repair work since we really, really needed our house to prepare for the wedding (makeup, hair, etc.). I was immediately transferred to a manager named Rosa. She understood the problem and explained that they absolutely couldn't reschedule the power outage, but (c) <u>she</u> would see what she could do.

(D)

Two days later, Rosa called to say that they could not let only our house keep its electricity. Then she said, "We can let you use a room in our company's building." I was surprised and asked if (d) <u>she</u> had ever done that. She said, "Actually, it's happened before." The next day, Rosa called again in a happy voice and said that she had found a solution. She told me that my daughter would be able to use electricity and prepare for (e) <u>her</u> wedding at home.

4. 주어진 글 (A)에 이어질 내용을 순서에 맞게 배열한 것으로 가장 적절한 것은?

① (B) - (D) - (C)   ② (C) - (B) - (D)   ③ (C) - (D) - (B)

④ (D) - (B) - (C)   ⑤ (D) - (C) - (B)

5. 밑줄 친 (a)~(e) 중에서 가리키는 대상이 나머지 넷과 <u>다른</u> 것은?

① (a)   ② (b)   ③ (c)   ④ (d)   ⑤ (e)

6. 위 글의 필자에 관한 내용과 일치하지 <u>않는</u> 것은?

① 딸의 결혼식 날에 집이 정전될 예정이었다.

② 일요일에 자신의 집은 정전을 피할 수 있었다.

③ 공사를 연기해 달라고 전기 회사에 요청했다.

④ 전기 회사의 건물에서 딸의 결혼식을 치렀다.

⑤ 전기 회사 직원으로부터 해결책을 찾았다는 말을 들었다.

WORD

electric 전기의   announce 발표하다, 공표하다   neighborhood 인근 지역   repair 수리; 수리하다   connect 연결하다   blackout 정전   beg 사정하다, 간청하다   transfer (전화를) 다른 곳으로 돌리다   absolutely 절대적으로, 단호히   reschedule 계획을 다시 잡다

(A)

A college student was struggling to pay his school fees. He was an orphan, and not knowing where to turn for money, he came up with a bright idea. He decided to host a music concert on campus to raise money for his education. He asked the great pianist Ignacy Paderewski to come and play. (a) <u>His</u> manager demanded $2,000 for the piano recital. A deal was struck and the student began working to make the concert a success.

(B)

Paderewski later went on to become the Prime Minister of Poland. He was a great leader, but unfortunately when World War I began, Poland was ravaged. There were more than 1.5 million people starving in (b) <u>his</u> country, and there was no money to feed them. Paderewski did not know where to turn for help. Finally, he asked the US Food and Relief Administration for help.

* ravaged: 황폐하게 된

(C)

The head there was a man called Herbert Hoover – who later went on to become the US President. (c) <u>He</u> agreed to supply tons of food to the starving Polish people. Paderewski was relieved. Later, when (d) <u>he</u> began to thank Hoover for his noble gesture, Hoover quickly said, "You shouldn't be thanking me, Mr. Prime Minister. You may not remember this, but many years ago, you helped a student make it through college. I was him."

(D)

The big day arrived. But unfortunately, he had not managed to sell enough tickets. The total amount collected was only $1,600. Disappointed, he went to Paderewski and explained his difficulty. Paderewski returned the $1,600 and told the student: "Here's the $1,600. Keep the money you need for your fees." The student was surprised, and thanked (e) <u>him</u> heartily.

WORD

struggle 애쓰다   school fee 수업료   orphan 고아   come up with 생각이 나다   host 주최하다   demand 요구하다   recital 연주회
be stuck 꼼짝도 못하다   starve 굶주리다   feed 음식을 주다   supply 제공하다   relieved 안도한   noble 고귀한   disappointed 실망한
heartily 진심으로

18일차 장문의 이해 II   193

7. 주어진 글 (A)에 이어질 내용을 순서에 맞게 배열한 것으로 가장 적절한 것은?

① (B) - (D) - (C)　　　　② (C) - (B) - (D)　　　　③ (C) - (D) - (B)

④ (D) - (B) - (C)　　　　⑤ (D) - (C) - (B)

8. 밑줄 친 (a)~(e) 중에서 가리키는 대상이 나머지 넷과 <u>다른</u> 것은?

① (a)　　　　② (b)　　　　③ (c)　　　　④ (d)　　　　⑤ (e)

9. 윗글의 Ignacy Paderewski에 관한 내용과 일치하지 <u>않는</u> 것은?

① 학생으로부터 연주 요청을 받았다.

② 나중에 폴란드의 수상이 되었다.

③ 미국에 도움을 요청했다.

④ Hoover로부터 학비를 지원받았다.

⑤ 학생에게 1,600달러를 되돌려 주었다.

★ 혼공 18일차에 나온 구문들을 해석해 보자.

단어 PLUS

1 It was the same lion that the slave had helped in the forest.

1
+slave 노예

2 The rich man thought that the slave was such a great person that the lion didn't kill him.

2
+kill 죽이다

3 In New Man, Gary Oliver writes about a difficult decision made by professional baseball player Tim Burke concerning his family.

3
+decision 결정
+professional 프로의
+concerning ~에 대하여

4 After more thought, he made what many considered an unbelievable decision: he decided to give up professional baseball.

4
+consider 고려하다
+unbelievable 믿을 수 없는
+give up 포기하다

5 The real problem was that we were going to have the power outage on the day of the wedding.

5
+power outage 정전

6 Rosa made it clear that our happiness was important to her as well.

6
+happiness 행복

7 Disappointed, he went to Paderewski and explained his difficulty.

7
+disappointed 실망한
+explain 설명하다

영어가 안되면 '혼공 네이버 카페'

http://cafe.naver.com/junteacherfan

영어 공부를 하다가 질문, 고민이 있을 때는 언제든지 들러줘. 이미 16,000여명의 카페 회원들이 있고, 혼공 시리즈로 기수별 스터디를 하기도 해. 이미 혼공 구문의 경우 두 차례의 스터디를 성공적으로 마치고 다른 시리즈로 스터디를 확장해서 진행하고 있어. 혼자서 공부할 수 있다는 의미이기도 하지만, 다같이 '혼신의 힘을 다해 공부할 수 있다'라는 의미도 담고 있는 게 '혼공'이야.

공지 사항을 보면 카페가 계속해서 왕성한 활동을 이어나가고 있다는 것을 알게 될 거야. 같은 고민을 가지고 있는 친구들을 만나고, 쌤과 학습 도우미들의 도움을 받아 혼신의 힘을 다해 공부해 보자구!

혼공

19일차

어휘추론

#어휘가_기본 #반의어 #밑줄유형
#선택유형

난이도 🌶🌶🌶

If we take care of the moments, the years will take care of themselves.
by Maria Edgeworth

순간들을 소중히 여기다 보면, 긴 세월은 저절로 흘러간다.

01 문항 특징

🌶 문맥상 **어울리는 어휘 혹은 어색한 어휘**를 고르는 문항 (2017학년도 기준 1문항 출제)
🌶 **밑줄 친 어휘**의 경우 **반의어**를 생각해야 함
🌶 **글의 전체 흐름을 고려**해서 주어진 어휘를 선택해야 함

02 문항 엿보기

(A), (B), (C)의 각 네모 안에서 문맥에 맞는 낱말로 가장 적절한 것은?

2017년 고1 3월

New technologies create new interactions and cultural rules. As a way to encourage TV viewing, social television systems now enable social interaction among TV viewers in different locations. These systems are known to build a greater sense of (A) connectedness / isolation among TV-using friends. One field study focused on how five friends between the ages of 30-36 communicated while watching TV at their homes. The technology (B) allowed / forbade them to see which of the friends were watching TV and what they were watching. They chose how to communicate via social television — whether through voice chat or text chat. The study showed a strong preference for text over voice. Users offered two key reasons for (C) disliking / favoring text chat. First, text chat required less effort and attention, and was more enjoyable than voice chat. Second, study participants viewed text chat as more polite.

	(A)		(B)		(C)
①	connectedness	………	allowed	………	disliking
②	connectedness	………	forbade	………	disliking
③	connectedness	………	allowed	………	favoring
④	isolation	………	forbade	………	favoring
⑤	isolation	………	allowed	………	disliking

WORD

interaction 상호 작용　encourage 부추기다　location 장소, 위치　connectedness 유대　isolation 고립　field study 현장 연구　allow ~ to부정사 ~가 …할 수 있게 하다　forbid(-forbade-forbidden) 금지하다　via ~을 통해　voice chat 음성 채팅　text chat 문자 채팅　preference 선호(도)　offer 말하다, 제출하다, 제공하다　dislike 싫어하다　favor 선호하다　participant 참가자　polite 예의 바른, 공손한

Step 1 ▶ 어휘 문제는 기본적인 자신의 어휘 수준을 올리는 것이 급선무야.

Step 2 ▶ 문제 유형이 선택형이든 밑줄형이든 그 단어냐 반의어냐의 싸움이지. 따라서 전체흐름을 이해하는 것이 중요해.

Step 3 ▶ 앞에 부정어가 있다면 반대의 의미가 정답이 되므로 조심해야 해.

New technologies create new interactions and cultural rules. As a way to encourage TV viewing, social television systems now enable social interaction among TV viewers in different locations. These systems are known to build a greater sense of (A) ┃connectedness / isolation┃ among TVusing friends.

➔ 소셜TV는 상호작용을 일으키므로 유대감이 와야겠지.

One field study focused on how five friends between the ages of 30-36 communicated while watching TV at their homes. The technology (B) ┃allowed / forbade┃ hem to see which of the friends were watching TV and what they were watching.

➔ 이 기술은 유대감을 up시키기지. 그것은 서로의 것을 공유하기 때문이겠지? 그러니까 서로가 무엇을 하는지 알게끔 하겠지. 따라서 '허용하다'의 allow가 적절해.

They chose how to communicate via social television — whether through voice chat or text chat. The study showed a strong preference for text over voice. Users offered two key reasons for (C) ┃disliking / favoring┃ text chat.

➔ 바로 앞에서 음성채팅보다 문자채팅을 더 선호한다고 나오니까 여기서는 문자채팅을 선호(favoring)한다고 해야겠지.

First, text chat required less effort and attention, and more enjoyable than voice chat. Second, study participants viewed text chat as more polite.

정답: ③

혼공
TIP

❶ 평상시 어휘력을 키워야 함
❷ 밑줄형의 경우 그 단어의 반의어를 고려해서 해석!
❸ 앞에 부정어가 있다면 정반대의 의미가 정답이니 조심!

다음 주어진 질문에 답해 보자.

보기 다음 주어진 (A), (B)의 괄호 안에서 문맥에 맞는 단어를 골라보자.

> Tea in Korea has a long history. Hoping that its flavor would reach the heavenly god, people in ancient times (A) offered / hated tea in various ceremonies. Tea first came to Korea from China with Buddhism at the end of the Three Kingdoms era. Tea planting became (B) unusual / popular through the Koryeo period. Then, as Buddhism weakened in Choseon Dynasty, the art of tea became common only among scholars.

혼공TIP (A)에는 사람들이 차의 향이 하늘에 닿기를 바랐다고 하니까 다양한 의식에 차를 제공했겠지(offered). 차는 삼국시대에 처음 소개되었다고 하니 고려시대에는 대중적이 되었겠지!(popular).

단어⊕PLUS

+ **flavor** 향
+ **heavenly** 하늘의
+ **ancient** 고대의
+ **various** 다양한
+ **ceremony** 의식
+ **planting** 농사
+ **unusual** 이상한
+ **weaken** 약화시키다
+ **dynasty** 왕조
+ **scholar** 학자

[1–3] 다음 주어진 (A), (B)의 각 네모 안에서 문맥에 맞는 단어를 골라 보자.

01 One of the problems of traditional farming is that the growing seasons for crops can be (A) limited / extended . To solve this problem, a scientist suggested growing crops inside a tall building. Inside the building, crops could grow all year. There would be no need for chemicals to (B) revive / remove harmful insects.

1

+ **traditional** 전통적인
+ **crop** 작물
+ **limited** 제한된
+ **extended** 확장된
+ **suggest** 제안하다
+ **chemical** 화학 물질
+ **revive** 되살아나다

02 I had just finished writing a TV script and was rushing to print it when my computer (A) froze / sped up. No cursor. No script. No nothing. In a panic, I called my friend Neil, a computer consultant. It turned out that I had a bad spyware, and that's what was (B) healing / causing my computer's breakdown. I'm not exactly sure how I got it, but Neil removed it. We take our cars to the mechanic for regular checkups.

2

+ **script** 대본
+ **freeze up** 고장나다
+ **panic** 공포
+ **turn out** ~로 밝혀지다
+ **breakdown** 고장
+ **exactly** 정확하게
+ **remove** 제거하다
+ **regular checkup** 정기점검

03 I had the habit of telling my sons what they wanted to hear in the moment and making a promise in order to (A) avoid / cause a fight. Then, when I said something different and broke the promise, there was a much bigger battle. They lost trust in me. Now I make efforts to (B) correct / keep this habit. Even if it's not what they want to hear, I try to be honest and say it anyway.

3
+ make a promise 약속하다
+ avoid 피하다
+ battle 전투
+ correct 수정하다
+ anyway 어쨌든

[4-5] 다음 글의 밑줄 친 부분 중, 문맥상 낱말의 쓰임이 적절하지 <u>않은</u> 것은?

04 How would you feel if your children wanted to ① <u>imitate</u> a celebrity who has a troubled private life? Maybe you would worry that your kids might be affected by their ② <u>personal</u> lives. This is because you believe that celebrities should be role models for kids in all ways. But, don't worry! Your kids just want to be like the celebrities in their ③ <u>performance</u> as professionals, not in their private behavior. They are just ④ <u>uncommon</u> people except that they have excellent skills in their field.

4
+ imitate 모방하다
+ celebrity 유명인
+ private 사적인
+ affect 영향을 주다
+ performance 수행, 실적
+ behavior 행동
+ uncommon 특이한
+ except ~을 제외하고

05 In Ontario, there is an old-growth forest near Temagami. Some people want to cut down the trees for lumber. Others want to keep it as it is: they believe it is ① <u>unique</u> and must be protected for coming generations. Many people are somewhere in the ② <u>middle</u>, wanting some use and some protection. Most people are in favor of using our resources wisely. They prefer practices that make our resources ③ <u>unsustainable</u>. That is, we should use our resources ④ <u>wisely</u> now and we will still have more for the future.

5
+ lumber 목재
+ as it is 그 상태 그대로
+ unique 독특한
+ protect 보호하다
+ coming generation 미래 세대
+ somewhere 어딘가에
+ in favor of ~을 선호하여
+ practice 실행, 관행
+ unsustainable
  지속 가능하지 않은

1 (A), (B), (C)의 각 네모 안에서 문맥에 맞는 낱말로 가장 적절한 것은?

2016년 고1 3월

In most people, emotions are situational. Something in the here and now makes you mad. The emotion itself is (A) ⏐ tied / unrelated ⏐ to the situation in which it originates. As long as you remain in that emotional situation, you're likely to stay angry. If you *leave* the situation, the opposite is true. The emotion begins to (B) ⏐ disappear / appear ⏐ as soon as you move away from the situation. Moving away from the situation prevents it from taking hold of you. Counselors often advise clients to get some emotional distance from whatever is (C) ⏐ bothering / pleasing ⏐ them. One easy way to do that is to *geographically* separate yourself from the source of your anger.

	(A)		(B)		(C)
①	tied	··········	disappear	··········	bothering
②	tied	··········	disappear	··········	pleasing
③	tied	··········	appear	··········	bothering
④	unrelated	··········	disappear	··········	pleasing
⑤	unrelated	··········	appear	··········	pleasing

WORD

situational 상황적인, 상황의　**the here and now** 현 시점, 현재　**tie** 연결하다, 묶다　**unrelated** 관련이 없는　**originate** 일어나다, 생기다　**as long as** ~인 한　**opposite** 정반대, 정반대의　**move away from** ~에서 벗어나다　**take hold of** 제어하다, 붙잡다　**counselor** 상담원　**client** 의뢰인, 고객　**bother** 괴롭히다　**geographically** 지리적으로　**separate** 떼어놓다, 분리하다

2 (A), (B), (C)의 각 네모 안에서 문맥에 맞는 낱말로 가장 적절한 것은?

2015년 고1 3월

The laser pointer, which became popular in the 1990s, was at first typically thick to hold in the hand. Before long, such pointers came in slimmer pocket models and became easier to handle. Still, the laser pointer had its own (A) strengths / weaknesses . Batteries were required and had to be replaced, and the shaky hand movements of a nervous lecturer were (B) hidden / shown in the sudden motion of the glowing red dot. Moreover, the red dot could be difficult to see against certain backgrounds, thus making the laser pointer (C) inferior / superior even to a simple stick. To correct this problem, more advanced and thus more expensive greenbeam laser pointers came to be introduced.

	(A)	(B)	(C)
①	strengths	shown	inferior
②	strengths	hidden	superior
③	weaknesses	shown	superior
④	weaknesses	hidden	superior
⑤	weaknesses	shown	inferior

WORD

typically 전형적으로, 보통   thick 두꺼운   hold 쥐다   handle 다루다   strength 강점   weakness 약점   shaky 떨리는, 불안한   lecturer 강연자   glowing 반짝이는   inferior 열등한   superior 우세한   correct 바로잡다   advanced 발전된, 고급의

3 다음 글의 밑줄 친 부분 중, 문맥상 낱말의 쓰임이 적절하지 <u>않은</u> 것은?

Executives' emotional intelligence — their self-awareness, empathy, and rapport with others — has clear links to their own performance. But new research shows that a leader's emotional style also drives everyone else's moods and behaviors. It's ① <u>similar</u> to "Smile and the whole world smiles with you." Emotional intelligence ② <u>travels</u> through an organization like electricity over telephone wires. Depressed, ruthless bosses create ③ <u>toxic</u> organizations filled with negative underachievers. But if you're an inspirational leader, you cultivate positive employees who ④ <u>avoid</u> the tough challenges. Emotional leadership isn't just putting on a game face every day. It means understanding your ⑤ <u>impact</u> on others — then adjusting your style accordingly.

WORD

executive 경영진   emotional 감정적인   self-awareness 자기인식   empathy 공감   rapport 친화적 관계   performance 수행   mood 기분   behavior 행동   similar 유사한   organization 조직   electricity 전기   depressed 우울한   ruthless 무자비한   negative 부정적인   underachiever 미달성자   inspirational 감화력이 있는   cultivate 양성하다   employee 직원   put on a game face 당당한 표정을 짓다   adjust 조정하다

★ 혼공 19일차에 나온 구문들을 해석해 보자.

1 But if you're an inspirational leader, you cultivate positive employees who accept the tough challenges.

2 The technology allowed them to see which of the friends were watching TV and what they were watching.

3 Moving away from the situation prevents it from taking hold of you.

4 The laser pointer, which became popular in the 1990s, was at first typically thick to hold in the hand.

5 To correct this problem, more advanced and thus more expensive greenbeam laser pointers came to be introduced.

6 One of the problems of traditional farming is that the growing seasons for crops can be limited.

7 Many people are somewhere in the middle, wanting some use and some protection.

단어 PLUS

1
+ inspirational 영감을 주는
+ cultivate 양성하다
+ employee 직원

2
+ allow 허용하다

3
+ situation 상황
+ prevent 막다
+ take hold of ~을 붙잡다

4
+ popular 인기있는
+ typically 전형적으로

5
+ advanced 발전된
+ introduce 도입하다

6
+ traditional 전통적인
+ farming 농사
+ crop 작물
+ limited 제한된

7
+ somewhre 어딘가에
+ protection 보호

시험에 잘나오는 반의어

abandon 버리다	↔	maintain 유지하다	fault 약점	↔	merit 장점
absolute 절대적인	↔	relative 상대적인	float 뜨다	↔	sink 가라앉다
abstract 추상적인	↔	concrete 구체적인	forgive 용서하다	↔	punish 처벌하다
accept 수용하다	↔	reject 거절하다	freedom 자유	↔	bondage 속박
achieve 성취하다	↔	fail 실패하다	freeze 얼다	↔	melt 녹다
active 능동적인	↔	passive 수동적인	friendly 우호적인	↔	hostile 적대적인
add 더하다	↔	subtract 빼다	full 가득 찬	↔	empty 텅 빈
advance 전진하다	↔	retreat 퇴각하다	gain 얻다	↔	lose 잃다
affirm 확언하다	↔	deny 부인하다	general 일반적인	↔	particular 특별한
allow 허용하다	↔	forbid 금지하다	genuine 진짜의	↔	fake 가짜의
ancestor 조상	↔	descendant 후손	good 좋은	↔	evil 사악한
ancient 고대의	↔	modern 현대의	guilty 유죄의	↔	innocent 무죄의
anxiety 걱정	↔	relief 안도	heavy 무거운	↔	light 가벼운
artificial 인공적인	↔	natural 자연의	hope 희망	↔	despair 절망
attack 공격	↔	defend 방어	horizontal 수평의	↔	vertical 수직의
barren 불모의	↔	fertile 비옥한	humble 천한	↔	noble 귀한
blame 비난하다	↔	praise 칭찬하다	ignorance 무지	↔	knowledge 지식
cause 원인	↔	effect 결과	income 수입	↔	expense 지출
comedy 희극	↔	tragedy 비극	intake 흡입구	↔	outlet 배출구
common 흔히있는	↔	rare 드문	loose 느슨한	↔	tight 단단한
complex 복잡한	↔	simple 단순한	mad 미친	↔	sane 제정신의
conceal 숨기다	↔	reveal 드러내다	multiply 곱하다	↔	divide 나누다
conquer 정복하다	↔	surrender 굴복하다	obey 복종하다	↔	resist 저항하다
conservative 보수적인	↔	progressive 진보적인	obscure 애매한	↔	obvious 명백한
consume 소비하다	↔	produce 생산하다	permanent 영구적인	↔	temporary 일시적인
construct 건설하다	↔	destroy 파괴하다	permit 허락하다	↔	prohibit 금지하다
cruelty 잔인	↔	mercy 자비	plenty 풍부	↔	scarcity 부족
deep 깊은	↔	shallow 얕은	polite 공손한	↔	rude 무례한
demand 수요	↔	supply 공급	precede 선행하다	↔	follow 따르다
domestic 국내의	↔	foreign 외국의	private 사적인	↔	public 공공의
dynamic 동적인	↔	static 정적인	release 풀어주다	↔	arrest 체포하다
ebb 썰물	↔	flow 밀물	resistance 저항	↔	obedience 복종
even 짝수의	↔	odd 홀수의	respect 존경하다	↔	despise 경시하다
expert 전문가	↔	layman 비전문가	tame 길들인	↔	wild 야생의
extreme 지나친	↔	moderate 적당한	vague 애매한	↔	distinct 명확한
familiar 친밀한	↔	strange 서먹한	voluntary 자발적인	↔	compulsory 강제적인
fasten 묶다,매다	↔	loosen 풀다	wide 넓은	↔	narrow 좁은

혼공

20일차

어법추론

#1문항 #나오는것만_나옴 #밑줄유형 #선택유형

난이도 🌶️🌶️🌶️

Learn as much by writing as by reading.
by Lord Acton

읽는 것 만큼 쓰는 것을 통해서도 많이 배워라.

01 문항 특징

- 🌶 어법상 맞는 것 혹은 틀린 것을 고르는 문항 (2017학년도 기준 1문항 출제)
- 🌶 **둘 중 하나를 고르는 문항**이나 **밑줄 친 부분 중 틀린 부분을 고르는 문항**으로 출제됨
- 🌶 주어가 긴 문장의 주어, 동사의 수일치, 본동사 vs 준동사, −ing vs −ed, 형용사 vs 부사, what vs that, 관계부사 vs 관계대명사 등의 문제가 단골로 출제 됨
- 🌶 기출 문항 분석으로 자주 나오는 유형 위주로 공부하는 것이 효과적임

02 문항 엿보기

다음 글의 밑줄 친 부분 중, 어법상 틀린 것은?

2017년 고1 3월

Take time to read the comics. This is worthwhile not just because they will make you laugh but ① <u>because</u> they contain wisdom about the nature of life. *Charlie Brown and Blondie* are part of my morning routine and help me ② <u>to start</u> the day with a smile. When you read the comics section of the newspaper, ③ <u>cutting</u> out a cartoon that makes you laugh. Post it wherever you need it most, such as on your refrigerator or at work — so that every time you see it, you will smile and feel your spirit ④ <u>lifted</u>. Share your favorites with your friends and family so that everyone can get a good laugh, too. Take your comics with you when you go to visit sick friends ⑤ <u>who</u> can really use a good laugh.

WORD

comics 만화　worthwhile 가치 있는　contain 포함하다　wisdom 지혜　blondie 금발　routine 일과　section 부분, 판　post 게시하다
refrigerator 냉장고　spirit 기분, 영혼　lift 고양시키다

Step 1 어법 문제는 1문항 밖에 나오지 않지만, 1등급을 결정하는 문제야. 많은 어법 사항이 나올 수 있기에 기본적인 문법사항을 먼저 익혀두는 것이 좋아.

Step 2 기본적으로 어법문제는 모든 문장을 해석할 필요는 없어. 번호나 괄호가 있는 문장만 가지고 해결할 수 있지.

Take time to read the comics. This is worthwhile not just because they will make you laugh but ① underline{because} they contain wisdom about the nature of life. *Charlie Brown and Blondie* are part of my morning routine and help me ② to start the day with a smile. When you read the comics section of the newspaper, ③ **cutting** (→ cut: 명령문) out a cartoon that makes you laugh. Post it wherever you need it most, such as on your refrigerator or at work — so that every time you see it, you will smile and feel your spirit ④ lifted. Share your favorites with your friends and family so that everyone can get a good laugh, too. Take your comics with you when you go to visit sick friends ⑤ who can really use a good laugh.

① because: 접속사는 뒤에 문장이 나와야 하는데, 여기서는 they contain ~이라는 완전한 문장이 나오므로 접속사 because는 OK.

② to start: 동사 help는 목적어나 목적보어 자리에 동사원형이나 to부정사가 올 수 있으므로 OK.

③ cutting: When이 이끄는 부사절 다음에 주절이 이어져야 하는데 주절에 술어 동사가 없으므로 cutting을 cut으로 고쳐 명령문으로 만들어야 어법에 맞게 돼.

④ lifted: 앞에 있는 명사 your spirit과의 관계를 보면, '당신의 기분'이 '올라가지는 것'이므로 수동을 의미하는 lifted가 적절해.

⑤ who: 앞에 있는 sick friends를 수식하며, 뒤에 동사가 나오므로 주격관계사인 who는 적절하지.

정답: ③

---

❶ 어법 문제는 기본 문법을 익히고 나서 풀기

❷ 기출문제를 많이 풀어보고 많이 나오는 유형 위주로 익혀야 함

❸ 어법문제는 오답노트를 작성하여 해결!

2 단계 개념 맛보기

다음 물음에 답해 보자.

단어⊕PLUS

+ **depend on** ~에 의존하다
+ **childhood** 어린시절
+ **educator** 교육자
+ **modern** 현대의
+ **necessity** 필요성
+ **imagination** 창의력
+ **physically** 신체적으로
+ **develop** 발달시키다

보기 다음 글의 밑줄 친 부분 중, 어법상 틀린 것은?

At what age should a child learn ① <u>to use</u> a computer? The answer seems to depend on whom you ask. Some early childhood educators believe ② <u>that</u> in modern society computer skills are a basic necessity for every child. But other educators say that children do not use their imagination enough ③ <u>because of</u> the computer screen shows them everything. Physically, children who type for a long time or use a computer mouse ④ <u>too much</u> can develop problems to their bodies.

혼공TIP ③ because of 다음에는 명사가 와야 하지. 그런데 뒤에 오는 것은 주어와 동사가 모두 존재하는 문장이 와. 따라서 because of가 아닌 접속사 because가 되어야 해.

[1–3] 다음 글의 밑줄 친 부분 중, 어법상 틀린 것은?

01 Every place on the earth is different. Just like people, no two places can be ① <u>exact</u> alike. However, some places are similar in certain ways. There are patterns in the way people live and use the land. The design of buildings ② <u>show</u> one pattern. Many large cities have very tall buildings ③ <u>called</u> skyscrapers. There is not enough land, so people make more room by ④ <u>building</u> up into the sky.

1
+ **exact** 정확한
+ **skyscraper** 고층 건물

02 Ying Liu wanted to stop his six-year-old son, Jing, from watching so much TV. He also wanted to encourage Jing to play the piano and ① <u>to do</u> more math. The first thing Ying did was prepare. He made a list of his son's interests. It ② <u>was included</u>, in addition to watching TV, playing with Legos and going to the zoo. He then suggested to his son ③ <u>that</u> he could trade TV time, piano time, and study time for Legos and visits to the zoo. They established a point system, ④ <u>where</u> he got points whenever he watched less TV.

2
+ **encourage** 격려하다
+ **prepare** 준비하다
+ **interest** 관심
+ **suggest** 제안하다
+ **establish** 확립하다

03 Greg felt like a failure if he didn't receive every single point on every single assignment. A grade of 95 left him ① <u>asking</u>, "How did I fail to achieve 100?" Greg realized that his drive for perfectionism was putting him into a state of constant stress. He decided ② <u>to work</u> on stress management. He came up with the creative idea of ③ <u>posting</u> notes everywhere with the simple message, "92 is still an A." Gradually, these simple reminder notes allowed Greg to have a different point of view and ④ <u>realized</u> that he didn't have to be perfect at everything.

[4–5] (A), (B)의 각 네모 안에서 어법에 맞는 표현으로 가장 적절한 것을 고르시오.

04 A lot of customers buy products only after they are made aware that the products are available in the market. Let's say a product, even if it has been out there for a while, is not (A) advertising / advertised . Then what might happen? Not knowing that the product exists, customers would probably not buy it even if the product may have worked for (B) it / them .

05 Wheeled carts pulled by horses could transport more goods to market more quickly. Animals that pulled plows to turn the earth over for planting (A) was / were far more efficient than humans. The sail made it possible to trade with countries that could be reached only by sea. All three inventions made the cities of Mesopotamia powerful trading centers with as (B) much / many as 30,000 people each.

3
+ failure 실패
+ assignment 숙제
+ achieve 성취하다
+ perfectionism 완벽주의
+ constant 지속적인
+ management 관리
+ come up with ~을 생각해내다
+ reminder 생각나게 해주는 것
+ a point of view 관점

4
+ customer 고객
+ aware ~을 아는
+ available 이용 가능한
+ for a while 잠시 동안
+ exist 존재하다

5
+ wheeled 바퀴달린
+ cart 수레
+ transport 운송하다
+ goods 물건
+ efficient 효율적인
+ invention 발명

1 다음 글의 밑줄 친 부분 중, 어법상 틀린 것은?

2016년 고1 3월

Your parents may be afraid that you will not spend your allowance wisely. You may make some foolish spending choices, but if you ① <u>do</u>, the decision to do so is your own and hopefully you will learn from your mistakes. Much of learning ② <u>occurs</u> through trial and error. Explain to your parents that money is something you will have to deal with for the rest of your life. It is better ③ <u>what</u> you make your mistakes early on rather than later in life. Explain that you will have a family someday and you need to know how ④ <u>to manage</u> your money. Not everything ⑤ <u>is taught</u> at school!

WORD

allowance 용돈　**choice** 선택　**decision** 결정　**hopefully** 바라건대　**occur** 일어나다, 생기다　**trial and error** 시행착오　**deal with** ~을 처리하다　**mistake** 실수　**early on** 이른 시기에, 초기에　**manage** 관리하다

2 다음 글의 밑줄 친 부분 중, 어법상 틀린 것은?

2013년 고1 3월

There is no one right way to draw. Don't you believe me? Collect 100 amazing artists in a room and have them ① <u>draw</u> the same chair. What do you get? One hundred very different chair drawings. ② <u>Keeping</u> this in mind, you'll have a lot more fun drawing the unique art that comes from you. You're the only artist in the world ③ <u>which</u> can draw the way you do. Exploring your personal drawing styles ④ <u>is</u> important. Notice how you have grown or improved as you practice. Pay attention to ⑤ <u>what</u> you like most about your drawings.

WORD

draw 그리다, 당기다   **amazing** 놀라운   **keep ~ in mind** ~을 명심하다   **unique** 독특한   **explore** 탐험하다   **improve** 개선하다   **practice** 연습하다   **pay attention to** ~에 주의를 기울이다

3 (A), (B), (C)의 각 네모 안에서 어법에 맞는 표현으로 가장 적절한 것은?

2015년 고1 6월

Alfred Chandler was Professor of Business History in the Graduate School of Business Administration, Harvard University. He was an economic historian (A) whose / which work has centered on the study of business history and, in particular, administration. He long argued that this is a much neglected area in the study of recent history. His studies of big business (B) have / has been carried out with grants from a number of sources including the Alfred P. Sloan Foundation. His work has been internationally (C) recognizing / recognized , his book *The Visible Hand* being awarded the Pulitzer Prize for History and the Bancroft Prize. Chandler taught at a variety of universities in the US and Europe.

	(A)	(B)	(C)
①	whose	have	recognized
②	whose	has	recognized
③	whose	have	recognizing
④	which	has	recognizing
⑤	which	have	recognizing

WORD

graduate school 대학원   administration 관리, 행정   economic 경제의   historian 역사가, 사학자   neglect 무시하다   recent 최근의
carry out 수행하다   grant 지원금   foundation 재단   recognize 인지하다   visible 보이는   award 수여하다   a variety of 다양한

★ 혼공 20일차에 나온 구문들을 해석해 보자.

단어 PLUS

1 Exploring your personal drawing styles is important.

1
+ explore 탐험하다
+ drawing 그림

2 It is better that you make your mistakes early on rather than later in life.

2
+ mistake 실수
+ rather than 차라리 ~보다

3 When you read the comics section of the newspaper, cut out a cartoon that makes you laugh.

3
+ comics 만화
+ section 부분, 판

4 Gradually, these simple reminder notes allowed Greg to have a different point of view and realize that he didn't have to be perfect at everything.

4
+ gradually 점진적으로
+ reminder 생각나게 하는 것
+ allow 허용하다
+ realize 깨닫다

5 Not knowing that the product exists, customers would probably not buy it even if the product may have worked for them.

5
+ exist 존재하다
+ customer 고객
+ probably 아마도

6 His work has been internationally recognized, his book *The Visible Hand* being awarded the Pulitzer Prize for History and the Bancroft Prize.

6
+ recognize 인식하다
+ visible 보이는
+ award 수여하다

7 He was an economic historian whose work has centered on the study of business history and, in particular, administration.

7
+ economic 경제의
+ historian 역사가
+ administration 관리, 행정

자주 출제되는 어법 유형

자주 출제되는 어법 유형

1. 긴 주어 + 동사

주어와 동사의 수일치 또는 동사의 유형(본동사 vs 준동사)을 묻는 문제가 출제 됨. 주어가 길 경우 웬만하면 맨 앞이 주어!

| 주어 | ✚ | 수식어구(관계사, 전치사구, 동격절, to부정사, 분사, 삽입절) | ✚ | 동사 |

* 주어와 동사의 수일치(단수주어-단수동사, 복수주어-복수동사)
* 동사 자리에 to부정사나 -ing 형태의 준동사가 오지 않도록 주의

2. 능동태(-ing) vs 수동태(-ed)

1) 주어와 동사의 관계를 파악해야 함

2) 동사의 종류를 파악해야 함

❶ 동사의 종류 파악: 자동사 vs 타동사 (타동사일 경우 목적어 유무 판단)

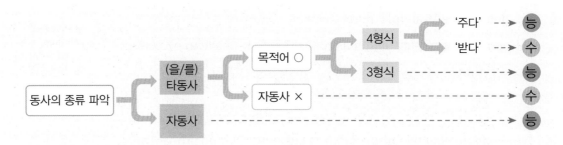

❷ 4/5형식 동사일 경우 해석 필수

3. 형용사 vs 부사

무엇을 수식하고 있느냐로 판단 (명사를 수식: 형용사 / 나머지를 수식: 부사)

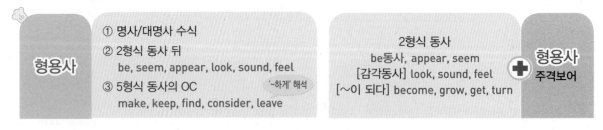

4. what vs that

❶ 명사 + [what / that] ➜ 선행사가 존재하므로 that

❷ [what / that] + 문장 ➜ 완전한 문장이면 that / 불완전 문장이면 what

5. which vs where (관계대명사 vs 관계부사)

뒤에 오는 문장이 완전하면 관계부사 where, 불완전하면 which

혼공
유형독해
기본(순한맛)

저자 허준석 김상근

정답과 해설

랭기지플러스

혼공

유형독해

기본(순한맛)

정답과

해설

랭기지플러스

1 단계 개념 요리하기 p.14

● 지문 분석

Farm Experience Days
농장 체험의 날
Come and enjoy / our Farm Experience Days.
와서 즐겨 / 우리 농장 체험의 날을
Here are some activities / you can enjoy:
여기에 몇 가지 활동이 있어 / 당신이 즐길 수 있는

■ Collect eggs / from our hens
계란을 모아 / 우리 암탉들로부터

■ Feed the cows, sheep, and pigs
소, 양, 돼지에게 먹이를 줘

■ Walk around the farm / to learn about the animals
농장 주변을 돌아봐 / 동물들에 대해서 배우기 위해서

-The activities of the day / may change / according to the weather.
당일 활동들은 / 바뀔 수 있어 / 날씨에 따라

-The fee is $50 per person.
요금은 1인당 50달러야

-This includes / a hearty, homemade lunch.
이것은 포함하지 / 정성들인 손수 만든 점심

-Reservations are required.
예약은 필요해

-We're only open / on weekdays.
우리는 오직 열어 / 주중에만

For more information, / please call us / at 5252-7088.
더 많은 정보를 위해서는 / 우리에게 전화해 줘 / 5252-7088 로

● 전체 해석

농장 체험의 날
오셔서 저희의 '농장 체험의 날'을 즐기세요.
여기 여러분이 즐길 수 있는 몇 가지 활동이 있습니다.

■ 암탉의 달걀을 수거할 수 있습니다.
■ 소, 양, 돼지에게 먹이를 줄 수 있습니다.
■ 농장을 돌아보며 동물에 대해 배울 수 있습니다.

– 날씨에 따라서 당일 (체험) 활동이 달라질 수 있습니다.
– 참가비는 1인당 50달러입니다. 여기에는 정성을 들여 손수 만든 점심이 포함되어 있습니다.
– 예약이 필요합니다.
– 평일에만 문을 엽니다.

추가 정보를 원하시면 5252-7088로 전화 주십시오.

● 중요 포인트

Here V + S 도치구문

❶ 부사인 here가 앞에 와서 뒤에 S(주어)와 V(동사)가 도치

Here are some activities ~
　　 V 　　 S 　　 → 도치발생

❷ 단, 주어로 대명사가 오면 도치가 안 된다.

Here it is. (○) 　　 Here is it. (×)

❸ there도 here과 마찬가지로 도치발생

There is a book on the desk.
　 V 　 S 　　　　　 → 도치발생

2 단계 개념 맛보기 p.16

보기 T

● 지문분석

We offer a fun and safe sports camp / for boys and girls / aged 7-12.
우리는 재미있고 안전한 스포츠 캠프를 제공해 / 소년과 소녀를 위해 / 7~12세의
Children will have good chances / to develop their body and mind.
아이들은 좋은 기회를 가지게 돼 / 그들의 신체와 마음을 발전시킬

● 전체 해석
우리는 7~12세의 소년과 소녀를 위해 재미있고 안전한 스포츠 캠프를 제공합니다. 아이들은 신체와 마음을 발전시킬 좋은 기회를 갖게 될 것입니다.

1. T

● 지문분석

We enncourage / you to bring your own bicycle, / but we also have bicycles / for rent.
우리는 권장하지 / 당신이 자전거를 가져오도록 / 그런데 우리는 또한 자전거가 있어 / 대여를 위한

● 전체 해석
자신의 자전거를 가져오는 것을 권장하지만, 대여용 자전거도 있습니다.

● 해설
대여용 자전거(bicycles for rent)가 있으니까 주어진 문장은 T.

2. F

●지문분석

> ■ Fee: $10 per person / (Educational materials and snacks are included.)
> 참가비: 사람당 10달러 / 교육 자료와 스낵은 포함되어 있어
> ■ The first 15 people / get a free helmet.
> 첫 번째 15명은 / 무료 헬멧을 얻어
> ■ Topics Covered: Rules of the Road, / Cyclists' Rights, / ABC Quick Check, / Route Selection
> 다루는 주제: 도로 규칙 / 자전거 운전자의 권리 / 빠른 기초 점검 / 주행로 선택

●전체 해석

참가비: 1인당 10달러(교육 자료와 간식이 포함됩니다.)
최초 15명은 무료로 헬멧을 받습니다.
다루는 주제: 도로 규칙, 자전거 운전자의 권리, 빠른 기초 점검, 주행로 선택

●해설

참가비에는 교육 자료와 간식이 포함(Educational materials and snacks are included)되어 있으므로 주어진 문장은 F.

3. T

●지문분석

> ■ Place: Nightingale High School
> 장소: 나이팅게일 고등학교
> ■ Date: March 20, 2015
> 날짜: 3월 20일, 2015년
> ■ Time: 3:00 p.m.-5:00 p.m.
> 시간: 오후 3시부터 오후 5시

●전체 해석

장소: Nightingale 고등학교
날짜: 2015년 3월 20일
시간: 오후 3시~오후 5시

●해설

오후 3시부터 오후 5시까지 열리니까 오후에 열린다는 말은 T.

4. F

●지문분석

> Camp sports activities include:
> 캠프 스포츠 활동은 포함하지
> ■ Swimming ■ Soccer ■ Badminton
> ■ Basketball ■ Tennis ■ Kids Aerobics
> 수영, 축구, 배드민턴, 농구, 테니스, 어린이 에어로빅
> Fee: $138 for a week, / $32 for a day
> 참가비: 1주일에 138달러 / 하루에 32달러

●전체 해석

아래와 같은 캠프 스포츠 활동이 포함되어 있습니다.
수영, 축구, 배드민턴, 농구, 테니스, 어린이 에어로빅
참가비: 1주일 $138, 1일 $32

●해설

1주일에 138달러이고 1일에 32달러이므로 1주일에 32달러라고 한 것은 틀리지.

5. T

●지문분석

> ■ Each child should bring / a swim suit / and a packed lunch with a drink.
> 각각의 아이는 가지고 와야 해 / 수영복과 / 음료수와 점심 도시락을
> ■ Registration must be made / 24 hours / in advance.
> 등록은 만들어져야 해 / 24시간 / 미리

●전체 해석

어린이들은 수영복과 점심 도시락, 음료수를 각자 가져와야 합니다.
등록은 24시간 전에 미리 해야 합니다.

●해설

어린이들은 점심 도시락과 음료수, 수영복을 가져와야 하므로 주어진 문장은 T.

6. F

●지문분석

> Welcome to our cooking contest!
> 우리 요리 대회에 온 걸 환영해
> This is a community event.
> 이것은 지역 행사야
> Your challenge is to use / a seasonal ingredient / to create a delicious dish.
> 여러분의 도전은 사용하는 거야 / 제철 재료를 / 맛있는 요리를 만들기 위해서

●전체 해석

우리의 요리 대회에 어서 오십시오! 이 대회는 지역 사회 행사입니다. 여러분의 도전은 제철 재료를 사용하여 맛있는 요리를 만들어내는 것입니다.

●해설

지역 공동체 행사(This is a community event)이므로 전국 대상 행사(national event)는 아니지. 그러므로 정답은 F.

7. F

●지문분석

- When: Sunday, April 10, 2016, 3 p.m.
  언제: 일요일, 4월 10일 2016년, 오후 3시
- Where: Hill Community Center
  어디: 힐 커뮤니티 센터
- Prizes: Gift cards / to three winners
  상품: 상품권 / 세 명의 우승자에게

●전체 해석

일시: 2016년 4월 10일, 일요일, 오후 3시
장소: Hill 커뮤니티 센터
상품: 우승자 세 명에게 상품권

●해설

우승자에게는 요리 기구가 아니라 상품권을 주지(Gift cards to three winners). 그러니까 정답은 F야.

8. F

●지문분석

Participants should prepare / their dishes / beforehand / and bring them / to the event.
참가자들은 준비해야 해 / 음식을 / 미리 / 그리고 그것들을 가지고 와야 해 / 행사에
Can't cook? / Come eat!
요리 못해? / 와서 먹어봐
Join us / in sampling the dishes / and help to judge / for just $3.
우리에게 참여해 / 요리들을 맛보는 데 / 그리고 심사를 도와줘 / 단돈 3달러에

●전체 해석

참가자들은 자기들의 요리를 미리 준비해서 행사에 가져와야 합니다. 요리를 못하십니까? 와서 드십시오! 단 3달러로 시식에 참여하고 심사도 도와주십시오.

●해설

무료가 아니라 3달러를 내야 시식과 심사에 참여할 수 있어(Join us in sampling the dishes and help to judge for just $3). 그러니까 정답은 F지.

9. T

●지문분석

Instructors / plan field trips / and invite / professionals / to share their experience.
강사들이 / 현장학습을 준비해 / 그리고 초대해 / 전문가들을 / 그들의 경험을 공유하려고
The program ends / with an exhibition / of student works.
프로그램은 끝나 / 전시로 / 학생들의 작품

●전체 해석

강사들은 현장 학습을 계획하고 그들의 경험을 들려줄 전문가들을 초청합니다. 프로그램은 학생 작품 전시로 마무리됩니다.

●해설

프로그램이 학생들의 작품 전시로 마무리가 되니까(The program ends with an exhibition of student works.) 정답은 T야.

3단계 모의고사 요리하기 p.18

1. ⑤

●지문분석

Family Movie Night
가족 영화의 밤
Join us / for a 'free' Family Movie Night / in the Bluebird Elementary School gym / on Thursday, May 12 at 6:30 p.m. ①
우리에게 참여해 / 무료 가족 영화의 밤에 / 블루버드 초등학교 체육관에서 / 목요일, 5월 12일, 오후 6시 30분에
Movie: SNOW PRINCE
영화: 눈의 왕자
Free Popcorn / for Everyone! ②
팝콘은 무료야 / 모두에게
Pizza and soft drinks / will be available / for sale. ③
피자와 청량음료수는 / 이용 가능해 / 판매가
- Pizza Slice: $1.50
  조각 피자: 1.5달러
- Soft Drinks: $1.00
  청량음료: 1달러
Students must be accompanied by their parents or guardian / for the entire evening. ④
학생들은 부모나 보호자와 동반해야 해 / 저녁 내내
Bring / your own blanket or pillow / and get comfortable! ⑤
가져와 / 여러분의 담요와 베개를 / 그리고 편안히 지내

●전체 해석

가족 영화의 밤
5월 12일 목요일 오후 6시 30분에 Bluebird 초등학교 체육관에서 진행되는 '무료' 가족 영화의 밤 행사에 우리와 함께 하십시오.
영화: SNOW PRINCE
모든 분께 무료 팝콘 제공!
피자와 청량음료가 판매됩니다.
- 조각 피자: $1.50
- 청량음료: $1.00
학생은 저녁 시간 내내 부모나 보호자가 동행해야 합니다.
각자의 담요나 베개를 가져오시고 편안히 하시기 바랍니다!

●중요 포인트

free의 의미

❶ 공짜의 (본문 의미)

Free Popcorn for Everyone!

❷ 자유롭게 하다, 풀어주다 (동사, ~ from)

He agreed to free her son.

그는 그녀의 아들을 풀어주는데 동의했다.

❸ 자유로운

People want to have the free speech.

사람들은 언론의 자유를 가지고 싶어 한다.

●해설

1. Family Movie Night에 관한 다음 안내문의 내용과 일치하지 <u>않는</u> 것은?

① Bluebird 초등학교 체육관에서 진행된다.

→ 'in the Bluebird Elementary School gym' 블루버드 초등학교에서 진행되므로 OK.

② 팝콘을 무료로 제공한다.

→ 'Free Popcorn for Everyone!' 모든 사람에게 팝콘은 무료이므로 OK.

③ 피자와 음료를 판매한다.

→ 'Pizza and soft drinks will be available for sale.' 피자와 음료수를 판매하니까 OK.

④ 학생은 부모나 보호자의 동행이 필요하다.

→ 'Students must be accompanied by their parents or guardian' 학생은 부모나 보호자가 동반되어야 하므로 OK.

⑤ 영화 관람자에게 담요를 제공한다.

→ 'Bring your own blanket or pillow' 담요와 베개는 가지고 오라고 했으니까 일치하지 않지. 따라서 이것이 정답!

2. ④

●지문분석

Oakland Museum of California

캘리포니아 오클랜드 박물관

Time:

시간

• Wednesday − Thursday, 11 a.m. − 5 p.m.

수요일부터 목요일, 오전 11시부터 오후 5시

• Friday, 11 a.m. − 9 p.m.

금요일, 오전 11시부터 오후 9시

• Saturday − Sunday, 11 a.m. − 5 p.m.

토요일부터 일요일, 오전 11시부터 오후 5시

• Closed Monday and Tuesday ①

월요일과 화요일은 닫음

Parking:

주차

• The parking fee / is just $1/hour / with an admission ticket. ②

주차요금은 / 시간당 단 1달러야 / 입장권이 있으면

• The parking fee / without an admission ticket / is $2.50/hour.

주차요금은 / 입장권이 없는 / 시간당 2.5달러야

Admission rates:

입장료

• $15 general

일반은 15달러

• $10 students / with current ID / and seniors (ages 65+)

학생은 10달러 / 학생증이 있으면 / 65세 이상의 어르신도

• Free for children / ages 8 and under

어린이들은 무료야 / 8세 이하인

• Adult groups of ten or more / are $12 per person. ③

10명 이상의 성인 단체는 / 사람당 12달러야

Other:

기타

• Admission / during *Friday Nights*, 5 p.m.- 9 p.m. every Friday, / is half-off for adults, / free for ages 18 and under. ④

입장료는 / 매주 금요일 오후 5시부터 9시까지 '금요일 밤' 동안에는 / 어른은 절반이야 / 18세 이하는 무료지

• Admission is free / the first Sunday of every month. ⑤

입장료는 무료야 / 매달 첫 번째 일요일에는

●전체 해석

캘리포니아 오클랜드 박물관

시간:

• 수요일~목요일, 오전 11시~오후 5시

• 금요일, 오전 11시~오후 9시

• 토요일~일요일, 오전 11시~오후 5시

• 월요일, 화요일 휴관

주차:

• 입장권이 있으면 주차 요금은 시간당 1달러입니다.

• 입장권이 없으면 주차 요금은 시간당 2.5달러입니다.

입장료:

• 일반 15달러

• 학생(학생증 지참 시) 및 65세 이상 10달러

• 8세 이하 무료

• 10인 이상의 성인 단체일 경우 한 명당 12달러입니다.

기타:

• 매주 금요일 오후 5시~오후 9시 '금요일 밤' 입장료는 어른은 반값, 18세 이하일 경우에는 무료입니다.

• 매달 첫째 일요일은 입장료가 무료입니다.

●중요 포인트

요금의 종류

❶ fee: 서비스에 대한 요금 lawyer's fee 변호사 비용

❷ fare: 교통기관 요금 bus fare 버스요금

❸ charge: 청구요금 room charge 숙박비

●해설

2. Oakland Museum of California에 관한 다음 안내문의 내용과 일치하지 <u>않는</u> 것은?

① 월요일과 화요일은 휴관일이다.
→ 'Closed <u>Monday</u> and <u>Tuesday</u>' 월요일과 화요일은 닫으니까 OK.

② 입장권이 있으면 주차 요금은 <u>시간당 1달러</u>이다.
→ 'The parking fee is just $1/hour with an admission ticket.' 입장권이 있으면 1달러야.

③ <u>10인 이상</u>의 성인 단체일 경우 1인당 입장료가 <u>12달러</u>이다.
→ '<u>Adult groups of ten</u> or more are <u>$12 per person.</u>' 어른의 경우 10명 이상이면 12달러니까 OK.

④ <u>금요일</u> 오후 5시 이후 18세 이하의 입장료는 <u>반값</u>이다.
→ 'Admission during <u>Friday Nights</u>, <u>5 p.m.–9 p.m.</u>, every <u>Friday</u>, is half-off for adults, <u>free for ages 18 and under.</u>' 어른이 반값이고, 18세 이하는 무료니까 이게 정답이야.

⑤ 매달 <u>첫째 일요일</u>은 입장료가 <u>무료</u>이다.
→ '<u>Admission is free the first Sunday</u> of every month' 매월 첫 번째 일요일은 무료니까 OK.

3. ⑤

●지문분석

Shoes with Heart
마음이 담긴 신발

Donate your unwanted shoes!
당신의 불필요한 신발을 기부해

We are collecting shoes / for homeless children.①
우리는 신발을 모으고 있어 / 집 없는 아이들을 위해서

Our goal is to collect / 500 pairs of shoes.②
우리 목표는 모으는 거야 / 500켤레의 신발을

All you have to do / is put your unwanted shoes
　　　　　S　　　　　V　　to 생략(=to put)
/ in the shoe collection boxes / we provide.
여러분이 해야 하는 모든 것은 / 여러분의 불필요한 신발을 넣는 거야 / 신발 수집 상자에 / 우리가 제공하는

The boxes are placed / in the lobby / of Kew Center.③
상자들은 위치해 있어 / 로비에 / 큐 센터

All shoes / will be repaired / and given / to children.④
모든 신발은 / 수선될 것이고 / 보내질 거야 / 아이들에게

Just remember,
단지 기억해

• Skates and Golf Shoes Are Not Accepted!⑤
스케이트와 골프화는 안 돼

• Shoes Must Be in Pairs.
신발은 반드시 짝이 있어야만 해

You can contact us / at ☎455-212-7898.
여러분은 우리에게 연락할 수 있어 / 455-212-7898로

Join Us Today!
오늘 우리와 함께 해

●전체 해석

마음이 담긴 신발
당신의 불필요한 신발을 기부하세요!
우리는 집 없는 아이들을 위해 신발을 수집하고 있습니다.
우리의 목표는 500켤레의 신발을 수집하는 것입니다.
당신은 당신의 불필요한 신발을 우리가 제공하는 신발 수집 상자에 넣기만 하면 됩니다. 상자는 Kew Center 로비에 비치되어 있습니다.
모든 신발은 수선되어 아이들에게 전해질 것입니다.
단, 기억하세요.
■ 스케이트와 골프화는 받지 않습니다!
■ 신발은 반드시 한 쌍이어야 합니다.
455-212-7898로 연락하실 수 있습니다.
오늘 우리와 함께 하세요!

●중요 포인트

1. be to 정리

❶ '~하는 것이다'
to부정사의 명사적 용법이지. 명사처럼 '~것이다'로 해석이 돼. 〈주어 = to부정사〉일 때 가능해.
My hobby <u>is to read</u> books. 내 취미는 책을 읽는 것이다.
(My hobby = to read books)

❷ '~할 예정/운명/의무이다' (be to 용법)
주어랑 to부정사가 〈주술관계〉일 때야. 주어랑 동사처럼 해석이 되는 경우지.
He <u>was to be</u> the king. 그는 왕이 될 운명이었다.

2. be to에서 to 생략

주어로 all, something, what 등이 나올 경우 be동사 뒤에 오는 to는 생략 가능해.
All you have to do is put your unwanted shoes ~
　　　　　　　　　　　= to put
(주어로 All ~ 구문이 오니까 is to put에서 to 생략)

●해설

3. Shoes with Heart에 관한 다음 안내문의 내용과 일치하지 <u>않는</u> 것은?

① 집 없는 아이들을 위해 신발을 수집한다.
→ 'We are collecting shoes for <u>homeless children.</u>' 집 없는 아이들 'homeless children'을 찾으면 돼.

② 500켤레의 신발을 수집하는 것을 목표로 한다.
→ 'Our goal is to collect <u>500 pairs of shoes.</u>' 500켤레가 목표라고 하고 있으니까 OK.

③ 신발 수집 상자는 <u>Kew Center</u> 로비에 비치되어 있다.
→ 'The boxes are placed in the lobby of <u>Kew Center.</u>' 큐 센터에 상자가 있다고 하니 OK.

④ 모든 신발은 <u>수선</u>되어 아이들에게 전해질 것이다.
→ 'All shoes will be <u>repaired</u> and given to children.' 신발 모두가 수선되고 아이들에게 주어진다니 OK.

⑤ <u>스케이트와 골프화</u>도 수집 대상에 <u>포함된다.</u>
→ '<u>Skates</u> and <u>Golf Shoes</u> Are Not Accepted' 스케이트와 골프화는 안 된다고 나오니까 이게 정답이야.

1. 여기 몇 가지 여러분이 즐길 수 있는 활동이 있다.
Here are some activities / you can enjoy.
여기에 몇 가지 활동이 있다 / 여러분이 즐길 수 있는

2. 당일 활동은 날씨에 따라 달라질 수 있다.
The activities of the day / may change / according to the weather.
당일 활동들은 / 바뀔 수 있어 / 날씨에 따라

3. 학생들은 저녁 내내 부모나 보호자와 동행해야만 한다.
Students must be accompanied / by their parents or guardian / for the entire evening.
학생들은 동반해야 해 / 부모나 보호자와 / 저녁 내내

4. 담요와 베개를 가져오시고, 편안히 하시기 바랍니다!
Bring your own blanket or pillow / and get comfortable!
여러분 자신의 담요와 베개를 가져와 / 그리고 편안히 지내

5. 입장권이 없으면 주차 요금은 시간당 2.5달러입니다.
The parking fee / without an admission ticket / is $2.50/hour.
주차요금은 / 입장권이 없는 / 시간당 2.5달러야

6. 매주 금요일 오후 5시~오후 9시 'Friday Nights' 입장료는 어른은 반값, 18세 이하일 경우에는 무료입니다.
Admission / during *Friday Nights*, 5 p.m.-9 p.m. every Friday, / is half-off for adults, / free for ages 18 and under.
입장료는 / 매주 금요일 오후 5시부터 9시까지 '금요일 밤' 동안에 / 어른의 경우 절반이고 / 18세 이하는 무료야

7. 당신은 당신의 불필요한 신발을 우리가 제공하는 신발 수집 상자에 넣기만 하면 됩니다.
All you have to do / is put your unwanted shoes / in the shoe collection boxes / we provide.
여러분이 해야 하는 모든 것은 / 여러분의 불필요한 신발을 넣는 거야 / 신발 수집 상자에 / 우리가 제공하는

8. 모든 신발은 수선되어 아이들에게 전해질 것입니다.
All shoes will be repaired / and given / to children.
모든 신발은 수선될 것이고 / 보내질 거야 / 아이들에게

혼공 02일차 내용 일치·불일치

● 지문 분석

> Kaspar Fürstenau was a German flutist and composer.
> 카스파르 퓌어스테나우는 독일의 플루트 연주자이자 작곡자였어
>
> After he was orphaned, / Anton Romberg took care of him / and taught him / to play the bassoon, / but Fürstenau was more interested in the flute.
> teach A to부정사: A에게 ~를 가르치다
> 그가 고아가 된 후에 / 안톤 롬베르그는 그를 돌보았고 / 그에게 가르쳐 주었어 / 바순 연주를 / 그런데 퓌어스테나우는 플루트에 더 관심이 있었지
>
> At the age of 15, / he was already a skilled flutist / and played in a military band.
> 15세의 나이에 / 그는 벌써 능숙한 플루트 연주자였고 / 군악대에서 연주했어
>
> In 1793-94, / Fürstenau made his first concert tour / in Germany.
> 1793~1794년에 / 퓌어스테나우는 첫 번째 콘서트 투어를 했어 / 독일에서
>
> In 1794, / he became a member / of the "Chamber Orchestra of Oldenburg," / where he played / until the orchestra was abolished / in 1811.
> 1794년에 / 그는 일원이 되었어 / 올덴부르크 실내악단의 / 그곳에서 그는 연주했어 / 오케스트라가 없어질 때까지 / 1811년에
>
> Kaspar Fürstenau continued his career / as a flutist / performing together / with his son Anton Fürstenau / in the major cities of Europe.
> 분사구문 〈동시상황〉 '연주하면서'
> 카스파르 퓌어스테나우는 그의 경력을 이어나갔지 / 플루트 연주자로서의 / 함께 연주하며 / 그의 아들 안톤 퓌어스테나우와 함께 / 유럽의 주요도시에서

● 전체 해석

카스파르 퓌어스테나우는 독일의 플루트 연주자이자 작곡가였다. 고아가 된 후에 안톤 롬베르그가 그를 돌보았고 그에게 바순 연주를 가르쳤지만, 퓌어스테나우는 플루트에 더 흥미가 있었다. 15세에 그는 이미 능숙한 플루트 연주자였고 군악대에서 연주했다. 1793~94년에 퓌어스테나우는 독일에서 자신의 첫 콘서트 순회공연을 했다. 1794년에 그는 Chamber Orchestra of Oldenburg의 일원이 되었으며, 거기에서 그는 1811년에 그 오케스트라가 없어질 때까지 연주했다. 카스파르 퓌어스테나우는 유럽의 주요 도시에서 아들인 안톤 퓌어스테나우와 함께 공연하면서 플루트 연주자로서의 자신의 삶을 계속했다.

● 중요 포인트

관계부사 where

❶ 장소인 선행사를 수식

❷ 뒤에는 문장 필수성분이 모두 있는 완전한 문장

❸ '거기에서'라고 해석하면 됨

he became a member of the "Chamber Orchestra of Oldenburg," where he played until the orchestra was abolished in 1811
+완전한 문장

---

② 개념 맛보기
2단계   p.26

보기 F

● 지문분석

UNICEF was created / right after World War II / to help relieve the suffering of children / caused by the war.
help + (to) 동사원형
유니세프는 만들어졌어 / 2차 세계대전이 끝난 직후에 / 아이들의 고통을 완화하는 것을 돕기 위해서 / 전쟁으로 인한

The organization is supervised / by the UN, / and its programs are guided / by the Convention on the Rights of the Child.
그 조직은 지도돼 / 유엔에 의해서 / 그리고 그것의 프로그램은 운영돼 / 아동권리협약에 의해서

● 전체 해석

UNICEF는 전쟁으로 인한 아동들의 고통을 경감시키기 위해 2차 세계대전 직후 창립되었다. 그 기구는 UN의 지도 감독을 받고 있고, 프로그램은 아동권리협약에 의해 운영된다.

1. T

● 지문분석

UNICEF's mission is / to speak for children's rights, / help meet their needs, / and help them reach their greatest potentials.
❶ to부정사의 명사적 용법 '~하는 것' ❷ ❸
유니세프의 임무는 / 아이들의 권리를 대변하는 것이고 / 그들의 욕구를 충족하도록 높고 / 그리고 그들이 최고의 잠재력에 도달하도록 돕는 것이야

Today, UNICEF works in 161 countries, / helping people find some ways / to solve the problems / that affect poor children and their families.
분사구문 〈동시상황〉 도우면서   to부정사의 형용사적 용법
오늘날 유니세프는 161개국에서 활동해 / 사람들이 몇 가지 방법을 찾도록 도우면서 / 문제를 해결하는 / 가난한 아이들과 가족들에게 영향을 주는

● 전체 해석

UNICEF의 임무는 아동의 권리를 대변하고 그들의 요구를 충족시켜주며, 그들의 잠재력에 최대한으로 도달할 수 있도록 돕는 것이다. 오늘날 UNICEF는 161개국에서 활동하고 있으며, 사람들이 가난한 아동과 그들의 가족들에게 영향을 주는 문제들에 대한 해결책을 찾을 수 있도록 돕고 있다.

● 해설

'UNICEF works in 161 countries'에서 161개국에서 활동하고 있는 것을 확인할 수 있으니 주어진 문장은 T야.

2. T

● 지문분석

The Greeks of old times / told many stories.
옛날 그리스 사람들은 / 많은 이야기들을 말했어

Some of these stories / seem strangely up-to-date.
이러한 이야기들 중 일부는 / 이상하게 현대적인 것 같아

One of the stories / was about Milo, / who lived in Crotona.
이야기 중 하나는 / 밀로에 대한 거야 / 크로토나에 살았던

Milo was a young shepherd / who had the idea / that he wanted / to become / as strong as Hercules.
동격의 that(=the idea)
밀로는 어린 양치기였지 / 생각을 가졌던 / 그가 원한다는 / 되는 것을 / 헤라클레스처럼 힘이 강하게

● 전체 해석

옛날 그리스 사람들은 많은 이야기들을 했다. 그 이야기들 중 어떤 이야기는 신기하게도 현대에 들어맞는 것들도 있다. Crotona에 살았던 밀로 이야기가 그 중 하나이다. 밀로는 젊은 양치기였는데, 그는 헤라클레스만큼 힘이 센 사람이 되고 싶다는 생각을 하게 되었다.

● 해설

'Milo, who lived in Crotona'에서 확인할 수 있으므로 주어진 문장은 T야.

3. F

● 지문분석

Milo made up his mind / to lift this ox every day.
밀로는 결심을 했지 / 매일 이 소를 들어올리기로

Each day the ox grew bigger / and each day Milo lifted him.
매일 그 소는 크게 자랐고 / 매일 밀로는 그 소를 들어올렸지

Finally the ox became full-grown, / but Milo was still able to lift him.
결국 그 소는 다 자랐어 / 하지만 밀로는 여전히 그 소를 들 수 있었지

●전체 해석

밀로는 매일 그 소를 들어올리기로 결심했다. 매일 그 소는 더 크게 자랐다. 매일 그는 그 소를 들어 올렸다. 마침내 그 소는 완전히 자랐지만, 밀로는 여전히 그 소를 들어 올릴 수 있었다.

●해설

'Milo was still able to lift him' 여전히 들 수 있으니까 주어진 문장은 틀렸어. F가 정답이지.

4. T

●지문분석

> The rambutan tree is native / to Malaysia and Indonesia.
> 람부탄 나무는 원산지야 / 말레이시아와 인도네시아가
> Rambutan is the Malay word / for hair, / and refers to the hairlike spine / of the fruit.
> 람부탄은 말레이 단어야 / 머리카락을 의미하는 / 그리고 머리카락 같은 가시를 의미하지 / 그 열매의

●전체 해석

rambutan 나무는 말레이시아와 인도네시아가 원산지이다. rambutan은 머리털을 뜻하는 말레이시아 말로, 그 열매의 머리털 같은 가시를 가리킨다.

●해설

'refers to the hairlike spine of the fruit' 열매의 머리털 같은 가시를 의미하는 말이니 이름이 열매 모양과 관련 있다는 문장은 T야.

5. T

●지문분석

> The fruit is mainly produced / in Southeast Asia.
> 그 열매는 주로 만들어져 / 동남아시아에서
> The fruit is usually sold fresh.
> sell의 형용사형 '~인 채로 팔리다'
> 그 열매는 보통 신선하게(가공되지 않고) 팔려
> It is also used / in making jams and jellies.
> 그것은 또한 사용되 / 잼과 젤리는 만드는 데
> The rambutan tree has various uses.
> 람부탄 나무는 다양한 사용법을 가져

●전체 해석

그 열매는 주로 동남아시아에서 생산이 된다. 그 열매는 보통 가공되지 않은 상태로 팔린다. 또한 잼이나 젤리를 만드는 데 이용된다. rambutan 나무는 다양한 용도로 쓰인다.

●해설

'in making jams and jellies'에서 잼과 젤리를 만드는데 사용된다고 했으므로 주어진 문장은 T야.

6. F

●지문분석

> In Malaysia, / its roots are used / for treating fever.
> 말레이시아에서 / 그것의 뿌리는 사용되지 / 열을 치료하는 데
> Rambutan wood is fairly hard and heavy, / but is usually too small / to be used / in building houses or ships.
> too ~ to ... '너무 ~해서 ... 할 수 없다'
> 람부탄 목재는 매우 단단하고 무거워 / 하지만 보통은 너무 작아서 / 사용되지 못해 / 집이나 배를 만드는 데

●전체 해석

말레이시아에서 rambutan의 뿌리는 열을 내리는 데 사용이 된다. rambutan의 목재는 상당히 단단하며 무겁지만, 대개 너무 작아서 집을 짓거나 배를 만드는 데 사용할 수 없다.

●해설

'too small to be used'에서 너무 작아서 사용되지 못한다고 했으므로 주어진 문장은 F야. 'too ~ to ...' 용법은 to부정사에 해석상 not이 숨어있다는 걸 조심해야 해.

7. F

●지문분석

> The aye-aye is a strange little creature / living in Madagascar.
> 명사 + ~ing 수식 구조
> 아이-아이는 이상한 작은 동물이야 / 마다가스카르에서 사는
> It has sharp front teeth / like a rabbit or rat.
> ~같은
> 그것은 날카로운 앞니를 가지고 있지 / 토끼나 쥐처럼
> It has ears / like those of a bat / and a tail like that of a squirrel.
> =ears =tail
> 그것은 귀를 가지지 / 박쥐의 그것들과 같은 / 그리고 다람쥐의 그것과 같은 꼬리를
> It has amazingly long fingers and big eyes.
> 그것은 놀라울 정도로 긴 손가락과 큰 눈을 가져

●전체 해석

aye-aye는 Madagascar에 사는 작고 기이한 동물이다. 토끼나 쥐처럼 날카로운 앞니를 갖고 있다. 귀는 박쥐와 비슷하며, 꼬리는 다람쥐와 비슷하다. 손가락은 놀라울 만큼 길며, 눈은 크다.

●해설

'It has amazingly long fingers and big eyes.'에서 손가락은 길고, 눈은 크다고 말하고 있으니까 정반대의 내용을 말한 주어진 문장은 F야.

8. F

●지문분석

It is not so easy / to see the animals / because
they are active / mainly at night.
가주어–진주어 구문
그렇게 쉽지 않지 / 그 동물을 보는 게 / 왜냐하면 그들은 활
동적이야 / 주로 밤에

The aye-aye is thought / to be an evil creature
/ and it is shot / on sight / by the people of
Madagascar.
아이–아이는 생각되어져 / 사악한 동물이라고 / 그리고 그것
은 사살되지 / 보자마자 / 마다가스카르의 사람들에 의해서

●전체 해석

잘 눈에 띄지 않는데, 이는 그들이 주로 밤에 활동을 하기
때문이다. 불길한 동물로 여겨져서 Madagascar의 사람들은
aye–aye를 발견하는 즉시 사살한다.

●해설

'The aye–aye is thought to be an evil creature and it is
shot on sight'에서 확인할 수 있듯이 사악하게 여겨지고 사
살되어지므로 사랑 받는다는 문장은 F야.

3 단계 모의고사 요리하기   p.28

1. ⑤

●지문분석

The addax is a kind of antelope / found in
some areas / in the Sahara Desert.
명사 + 과거분사 수식
아닥스는 영양의 한 종류야 / 일부 지역에서 발견되는 / 사하
라 사막의

It has twisted horns / and short, thick legs.①
그것은 나선형 뿔을 가져 / 그리고 짧고 굵은 다리를

It is an endangered mammal ② and there are
only about 500 / left in the wild.
명사 + 과거분사 수식
그것은 멸종위기의 포유류지 / 그리고 오직 약 500마리만 있
어 / 야생에 남겨진

The head and body length / of the addax /
S
measures 150-170 centimeters.
머리와 신체의 길이는 / 아닥스의 / 150에서 170 센티미터로
측정 돼

Males are slightly taller / than females.③
수컷은 약간 더 커 / 암컷보다

The coat of the addax / changes in color /
depending on the season.④
아닥스의 털은 / 색이 변해 / 계절에 따라서

In winter, / the addax is grayish-brown / with
white legs.
겨울에는 / 아닥스는 회갈색이야 / 하얀 다리와 함께

During summer, / their coat gets lighter, / and
is almost completely white.

여름 동안에 / 그들의 털은 더 밝아져 / 그리고 거의 완전히
하얗지

The addax prefers / sandy desert areas / and
stony deserts.
아닥스는 선호해 / 모래 사막 지역과 / 돌이 많은 사막을

The addax is mostly active / at night / due to
the heat of the desert.⑤
아닥스는 대개 활동적이야 / 밤에 / 사막의 열 때문에

●전체 해석

addax는 사하라 사막의 일부 지역에서 발견되는 영양의 일
종이다. 그것은 나선형 뿔과 짧고 두꺼운 다리를 갖고 있다.
그것은 멸종 위기에 처한 포유동물이며 야생에 대략 500마
리만 남아 있다. addax의 머리와 몸의 길이는 150~170 센
티미터이다. 수컷은 암컷보다 약간 더 크다. addax의 털은
계절에 따라서 색이 변한다. 겨울에 addax는 회갈색이며 다
리는 흰색이다. 여름 동안에 그것들의 털은 더 밝아져서, 거
의 완전히 흰색이다. addax는 모래가 많은 사막 지역과 돌
이 많은 사막을 선호한다. addax는 사막의 더위 때문에 주
로 밤에 활동적이다.

●중요 포인트

명사를 수식하는 분사

❶ [관계사 + be 동사]가 생략된 것으로 보거나,
The addax is a kind of antelope (which is) found
in some areas in the Sahara Desert.

❷ 명사를 분사가 직접적으로 수식하는 것으로 생각
하면 돼.
There are about 500 left in the wild.
어찌 되었던 [명사 + 분사(ing/ed)] 구조로 이해하면 되
겠지.

●해설

1. addax에 관한 다음 글의 내용과 일치하지 않는 것은?
① 다리가 짧고 두껍다.
→ 'It has twisted horns and short, thick legs'에서 짧고 굵다고
하니 이건 맞지.
② 멸종 위기에 처해 있다.
→ 'It is an endangered mammal and there are only about 500
left in the wild.' 멸종위기의 동물이고 500마리만 남아있으니
OK.
③ 수컷이 암컷보다 약간 더 크다.
→ 'Males are slightly taller than females.' 수컷이 더 크니까 OK.
④ 계절에 따라 털 색깔이 변한다.
→ 'The coat of the addax changes in color depending on the
season.' 계절에 따라 털 색깔이 변하고 있지.
⑤ 주로 낮에 활동적이다.
→ 'The addax is mostly active at night' 낮이 아니라 밤에 활동
적이니까 이게 정답이야.

2. ④

●지문분석

Golden poison frogs / are among the largest of the poison dart frogs, / and can reach a length of over two inches / as adults.①
황금 독화살 개구리는 / 독침 개구리 중에서 가장 큰 것 중 하나야 / 그리고 2인치가 넘는 길이에 도달할 수 있지 / 다 자라면

They are active / during the day / and hunt insects using their long tongue / to pull the prey to their mouth.
분사구문 〈동시상황〉 '사용하면서' ②to부정사의 부사적 용법 '당기기 위해'
그들은 활동해 / 낮 동안에 / 그리고 곤충을 사냥하지 / 그들의 긴 혀를 사용하면서 / 먹이를 입으로 당기기 위해서

They are considered / the most poisonous animals / on earth.
be considered A '라고 여겨지다'
그들은 여겨지지 / 가장 독성이 강한 동물이라고 / 지구상에서

They do not use their poison / to hunt; / it is only for defensive purposes.③
to부정사의 부사적 용법 '사냥하려고'
그들은 그들의 독을 사용하지 않아 / 사냥하기 위해 / 그것은 단지 방어적인 목적을 위해서

As they have virtually no natural predators, / golden poison frogs make no attempt to hide / from larger animals, / and seem to be aware / that they are not threatened / by predators.④
때문에
그들이 사실 천적이 없기에 / 황금 독화살 개구리는 숨는 시도를 하지 않아 / 더 큰 동물로부터 / 그리고 알고 있는 것 같아 / 그들이 위협받지 않는다는 것을 / 포식자에 의해서

They are social animals, / and live in groups / of four to seven individuals.⑤
그들은 사회적 동물이야 / 그리고 무리로 살지 / 4~7마리씩

●전체 해석

황금 독화살 개구리는 독침 개구리 중에서 가장 큰 개구리들 중 하나이며, 다 자라면 몸체가 2인치가 넘을 수 있다. 그것들은 낮에 활동하며, 긴 혀를 사용하여 곤충을 자신의 입쪽으로 당겨 사냥을 한다. 그것들은 지구상에서 가장 독성이 강한 동물로 여겨진다. 그것들은 자신의 독을 사냥하는 데는 사용하지 않는다. 그것들의 독은 방어 목적으로만 사용된다. 그것들은 사실상 천적이 없기 때문에, 몸집이 더 큰 동물들로부터 숨으려 하지 않으며, 포식자가 위협적이지 않다는 것을 아는 것처럼 보인다. 그것들은 사회적 동물이며, 4~7마리씩 무리지어 산다.

●중요 포인트

분사구문
문장 뒤에서 동시상황을 표현할 때 사용해.
and hunt insects using their long tongue
그들의 긴 혀를 사용하면서
원래는 [접속사 + 주어]가 있었는데 사라진 거지.
and hunt insects (while they) use their long tongue

●해설

2. golden poison frogs에 관한 다음 글의 내용과 일치하지 않는 것은?
① 몸체는 2인치보다 더 자랄 수 있다.
→ 'can reach a length of over two inches as adults' 2인치보다 더 커지므로 OK.
② 긴 혀를 사용하여 곤충을 사냥한다.
→ 'hunt insects using their long tongue' 긴 혀를 이용해서 곤충을 잡으므로 OK.
③ 방어 목적으로만 독을 사용한다.
→ 'it is only for defensive purposes' 방어 목적으로만 사용하므로 OK.
④ 몸집이 더 큰 동물들이 나타나면 숨는다.
→ 'golden poison frogs make no attempt to hide from larger animals' 큰 동물로부터 숨으려고 하지 않으므로 이게 정답이겠지.
⑤ 네 마리에서 일곱 마리가 무리지어 산다.
→ 'live in groups of four to seven individuals' 4~7 마리로 무리를 지으니까 이것도 OK.

3. ④

●지문분석

Edith Wharton was born / into a wealthy family / in 1862 in New York City.
이디스 워튼은 태어났어 / 부유한 가정에서 / 1862년 뉴욕시에서

Educated by private tutors / at home, / she enjoyed reading and writing / early on.
분사구문=Because she was educated
가정교사에게 교육을 받아서 / 집에서 / 그녀는 읽는 것과 쓰는 것을 즐겼어 / 일찍부터

After her first novel, *The Valley of Decision*, / was published in 1902,① / she wrote many novels / and some gained her a wide audience.
그녀의 첫 번째 소설인 The Valley of Decision이 / 1902년에 출간된 이후 / 그녀는 많은 소설을 썼어 / 그리고 일부는 폭넓은 독자층을 얻었지

Wharton also had a great love of architecture, / and she designed and built / her first real home.②
워튼은 또한 엄청난 건축에 대한 애정이 있었지 / 그리고 그녀는 디자인했고 만들었어 / 그녀의 첫 번째 진짜 집

During World War I, / she devoted much of her time / to assisting orphans / from France and Belgium③ / and helped raise funds / to support them.
devote A to ~ing
1차 세계대전 동안 / 그녀는 많은 시간을 헌신했어 / 고아들을 돕는 데 / 프랑스와 벨기에에서 / 그리고 기금을 모으고자 도왔지 / 그들을 돕기 위한

After the war, / she settled in Provence, France, / and she finished writing *The Age of Innocence* / there.④

전쟁이 끝난 후 / 그녀는 프랑스의 프로방스에 머물렀어 / 그리고 그녀는 The Age of Innocence를 쓰는 걸 끝냈지 / 거기서

This novel won Wharton / the 1921 Pulitzer Prize, / making her the first woman / to win the award.⑤
분사구문 '그리고 그것은 만들었다(and it made)'

그 소설은 그녀에게 주었지 / 1921의 퓰리쳐상을 / 이는 그녀를 최초의 여성으로 만들었지 / 그 상을 수상한

● 전체 해석

Edith Wharton은 1862년에 뉴욕시의 한 부유한 가정에서 태어났다. 가정에서 개인 교사들에 의해 교육을 받은 그녀는 일찍이 독서와 글쓰기를 즐겼다. 그녀의 첫 번째 소설인 The Valley of Decision이 1902년에 출판된 후, 그녀는 많은 소설을 집필했고 몇몇은 그녀에게 폭넓은 독자층을 가져다주었다. Wharton은 또한 건축에 매우 큰 애정이 있었고 그녀는 자신의 첫 번째 실제 집을 설계하여 건축했다. 1차 세계대전 동안 그녀는 프랑스와 벨기에의 고아들을 돕는 데 많은 시간을 쏟았고 그들을 부양하기 위해 기금을 모으는 것을 도왔다. 전쟁 후 그녀는 프랑스의 Provence에 정착했으며 거기에서 The Age of Innocence의 집필을 끝마쳤다. 이 소설은 Wharton이 1921년 Pulitzer상을 받을 수 있게 했으며 그녀는 이 상을 받은 최초의 여성이 되었다.

● 중요 포인트

devote 시간 to + ~ing/명사

❶ '~하는데 시간을 헌신하다(쏟다)'

❷ to는 전치사니까 뒤에는 (동)명사가 오지.

❸ [to + ~ing/명사] 구문은 꽤 많으니까 이번 기회에 알아두자.

be used to	~에 익숙해지다
look forward to	~을 기대하다
when it comes to	~에 대하여
come close to	가까스로 ~하다
pay attention to	~에 관심갖다

● 해설

3. Edith Wharton에 관한 다음 글의 내용과 일치하지 <u>않는</u> 것은?

① 1902년에 첫 소설이 출판되었다.

➔ 'After her first novel, *The Valley of Decision*, <u>was published in 1902</u>' 1902년에 소설이 출간되었지. 1902라는 숫자를 찾기 쉬웠을 거야.

② 건축에 관심이 있어 자신의 집을 설계했다.

➔ 'Wharton also had <u>a great love of architecture, and she designed and built her first real home</u>' 건축에 대한 애정이 있어서 첫 번째 집을 지었지. 건축(architecture)이라는 단어를 찾으면 돼.

③ 프랑스와 벨기에의 고아를 도왔다.

➔ 'assisting orphans from <u>France and Belgium</u>' 프랑스와 벨기에서 고아들을 도와주었지. France를 금방 찾겠지?

④ 전쟁 중 *The Age of Innocence*를 완성했다.

➔ '<u>After the war,</u> she settled in Provence, France, and she finished writing *The Age of Innocence* there' 전쟁 중이 아니라 전쟁이 끝난 후 완성했지.

⑤ 여성 최초로 Pulitzer상을 받았다.

➔ 'This novel won Wharton the 1921 <u>Pulitzer Prize</u>, making her <u>the first woman to win the award</u>.' 최초의 퓰리쳐상을 수상한 여성이었지.

4단계 혼공 개념 마무리　p.31

1. addax는 사하라 사막의 일부 지역에서 발견되는 영양의 일종이다.

The addax is a kind of antelope / found in some
명사 + 과거분사 수식
areas / in the Sahara Desert.

아닥스는 영양의 한 종류야 / 일부 지역에서 발견되는 / 사하라 사막의

2. addax의 털은 계절에 따라서 색이 변한다.

The coat of the addax / changes in color / depending on the season.

아닥스의 털은 / 색이 변해 / 계절에 따라서

3. 그것들은 낮에 활동하며, 긴 혀를 사용하여 곤충을 자신의 입 쪽으로 당겨 사냥을 한다.

They are active / during the day / and hunt insects / using their long tongue / to pull the
분사구문 〈동시상황〉 '사용하면서'　to부정사의 부사적 용법
prey to their mouth.　'당기기 위해'

그들은 활동해 / 낮 동안에 / 그리고 곤충을 사냥하지 / 그들의 긴 혀를 사용하면서 / 먹이를 입으로 당기기 위해서

4. 그것들은 지구상에서 가장 독성이 강한 동물로 여겨진다.

They are considered / the most poisonous
be considered A 'A라고 여겨지다'
animals / on earth.

그들은 여겨지지 / 가장 독성이 강한 동물이라고 / 지구상에서

5. 황금 독화살 개구리는 몸집이 더 큰 동물들로부터 숨으려 하지 않으며, 포식자가 위협적이지 않다는 것을 아는 것처럼 보인다.

Golden poison frogs make no attempt to hide / from larger animals, / and seem to be aware / that they are not threatened / by predators.

그들이 사실 천적이 없기에 / 황금 독화살 개구리는 숨는 시도를 하지 않아 / 더 큰 동물로부터 / 그리고 알고 있는 것 같아 / 그들이 위협받지 않는다는 것을 / 포식자에 의해서

6. 가정에서 개인 교사들에 의해 교육을 받은 그녀는 일찍이 독서와 글쓰기를 즐겼다.

Educated by private tutors / at home, / she
분사구문=Because she was educated
enjoyed reading and writing / early on.

가정교사에게 교육을 받아서 / 집에서 / 그녀는 읽는 것과 쓰는 것을 즐겼어 / 일찍부터

7. 1차 세계대전 동안 그녀는 프랑스와 벨기에의 고아들을 돕는 데 많은 시간을 쏟았고 그들을 부양하기 위해 기금을 모으는 것을 도왔다.

During World War I, / she devoted much of her time / to assisting orphans / from France and Belgium / and helped raise funds / to support them.
_{devote A to ~ing}
1차 세계대전 동안 / 그녀는 많은 시간을 헌신했어 / 고아들을 돕는데 / 프랑스와 벨기에에서 / 그리고 기금을 모으고자 도왔지 / 그들을 돕기 위한

8. 이 소설은 Wharton이 1921 Pulitzer상을 받을 수 있게 했으며 그녀는 이 상을 받은 최초의 여성이 되었다.

This novel won Wharton / the 1921 Pulitzer Prize, / making her the first woman / to win the award.
_{분사구문 '그리고 그것은 만들었다(and it made)'}
그 소설은 그녀에게 주었지 / 1921년의 풀리쳐상을 / 이는 그녀를 최초의 여성으로 만들었지 / 그 상을 수상한

 03일차 도표의 이해

1단계 개념 요리하기 _{p.34}

● 지문 분석

The above graph shows / the typical dreams / Canadian university students dream / while
_{which/that 생략}
sleeping.
_{(they are) 생략 or 분사구문}
위 도표는 보여줘 / 전형적인 꿈을 / 캐나다 대학생들이 꾸는 / 자는 동안

① Among the six typical dreams, / "Being chased" / was the most frequently reported dream.
6개의 전형적인 꿈들 가운데 / '쫓기는 것'은 / 가장 빈번히 응답되는 꿈이었어

② It was followed by "Arriving too late," / which was reported / by 66 percent / of the participants.
그것은 '너무 늦게 도착하기'보다 앞섰어 / 응답되었던 / 66%의 / 응답자들에 의해

③ The percentage of "Eating delicious food" / was half / that of "Arriving too late."
_{=the percentage}
'맛있는 음식 먹기'의 비율은 / 절반이었어 / '너무 늦게 도착하기'의

④ The percentages / of "Being locked up" and "Finding money" / were the same.
비율은 / '갇히는 것'과 '돈을 찾는 것'의 / 같았어

⑤ "Seeing snakes" / was the least frequent dream / reported / by one-third / of the participants.
'뱀을 보기'는 / 가장 빈도수가 적은 꿈이었어 / 응답된 / 1/3에 의해서 / 참가자들의

● 전체 해석

위 그래프는 캐나다 대학생들이 잠자는 동안 꾸는 전형적인 꿈을 보여준다. 여섯 가지 전형적인 꿈 가운데, '(무언가에) 쫓기는 것'이 응답 빈도수가 가장 높았다. 그 다음으로 '너무 늦게 도착하는 것'이 뒤따랐는데, 참여자의 66%가 응답했다. '맛있는 음식을 먹는 것'의 비율은 '너무 늦게 도착하는 것'의 절반이었다. '(어딘가에) 갇히는 것'과 '돈을 발견하는 것'의 비율은 같았다. '뱀을 보는 것'은 (응답) 빈도수가 가장 낮았는데, 참여자의 3분의 1(→ 4분의 1)이 응답하였다.

● 중요 포인트

which 계속적 용법
❶ '그런데 ~'로 해석하면 편해.
❷ 부가적인 설명이라고 보면 편해.
❸ that이나 what은 콤마 뒤에 오지 못하지.
❹ 선행사는 보통 앞에 있는 명사지만 다양한 선행사가 나올 수 있으니 해석을 조심해야 해.

It was followed by "Arriving too late," which was reported by 66 percent of the participants.

The books are helpful for you, which I bought yesterday.
그 책들은 너에게 도움이 되지, 그런데 나는 어제 그것들을 샀어.
He was an American, which I knew from his accent.
_{앞에 있는 문장 전체를 받고 있지.}
그는 미국인이야, 그런데 나는 그의 강세로 그것을 알았지.

2단계 개념 맛보기 _{p.36}

보기 F

● 지문분석

The number of births / between 1960 and 1970 / has not changed.
_{S   V}
출생자의 수는 / 1960년과 1970년 사이의 / 변화가 없었어

● 전체 해석

1960년에서 1970년 사이의 출생자의 수는 변화가 없었다.

1. T

● 지문분석

Students like reading more than / exercising.
학생들은 독서를 더 좋아해 / 운동보다

● 전체 해석

학생들은 운동보다 독서를 더 좋아한다.

2. T

● 지문분석

> Watching TV / is students' favorite activity.
> TV를 보는 것은 / 학생들의 선호하는 활동이야

● 전체 해석
TV 시청이 학생들이 가장 좋아하는 것이다.

3. F

● 지문분석

> More than half of the students / like exercising.
> 절반 이상의 학생들이 / 운동을 좋아해

● 전체 해석
절반 이상의 학생들이 운동을 좋아한다.

● 해설
More(→Less) than half of the students like exercising.
그래프에서는 운동이 42%니까 절반보다는 적어. 따라서 more이 아니라 less가 되어야겠지.

4. F

● 지문분석

> Few students like / spending time with their friends.
> 거의 모든 학생들이 좋아하지 않아 / 친구와 시간 보내기를

● 전체 해석
친구들과 시간을 같이 보내는 학생은 거의 없다.

● 해설
Few students(→About half of the students) like spending time with their friends.
49%의 학생들이 친구와 시간보내기를 좋아하니 Few 보다 About half of the students가 적절하겠지.

5. T

● 지문분석

> Students like singing less / than reading / in their free time.
> 학생들은 노래하기를 덜 좋아해 / 독서보다 / 그들의 자유시간에

● 전체 해석
학생들은 그들의 여가 시간에 독서보다 노래 부르기를 덜 좋아한다.

● 해설
sing이 28%, reading이 45%니까 less라는 표현은 맞겠지.

6. T

● 지문분석

> Of the five countries above, / Thailand was the largest producer / of rubber / in both years.
> 위의 5개국 가운데 / 태국은 가장 큰 생산지였어 / 고무의 / 두 해 모두

● 전체 해석
위의 5개 국가 중 태국이 두 해 모두 고무를 가장 많이 생산하였다.

7. T

● 지문분석

> Malaysia showed / a small decrease / in 2010 / from 2004.
> 말레이시아는 보여줬어 / 작은 감소를 / 2010년에 / 2004년부터

● 전체 해석
2010년에 말레이시아는 2004년에 비해 약간의 감소를 보였다.

8. F

● 지문분석

> As Malaysia did in 2010, / India's production also declined.
> 말레이시아가 2010년에 그랬듯이 / 인도의 생산량은 또한 감소했어

● 전체 해석
말레이시아가 2010년에 감소했듯이 인도의 생산 또한 감소했다.

● 해설
As(→While) Malaysia did(→declined) in 2010, India's production declined(→increased).
그래프에서는 말레이시아는 줄었지만, 인도는 생산량이 늘었지. 따라서 declined가 아니라 increased가 나와야 해.

9. T

● 지문분석

> Of this 19 percent, / traditional biomass / is a bigger global energy source / than hydropower.
> 이 19% 가운데 / 전통적인 바이오매스는 / 더 큰 세계적인 에너지 자원이야 / 수력발전보다는

●전체 해석
이 19% 가운데 전통적 바이오매스는 수력 전기보다 더 큰
에너지 자원이다.

10. F
●지문분석

The rate of biofuels / is 0.6 percent, / which is
as big as / that of nuclear energy.
바이오 연료의 비율은 / 0.6%야 / 근데 이건 ~만큼 커 / 핵
에너지의 비율

●전체 해석
바이오연료의 비율은 0.6%로 핵에너지의 비율과 같다.

●해설
The rate of biofuels is 0.6 percent, which is ~~as big as~~
(→smaller than) that of nuclear energy.
바이오연료는 0.6%이고 핵에너지는 3%니까 바이오 연료는
핵에너지보다 작아.

3단계 모의고사 요리하기   p.38

1. ④
●지문분석

The graph above shows / rice exports / by four
major exporters / in 2012 and 2013.
위의 그래프는 보여줘 / 쌀 수출을 / 4개의 주요 수출국에 의
한 / 2012년과 2013년의
① No other country exported / more rice / than
India in 2012.
어떤 다른 나라도 수출하지 못했지 / 더 많은 쌀을 / 2012년
의 인도보다
② In both years, / Pakistan exported / the
smallest amount of rice / of the four countries.
두 해 모두 / 파키스탄은 수출했어 / 가장 적은 양의 쌀을 / 4
개국 가운데
③ In 2012, / the amount of rice / exported by
India / was about three times larger / than that
/ exported by Pakistan.

명사 + 과거분사 수식
=the amount of rice
2012년에 / 쌀의 양은 / 인도가 수출한 / 약 3배 정도 더 많았
어 / 그것(쌀의 양)보다 / 파키스탄이 수출한
④ The amount of rice / exported by Thailand
/ in 2013 decreased, / compared with the
previous year.
분사구문 '~와 비교했을 때'
쌀의 양은 / 태국이 수출한 / 2013년에 / 감소했어 / 이전 해
와 비교했을 때
⑤ In 2013, / Thailand exported / almost the
same amount of rice / as Vietnam.

2013년에 / 태국은 수출했어 / 거의 같은 양의 쌀을 / 베트남
과 같은

●전체 해석
위 그래프는 2012년과 2013년 4개 주요 쌀 수출국의 쌀 수
출량을 보여준다. 2012년에는 그 어느 나라도 인도보다 더
많은 쌀을 수출하지 않았다. 두 해 모두 파키스탄이 4개국
중에서 가장 적은 양의 쌀을 수출했다. 2012년에 인도가 수
출한 쌀의 양은 파키스탄이 수출한 양보다 약 3배 많았다.
2013년에 태국이 수출한 쌀의 양은 전년에 비해 감소했다
(→증가했다). 2013년에 태국은 베트남과 거의 같은 양의 쌀
을 수출했다.

●중요 포인트

셀 수 없는 명사
❶ 비슷한 집합체
baggage(짐), money, furniture(가구)
❷ 기체, 액체, 고체, 덩어리
air, milk, water, ice, gold, sand, bread
❸ 추상명사
advice(조언), information(정보), news(소식),
evidence(증거), beauty(아름다움), access(접근),
knowledge(지식), importance(중요성)
❹ 위의 명사들은 모두 셀 수 없는 명사들이니까
many나 few의 수식을 받지 못해. much나 little의
수식을 받아야 하지.

●해설

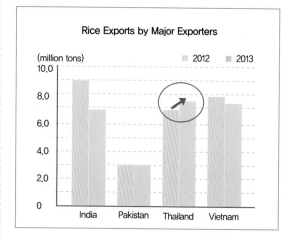

④ The amount of rice exported by Thailand in
2013 decreased(→increased), compared with the
previous year.
태국의 쌀 수출은 줄은 게 아니라 늘었으니까 decreased가 아
닌 increased가 와야겠지.

2. ④

●지문분석

The above graph shows / the male and female adult unemployment rates / in the five Nordic countries in 2008.
위의 그래프는 보여줘 / 성인 남성과 여성의 실업률을 / 2008년 북유럽 5개국의

① There was no country / among them / which had an unemployment rate of higher / than seven percent.
어떠한 나라도 없었어 / 그들 가운데 / 더 높은 실업률을 가진 / 7%보다

② The female adult unemployment rate / exceeded the male adult rate / in the three countries / of Denmark, Finland, and Sweden.
성인 여성의 실업률은 / 성인 남성의 비율을 초과했어 / 3개국에서 / 덴마크, 핀란드, 그리고 스웨덴의

③ Norway had / the lowest male and female adult unemployment rates.
노르웨이는 가졌어 / 가장 낮은 성인 남녀의 실업률을

④ The male adult unemployment rate / in Sweden / was over two times higher / than that in Iceland.
성인 남성의 실업률은 / 스웨덴에서 / 두 배 이상 높았어 / 아이슬란드의 그것(성인 남성의 실업률)보다

⑤ Both the male and female adult unemployment rates / were highest in Finland, / which was followed by Sweden.
성인 남녀 모두의 실업률은 / 핀란드에서 가장 높았어 / 그런데 이것은 스웨덴보다 앞섰지(뒤에 스웨덴이 있어)

●전체 해석

위의 그래프는 2008년 북유럽 5개국의 성인 남성과 여성의 실업률을 보여준다. 이들 중 실업률이 7% 이상인 나라는 없었다. 성인 여성 실업률은 덴마크, 핀란드, 스웨덴 세 나라에서 성인 남성 실업률을 초과했다. 노르웨이는 성인 남성과 여성 실업률이 가장 낮았다. 스웨덴의 성인 남성 실업률은 아이슬란드의 성인 남성 실업률보다 2배 이상 더 높았다.(→2배보다 적었다.) 핀란드가 성인 남성과 여성 실업이 모두 가장 높았으며, 스웨덴이 그 뒤를 따랐다.

●중요 포인트

선행사를 찾아라

[명사 + 전치사 + 명사]의 선행사인 경우 정확한 해석을 통해서 수식을 받는 명사를 찾아야 해.
There was no country among them which had an unemployment rate of higher than seven percent.
7%보다 높은 실업률을 가진 그들(them) (×)
7%보다 높은 실업률을 가진 어떠한 나라(no country) (○)

●해설

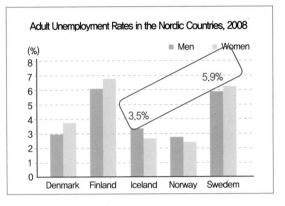

④ The male adult unemployment rate in Sweden was over two(→1.5) times higher than that in Iceland.
Iceland는 3.5%, Sweden은 5.9%니까 2배가 넘는 건 아니지.

3. ④

●지문분석

This graph shows / the number of Korean visitors / to New Zealand / according to their travel purpose / in October of 2013, 2014, and 2015.
이 그래프는 보여줘 / 한국 방문객의 수를 / 뉴질랜드에 온 / 그들의 여행 목적에 따라 / 2013, 2014, 2015년의 10월에

① Over the given period, / the most popular purpose / of visiting New Zealand / was visiting friends and relatives.
주어진 기간 동안 / 가장 흔한 목적은 / 뉴질랜드를 방문한 / 친구와 친척 방문이었어

② Visitors for the purpose of education / declined from 2013 to 2014, / but then increased in the following year.
교육 목적의 방문객들은 / 2013년부터 2014년에는 감소했어 / 하지만 다음 해에는 증가했지

③ The number of Korean visitors / with business interests / in 2014 / dropped / compared with that in the previous year.
부사구문　=the number of Korean visitors
한국인 방문객의 수는 / 사업적 관심을 가지고 / 2014년에 / 떨어졌어 / 이전 해의 그것(방문객의 수)과 비교했을 때

④ Education was the least popular travel purpose / for all three years.
교육은 가장 드문 방문 목적이었지 / 3년 동안

⑤ The number of people / visiting friends and relatives / in 2013 / was more than double / the number of those / visiting for business purposes / in 2013.
명사를 수식하는 현재분사
사람들의 수는 / 친구와 친척을 방문하는 / 2013년에 / 두 배 이상이었지 / 사람들의 수보다 / 사업목적을 위한 방문보다 / 2013년에

●전체 해석

이 도표는 2013년에서 2015년 사이 매해 10월 뉴질랜드를 방문한 한국인들의 수를 그들의 방문 목적별로 보여준다. 이 기간 동안 뉴질랜드를 방문한 가장 흔한 목적은 친구와 친척 방문이었다. 2014년에 교육 목적으로 방문한 사람의 수는 2013년보다 감소했지만 그 이듬해에는 증가했다. 2014년에 사업 목적으로 방문한 한국인의 수는 이전 해와 비교하여 감소했다. 교육은 이 3년 내내 가장 드문 방문 목적이었다. (→교육이 3년 내내 가장 드문 방문 목적은 아니었다.) 2013년에 친구와 친척을 방문한 사람들 수는 2013년에 사업 목적으로 방문한 사람들 수의 두 배보다 많았다.

●중요 포인트

명사를 수식하는 분사 (명사 + ~ing)

❶ 명사 뒤에 현재분사가 오면 명사에 대한 수식으로 생각해야 해.

❷ 특히 주어를 수식할 때, 주어와 본동사에 주의해야 해.

The number of people <u>visiting friends and relatives in 2013</u> was more than double.
S   V

●해설

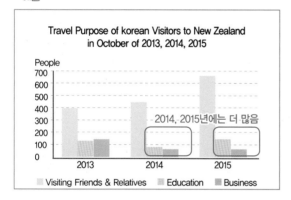

Travel Purpose of korean Visitors to New Zealand in October of 2013, 2014, 2015

④ Education was the least popular travel purpose for all three years(→in 2013).
교육목적이 가장 적었던 해는 2013년만 해당되고 2014년과 2015년에는 사업목적이 가장 낮았어.

4 혼공 개념 마무리   p.41

1. 친구들과 시간을 같이 보내기를 좋아하는 학생은 거의 없다.
Few students like / spending time with their friends.
거의 모든 학생들이 좋아하지 않아 / 친구와 시간보내기를

2. 2012년에 인도가 수출한 쌀의 양은 파키스탄이 수출한 양보다 약 3배 많았다.
In 2012, / the amount of rice / exported by India / was about three times larger / than that / exported by Pakistan.
=the amount of rice

2012년에 / 쌀의 양은 / 인도가 수출한 / 약 3배 정도 더 많았어 / 그것(쌀의 양)보다 / 파키스탄이 수출한

3. 2013년에 태국이 수출한 쌀의 양은 전년에 비해 감소했다.
The amount of rice / exported by Thailand / in 2013 / decreased, / compared with the previous year.
분사구문, '~와 비교할 때'
쌀의 양은 / 태국이 수출한 / 2013년에 / 감소했어 / 이전 해와 비교했을 때

4. 이들 중 실업률이 7% 이상인 나라는 없었다.
There was no country / among them / which had an unemployment rate of higher / than seven percent.
어떠한 나라도 없어 / 그들 가운데 / 더 높은 실업률을 가진 / 7%보다

5. 핀란드가 성인 남성과 여성 실업이 모두 가장 높았으며, 스웨덴이 그 뒤를 따랐다.
Both the male and female adult unemployment rates / were highest in Finland, / which was followed by Sweden.
A is followed by B: A 〉 B
성인 남녀 모두의 실업률은 / 핀란드에서 가장 높았어 / 그런데 이것은 스웨덴보다 앞서지(뒤에 스웨덴이 있어)

6. 이 기간 동안 뉴질랜드를 방문한 가장 흔한 목적은 친구와 친척 방문이었다.
Over the given period, / the most popular purpose / of visiting New Zealand / was visiting friends and relatives.
S   V
주어진 기간 동안 / 가장 흔한 목적은 / 뉴질랜드를 방문한 / 친구와 친척 방문이었어

7. 2014년에 사업 목적으로 방문한 한국인의 수는 이전 해와 비교하여 감소했다.
The number of Korean visitors / with business interests / in 2014 / dropped / compared with that in the previous year.
=the number of Korean visitors
분사구문 '~와 비교했을 때'
한국인 방문객의 수는 / 사업적 관심을 가지고 / 2014년에 / 떨어졌어 / 이전 해의 그것(방문객의 수)과 비교했을 때

8. 2013년에 친구와 친척을 방문한 사람들 수는 2013년에 사업 목적으로 방문한 사람들 수의 두 배보다 많았다.
The number of people / visiting friends and relatives / in 2013 / was more than double / the number of those / visiting for business purposes / in 2013.
명사를 수식하는 현재분사
사람들의 수는 / 친구와 친척을 방문하는 / 2013년에 / 두 배 이상이었지 / 사람들의 수보다 / 사업목적을 위한 방문보다 / 2013년에

1단계 개념 요리하기   p.44

● 지문 분석

> Six-month-old Angela is sitting / in her high chair / during lunch / and sees her bottle on the table.
> 생후 6개월 된 안젤라는 앉아있어 / 어린이용 높은 의자에 / 점심을 먹는 동안에 / 그리고 테이블에 있는 그녀의 젖병을 봐
>
> ① She is pretty tired / – it's been a tough day! / – and she wants her bottle.
> 그녀는 매우 피곤해 / 힘든 날이었거든 / 그리고 그녀는 젖병을 원해
>
> She looks at it / as her mother, Sophie, feeds ② her / and gets more and more frustrated.
> V2 get + 비교급: 점점 ~ 해지다
> 그녀는 그것을 봐 / 그녀의 엄마인 소피가 그녀에게 밥을 먹일 때 / 그리고 점점 더 좌절감을 느껴
>
> Eventually, / she turns away from her mother's spoonfuls, / arches her back, / turns around in her high chair, / and vocalizes / as if ③ she is about to cry.
> 마치 ~처럼   be about to: 막 ~ 하려고 하다
> 결국에는 / 그녀는 엄마의 숟가락 가득한 음식으로부터 돌아앉아 / 그녀의 등을 구부리고 / 그녀의 높은 의자에서 몸을 돌리고 / 그리고 소리를 내 / 마치 그녀가 막 울 것처럼
>
> Sophie is clueless / about what Angela wants.
> 간접의문문(의문사 + S + V)
> 소피는 알 수가 없어 / 안젤라가 무엇을 원하는지에 대해서
>
> When Sophie happens to look at the table / for another reason, / ④ she notices / the bottle on it.
> 우연히 ~ 하다
> 소피가 우연히 테이블을 볼 때 / 또 다른 이유로 / 그녀는 알아차리지 / 그 위에 있는 젖병을
>
> "That's what you want," / she says, / and gives Angela ⑤ her bottle. / Success at last!
> 그게 네가 원하는 거구나 / 그녀가 말하지 / 그리고 안젤라에게 젖병을 줘 / 마침내 성공이야

● 전체 해석

생후 6개월 된 Angela는 점심 식사 동안에 자신의 어린이용 높은 의자에 앉아 있고 식탁에 있는 자신의 젖병을 본다. 힘든 날이어서 그녀는 아주 피곤하며 자신의 젖병을 원한다. 그녀의 엄마 Sophie가 그녀에게 음식을 먹일 때, 그녀는 그것을 바라보고, 점점 더 좌절감을 느낀다. 결국 그녀의 엄마가 주는 숟가락 가득한 양의 음식에서 고개를 돌리고, 자신의 등을 아치 모양으로 구부리며, 자신의 높은 의자에서 몸을 돌리고, 그녀는 마치 금방이라도 울 것처럼 소리를 낸다. Sophie는 Angela가 무엇을 원하는지 전혀 모르고 있다. Sophie가 또 다른 이유로 식탁을 우연히 바라볼 때, 그녀는 그 위에 있는 젖병을 보게 된다. "저것이 네가 원하는 것이 구나."라고 말하고, 그녀는 Angela에게 그녀의 젖병을 준다. 마침내 성공한 것이다!

● 중요 포인트

간접의문문

의문문의 어순은 [의문사 + V + S]이지만 간접의문문의 어순은 [의문사 + S + V]이지. 주어와 동사의 위치가 평서문과 같다는 게 포인트야. 문장 중간에 들어가는 게 바로 간접의문문이지.

> Sophie is clueless about <u>what Angela wants</u>.
> what does Angela want(×)

2단계 개념 맛보기   p.46

보기 dragons

● 지문분석

> Dragons have / the skin of a reptile, / the body of an elephant, / the head of a horse, / and the tail of a lizard.
> 용은 가지고 있지 / 파충류의 피부를 / 코끼리의 몸을 / 말의 머리를 / 그리고 도마뱀의 꼬리를
>
> They are known / to have / many magical powers.
> 그들은 알려져 있지 / 가지고 있다고 / 많은 마법의 힘을

● 전체 해석

용은 파충류의 피부, 코끼리의 몸통, 말의 머리, 도마뱀의 꼬리를 가지고 있다. 그들은 많은 마법의 힘을 가지고 있다고 알려져 있다.

1. Ⓐ the Indian Ⓑ the Indian Ⓒ the Indian Ⓓ the owner Ⓔ the owner

● 지문분석

> Every time the Indian comes / to the restaurant, / Ⓐ he eats three dinners.
> 그 인도인이 올 때 마다 / 식당에 / 그는 3인분을 먹어
>
> After a year of this, / Ⓑ he comes into the restaurant / looking sad.
> 이렇게 1년이 지나고 / 그는 식당에 와 / 슬퍼 보이며
>
> Weeping, / Ⓒ he orders only two dinners.
> 분사구문=While he weeps, '울면서'
> 울면서 / 그는 오직 2인분만 주문해
>
> The owner approaches / with Ⓓ his head bowed.
> with 분사구문 〈동시상황〉 '머리를 숙이며'
> 주인이 다가오지 / 고개를 숙이며
>
> Ⓔ He expresses his sorrow / for the death of the Indian's brother.

● 전체 해석

그 인도인이 식당에 올 때마다 그는 3인분의 저녁을 먹는다. 이렇게 1년이 지난 후, 그는 슬픈 얼굴로 식당에 온다. 그는 흐느끼며, 2인분의 저녁을 주문한다. 주인이 고개를 숙이며 다가온다. 그는 그 인도인의 형제가 죽은 것에 조의를 표한다.

● 해설

1. 다음 글의 밑줄 친 대명사의 지칭 대상을 써 보자.

Every time the Indian comes to the restaurant, Ⓐ he eats three dinners. After a year of this, Ⓑ he comes into the restaurant looking sad. Weeping, Ⓒ he orders only two dinners. The owner approaches with Ⓓ his head bowed. Ⓔ He expresses his sorrow for the death of the Indian's brother.

Ⓐ,Ⓑ,Ⓒ는 the Indian, Ⓓ,Ⓔ는 앞에 나온 the owner를 의미해.

2. Ⓐ dragons Ⓑ dragons Ⓒ some people Ⓓ some people Ⓔ some people

● 지문분석

Whether dragons are good or evil, / Ⓐ they are always symbols / of strength and magic.
용들이 착하든 악하든 / 그들은 항상 상징이야 / 힘과 마법의
Long ago, / some people believed / myths / that Ⓑ their blood could protect Ⓒ them / from wounds.
동격을 이끄는 접속사 that
오래 전에 / 어떤 사람들은 믿었지 / 신화를 / 그들의 피가 그들을 보호할 수 있다는 / 상처로부터
Ⓓ They also believed / that if they drank their blood, / 목적절을 이끄는 접속사 that Ⓔ they would be able to understand / the speech of animals.
그들은 또한 믿었지 / 만약 그들이 그들의 피를 마신다면 / 그들은 이해할 수 있을 거라고 / 동물들의 말을

● 전체 해석

용들이 착하든 악하든 간에, 그들은 항상 힘과 마법의 상징이다. 오래 전, 어떤 사람들은 그들의 피가 자신들을 부상으로부터 보호해준다는 전설을 믿었다. 또한 용의 피를 마시면, 그들은 동물들의 말을 이해할 수 있을 것이라고 믿었다.

● 해설

2. 다음 글의 밑줄 친 대명사의 지칭 대상을 써 보자.

Whether dragons are good or evil, Ⓐ they are always symbols of strength and magic. Long ago, some people believed myths that Ⓑ their blood could protect Ⓒ them from wounds. Ⓓ They also believed that if they drank their blood, Ⓔ they would be able to understand the speech of animals.

Ⓐ,Ⓑ는 모두 dragons를 의미하고 Ⓒ는 보호를 받는 대상이니 some people, Ⓓ와 Ⓔ 역시 some people을 의미해.

3. Ⓐ Bibiana Ⓑ Bibiana Ⓒ Katrin Ⓓ Katrin Ⓔ Bibiana

● 지문분석

When Bibiana was born, / all the neighbors assured her father / that Ⓐ she was the most beautiful girl / in Germany.
비비아나가 태어났을 때 / 모든 이웃들은 그녀의 아버지에게 장담했어 / 그녀가 가장 아름다운 소녀라고 / 독일에서
Ⓑ She had, moreover, / been brought up / with great care / by her aunt, Katrin.
그녀는 게다가 / 양육되었어 / 엄청난 보살핌을 받고 / 그녀의 숙모인 카트린의
Ⓒ She was skilled / in all areas of knowledge / necessary to the education / of a fine lady.
형용사의 후위수식
그녀는 능통했어 / 모든 분야의 지식에 / 교육에 필요한 / 훌륭한 숙녀의
Under Ⓓ her care, / Bibiana grew in Ⓔ her abilities.
그녀의 보살핌 아래에서 / 비비아나는 그녀의 능력을 키웠지

● 전체 해석

비비아나가 태어났을 때, 모든 이웃들이 그녀의 아버지에게 그녀가 독일에서 가장 아름다운 소녀라고 장담했다. 더욱이 그녀는 숙모 카트린의 지극한 보살핌을 받고 자랐다. 그녀는 숙녀의 교육에 필요한 모든 지식 분야에 능통했다. 그녀의 보살핌 아래, 비비아나는 능력을 키워 나갔다.

● 해설

3. 다음 글의 밑줄 친 대명사의 지칭 대상을 써 보자.

When Bibiana was born, all the neighbors assured her father that Ⓐ she was the most beautiful girl in Germany. Ⓑ She had, moreover, been brought up with great care by her aunt, Katrin. Ⓒ She was skilled in all areas of knowledge necessary to the education of a fine lady. Under Ⓓ her care, Bibiana grew in Ⓔ her abilities.

Ⓐ,Ⓑ는 모두 Bibiana를 의미하지. Ⓒ,Ⓓ는 숙련되어 있어야 하고 보살핌을 주어야 하니 Katrin, Ⓔ는 Bibiana가 자신의 능력을 키우는 것이니 Bibiana를 의미하겠지.

4. Ⓐ the parrot Ⓑ the parrot Ⓒ the parrot Ⓓ the man

● 지문분석

There lived a man / in Puerto Rico / who had a wonderful parrot.
한 남자가 살았어 / 푸에리토리코에 / 놀라운 앵무새를 가진
The parrot was unique; / there was no other like Ⓐ him / in the whole world.
그 앵무새는 독특했지 / 그와 같은 새가 없었어 / 전 세계에는
Ⓑ He could learn / to say any word / − except one.
그는 배울 수 있었지 / 모든 단어를 말하는 것을 / 하나를 제외하고

He could not say / the name of ⓒ his native town, / Catano.
그는 말 할 수 없어 / 고향의 이름을 / 카타노

The man did everything / ⓓ he could / to teach
that 생략 *to부정사의 부사적 용법*
the parrot / to say "Catano," / but he never succeeded.
그 남자는 모든 것을 했지 / 그가 할 수 있는 / 앵무새를 가르치기 위해 / '카타노'를 말하는 것을 / 하지만 그를 결코 성공하지 못했지

● 전체 해석
멋진 앵무새를 가진 한 남자가 Puerto Rico에 살고 있었다. 앵무새는 독특해서 전 세계에서 이 앵무새와 같은 새는 없었다. 그는 한 단어를 제외하고 어떤 단어도 말할 수 있었다. 그는 그의 고향인 Catano라는 이름을 말할 수 없었다. 그 남자는 그가 앵무새에게 Catano라고 말하는 것을 가르치기 위해 할 수 있는 모든 것을 했지만 결코 성공하지 못했다.

● 해설
4. 다음 글의 밑줄 친 대명사의 지칭 대상을 써 보자.
There lived a man in Puerto Rico who had a wonderful parrot. The parrot was unique; there was no other like ⓐ him in the whole world. ⓑ He could learn to say any word — except one. ⓒ He could not say the name of his native town, Catano. The man did everything ⓓ he could to teach the parrot to say "Catano," but he never succeeded.
ⓐ,ⓑ,ⓒ는 모두 앵무새, ⓓ는 앞에서 the man이 나오고 가르치는 존재니까 사람이어야겠지.

5. ⓐ King Edward(the king) ⓑ Peter ⓒ King Edward(the king) ⓓ King Edward(the king)

● 지문분석

Peter thought / King Edward was different / from fairy tale kings.
피터는 생각했어 / 에드워드 왕은 다르다고 / 동화 속의 왕들과는

ⓐ He was a real human being, / a man / with a
동급
serious, kind face.
그는 진짜 사람이었어 / 사람이지 / 진지하고 친절한 얼굴을 한

ⓑ He had seen the king / often / when he was younger.
그는 왕을 봤어 / 종종 / 그가 어렸을 때

Each morning, / the king had come from the palace / on ⓒ his horse, / and ridden alone / through the streets, / greeting ⓓ his people.
분사구문 (동시상황) '인사를 하며'
매일 아침 / 그 왕은 왕궁을 나왔지 / 말을 타고 / 그리고 혼자 말을 탔지 / 길을 따라 / 그의 백성들에게 인사를 하며

● 전체 해석

Peter는 Edward 왕이 동화 속의 왕들과는 다르다고 생각했다. 그는 진지하고 친절한 얼굴을 가진 남자로, 실존 인물이었다. 더 어렸을 때, Peter는 자주 그를 보았다. 아침마다 왕은 궁에서 말을 타고 나와 혼자 거리를 돌아다니며 자신의 국민들에게 인사를 했다.

● 해설
5. 다음 글의 밑줄 친 대명사의 지칭 대상을 써 보자.
Peter thought King Edward was different from fairy tale kings. ⓐ He was a real human being, a man with a serious, kind face. ⓑ He had seen the king often when he was younger. Each morning, the king had come from the palace on ⓒ his horse, and ridden alone through the streets, greeting ⓓ his people.
ⓐ는 King Edward의 설명이 나오므로 왕이지. ⓑ는 the king을 봤다고 하니 Peter, ⓒ는 말을 타고 왕궁으로 왔으니 the king, ⓓ는 '그의 백성'이라고 나오니 역시 the king이지.

3 단계 모의고사 요리하기 p.48

1. ④

● 지문분석

When Mom decided to / marry Dad, / her father didn't like him.
엄마가 결정했을 때 / 아빠와 결혼하기로 / 그녀의 아버지는 그를 좋아하지 않았지

Dad was a painter / from a poor family / and ① he had no background / to speak of.
to부정사의 형용사적 용법
아빠는 화가였어 / 가난한 가족 출신의 / 그리고 그는 어떤 배경도 없었지 / 말할만한

The important thing, / Mom has told me, / is that she knew / she and ② he were soul mates.
that 생략
중요한 것은 / 엄마가 내게 말해왔지 / 그녀가 알았던 것이라고 / 그녀와 그가 소울메이트인 것을

Nothing was going to stop her / from spending the rest of her life / with ③ him.
stop A from ~ing 'A가 ~ing 하는 걸 막다'
어떤 것도 그녀를 멈출 수 없었어 / 여생을 보내는 것을 / 그와 함께

So they got married / and settled in Millerton, / and my grandfather decided / ④ he could put up with Dad.
that 생략
그래서 그들은 결혼했어 / 그리고 밀러톤에 정착했지 / 그리고 내 할아버지는 결정했어 / 그가 아빠를 받아들이기로

When Dad couldn't quite make a living / with ⑤ his paintings, / he and Mom bought an old house / on Grant Avenue / and turned it / into a boarding house.
'생계를 꾸리다'
아빠가 아주 생계를 꾸릴 수가 없었을 때 / 그의 그림들로 / 그와 엄마는 오래된 집을 샀어 / 그랜트 가에 있는 / 그리고 그것을 바꿨어 / 하숙집으로

●전체 해석

엄마가 아빠와 결혼하기로 마음먹었을 때, 그녀의 아버지는 그(아빠)를 좋아하지 않으셨다. 아빠는 가난한 집안 출신의 화가였고 그에게는 언급할 만한 배경도 없었다. 엄마는 자신과 그가 서로에게 마음이 통하는 사람인 것을 안 것이 중요한 점이라고 내게 말했다. 그 어떤 것도 그녀가 그와 함께 여생을 보내는 것을 막지 못할 터였다. 그래서 그들은 결혼했고 Millerton에 정착했으며, 외할아버지는 아빠를 받아들이기로 했다. 아빠가 자신의 그림(을 팔아서)만으로 생계를 꾸려나가기가 힘들었을 때, 그와 엄마는 Grant Avenue에 있는 오래된 집을 사서 하숙집으로 개조하였다.

●중요 포인트

지각동사

❶ '보고, 듣다'를 의미하는 동사인 지각동사는 목적보어 자리에 다양한 동사 형태가 와.

❷ 목적어와 목적보어가 능동 관계면 동사원형/현재분사(ing)가 오고, 수동관계면 과거분사가 오지.

●해설

1. 밑줄 친 부분이 가리키는 대상이 나머지 넷과 다른 것은?

When Mom decided to marry Dad, her father didn't like him. Dad was a painter from a poor family and ① he had no background to speak of. The important thing, Mom has told me, is that she knew she and ② he were soul mates. Nothing was going to stop her from spending the rest of her life with ③ him. So they got married and settled in Millerton, and my grandfather decided ④ he could put up with Dad. When Dad couldn't quite make a living with ⑤ his paintings, he and Mom bought an old house on Grant Avenue and turned it into a boarding house.

남자는 아빠와 할아버지 두 명인데 ①,②,③,⑤번은 모두 아빠, ④번은 아빠를 받아들이기로 한 할아버지가 되겠지.

2. ③

●지문분석

Carol was new / to the United States.
캐롤은 처음이었어 / 미국에는

One of her friends / called / to invite ① her / to lunch.
그녀의 친구 중 한 명이 / 전화했어 / 그녀를 초대하겠다고 / 점심에

She offered / to pick her up / on the corner / of

34th Street and Fifth Avenue / at 11:30 a.m.
그녀는 제안했어 / 그녀를 태워주기로 / 코너에서 / 34번가와 5번가의 / 11시 30분에

Carol arrived a little early / and was standing / on the corner / waiting for her friend / when ② she noticed a sign / above her head.
분사구문 〈동시상황〉 '기다리며'
캐롤은 조금 일찍 도착했어 / 그리고 서 있었지 / 코너에 / 그녀의 친구를 기다리며 / 그녀가 표지를 알아차렸을 때 / 머리 위에 있는

It said, / "No Standing."
그것은 쓰여 있었지 / No Standing이라고

Carol didn't know / what to do.
캐롤은 알지 못했어 / 무엇을 할지

She moved away from the sign / and started walking / back and forth / on the street.
그녀는 그 표지로부터 떨어져 움직였어 / 그리고 걷기 시작했지 / 왔다갔다 / 길에서

She was happy / to see her friend arrive / and couldn't wait / to get into ③ her car.
감정형용사 + to부정사 'to부정사 해서 ~하다'
그녀는 행복했어 / 그녀의 친구가 도착하는 걸 봐서 / 그리고 기다릴 수 없었지 / 그녀의 차 안으로 들어가는 걸

She excitedly explained / that it was a bad idea / to meet at that corner / because people aren't allowed / to stand there.
가주어-진주어 구문
그녀는 흥분하며 설명했지 / 그것은 나쁜 생각이라고 / 모퉁이에서 만나는 것이 / 왜냐하면 사람들은 허용되지 않거든 / 거기에 서 있는 것이

④ Her friend said, / "What are you talking about? / Of course / you can stand there."
그녀의 친구가 말했어 / "너 뭐라고 말하는 거야? / 물론 / 너는 거기에서 서 있을 수 있어"

"No," ⑤ she said,
"아니야" 그녀가 말했어

"the sign says / 'No Standing'."
표지에 쓰여 있어 / 'No Standing'이라고

Her friend burst into laughter.
그녀의 친구는 웃음을 터뜨렸어

"That means / we cannot park cars there, / but we can stop / to pick up passengers."
stop to부정사 'to부정사 하기 위해 멈추다'
그건 의미해 / 우리가 차를 거기에 주차할 수 없다고 / 하지만 우리는 멈출 수 있어 / 승객을 태우기 위해서

●전체 해석

Carol은 미국에 처음 왔다. 그녀의 친구들 중 한 명이 그녀를 점심 식사에 초대하기 위해 전화를 했다. 그녀는 오전 11시 30분에 34번가와 5번가의 모퉁이로 그녀를 태우러 가겠다고 제안했다. Carol은 조금 일찍 도착해서 그녀의 친구를 기다리며 모퉁이에 서 있었는데 바로 그 때 그녀는 그녀의 머리 위에 표지판 하나를 발견했다. 그 표지판은 'No Standing'이라고 적혀 있었다. Carol은 어떻게 해야 될지를 몰랐다. 그녀는 표지판에서 물러나 거리에서 왔다 갔다 하며 걷기 시작했다. 그녀는 그녀의 친구가 도착하는 것을 보

고 기뻐하며 서둘러 그녀의 차에 탔다. 그녀는 사람들이 그 곳에 서 있으면 안되기 때문에 그 모퉁이에서 만나기로 한 것은 좋지 않은 생각이었다고 흥분해서 말했다. 그녀의 친구는 "무슨 말 하는 거야? 당연히 거기 서 있어도 돼."라고 말했다. "아니야," "표지판에 'No Standing'이라고 적혀 있어."라고 그녀가 말했다. 그녀의 친구는 웃음을 터뜨렸다. "그것은 차를 거기에 주차할 수 없다는 뜻이야. 하지만 사람을 태우기 위해서 잠시 멈출 수는 있어."

● 중요 포인트

to부정사 vs 동명사(ing)
동사에 따라서 목적어로 to부정사와 동명사가 오는 것이 달라지지.

to R	decide, hope, wish, plan, promise, intend, agree, fail
ing	mind, avoid, finish, enjoy, quit, deny, keep, practice, suggest, consider, can't help

● 해설

2. 밑줄 친 부분이 가리키는 대상이 나머지 넷과 다른 것은?
Carol was new to the United States. One of her friends called to invite ① her to lunch. She offered to pick her up on the corner of 34th Street and Fifth Avenue at 11:30 a.m. Carol arrived a little early and was standing on the corner waiting for her friend when ② she noticed a sign above her head. It said, "No Standing." Carol didn't know what to do. She moved away from the sign and started walking back and forth on the street. She was happy to see her friend arrive and couldn't wait to get into ③ her car. She excitedly explained that it was a bad idea to meet at that corner because people aren't allowed to stand there. ④ Her friend said, "What are you talking about? Of course you can stand there." "No," ⑤ she said, "the sign says 'No Standing'." Her friend burst into laughter. "That means we cannot park cars there, but we can stop to pick up passengers."
①,②,④,⑤번은 모두 Carol, Carol이 탄 차가 친구의 차니까 ③번은 her friend겠지.

3. ②
● 지문분석

A newly retired executive / was bothered / when no one called ① him / anymore.
새롭게 은퇴한 임원은 / 괴로웠어 / 누구도 그에게 전화하지 않았을 때 / 더 이상
His list of calls / to return, / previously pages long, / had vanished altogether.
그의 통화 목록이 / 답해야 할 / 이전에는 페이지들이 길었던

/ 모두 사라졌지
The younger man / who replaced him at the office / had politely declined his offer / of a lunch date, / claiming / ② he was mastering the job / "just fine."
분사구문 〈동시상황〉 '단언하며'
젊은 남자는 / 사무실에서 그를 대체한 / 정중하게 그의 제안을 거절했어 / 점심 약속의 / 단언하면서 / 그가 그 일을 마스터하고 있다고 / 충분히 잘
This 68-year-old man was the same person / ③ he had been six months earlier, / but no one sought him out / after his retirement.
이 68세의 남자는 똑같은 사람이었어 / 6개월 전의 그와 / 하지만 어느 누구도 그를 찾지 않았지 / 퇴임한 이후에
One day, / a friend encouraged him / to serve / as a crossing guard / for the elementary school,
encourage A to부정사 'A가 ~하라고 격려하다'
/ pointing out / that ④ he seemed to be getting more and more depressed / and was sleeping / in later and later.
분사구문 〈동시상황〉 '지적하며' get + 비교급 '점점 ~ 해지다'
어느 날 / 친구가 그를 격려해주었어 / 일해보라고 / 교통 안전 지킴이로 / 초등학교를 위한 / 지적하며 / 그가 점점 우울해지는 것 같다고 / 그리고 자고 있다고 / 점점 더 늦게
Skilled / in signaling the oncoming cars / and getting them to halt / yards before the white lines, / ⑤ he began / taking on a straighter posture / and a more confident gaze.
분사구문 〈동시상황〉 '능숙해지면' get A to부정사 'A가~하게 하다'
능숙해지면서 / 다가오는 차에게 신호를 보내는 것에 / 그리고 그들을 멈추게 하는데 / 하얀 선 몇 야드 앞에서 / 그는 시작했어 / 더 곧은 자세를 취하기를 / 그리고 더욱 자신감 있는 시선을
Then he had found a compelling reason / to get out of bed in the morning.
그러고 나서 그는 설득력 있는 이유를 찾아냈지 / 아침에 침대에서 일어나야 할

● 전체 해석

막 은퇴한 임원은 더 이상 자신에게 아무도 전화하지 않는다는 사실에 괴로웠다. 이전에는 몇 페이지로 길었던 답해야 할 통화 목록이 모두 사라졌다. 사무실에서 그를 대신한 젊은 후임이 점심을 함께하자는 그의 제안을 자신이 그 일을 '충분히 잘' 터득하고 있다고 단언하며 정중히 사양했다. 이 68세의 남자는 6개월 전과 같은 사람이지만, 은퇴 후에는 누구도 그를 찾지 않았다. 어느 날, 한 친구가 그가 점점 우울해지고 있는 것 같았고, 점점 늦게까지 잠을 자고 있었다고 지적하며, 초등학교 교통안전 지킴이로 활동하도록 격려했다. 접근하는 자동차에 신호를 보내고, 자동차가 정지선 몇 야드 앞에서 멈추게 하는 일에 능숙해지면서, 그는 더 곧은 자세와 더 자신감 있는 시선을 갖게 되었다. 그리고 그는 아침에 잠자리에서 나올 설득력 있는 이유를 찾았다.

● 중요 포인트

to부정사 목적격보어

❶ 보통 '~하게 시키다'의 의미를 가지는 동사가 목적격보어 자리에 to부정사를 가져.
a friend <u>encouraged</u> him <u>to serve</u> as a crossing guard ~

❷ 다음에 나오는 동사들은 시험에도 자주 나오니 꼭 외우도록 해!
advise(조언하다), allow(허용하다), ask(요구하다) force(강요하다), cause(야기시키다), encourage(격려하다), get(시키다), order(명령하다), require(요구하다), urge(재촉하다), tell(시키다), teach(가르치다) warn(경고하다), lead(야기하다), persuade(설득하다) enable(가능하게하다), expect(예측하다)
+ 목적어 + to부정사: 목적어가 to부정사 하게 하다

● 해설

3. 밑줄 친 부분이 가리키는 대상이 나머지 넷과 <u>다른</u> 것은?
A newly retired executive was bothered when no one called ① him anymore. His list of calls to return, previously pages long, had vanished altogether. The younger man who replaced him at the office had politely declined his offer of a lunch date, claiming ② he was mastering the job "just fine." This 68-year-old man was the same person ③ he had been six months earlier, but no one sought him out after his retirement. One day, a friend encouraged him to serve as a crossing guard for the elementary school, pointing out that ④ he seemed to be getting more and more depressed and was sleeping in later and later. Skilled in signaling the oncoming cars and getting them to halt yards before the white lines, ⑤ he began taking on a straighter posture and a more confident gaze. Then he had found a compelling reason to get out of bed in the morning.
①번과 ②번이 다른 인물이라서 ③번까지만 찾으면 답은 금방 나와. ①,③,④,⑤번은 모두 retired executive를 의미하고, ②번만 the younger man을 지칭하고 있어.

4단계 혼공 개념 마무리   p.51

1. 오래 전, 어떤 사람들은 그들의 피가 자신들을 부상으로부터 보호해준다는 전설을 믿었다.
Long ago, / some people believed / myths / that
_{동격의 that}
their blood could protect them / from wounds.
오래 전에 / 어떤 사람들은 믿었지 / 신화를 / 그들의 피가 그들을 보호할 수 있다고 / 상처로부터

2. 그녀는 숙녀의 교육에 필요한 모든 지식 분야에 능통했다.
She was skilled / in all areas of knowledge /
necessary to the education / of a fine lady.
_{형용사의 후위수식}
그녀는 능통했어 / 모든 분야의 지식에 / 교육에 필요한 / 훌륭한 숙녀의

3. 그 남자는 그가 앵무새에게 Catano라고 말하는 것을 가르치기 위해 할 수 있는 모든 것을 했지만 결코 성공하지 못했다.
The man did everything / he could / to teach
_{that 생략}   _{to부정사의 부사적 용법}
the parrot / to say "Catano," / but he never succeeded.
그 남자는 모든 것을 했지 / 그가 할 수 있는 / 앵무새를 가르치기 위해 / '카타노'를 말하는 것을 / 하지만 그를 결코 성공하지 못했지

4. 그 어떤 것도 그녀가 그와 함께 여생을 보내는 것을 막지 못할 터였다.
Nothing was going to stop her / from spending
_{stop A from ~ing 'A가 ~하는 걸 막다'}
the rest of her life / with him.
어떤 것도 그녀를 멈출 수 없었어 / 여생을 보내는 것을 / 그와 함께

5. Carol은 조금 일찍 도착해서 그녀의 친구를 기다리며 모퉁이에 서 있었는데 바로 그 때 그녀는 그녀의 머리 위에 표지판 하나를 발견했다.
Carol arrived a little early / and was standing /
on the corner / waiting for her friend / when she
_{분사구문 〈동시상황〉 '기다리며'}
noticed a sign / above her head.
캐롤은 조금 일찍 도착했어 / 그리고 서 있었지 / 코너에 / 그녀의 친구를 기다리며 / 그녀가 표지를 알아차렸을 때 / 머리 위에 있는

6. 그녀는 사람들이 그곳에 서 있으면 안 되기 때문에 그 모퉁이에서 만나기로 한 것은 좋지 않은 생각이었다고 흥분해서 말했다.
She excitedly explained / that it was a bad idea
_{가주어-진주어 구문}
/ to meet at that corner / because people aren't
allowed to / stand there.
그녀는 흥분하며 설명했지 / 그것은 나쁜 생각이라고 / 모퉁이에서 만나는 것이 / 왜냐하면 사람들은 허용되지 않거든 / 거기에 서 있는 것이

7. 사무실에서 그를 대신한 젊은 후임이 점심을 함께하자는 그의 제안을 자신이 그 일을 "충분히 잘" 터득하고 있다고 단언하며 정중히 사양했다.
The younger man / who replaced him at the
office / had politely declined his offer / of a
lunch date, / claiming / he was mastering the
_{분사구문 〈동시상황〉 '단언하며'}
job / "just fine."
젊은 남자는 / 그를 사무실에서 대체한 / 정중하게 그의 제안을 거절했어 / 점심 약속의 / 단언하면서 / 그가 그 일을 마스터하고 있다고 / 충분히 잘

8. 접근하는 자동차에 신호를 보내고, 자동차가 정지선 몇 야드 앞에서 멈추게 하는 일에 능숙해지면서, 그는 더 곧은 자세와 더 자신감 있는 시선을 갖게 되었다.
Skilled / in signaling the oncoming cars / and
_{분사구문 〈동시상황〉 '능숙해지며'}
getting them to halt / yards before the white
_{get A to부정사 'A가 ~하게 하다'}
lines, / he began / taking on a straighter posture
/ and a more confident gaze.

능숙해지면서 / 다가오는 차에게 신호를 보내는 것에서 / 그리고 그들을 멈추게 하는데 / 하얀 선 몇 야드 앞에서 / 그는 시작했어 / 더 곧은 자세를 취하기를 / 그리고 더욱 자신감 있는 시선을

 혼공 05일차 글의 목적

1단계 개념 요리하기   p.54

●지문 분석

> Dear citizens,
> 시민 여러분께
> As you all know / from seeing the pictures / on
> 전치사 + 동명사
> television and in the newspaper, / Central
> America has been hit hard / by a series of
> hurricanes.
> 여러분 모두가 알다시피 / 사진들을 보고 / TV와 신문에서 / 중앙아메리카가 심하게 당했어 / 연이은 허리케인에 의해서
> Tens of thousands of people / are homeless /
> and without basic necessities / like food and
> ~와 같은
> clothing.
> 수만 명의 사람들이 / 집을 잃었어 / 기초 필수품이 없어 / 음식과 옷 같은
> I feel / that we need / to do something / to help.
> 목적절을 이끄는 접속사
> 나는 느껴 / 우리가 필요하다고 / 무언가를 할 / 도와줄
> So, we are asking / you to donate / canned
> ask A to부정사: A에게 to부정사 하라고 요청하다
> goods, warm clothes, blankets, and money.
> 그래서 우리는 요청하고 있어 / 네가 기부하기를 / 통조림 제품과 따뜻한 옷과 담요와 돈을
> Please bring all donations / to the community
> center / between 10 a.m. and 4 p.m., / Saturday,
> September 10.
> 제발 모든 기부물품을 가지고 와줘 / 커뮤니티 센터에 / 오전 10시에서 오후 4시 사이에 / 토요일, 9월 10일
> Thank you / for helping your fellow human
> beings / in their time / of desperate need.
> 고마워 / 너의 동료인 사람들을 도와주어서 / 그들의 시간에 / 절박한 도움의
> Sincerely, George Anderson
> 죠지 앤더슨 올림

●전체 해석

시민 여러분께,
여러분께서 모두 텔레비전과 신문에서 사진을 보아서 아시는 바와 같이, 중앙아메리카가 일련의 허리케인에 의해 심하게 피해를 당했습니다. 수만 명의 사람들이 집을 잃었으며 먹을 것과 옷과 같은 기본적인 생필품이 없습니다. 저는 우리가 돕기 위해 어떤 일을 해야 한다고 느낍니다. 그래서 우리는 여러분께 통조림 제품, 따뜻한 옷, 담요, 그리고 돈을

기부하도록 부탁드립니다. 9월 10일 토요일 오전 10시에서 오후 4시 사이에 커뮤니티 센터로 모든 기부 물품을 가져와 주십시오. 그들이 도움을 절실하게 필요로 할 때에 여러분의 동료인 사람들을 도와주셔서 감사합니다.
George Anderson 올림

●중요 포인트

ask 동사의 특징

❶ 질문하다: ask + 의문사절
Jack asked why she loved him.
잭은 그녀가 왜 그를 사랑하는지 물었다

❷ ask + 목적어 + to부정사 / ask + that 주어 + 동사원형
Jane asked him to clean the room.
제인은 그에게 방을 청소하라고 요구했다
Jane asked that he clean the room.

he가 3인칭 단수이고 시제가 과거이지만 ask가 요구 동사이므로 동사원형이 와야 해. cleaned가 나오면 안 되겠지.

2단계 개념 맛보기   p.56

보기 ②

●지문분석

I am writing / about a problem / in this
community.
나는 쓰고 있어 / 문제에 대해서 / 이 공동체에서
There is a park nearby, / but dogs are not
allowed.
가까이에 공원이 있어 / 그런데 개들은 허용이 안 돼
There is no field / for my dog / to exercise in.
어떤 공간도 없어 / 내 개가 / 운동할
Please help all dogs / in this community.
제발 모든 개들을 도와줘 / 이 공동체에 있는
Thank you / for your consideration / on this
important issue.
고마워 / 당신의 배려에 / 이 중요한 문제에 대한

●전체 해석

저는 이 마을에 있는 문제로 글을 씁니다. 가까이에 공원이 있는데, 개들은 이용이 안돼요. 개들이 운동할 공간이 없어요. 제발 이 마을의 모든 개들을 도와주세요. 이 중요한 문제를 배려해 주셔서 감사해요.

1. ①

● 지문분석

> Your ads show / young people / jumping and
> running around / in busy city streets.
> 명사를 수식하는 분사
>
> 당신의 광고는 보여줘 / 젊은이들을 / 뛰고 정신없이 설치는
> 걸 / 바쁜 도시의 길에서
>
> Although the ads may look / exciting and fun,
> / they can be very dangerous / for children /
> who try to copy / what they see.
>
> 비록 그 광고가 보일지라도 / 흥미롭고 재미나게 / 그들은 매
> 우 위험할 수 있어 / 아이들에게 / 따라하려고 노력하는 / 그
> 들이 본 것을
>
> I trust / that a company of your reputation /
> 목적절을,이끄는 접속사
> will do the right thing / and take the ads off /
> the television immediately.
>
> 난 믿어 / 너처럼 평판 좋은 회사가 / 올바른 일을 할 거라고
> / 그리고 광고를 치울 거라고 / TV에서 즉시

● 전체 해석

당신 회사의 광고는 사람들이 붐비는 길에서 뛰고 정신없이
설치는 젊은이들을 보여줍니다. 비록 그 광고가 흥미롭고 재
미나게 보일지라도, 본 것을 따라하려고 하는 아이들에게는
굉장히 위험할 수 있습니다. 저는 당신 회사처럼 명망 높은
회사가 올바른 일을 하고, 그 광고를 TV에서 뺄 것이라고 믿
습니다.

● 해설

아이들에게 악영향을 끼칠 수 있는 광고를 TV에서 빼 줄 것
을 마지막 문장에서 완곡하게 요구하고 있지. 따라서 ① '위
험한 광고 방송의 중지를 요청하기 위해'가 정답이야.

2. ③

● 지문분석

> Most of my friends / love breaks / between
> classes.
> 친구 대부분은 / 쉬는 시간을 좋아해 / 수업 사이에
>
> I have used a wheelchair / since I was five.
> 나는 휠체어를 타왔어 / 5살 이후로
>
> Sadly, / children like me / cannot use the
> playground equipment / in our school.
> 슬프게도 / 나와 같은 아이들은 / 운동장 시설을 사용할 수 없
> 어 / 학교에서
>
> We need a special playground / where students
> like me / can play / and have fun / like other
> students.
> 우리는 특별한 운동장이 필요해 / 나와 같은 학생들이 / 놀 수
> 있는 / 그리고 재미있게 놀 / 다른 학생들처럼
>
> Please make / my dream come true.
> 사역동사 + 목적어 + 동사원형
> 제발 만들어줘 / 내 꿈이 실현되게

● 전체 해석

내 친구 대부분은 수업 사이에 쉬는 시간을 좋아합니다. 저
는 5살 때부터 휠체어를 사용해왔습니다. 슬프게도, 저와 같
은 아이들은 학교에서 운동장 시설을 사용할 수가 없습니다.
저와 같은 학생들이 다른 학생들처럼 재미나게 놀 수 있는
특수한 운동장이 필요합니다. 제 꿈이 이뤄지도록 해주세요.

● 해설

마지막 문장에 자신처럼 장애가 있는 학생들을 위한 운동장
을 부탁하고 있으므로, ③번이 가장 적절하지.

3. ②

● 지문분석

> Thank you very much / for sending me the
> vacuum cleaner / I ordered.
> =which[that] I ordered (which[that] 생략)
> 당신한테 매우 고마워 / 나에게 진공청소기를 보내준 것에 대
> 해서 / 내가 주문한
>
> But I'm very sorry / to see / that the color of
> the vacuum cleaner / was not the same as / I
> '~와 같은'
> saw / on the Internet.
> 그런데 나는 너무 유감스러워 / 알아서 / 진공청소기의 색이
> / 같지 않다는 것을 / 내가 본 / 인터넷에서
>
> I thought / it was silver, / but the cleaner / I've
> got / is just gray.
> 난 생각해 / 그것이 은색이었다고 / 그런데 그 청소기는 / 내
> 가 얻었던 / 단순한 회색이야
>
> I'm sorry, / but I would like / to refund it.
> 유감스러워 / 하지만 나는 원해 / 그것을 환불하기를

● 전체 해석

제가 주문한 진공청소기를 보내 주셔서 매우 감사합니다. 그
러나 진공청소기의 색깔이 제가 인터넷에서 본 것과 같지
않아서 매우 유감입니다. 저는 은색인 줄 알았는데, 제가 받
은 것은 그냥 회색입니다. 죄송하지만 환불을 받고 싶습니
다.

● 해설

인터넷에서 본 제품과 집으로 온 제품의 색의 차이가 있었
는데, 마지막 문장에서 환불을 요청하고 있지. 따라서 ② '진
공청소기의 환불을 요청하기 위해서'가 정답이야.

4. ②

● 지문분석

> I've always enjoyed your class / for the past
> two years.
> 나는 항상 당신의 수업을 즐겼다 / 지난 2년 동안
>
> I didn't get an A / in your class, / but it was
> always interesting.
> 나는 A학점을 받지 못했어 / 당신 수업에서 / 하지만 그것은
> 항상 즐거웠지

Now I'm sad / that Bayside High School is
losing / one of its greatest teachers.
감정의 원인을 나타내는 접속사 that

지금 나는 슬퍼 / 베이사이드 고등학교가 잃고 있어서 / 가장
위대한 교사 중 한 명을

I appreciate all the effort / you've put in
teaching / and wish / you / a happy retirement.

나는 모든 노력에 감사해 / 당신이 가르칠 때 쏟은 / 그리고
바라 / 당신에게 / 행복한 은퇴 생활을

●전체 해석

저는 지난 2년간 선생님의 수업을 항상 즐겨왔습니다. 저는
선생님의 수업에서 A를 받지는 않았지만, 그 수업은 항상
즐거웠습니다. 이제 저는 Bayside 고등학교가 가장 훌륭한
선생님 중의 한 분을 잃게 되어 슬픔을 느낍니다. 저는 선생
님께서 교육에 쏟으신 모든 노력에 대해 감사드리고 행복한
은퇴 생활을 기원합니다.

●해설

A학점을 받지 못했다는 것은 함정이니까 여기에 빠지지 말
아야 해. 마지막에 노력에 감사한다는 내용이 나오므로 은퇴
하는 선생님에게 보내는 감사의 글이라는 것을 알 수 있겠
지. 따라서 ② '선생님께 감사의 마음을 전하려고'가 정답이
야.

5. ①

●지문분석

We have been offering / healthy and natural
foods / for over thirty years.

우리는 제공해 왔어 / 건강식품과 자연식품을 / 30년 넘게

We always try our best / to make your shopping
visits / an enjoyable experience.

우리는 항상 최선을 다했지 / 여러분의 쇼핑 방문을 만들려고
/ 즐거운 경험으로

You can help us / by answering the following
survey questions.
전치사 + 동명사

당신은 우리를 도울 수 있어 / 다음의 설문 문항에 답함으로
써

They will give you / a special discount coupon
/ in return / for your cooperation.

그것들은 당신에게 줄 거야 / 특별한 할인 쿠폰을 / 보답으로
/ 당신의 협조에 대한

●전체 해석

저희는 30년 넘게 건강식품과 자연식품을 제공해왔습니다.
저희는 여러분의 쇼핑 방문이 즐거운 경험이 될 수 있도록
해 드리기 위해 항상 최선을 다하고 있습니다. 당신이 다음
설문지에 응답해 주심으로써 저희를 도와주실 수 있습니다.
협조해 주신 것에 대한 보답으로 그들이 당신에게 특별 할
인 쿠폰을 드릴 것입니다.

●해설

중간에 설문지 응답을 부탁하는 것이 나와. 할인 쿠폰을 주
는 게 목적이 아니라는 거지. 이런 함정은 조금만 생각하면
빠지지 않게 될 거야. 따라서 정답은 ① '설문지 작성을 부탁
하려고'가 되겠지.

3 단계 모의고사 요리하기 p.58

1. ②

●지문분석

My dear Harriet,
나의 사랑하는 해리엇에게

I was so delighted / to receive your letter /
and to learn / that you have been accepted / to
Royal Holloway.

나는 너무 기뻤어 / 너의 편지를 받아서 / 그리고 알아서 / 네
가 합격한 것을 / 로열 홀러웨이에

It's a good college / and I know / that the
history department there / is particularly
strong.

그곳은 좋은 대학이지 / 그리고 나는 알아 / 거기 역사학과가
/ 특히 우수하다는 걸

I can see / why it was your first choice, / and I
am very pleased / for you.
간접의문문 [의문사 + S + V] why was it (X)

나는 알 수 있어 / 왜 그곳이 너의 첫 번째 선택이었는지 / 그
리고 나는 너무 기뻐 / 너에 대해서

You worked hard / to enter that college, / and
you deserve your success.
enter to that college (X)
to부정사의 부사적 용법 '들어가기 위해서'

너는 열심히 공부했어 / 그 대학에 들어가려고 / 그리고 너는
너의 성공을 받을 만해

I'm so proud of you.
나는 네가 너무 자랑스러워

Well done, Harriet!
잘했어 해리엇!

I send you / my best wishes / for a happy time
/ at university.

나는 너에게 보내 / 내 최고의 바람을 / 행복한 시간을 위한 /
대학에서

With my love, Elaine
나의 사랑을 담아, 일레인이

●전체 해석

사랑하는 해리엇에게

너의 편지를 받고 네가 Royal Holloway에 합격한 걸 알고서
무척 기뻤단다. 그곳은 좋은 대학이고, 그곳의 역사학과가
특히 우수한 것으로 알고 있단다. 네가 왜 그곳을 제일 먼저
선택했는지 알 수 있고, 너에 대해 매우 기쁘단다. 넌 그 대
학에 들어가기 위해 열심히 공부했으니 너의 성공을 받을
만하단다. 네가 아주 자랑스럽구나. 정말 잘했어, 해리엇! 대
학에서 행복한 시간을 보내기를 진심으로 기원한다.

사랑을 담아 일레인이

● 중요 포인트

목적으로 쓰인 to부정사
❶ '~하기 위해서'로 해석
You worked hard to enter that college.
너는 그 대학에 들어가려고 열심히 공부했다.
❷ 목적을 강조하기 위해서 'in order to'를 쓰기도 함.
He joined the club in order to make friends.
그는 친구를 사귀기 위해서 그 클럽에 들어갔어.
❸ 맨 앞에 오는 to부정사의 경우 대부분 목적.
To learn English, he went to London.
영어를 배우기 위해서, 그는 런던에 갔어.

● 해설

1. 다음 글의 목적으로 가장 적절한 것은?
My dear Harriet,
I was so delighted to receive your letter and to learn
대학 합격에 대한 기쁨을 표현하고 있어.
that you have been accepted to Royal Holloway.
It's a good college and I know that the history
department there is particularly strong. I can see
why it was your first choice, and I am very pleased
for you. You worked hard to enter that college, and
you deserve your success. I'm so proud of you.
Well done, Harriet! I send you my best wishes for a
happy time at university.
With my love,
Elaine

① 추천서 작성을 부탁하려고
➡ 추천서는 언급도 되지 않고 있어.
② 대학에 합격한 것을 축하하려고
➡ delighted, pleased, proud 등의 어휘로 볼 때 대학 합격에 대한 축하를 전하고 있지.
③ 장학금 신청 절차를 안내하려고
➡ 장학금 이야기는 한 번도 언급이 안 되었지.
④ 졸업 후 진로에 대해 조언하려고
➡ 졸업 후 이야기도 안 나왔어.
⑤ 전공과목에 대한 정보를 제공하려고
➡ 역사학과가 나오기는 했지만 그냥 좋은 학과라는 것을 뿐이지.

2. ③
● 지문분석

The music business is very popular, / and
many young people / like you / are attracted /
towards this industry.
음악 사업은 매우 인기가 있지 / 그리고 많은 젊은이들은 / 당신과 같은 / 매료되어 있어 / 이 산업에
As music becomes more accessible, / it is
가주어
increasingly easy / for music / to be copied.
의미상 주어   진주어
음악이 더욱 접근하기가 쉬워짐에 따라 / 점차 쉬워져 / 음악이 / 복제되는 것이

Some budding musicians / steal / other
people's work / by copying / popular artists /
전치사 + 동명사
and presenting it / in the market / as their own
by copying ~ and presenting
work.
일부 신예 음악가들은 / 훔치지 / 다른 사람의 작품을 / 유명한 작가를 모방함으로써 / 그리고 그것을 내놓음으로써 / 시장에 / 그들 자신의 작품으로서
That is why / music licensing is important.
그것이 이유야 / 음악 사용 허가권이 중요한
To protect your original songs / from being
stolen / and copied, / you / as an artist / can
license / what you have made / and then sell
the right / to use your work / to others.
당신의 원래 노래를 보호하기 위해서 / 도난당하고 / 복제되는 것으로부터 / 당신은 / 작가로서 / 등록할 수 있어 / 당신이 만들었던 것을 / 그리고 그 권리를 팔 수 있어 / 당신의 작품을 사용할 / 다른 사람들에게
Then, / although someone uses your music /
without permission, / you, / the original artist,
                        S   you와 동격
/ can still get paid.
        V
그리고 나서 / 비록 누군가가 당신의 음악을 사용하더라도 / 허락없이 / 당신은 / 원래 작가인 / 여전히 돈을 받을 수 있어
Licensing protects music / from being stolen /
  S   V1
and preserves both new and older music, / and
    V2
this is why / music licensing exists.
음악 사용 허가권은 음악을 보호하지 / 도용으로부터 / 그리고 새로운 음악과 예전 음악 모두를 보호하지 / 그리고 이것이 이유야 / 음악 사용 허가권이 존재하는

● 전체 해석

음악 사업은 매우 인기가 있어서, 당신과 같은 많은 젊은이들은 이 산업에 매력을 느낀다. 음악에 접근하기가 더 쉬워지면서, 음악이 복제되는 것이 점차 쉬워진다. 몇몇 신예 음악가들은 인기 있는 예술가(의 작품)를 복제하고 그것을 자신의 음악으로 시장에 내놓음으로써 다른 사람의 작품을 도용한다. 따라서 음악 사용 허가권(music licensing)은 중요하다. 도용과 복제로부터 당신의 원곡을 보호하기 위하여, 예술가로서 당신이 만든 작품을 등록하여 다른 사람이 사용할 수 있도록 허가해 줄 수 있고, 다른 사람에게 당신의 작품을 사용할 권리를 팔 수 있다. 그러면, 비록 누군가가 허가 없이 음악을 사용할지라도 원작자인 당신은 여전히 대가를 받을 수 있다. 음악 사용 허가권은 음악이 도용되지 않도록 보호하고, 신구 음악 모두를 보존하기 위해서 존재하는 것이다.

● 중요 포인트

관계대명사 what
❶ 선행사를 포함한 관계대명사 (선행사 없음)
                                =the thing which you have made
You as an artist can license what you have
made.
❷ 뒤에 불완전 문장이 온다. (what + 불완전한 문장)
                'saw'의 목적어가 없는 불완전 문장
What she saw then made us surprised.
그녀가 그때 본 것은 우리를 놀라게 만들었어.

❸ 의문사 what과의 차이 (거의 차이 없음)
보통 의문 동사 뒤에 오는 what은 의문사로 해석
He asked <u>what</u> happened here yesterday.
그는 어제 여기서 무슨 일(=일어났던 일)이 벌어졌는지
물었어.

●해설
2. 다음 글의 목적으로 가장 적절한 것은?
The music business is very popular, and many young people like you are attracted towards this industry. As music becomes more accessible, it is increasingly easy for music to be copied. Some budding musicians steal other people's work by copying popular artists and presenting it in the market as their own work. That is why music licensing is important. licensing과 그 중요성이 반복
To protect your original songs from being stolen and copied, you as an artist can license what you have made and then sell the right to use your work to others. Then, although someone uses your music without permission, you, the original artist, can still get paid. Licensing protects music from being stolen and preserves both new and older music, and this is why music licensing exists.
마지막에 다시 한 번 licensing의 중요성을 강조

① 뛰어난 신인 음악 작곡가를 모집하려고
→ 음악 작곡가는 언급이 되었지만, 모집에 대한 글은 아니야.
② 음원 이용료의 책정 기준을 안내하려고
→ 돈을 받는다는 내용이 언급이 되었지만, 책정 기준에 대한 것은 아니지.
③ 음악사용 허가권 등록의 필요성을 알리려고
→ Licensing의 의미만 알고 있으면 금방 선택할 수 있겠지.
④ 젊은 층이 가장 선호하는 음악을 소개하려고
→ 젊은 층은 언급이 되었을 뿐 선호하는 음악에 대한 것은 아니지.
⑤ 고전 음악의 현대적인 해석 방법을 설명하려고
→ older music이 언급되어서 나온 오답일 뿐이야.

3. ①
●지문분석

To Whom It May Concern:
관계하시는 분에게
My wife and I are residents / of the Lakeview Senior Apartment Complex.
내 아내와 나는 주민이야 / 레이크 뷰 시니어 아파트 단지의
We have been asked / by some of the residents here / to see / if we can help / improve their ability / to get around town / independently.
be asked to '~을 요청받다'   '~인지 아닌지'   help + 동사원형[to부정사]
우리는 요청 받아왔어 / 여기 일부 주민들에게 / 알아봐달라고 / 우리가 도울 수 있는지를 / 그들의 능력을 개선하는 것을 / 마을을 다닐 수 있는 / 혼자 힘으로
The closest bus stop / is half a mile below / the apartment complex, / down a steep hill.

가장 가까운 버스 정류장은 / 반마일 아래에 있어 / 아파트 단지에 / 가파른 언덕을 내려가
Very few of the residents here / feel comfortable / walking all the way / to (and especially from) the bus stop.
부정어   분사구문 〈동시상황〉 '걷는데'
여기 주민 누구도 / 편안함을 느끼지 않아 / 모든 방향으로 걷는데 / 버스 정류장으로 (특히 버스 정류장부터)
We are asking / if the route for bus 15 / could be changed slightly / to come up the hill / to the complex.
~인지 아닌지
우리는 묻고 있어 / 15번 버스 노선이 / 살짝 바뀔 수 있는지를 / 언덕을 따라 올라오도록 / 아파트 단지로
I can promise you / several very grateful riders / each day / in each direction.
나는 당신한테 약속할 수 있어 / 몇몇의 매우 고마운 승객을 / 매일 / 각 방향에서
I look forward to / hearing from you / soon.
look forward to ~ing '~을 기대하다'
나는 기대해 / 당신으로부터 듣기를 / 곧
Sincerely, Ron Miller
론 밀러 올림

●전체 해석
관계자께
내 아내와 나는 Lakeview Senior Apartment Complex의 주민입니다. 우리는 여기의 몇몇 주민들로부터 혼자 힘으로 마을을 다닐 수 있는 능력을 향상시키도록 우리가 도울 수 있을지 알아봐 달라는 요청을 받았습니다. 가장 가까운 버스 정류장은 아파트 단지로부터 가파른 언덕을 따라 0.5마일 내려간 곳에 있습니다. 여기의 주민들 중 정류장까지 걸어 내려가는 데 (그리고 특히 정류장으로부터 걸어 올라오는 데) 편안하게 느끼는 사람은 거의 없습니다. 우리는 15번 버스 노선이 언덕을 따라 단지로 올라오도록 약간 변경될 수 있을지 문의합니다. 나는 매일 올라가고 내려가며 매우 감사해하는 여러 승객을 당신에게 기약(보장)할 수 있습니다. 당신의 답을 곧 듣기를 고대합니다.

●중요 포인트

if의 의미

❶ ~한다면: 조건/가정문에서 사용
<u>If</u> you want to be successful, you must work hard.
만약 당신이 성공하기를 원한다면, 당신은 열심히 일해야 한다.

❷ ~인지 아닌지: 의문동사 뒤에서 = whether
We are <u>asking</u> if the route for bus 15 could be changed slightly to come up the hill to the complex.
우리는 15번 버스 노선이 언덕을 따라 단지로 올라오도록 약간 변경될 수 있을지 문의합니다.

●해설
3. 다음 글의 목적으로 가장 적절한 것은?

To Whom It May Concern:
My wife and I are residents of the Lakeview Senior
Apartment Complex. We have been asked by some
of the residents here to see if we can help improve
their ability to get around town independently. The
closest bus stop is half a mile below the apartment
complex, down a steep hill. Very few of the
residents here feel comfortable walking all the way
to (and especially from) the bus stop. 버스 정류장 변경 이유
We are asking if the route for bus 15 could be
changed slightly to come up the hill to the complex.
글을 쓴 이유 (15번 버스 정류장을 아파트 단지 쪽으로 옮겨 달라 요청)
I can promise you several very grateful riders each
day in each direction. I look forward to hearing from
you soon.

Sincerely,
Ron Miller

① 버스 노선의 변경을 요청하려고
➡ 15번 버스 정류장을 아파트 단지 쪽으로 옮겨달라는 요청문이야.
② 버스 노선 운영의 중단을 공지하려고
➡ 중단이라는 의미는 한 번도 안 나왔어.
③ 아파트 주변 산책로 조성을 건의하려고
➡ 아파트 주변 환경에 대한 내용은 나오지만, 산책로 조성으로 착각하면 안 돼.
④ 버스 기사의 친절한 서비스에 감사하려고
➡ 버스 기사는 언급도 안되었지.
⑤ 아파트 관리비 과다청구에 대해 항의하려고
➡ 비용에 대한 것은 안 나왔어.

4단계 혼공 개념 마무리   p.61

1. 당신 회사의 광고는 사람들이 붐비는 길에서 뛰고 정신 없이 설치는 젊은이들을 보여줍니다.
   Your ads show / young people / jumping and
   running around / in busy city streets.
   명사를 수식하는 분사
   당신의 광고는 보여줘 / 젊은이들을 / 뛰고 정신없이 설치는 걸 / 바쁜 도시의 길에서

2. 저와 같은 학생들이 다른 학생들처럼 재미나게 놀 수 있는 특수한 운동장이 필요합니다.
   We need a special playground / where students
   like me / can play / and have fun / like other
   students.
   우리는 특별한 운동장이 필요해 / 나와 같은 학생들이 / 놀 수 있는 / 그리고 재미있게 놀 수 있는 / 다른 학생들처럼

3. 그러나 진공청소기의 색깔이 제가 인터넷에서 본 것과 같지 않아서 매우 유감입니다.
   But I'm very sorry / to see / that the color of the
   vacuum cleaner / was not the same as / I saw /
   on the Internet.
   '~와 같은'
   그런데 나는 너무 유감스러워 / 알아서 / 진공청소기의 색이 / 같지 않다는 것을 / 내가 본 / 인터넷에서

4. 저는 선생님께서 교육에 쏟으신 모든 노력에 대해 감사 드리고 행복한 은퇴 생활을 기원합니다.
   I appreciate all the effort / you've put in
   teaching / and wish / you / a happy retirement.
   나는 모든 노력에 감사해 / 당신이 가르칠 때 쏟은 / 그리고 바라 / 당신에게 / 행복한 은퇴생활을

5. 너의 편지를 받고 네가 Royal Holloway에 합격한 걸 알고서 무척 기뻤단다.
   I was so delighted / to receive your letter /
   and to learn / that you have been accepted / to
   Royal Holloway.
   나는 너무 기뻐 / 너의 편지를 받아서 / 그리고 알아서 / 네가 합격한 것을 / 로열 홀러웨이에

6. 몇몇 신예 음악가들은 인기 있는 예술가(의 작품)을 복제하고 그것을 자신의 음악으로 시장에 내놓음으로써 다른 사람의 작품을 도용한다.
   Some budding musicians / steal other people's
   work / by copying popular artists / and
   전치사 + 동명사
   presenting it / in the market / as their own work.
   by copying ~ and presenting
   일부 신예 음악가들은 / 다른 사람의 작품을 훔치지 / 유명한 작가를 모방함으로써 / 그리고 그것을 내놓음으로써 / 시장에 / 그들 자신의 작품으로서

7. 우리는 여기의 몇몇 주민들로부터 혼자 힘으로 마을을 다닐 수 있는 능력을 향상시키도록 우리가 도울 수 있을지 알아봐 달라는 요청을 받았습니다.
   We have been asked / by some of the residents
   be asked to '~을 요청받다'
   here / to see / if we can help / improve their
   '~인지 아닌지'   help + 동사원형[to부정사]
   ability / to get around town / independently.
   우리는 요청받았어 / 여기 일부 주민들에게 / 알아봐달라고 / 우리가 도울 수 있는지를 / 그들의 능력을 개선하는 것을 / 마을을 다닐 수 있는 / 혼자 힘으로

8. 여기의 주민들 중 정류장까지 걸어 내려가는 데 (그리고 특히 정류장으로부터 걸어 올라오는 데) 편안하게 느끼는 사람은 거의 없습니다.
   Very few of the residents here / feel
   부정어
   comfortable / walking all the way / to (and
   분사구문 〈동시상황〉 '걷는데'
   especially from) the bus stop.
   여기 주민 누구도 / 편안함을 느끼지 않아 / 모든 방향으로 걷는데 / 버스 정류장으로 (특히 버스 정류장부터)

혼공 06일차 필자의 주장

1단계 개념 요리하기   p.64

●지문 분석

Some people need money / more / than we do.
어떤 사람들은 돈이 필요해 / 더 많이 / 우리가 필요한 것 보
다
= need

For example, / some people have lost their
homes / due to natural disasters or war, / while
others don't have / enough food or clothing.
반면에
예를 들어 / 일부 사람들은 그들의 집을 잃었어 / 자연재해나
전쟁 때문에 / 다른 사람들이 가지고 있지 않는 반면에 / 충분
한 음식이나 옷을

So this year, / for our birthdays, / let's tell our
friends and family / to donate money / to a
charity / instead of buying us presents.
tell + 목적어 + to부정사 'A에게 ~하라고 말하다'   전치사 + 동명사
그래서 올해 / 우리 생일을 위해서 / 우리 친구와 가족에게 말
해보자 / 돈을 기부하라고 / 자선단체에 / 우리에게 선물을
사주는 것 대신에

I know / that some kids might not want /
to give up their birthday presents, / and I
understand.
나는 알아 / 일부 아이들은 원하지 않을 거야 / 그들의 선물을
포기하는 걸 / 그리고 나는 이해해

However, / remember / that we can live /
명령문
without new toys or games / more easily / than
someone can live / without food, clothing, or
shelter.
하지만 / 기억해 / 우리는 살 수 있어 / 새로운 장난감이나 게
임없이 / 더욱 쉽게 / 누군가가 살 수 있는 것보다 / 음식이나
옷, 아니면 집이 없이도

So, we should tell our friends and family / that,
for our birthdays this year, / we want / to give
to others.
그래서 우리는 친구나 가족에게 말해야 해 / 올해 우리 생일
을 위해서 / 우리는 원한다고 / 다른 사람들에게 주기를

● 전체 해석

어떤 사람들은 우리보다 돈을 더 필요로 한다. 예를 들어, 어
떤 사람들은 자연재해나 전쟁 때문에 집을 잃었고, 한편 다
른 사람들은 음식이나 의복이 충분하지 않다. 그러므로 올해
우리 생일을 위해 선물을 사는 대신 자선단체에 돈을 기부
하라고 친구와 가족에게 말하자. 어떤 아이들은 생일 선물을
포기하고 싶어 하지 않을지도 모른다는 것을 알며, 나는 이
해한다. 그러나 누군가가 음식, 의복, 주거지 없이 살 수 있
는 것보다 우리가 새 장난감이나 게임 없이 사는 것이 더 쉽
다는 것을 기억해라. 그러므로 올해 생일에는 우리가 다른
사람들에게 기부하고 싶다고 친구와 가족에게 말해야 한다.

● 중요 포인트

대동사

❶ 동사의 반복 쓰임을 막고자 사용
　Some people need money more than we do.
　　　　　　　　　　　　　　　　　　　대동사
❷ 반복되는 동사에 따라 대동사 종류 다름　need를 받음

I love everyone around me as he does.
그처럼 나는 내 주변의 모든 사람을 사랑해.
Tom can do more than she can.
톰은 그녀보다 더 많은 것을 할 수 있어.
The student was more excited than he usually is.
그 학생은 평상시의 그보다 더 흥분했어.

2단계 개념 맛보기
p.66

보기 ③

● 지문분석

We depend greatly / on fossil fuels / because
about 75% of the energy / we use / comes
from them.
　　　　　　　　　　　　　that/which 생략
fossil fuels
우리는 엄청나게 의존해 / 화석연료에 / 왜냐하면 에너지의
약 75%가 / 우리가 사용하는 / 그들에게서 나오거든

The problem is / that they increase / the
접속사 that
amount of carbon dioxide / in the air / and
cause the greenhouse effect.
문제는 이거야 / 그들은 증가시켜 / 이산화탄소의 양을 / 대
기 중의 / 그리고 온실효과를 유발하지

In order to avoid this, / we should take steps /
to find clean energy.
이것을 피하기 위해서 / 우리는 단계를 밟아야 해 / 청정에너
지를 발견하려는

● 전체 해석

우리가 사용하는 에너지의 75%가 화석연료에서 나오
기 때문에 우리는 이에 상당히 의존한다. 문제는 화석
연료가 대기 중의 이산화탄소의 양을 늘려 온실효과를
야기하는 데 있다. 이를 피하기 위해 우리는 청정에너
지를 찾기 위한 발걸음을 내딛어야 한다.

1. ①

● 지문분석

Many people / have never even had / a
conversation / with their neighbors.
많은 사람들은 / 하지 않아 / 대화를 / 이웃들과

However, / we need / to get along with our
neighbors.
하지만 / 우리는 필요해 / 이웃과 친하게 지내는 게

They have the potential / to become a good friend / because they already have something in common / with us.
그들은 잠재력을 가지고 있어 / 좋은 친구가 될 / 왜냐하면 그들은 벌써 공통점을 가지고 있거든 / 우리와 마찬가지로

So smile / and say hello / to a neighbor.
그래서 미소를 지어 / 그리고 인사해 / 이웃에게

It will make the neighborhood / a brighter place.
그것은 이웃을 만들 거야 / 더 밝은 장소로

● 전체 해석

많은 사람들은 이웃과 대화조차 하지 않는다. 하지만, 우리는 이웃과 친해질 필요가 있다. 우리와 마찬가지로 공통점을 가지고 있기에, 그들은 좋은 친구가 될 잠재력을 가지고 있다. 그래서 이웃에게 미소를 짓고 인사를 해라. 그것은 이웃을 더 밝은 곳으로 만들어 줄 것이다.

● 해설

두 번째 줄에 '이웃들과 친해질 필요가 있다'라는 말이 나오고 있으므로 정답은 ① '이웃과 친하게 지내야 한다.'가 가장 적절해.

2. ②

● 지문분석

When we start / in the morning, / we feel / we must do hundreds of tasks / that day.
that 생략
우리가 시작할 때 / 아침에 / 우리는 느껴 / 우리가 수백 가지 일을 해야만 한다고 / 그날

But if we do not take them / one at a time / and let them pass through the day / slowly and evenly, / we are certain / to feel stress / and fail to achieve our goal.
그러나 만일 우리가 그것들을 취하지 않는다면 / 한 번에 하나씩 / 그리고 그것들을 하루에 걸쳐서 하지 않는다면 / 천천히 그리고 균등하게 / 우리는 확신해 / 스트레스를 받을 것이고 / 그리고 우리의 목표를 성취하는 데 실패할 거라고

Before a mass of tasks, / always remember / "one task at a time."
많은 일 앞에서는 / 항상 기억해 / 한 번에 하나씩을

You can then carry out your tasks / successfully / feeling less stress.
분사구문 〈동시상황〉 '느끼면서'
너는 그때 너의 일을 수행할 수 있어 / 성공적으로 / 덜 스트레스를 느끼면서

● 전체 해석

우리가 아침을 시작할 때, 우리는 그 날 수백 가지의 일을 해야 하는 듯이 느껴진다. 하지만 만일 우리가 그 일들을 한 번에 하나씩 가져다가 하루에 걸쳐서 천천히 차근차근 하지 않는다면, 우리는 분명히 스트레스를 받고 목표를 달성하지 못할 것이다. 많은 일들을 하기 전에 항상 '한 번에 하나씩'을 기억하라. 그러면 스트레스를 덜 받고 성공적으로 일을

수행할 수 있을 것이다.

● 해설

'one task at a time(한 번에 하나씩)'이라는 말이 반복되지. 이게 핵심어야. 따라서 ② '한 가지씩 차근차근 일을 처리하라.'가 정답이 되겠지.

3. ③

● 지문분석

There is a saying / that you broaden your horizons / through travel, / but if you are curious enough / to listen to older people, / you can broaden your horizons / without ever going abroad.
형용사 + enough to '~할 정도로 충분한'
속담이 있어 / 네가 시야를 넓힌다는 / 여행을 통해서 / 그런데 만약 네가 충분히 호기심이 있다면 / 어르신의 말을 들을 정도로 / 시야를 넓힐 수 있어 / 해외로 나가지 않고도

We have gathered information and stories / from them / without even realizing it.
older people
우리는 정보와 이야기를 모아왔어 / 그들로부터 / 심지어 그것을 알지 못한 채

It all helps / you extend / your conversational range / and broaden your thinking.
help + 목적어 + 동사원형[to부정사]
그것 모두는 도와줘 / 네가 넓히도록 / 너의 대화의 범위를 / 그리고 너의 사고력을 확장시키도록

● 전체 해석

여러분은 여행을 통해서 시야를 넓힐 수는 있지만, 만약 어르신의 말을 들을 정도로 충분히 호기심이 있다면 해외에 나가지도 않고 시야를 넓힐 수 있다는 속담이 있다. 우리는 그러한 사실을 알지 못한 채 어르신들로부터 정보와 이야기를 모으고 있다. 그러한 모든 것은 여러분의 대화의 범위와 사고력을 확장하는데 도움을 준다.

● 해설

여행이라는 단어가 나오지만, 그것은 비유를 위한 것이고, 핵심은 어르신에게 말을 들으면 시야의 확장이 된다는 거야. 따라서 ③ '어른들의 경험과 지혜를 배워라.'가 정답이 되겠지.

4. ①

● 지문분석

Television affects us / more / than we know.
TV는 우리에게 영향을 줘 / 더 많이 / 우리가 아는 것보다

It makes / us feel confused / about what is real / and what is not.
make 사역동사 + 목적어 + 동사원형(능동관계)   ~하는 것
그것은 만들어 / 우리가 혼동을 느끼도록 / 현실인 것과 / 그렇지 않은 것에 대해서

The gap / between our expectations and the reality / gets bigger and bigger / and we feel unsatisfied / about our life.
S
V get + 비교급 '점점 더 ~해지다'

차이는 / 우리의 기대와 현실 사이에서의 / 점점 더 커져가 / 그리고 우리는 불만족을 느껴 / 우리 삶에 대해서

To live a satisfying life / in the real world, / we
to부정사의 부사적 용법 '살기 위하여'
need to learn / how to separate / what we see
의문사 + to부정사(how to '~하는 방법')
on TV / from what is real.

만족스런 삶을 살기 위해서 / 현재 세상에서 / 우리는 배울 필요가 있어 / 분리하는 방법을 / TV에서 우리가 보는 것을 / 현실로부터

●전체 해석

TV는 우리가 알고 있는 것보다 더 많이 우리에게 영향을 준다. TV는 현실인 것과 그렇지 않은 것에 대해서 우리가 혼동을 느끼도록 한다. 우리의 기대와 현실의 차이는 점점 더 커져가고 있으며, 우리 삶에 대한 불만족을 느끼게 된다. 실제 세상에서 만족스런 삶을 살기 위해서는 우리가 TV에서 보는 것을 현실로부터 분리하는 방법을 배울 필요가 있다.

●해설

TV에서 나오는 것과 현실은 다르다는 내용이야. 따라서 정답은 ① 'TV 속 세상과 현실을 구분해야 한다.'야.

5. ③

●지문분석

The happiness of young love / can become an unreal standard / in future romances.
젊은 시절의 사랑에 대한 행복은 / 비현실적인 기준이 될 수 있어 / 미래 로맨스에서

The best way / to have long-term happiness /
S
in a relationship / is not to stick / to your first
V
love.
최고의 방법은 / 장기간의 행복을 가지는 / 이성 관계에서 / 고수하지 않는 거야 / 너의 첫사랑을

People / with a more practical view / of relationships / tend to have / more successful long-term ones.
사람들은 / 더욱 실용적인 견해를 가진 / 이성 관계의 / 갖는 경향이 있어 / 더욱더 성공적인 장기간의 행복을

Because they don't try / to recreate the strong passion / they once shared / with a past lover.
왜냐하면 그들은 노력하지 않아 / 강한 열정을 재현하는 것을 / 그들이 예전에 공유했던 / 과거의 연인과의

●전체 해석

젊은 시절의 사랑에 대한 행복감이 미래의 로맨스에 대한 비현실적인 기준이 될 수 있다. 이성 관계에 있어서 장기간의 행복을 보장하는 최고의 방법은 첫사랑에 집착하지 않는 것이다. 이성 관계에 대해 좀 더 현실적인 관점을 가지고 있는 사람들은 좀 더 성공적인 장기적인 관계를 형성하는 경향이 있다. 왜냐하면 그들은 그들이 한때 옛 연인과 나누었던 강렬한 감정을 재현하려고 하지 않기 때문이다.

●해설

젊은 시절의 사랑, 즉 첫사랑은 장기적인 행복을 얻기 힘들게 만든다는 내용이니까 ③ '원만한 이성 관계를 위해서 첫사랑에 집착하지 마라.'가 정답이야.

3 모의고사 요리하기   p.68
단계

1. ②

●지문분석

Since you can't use gestures, / make faces, / or
①   ②
present an object / to readers / in writing, / you
③
must rely on words / to do / both the telling
~하기 위해서
and the showing.
여러분은 제스쳐를 사용할 수 없기 때문에 / 표정을 지을 수도 / 아니면 물건을 제시해줄 수도 / 독자들에게 / 글을 쓸 때 / 여러분은 단어들에 의존해야 해 / 하기 위해서 / 말하는 것과 보여 주는 것 모두를

Show more / than you tell.
명령문
더 많은 것을 보여줘 / 당신이 말하는 것 보다

Use words / to make the reader *see*.
명령문   make + 목적어 + 동사원형 (능동관계)
단어들을 사용해 / 독자들이 볼 수 있도록 만들기 위해서

For example, / don't leave / the reader guessing
명령문   leave A B (A를 B의 상태로 만들다)
/ about Laura's beautiful hair.
예를 들어 / 남겨 두지 마 / 독자가 추측하도록 / 로라의 아름다운 머리카락에 대해서

Show / how the gentle wind touches / the edge
명령문
of her silky, brown hair.
보여줘 / 어떻게 잔잔한 바람이 건드리는 지 / 그녀의 비단 같은 갈색 머리카락의 끝자락을

Don't just say / you felt happy.
명령문
단지 말하지 마 / 당신이 행복하다고

Show / yourself leaping down the steps / four
부사구문 〈동시상황〉 '소리치며'
at a time, / coat unzipped, / shouting in the
주어가 다른 분사구문 〈동시상황〉 '코트를 잠그지 않은 채'
wind, / "Hurray, I did it!"
보여줘 / 여러분 스스로가 계단을 뛰어 내려가고 있는 것을 / 한 번에 네 개씩 / 코트를 잠그지 않은 채로 / 바람 속에서 소리치며 / "만세, 내가 해냈어!"라고

●전체 해석

글을 쓸 때에는 몸짓을 사용하거나, 표정을 짓거나, 독자들에게 물건을 제시할 수 없으므로 말하고 보여주는 일을 하는 것을 모두 어휘에 의존해야 한다. 말보다는 보여 주는 것을 더 많이 하라. 독자들이 '볼' 수 있도록 해주기 위해 어휘를 사용하라. 예를 들어, 독자가 Laura의 아름다운 머리카락에 대해 추측하게 두지 마라. 그녀의 비단 같은 갈색 머리카락 끝을 부드러운 바람이 어떻게 어루만지는지 '보여줘라'. 행복감을 느꼈다고 단순히 말하지 마라. 여러분 자신이 계단을 한 번에 네 칸씩 뛰어 내려가고, 코트의 지퍼가 열린 채로, 바람을 맞으며 "만세, 내가 해냈어!"라고 외치는 모습을 '보여줘라'.

● 중요 포인트

주어가 다른 분사구문

❶ 원래 분사구문은 주어를 생략한다.

Reading the book, he returned it to the library.
= After he read the book.
그 책을 읽은 후에는 그는 도서관으로 반납했다.

❷ 주어가 다를 시 다른 주어를 남겨둔다.

The weather being so beautiful, we will go out
주절의 주어는 we, 부사절의 주어는 the weather이므로 서로 다름
and enjoy the sun.
날씨가 너무 좋아서, 우리는 나가서 해를 즐길 것이다.

● 해설

Since you can't use gestures, make faces, or present an object to readers in writing, you must rely on words to do both the telling and the showing. Show more than you tell. Use words to make the reader see. For example, don't leave the reader guessing about Laura's beautiful hair. Show how the gentle wind touches the edge of her silky, brown hair. Don't just say you felt happy. Show yourself leaping down the steps four at a time, coat unzipped, shouting in the wind, "Hurray, I did it!"
글의 주제문
실감나는 장면에 대한 묘사 방법을 알려주고 있어.

1. 다음 글에서 필자가 주장하는 바로 가장 적절한 것은?
① 글을 쓰기 전에 주변을 정돈해야 한다.
→ 글을 쓰는 것이 주제는 맞지만, 주변 정돈과는 상관없어.
② 시각적으로 실감나게 글을 써야 한다.
→ 그렇지. 글을 쓸 때 독자들이 볼 수 있도록 쓰라는 것이니 이게 정답이지.
③ 일상생활에서 글의 소재를 찾아야 한다.
→ 글의 소재에 대한 것은 아니야.
④ 글의 내용과 어울리는 그림을 제시해야 한다.
→ 글의 내용을 볼 수 있게 하라는 거지, 그림을 보여주라는 건 아니지.
⑤ 마음속에 있는 것을 진솔하게 글에 담아야 한다.
→ 독자들이 실감나는 장면을 볼 수 있게 하라는 거지, 마음을 보여주라는 게 아니야.

2. ⑤

● 지문분석

Even though people / who set high expectations
S
/ for themselves / tend to achieve more / in a
V
negotiation / than those / who set low goals,
사람들
/ they are almost always less satisfied / with
their results.
비록 사람들이 / 높은 기대를 설정한 / 그들 자신에게 / 더 많이 성취하는 경향이 있어도 / 협상 시에 / 사람들보다 / 낮은 목표를 설정하는 / 그들은 거의 항상 덜 만족해 / 그들의 결과에

Why? / Because when the negotiation is over,
/ they compare / their final outcome / to their
S   V1
initial expectations / and focus on / what they
V2
didn't get / from the deal / and feel like / they
V3   접속사 that 생략
failed.

왜? / 왜냐하면 협상이 끝날 때 / 그들은 비교해 / 그들의 마지막 결과를 / 그들의 최초의 기대와 / 그리고 집중하지 / 그들이 얻지 못했던 것과 / 거래로부터 / 그리고 느끼지 / 그들이 실패했다고

To solve this problem, / they need to learn / how
'~하기 위해서'
to change their focus / after the negotiation is
complete.
이 문제를 해결하기 위해서 / 그들은 배울 필요가 있어 / 그들의 집중을 바꾸는 방법을 / 그 협상이 끝난 다음에

They must view their results / in a more positive
manner.
그들은 그들의 결과를 봐야만 해 / 좀 더 긍정적인 방식으로

With this simple adjustment / of focus / they
will recognize everything / they were able to
get / in the negotiation / and feel pleased with
their work.
이처럼 간단한 조정과 함께 / 초점에 대한 / 그들은 모든 것을 인식할 거야 / 그들이 얻을 수 있었던 / 협상에서 / 그리고 그들의 일에 만족감을 느껴

● 전체 해석

높은 목표를 설정한 사람들이 협상에서 더 많은 것을 얻어내는 경향이 있지만, 그들은 대부분 자신의 결과에 대한 만족도가 낮다. 왜 그러한가? 협상이 끝났을 때, 그들은 자신의 최종 결과를 처음의 기대치와 비교하여 협상에서 얻지 못한 것에 초점을 두고 실패한 것처럼 느끼기 때문이다. 이 문제를 해결하기 위해서 그들은 협상이 끝난 후 자신의 초점을 변화시키는 방법을 배울 필요가 있다. 그들은 좀 더 긍정적인 방법으로 자신의 결과를 바라봐야 한다. 이렇게 단순히 초점을 바꾸는 것만으로도 그들은 협상에서 자신이 얻을 수 있었던 모든 것을 인지하고 자신이 해낸 일에 만족감을 느낄 수 있을 것이다.

● 중요 포인트

what vs how

what 뒤에는 불완전 문장이 오며, how 뒤에는 완전한 문장이 온다.

They focus on what they didn't get from the deal.
그들은 그들이 협상으로부터 얻지 못했던 것에 집중한다.

They need to learn how she changed her focus.
그들은 그녀가 초점을 바꿨던 법을 배울 필요가 있다.

● 해설

Even though people who set high expectations for themselves tend to achieve more in a negotiation than those who set low goals, they are almost always less satisfied with their results. Why? Because when the negotiation is over, they compare their final
협상 결과의 낮은 만족감이 문제임을 지적

outcome to their initial expectations and focus on what they didn't get from the deal and feel like they failed. To solve this problem, they need to learn how to change their focus after the negotiation is complete. They must view their results in a more positive manner.
must를 사용해서 강조하고 싶은 내용이 필자의 주장이지.
With this simple adjustment of focus they will recognize everything they were able to get in the negotiation and feel pleased with their work.

2. 다음 글에서 필자가 주장하는 바로 가장 적절한 것은?
① 협상 중에는 상대를 존중하라.
→ 협상이 키워드지만, 상대방에 대한 내용은 아니야.
② 협상 전에 준비를 철저히 하라.
→ 역시 키워드인 협상이 언급되지만, 준비와는 거리가 멀지.
③ 가능한 한 높은 협상 목표를 설정하라.
→ 기대치의 높낮이가 언급되었기에 나온 오답으로 협상 목표 자체가 키워드가 아니지.
④ 협상 시 가능한 모든 대안을 고려하라.
→ 키워드인 협상은 나오지만, 대안은 언급이 되지 않았어.
⑤ 협상 후에는 결과를 의미있게 수용하라.
→ 협상 후 결과에 대해서 긍정적으로 바라보라는 내용이므로 이게 정답이 되겠지.

3. ①

● 지문분석

Kids learn / mostly by example.
아이들은 배우지 / 대개 예시에 의해서

They model their own behavior / after their parents and their older siblings.
그들은 그들 자신의 행동을 형성하지 / 그들의 부모와 나이 많은 형제자매들을 본받아

If your kids have bad eating habits, / ask yourself / how that happened / in the first place.
명령문 / 간접의문문 [의문사+S+V]
만약 당신의 아이들이 나쁜 식습관을 가지고 있다면 / 당신 자신에게 물어봐라 / 어떻게 그것이 일어났는지를 / 처음에

If you eat a poor diet yourself, / neglect your health, / or smoke and drink / in front of them, / you shouldn't be surprised / when your children go down the same road.
재귀대명사의 강조용법
당신이 만약 나쁜 식단을 먹는다면 / 당신의 건강을 무시하거나 / 아니면 흡연과 음주를 한다면 / 그들 앞에서 / 당신은 놀라서는 안 돼 / 당신의 아이들이 같은 길을 걸을 때

So be a good role model / and set the stage / for healthy eating / at home / and when you eat out / as a family.
명령문
그래서 좋은 롤모델이 되라 / 그리고 환경을 조성해 / 건강한 먹기를 위해서 / 집에서 / 그리고 당신이 외식을 할 때 / 가족으로서

Your actions speak louder / than your words.
당신이 행동들은 더 크게 말하지 / 당신의 말보다

Do not expect / your kids / to know for themselves / what is good for them.
expect + 목적어 + to부정사   '스스로'
기대하지 마 / 당신의 아이들이 / 스스로 알기를 / 무엇이 그들에게 좋은지

● 전체 해석
아이들은 대부분 본보기에 의해 배운다. 그들은 그들의 부모와 그들보다 나이가 많은 형제자매들을 본받아 자신의 행동을 형성한다. 만약 당신의 아이들이 나쁜 식습관을 가진다면, 그것이 애초부터 어떻게 일어났는지 당신 자신에게 질문하라. 만약 당신이 아이들 앞에서 건강치 못한 식단을 가지고 있거나, 당신의 건강을 소홀히 하거나 혹은 흡연하고 음주한다면, 당신의 아이들이 똑같은 길을 가게 될 때 놀라지 말아야 한다. 따라서 훌륭한 역할 모델이 되어 집에서 그리고 가족 외식을 할 때 건강한 먹기의 환경을 조성해라. 말보다 행동이 중요한 법이다. 당신의 아이가 스스로 그들에게 무엇이 좋은지 알 것이라고 기대하지 마라.

● 중요 포인트

재귀대명사의 특징
❶ 주어와 목적어가 동일할 경우, 목적어 자리에 재귀대명사 사용
Jack is proud of himself.
잭이 자기 자신을 자랑스러워 함
Jack is proud of him.
잭이 다른 사람(him)을 자랑스러워 함

❷ 강조용법: 명사나 대명사 강조, 행위 강조 → 생략이 가능
If you eat a poor diet yourself, you shouldn't be surprised.
강조용법, 생략가능
만약 당신이 질이 좋지 않은 음식을 먹는다면, 당신은 놀라서는 안 된다.

● 해설
아이들의 교육과 관련된 내용임을 알려주지.
Kids learn mostly by example. They model their own behavior after their parents and their older siblings. If your kids have bad eating habits, ask yourself how that happened in the first place. If you eat a poor diet yourself, neglect your health, or smoke and drink in front of them, you shouldn't be surprised when your children go down the same road. So be a good role model and set the stage for healthy eating at home and when you eat out as a family.
식습관이 바로 키워드지.
주제문이라고 할 수 있지.
Your actions speak louder than your words. Do not expect your kids to know for themselves what is good for them.

3. 다음 글에서 필자가 주장하는 바로 가장 적절한 것은?
① 자녀의 건강한 식습관 형성을 위해 모범을 보여라.
→ 자녀들이 부모의 식습관을 보고 자신의 식습관을 형성하므로 먼저 부모부터 올바른 식습관을 가지라는 내용이지.
② 가족이 함께 식사할 수 있는 시간을 확보하라.
→ 마지막에 가족과 외식을 한다에서 나온 오답이지. 이런 거에 속지 말자.
③ 비만을 예방하기 위해 채소 섭취를 늘려라.
→ 이 글의 주제는 비만이 아니야.
④ 건강을 해치는 무리한 다이어트를 피하라.

→ diet라는 말이 나와서 '다이어트'라는 말이 나왔는데, 본문에서는 '식단'으로 쓰이고 있어.

⑤ 자녀의 체질을 고려하여 식단을 짜라.

→ 자녀의 체질이 아니라 식습관에 대한 내용이야.

4단계 혼공 개념 마무리   p.71

1. 그러므로 올해 우리 생일을 위해 선물을 사는 대신 자선단체에 돈을 기부하라고 친구와 가족에게 말하자.

So this year, / for our birthdays, / let's tell our friends and family / to donate money / to a charity / instead of buying us presents.

tell + 목적어 + to부정사 '~에게 to부정사 하라고 말하다'
전치사+동사ing

그래서 올해 / 우리 생일을 위해서 / 우리 친구와 가족에게 말해보자 / 돈을 기부하라고 / 자선단체에 / 우리에게 선물 사주는 것 대신에

2. 우리가 사용하는 에너지의 75%가 화석연료에서 나오기 때문에 우리는 이에 상당히 의존한다.

We depend greatly / on fossil fuels / because about 75% of the energy / we use / comes from them.

that/which 생략
fossil fuels

우리는 엄청나게 의존해 / 화석연료에 / 왜냐하면 에너지의 약 75%가 / 우리가 사용하는 / 그들에게서 나오거든

3. 우리와 마찬가지로 무언가를 가지고 있기에, 그들은 좋은 친구가 될 잠재력을 가지고 있다.

They have the potential / to become a good friend / because they already have something / in common with us.

그들은 잠재력을 가지고 있어 / 좋은 친구가 될 / 왜냐하면 그들은 벌써 무언가를 가지고 있거든 / 우리와 마찬가지로

4. 우리의 기대와 현실의 차이는 점점 더 커져가고 있으며, 우리 삶에 대한 불만족을 느끼게 된다.

The gap / between our expectations and the reality / gets bigger and bigger / and we feel unsatisfied / about our life.
S   V get + 비교급 '점점 더 ~해지다'

차이는 / 우리의 기대와 현실 사이에서의 / 점점 더 커져가 / 그리고 우리는 불만족을 느껴 / 우리 삶에 대해서

5. 여러분 자신이 계단을 한 번에 네 칸씩 뛰어 내려가고, 코트의 지퍼가 열린 채로, 바람을 맞으며 "만세, 내가 해냈어!"라고 외치는 모습을 '보여줘라'.

Show / yourself leaping down the steps / four at a time, / coat unzipped, / shouting in the wind, / "Hurray, I did it!"
명령문   분사구문〈동시상황〉'소리치며'
주어가 다른 분사구문〈동시상황〉'코트를 잠그지 않은 채'

보여줘 / 여러분 스스로가 계단을 뛰어 내려가고 있는 것을 / 한 번에 네 개씩 / 코트를 잠그지 않은 채로 / 바람 속에서 소리치며 / "만세, 내가 해냈어!"라고

6. 높은 목표를 설정한 사람들이 협상에서 더 많은 것을 얻어내는 경향이 있지만, 그들은 대부분 자신의 결과에 대한 만족도가 낮다.

Even though people / who set high expectations / for themselves / tend to achieve more / in a negotiation / than those / who set low goals, /
V   사람들

they are almost always less satisfied / with their results.

비록 사람들이 / 높은 기대를 설정한 / 그들 자신에게 / 더 많이 성취하는 경향이 있어 / 협상 시에 / 사람들보다 / 낮은 목표를 설정하는 / 그들은 거의 항상 덜 만족해 / 그들의 결과에

7. 만약 당신이 아이들 앞에서 건강치 못한 식단을 가지고 있거나, 당신의 건강을 소홀히 하거나 혹은 흡연하고 음주한다면, 당신의 아이들이 똑같은 길을 가게 될 때 놀라지 말아야 한다.

If you eat a poor diet yourself, / neglect your
①   재귀대명사의 강조용법   ②
health, / or smoke and drink / in front of them, / you shouldn't be surprised / when your children go down the same road.

당신이 만약 나쁜 식단을 먹는다면 / 당신의 건강을 무시하거나 / 아니면 흡연과 음주를 한다면 / 그들 앞에서 / 당신은 놀라서는 안 돼 / 당신의 아이들이 같은 길을 걸을 때

혼공 07일차 글의 요지

1단계 개념 요리하기   p.74

● 지문 분석

It is important / to recognize your pet's particular
가주어-진주어 구문
needs / and respect them.

중요해 / 너의 애완동물의 특별한 욕구를 인식하는 게 / 그리고 그들을 존중하는 걸

If your pet is an athletic, high-energy dog, / for example, / he or she is going to be much more
비교급 강조
manageable / indoors / if you take him or her outside / to chase a ball / for an hour every day.
~하기 위해서

너의 애완동물이 운동을 좋아하고 에너지가 넘치는 개라면 / 예를 들어 / 그 녀석은 더욱 더 다루기가 쉬울 거야 / 실내에서는 / 만약 당신이 그 녀석을 밖으로 데리고 나간다면 / 공 잡기를 하려고 / 매일 한 시간 동안

If your cat is shy and timid, / he or she won't want / to be dressed up / and displayed in cat
①   ②
shows.

너의 고양이가 수줍어하고 소심하다면 / 그 녀석은 원하지 않을 거야 / 옷을 차려 입고 / 그리고 캣쇼에서 보여주기를

Similarly, / you cannot expect macaws to be
expect A to부정사 'A가 to부정사 하기를 기대하다'
quiet and still / all the time / – they are, / by
삽입구
nature, / loud and emotional creatures, / and it
가주어-진주어 구문
is not their fault / that your apartment doesn't absorb sound / as well as a rain forest.

마찬가지로 / 너는 기대할 수 없어 / 마코 앵무새가 고요하고 정적이기를 / 항상 / 그들은 / 선천적으로 / 시끄럽고 감정적인 동물이거든 / 그리고 그건 그들의 잘못이 아니야 / 너의 아

파트가 소리를 흡수하지 못하는 건 / 열대 우림과 같이

●전체 해석

여러분의 애완동물의 특별한 욕구를 인식하고 그것을 존중해 주는 것이 중요하다. 예를 들어, 여러분의 애완동물이 운동을 좋아하고, 에너지가 넘치는 개라면 매일 밖으로 데리고 나가서 한 시간 동안 공을 쫓아다니게 하면 실내에서 다루기가 훨씬 더 쉬워질 것이다. 여러분의 고양이가 수줍음을 타고 겁이 많다면 의상을 차려 입고 고양이 품평회 쇼에 나가서 자신의 모습을 보여주는 것을 원치 않을 것이다. 이와 비슷하게, 여러분은 마코 앵무새가 항상 조용하고 가만히 있기를 기대해서는 안 된다. 그들은 천성적으로 시끄럽고 감정에 사로잡히기 쉬운 동물이며 여러분의 아파트가 열대우림만큼 소리를 잘 흡수하지 못하는 것은 그들의 잘못이 아니다.

●중요 포인트

가주어-진주어 구문

영어는 원래 주어가 길어지는 걸 싫어해. 그래서 긴 주어를 문장 맨 뒤로 보내고 가짜 주어인 it을 주어 자리에 두게 되지.

가주어

It is[was] + 형용사 명사 + to R that S+V 명사절

진주어

To recognize your pet's particular needs is important.

→ It is important to recognize your pet's particular
　가주어-진주어 구문
needs.

That your apartment doesn't absorb sound is not their fault.

→ It is not their fault that your apartment doesn't
　가주어-진주어 구문
absorb sound.

2단계 개념 맛보기

p.76

보기 ②

●지문분석

Suppose / you are reading a story.
접속사 that 생략
가정해보자 / 당신이 이야기를 읽고 있다고

You see a word / you don't know.
that/which 생략
당신은 단어를 보고 있어 / 당신이 알지 못하는

How can you figure out / what the new word means?
어떻게 당신은 이해할 수 있을까 / 그 새로운 단어가 의미하는 것을

One good way / is to look for clues / in the
to부정사의 명사적 용법 '~하는 것'
words and sentences / that come before and after the new word.

한 가지 좋은 방법은 / 실마리를 찾는 거야 / 단어들과 문장들 속에서 / 새로운 단어 앞뒤에 오는

The ideas / that are around a new word / are
S
called / its context.
V
그 생각들은 / 새로운 단어 주변에 있는 / 불려 / 그것의 문맥 이라고

The meaning clues / that you can see / near a
S
new word / are called / context clues.
의미 실마리는 / 당신이 볼 수 있는 / 새로운 단어 근처에서 / 불려 / 문맥 실마리라고

●전체 해석

당신이 이야기를 읽고 있다고 가정해보자. 모르는 단어가 나온다. 새로 나온 단어가 무슨 뜻인지 어떻게 짐작할 수 있을까? 한 가지 좋은 방법은 모르는 단어의 앞, 뒤에 나오는 단어와 문장 속에서 단서를 찾는 것이다. 모르는 단어 주변에 있는 idea를 문맥이라고 부른다. 모르는 단어 주변에서 볼 수 있는 의미 단서를 문맥상 단서라고 부른다.

1. ②

●지문분석

We usually believe / that what we remember
S
/ is what really happened, / but this is not
V
always true.
우리는 보통 믿지 / 우리가 기억하는 건 / 실제로 일어난 것이라고 / 그런데 이것은 항상 사실인 것은 아니지

First, / we tend to remember / pleasant memories
/ but forget unpleasant ones.
=memories
첫 번째로 / 우리는 기억하는 경향이 있어 / 즐거운 기억들을 / 하지만 불쾌한 것들은 잊어버리지

Second, / what we remember / is sometimes
S   V
only something / which we imagined.
두 번째로 / 우리가 기억하는 건 / 때때로 오직 어떤 거야 / 우리가 상상했던

Thus, / it is possible / for our memory / to play
가주어-진주어 구문   to play의 의미상의 주어
various tricks on us.
그래서 / 가능하지 / 우리 기억이 / 다양하게 우리를 속이는 것이

●전체 해석

우리는 주로 우리가 기억하는 것은 실제로 일어난 것이라고 생각하지만, 항상 그런 것은 아니다. 첫째, 우리는 유쾌한 추억만을 기억하고 불쾌한 것은 잊어버리는 경향이 있다. 둘째, 우리가 기억하는 것은 때로는 우리가 상상한 것일 수도 있다. 그래서, 우리의 기억이 우리를 다양하게 속이는 것도 가능한 일이다.

●해설

처음 문장에서 제시한 문장의 부연 설명을 두 개의 예를 통해서 알려주고 있어. 특히 마지막 문장에서는 다시 한 번 기억이 정확하지 않다는 이야기를 하고 있지. 따라서 ②번이 정답이야.

2. ③

●지문분석

Seat belts don't fit / young children and babies.
안전벨트는 맞지 않아 / 어린 아이들과 아기들에게

So you might think / you can just hold children / in a car.
그래서 당신은 생각할 수도 있어 / 당신이 단순히 아이를 잡을 수 있다고 / 차 안에서

But when a car stops suddenly, / the child's body / keeps moving forward.
keep ~ing 계속 ~ 하다
하지만 차가 갑자기 멈출 때 / 아이의 몸은 / 계속해서 앞으로 움직이지

You no longer hold / just the child's weight.
당신은 더 이상 잡을 수 없어 / 아이들의 무게만을

This makes / the child feel / much heavier.
사역동사 make + 목적어 + 동사원형
이것은 만들어 / 아이가 느끼도록 / 훨씬 더 무겁게

That is why / young children and babies should ride / in child safety seats.
that is why + 결과 / because + 이유
그것이 이유야 / 어린 아이들과 아기들이 앉아야만 하는 / 아이용 안전좌석에

●전체 해석

안전벨트는 아동과 유아에게 맞지 않다. 그래서 당신은 차 안에서 아이들을 그냥 잡고 있을 수 있다고 생각할지도 모른다. 하지만 차가 갑자기 멈추면 아이들의 몸이 계속 앞으로 쏠린다. 당신은 더 이상 아이들의 무게만 잡고 있는 것이 아니다. 이로 인해 아이가 훨씬 더 무겁게 느껴진다. 이것이 바로 유아나 아동이 어린이용 안전좌석에 앉아야 하는 이유이다.

●해설

안전벨트가 아이들에게 맞지 않기 때문에, 어린이들은 어린이용 안전좌석에 앉아야 한다는 글이지. 따라서 정답은 ③번이야.

3. ③

●지문분석

Do you feel nervous / when you make a speech?
당신은 긴장감을 느끼는가 / 당신이 연설을 할 때

Even great speakers / get very nervous / sometimes.
get + 형용사 '~해지다 (=become)'
심지어 위대한 연설가들도 / 매우 긴장해 / 때때로

It is impossible / to remove speech anxiety / completely.
가주어—진주어 구문
불가능하지 / 연설 불안을 제거하는 게 / 완전히

The most effective way / is to practice.
to부정사의 명사적 용법 '연습하는 것'
가장 효과적인 방법은 / 연습하는 거야

With enough practice, / you can master / the content of your speech / and improve your speech skills.
                              ①   ②
충분한 연습을 가지고 / 당신은 마스터할 수 있어 / 연설의 내용을 / 그리고 연설 기술을 개선할 수 있지

●전체 해석

연설을 할 때, 긴장감을 느끼는가? 심지어 위대한 연설가들도 때때로 매우 긴장하게 된다. 연설 불안을 완전히 없애는 것은 불가능하다. 가장 효과적인 방법은 연습이다. 충분한 연습을 한다면, 당신은 연설의 내용을 숙지할 수 있고, 연설 기술을 늘릴 수 있다.

●해설

연설 불안을 해결하는 방법으로 연습을 언급하고 있는 글이므로 정답은 ③번이야.

4. ①

●지문분석

In almost all competitions, / there must be a loser.
거의 모든 대회에서 / 패배자는 반드시 있지

Most of the time, / the loser leaves the field quickly, / while the winner stays / and celebrates.
대부분의 경우 / 패배자는 빠르게 경기장을 떠나지 / 반면에 승자는 머무르고 / 축하하지

But is losing always a bad thing?
하지만 패배는 항상 나쁜 것일까?

When you lose, / you often take time / to understand why.
시간을 들이다
여러분이 패배할 때 / 여러분은 종종 시간을 쓰지 / 이유를 이해하는 데

Losing invites / you to explore the reasons / for the loss.
invite A to부정사 'A가 to부정사 하도록 유도하다'
패배는 유도하지 / 여러분이 그 이유들을 탐구하도록 / 패배에 대한

You think / about what you can do / differently in the future.
여러분은 생각해 / 여러분이 할 수 있는 것을 / 미래에 다르게

You can learn many things / from losing.
여러분은 많을 것을 배울 수 있어 / 패배로부터

●전체 해석

거의 모든 경쟁에서, 패배자는 반드시 존재한다. 대부분의 경우, 승자가 남아서 축하하는 동안, 패배자는 빠르게 경기장을 빠져나간다. 하지만, 패배가 항상 나쁜 것일까? 여러분이 패배할 때, 여러분은 종종 천천히 그 이유를 이해한다. 패

배는 여러분이 패배의 이유를 탐구하도록 유도한다. 여러분은 미래에 다르게 할 수 있는 것을 생각한다. 여러분은 패배로부터 많은 것을 배울 수 있다.

●해설
패배가 나쁜 것만은 아니라 무언가를 배울 수 있다는 이야기이므로, 정답은 ①번이겠지.

5. ①

●지문분석

> Items / that have been stored / in your house
> / for more than a year / are merely taking up
> space.
> 물건들은 / 저장되어 있는 / 당신의 집에 / 1년 이상 / 단순히
> 자리만 차지하고 있어
> They only make / it more difficult / to find the
> things / you need.
> 가목적어-진목적어 구문
> 그것들은 그저 만들어 / 더 어렵게 / 물건들을 찾는 데 / 당신
> 이 필요한
> There are many wonderful non-profit
> ~이 있다
> organizations / that can provide a way / to put
> those annoying items / to good use.
> 많은 놀라운 비영리 단체가 있어 / 방식을 제공해 줄 수 있는
> / 그러한 짜증나는 물건들을 / 좋은 사용처로
> This will allow you / the pleasure of knowing /
> 접속사 that 생략
> your unused items / are going to be used.
> 이것을 당신에게 허용할 거야 / 아는 것의 즐거움을 / 당신의
> 사용하지 않는 물건이 / 사용될 것임을

●전체 해석
1년 이상 집에 저장되어 있는 물건들은 단순히 자리만을 차지하고 있다. 그것들은 그저 여러분이 필요한 물건을 찾는 걸 훨씬 더 어렵게 만든다. 그런 짜증나는 물건들을 좋게 사용되게 하는 방법을 제공해 줄 수 있는 많은 놀라운 비영리 단체가 있다. 이것은 여러분에게 여러분의 사용하지 않는 물건이 사용될 것임을 아는 즐거움을 허용해 준다.

●해설
여러분이 사용하지 않는 물건을 집에 그냥 두어 자리를 차지하게 만드는 것보다 다른 단체에 기부하면 즐거움을 준다는 내용이므로 정답은 ①번이 적절해.

3단계 모의고사 요리하기 　p.78

1. ⑤

●지문분석

> Problems can appear / to be unsolvable.
> 문제는 보일 수 있어 / 해결될 수 없는 것처럼
> We are social animals / who need to discuss
> our problems / with others.

우리는 사회적 동물이지 / 우리 문제를 토의할 필요가 있는 /
다른 사람들과
> When we are alone, / problems become more
> serious.
> 우리가 혼자일 때 / 문제는 더욱 심각해지지
> By sharing, / we can get opinions / and find
> ①　　　　　　②
> solutions.
> 공유함으로써 / 우리는 의견을 얻을 수 있어 / 그리고 해결책
> 을 발견하지
> An experiment was conducted / with a group
> of women / who had low satisfaction / in life.
> 한 실험이 실행되었지 / 한 그룹의 여성들과 함께 / 낮은 만족
> 도를 가진 / 삶에서
> Some of the women / were introduced to
> others / who were in similar situations, / and
> some of the women were left / on their own /
> to deal with their concerns.
> 일부 여성들은 / 다른 사람들에게 소개 되었지 / 비슷한 상황
> 에 있는 / 그리고 일부 여성들은 남겨졌어 / 혼자 힘으로 / 그
> 들의 문제를 해결하라고
> Those / who interacted with others / reduced
> their concerns / by 55 percent over time, / but
> those / who were left on their own / showed no
> improvement.
> 사람들은 / 다른 사람과 상호 작용한 / 그들의 걱정을 줄였어
> / 그 동안 55% 정도를 / 하지만 사람들은 / 혼자 힘으로 남겨
> 졌던 / 어떠한 개선도 보여주지 못했지

●전체 해석
문제가 해결될 수 없는 것처럼 보일 수 있다. 우리는 문제를 다른 사람들과 의논할 필요가 있는 사회적 동물이다. 우리가 혼자일 때, 문제는 더 심각해진다. 공유함으로써, 우리는 의견을 얻고 해결책을 찾을 수 있다. 삶의 만족감이 낮은 한 집단의 여성을 대상으로 실험이 행해졌다. 그 여성 중 일부는 비슷한 상황에 놓인 다른 사람들에게 소개되었고, 일부는 자기들의 걱정을 혼자서 처리하도록 남겨졌다. 다른 사람들과 상호 작용을 한 사람들은 시간이 흐르면서 자기들의 걱정을 55퍼센트 줄였으나 홀로 남겨진 사람들은 아무런 개선도 보이지 않았다.

●중요 포인트

긴 주어 구문 (관계사 수식)
주어가 관계사 등의 수식을 받을 경우, 주어와 동사의 거리가 멀어지는 긴 주어 구문이 나온다.
> Those who interacted with others reduced their
> concerns by 55 percent over time.
> The woman whom you wanted to see wasn't in the
> school.
> 당신이 보고 싶은 그 여자는 학교에 없었다.

●해설

Problems can appear to be unsolvable. We are social animals who need to discuss our problems with others. When we are alone, problems become more serious. By sharing, we can get opinions and find solutions. An experiment was conducted with a group of women who had low satisfaction in life. Some of the women were introduced to others who were in similar situations, and some of the women were left on their own to deal with their concerns. Those who interacted with others reduced their concerns by 55 percent over time, but those who were left on their own showed no improvement.

'사회적 동물'이라는 말이 언급되고 있어.
'공유'가 해결책으로 제시되고 있어.
'공유'가 해결책인 예시

1. 다음 글의 요지로 가장 적절한 것은?
① 상대방의 의견을 존중하는 자세가 필요하다.
→ 의견을 존중하는 건 언급조차 되지 않았어.
② 대부분의 걱정거리는 시간이 지나면 해결된다.
→ 시간 관련도 언급된 적이 없지.
③ 사람들과 함께 있어도 외로움을 느낄 수 있다.
→ '함께 있다(social)'와 '외로움(alone)'이 언급되었지만, 정답과는 거리가 멀지.
④ 해결할 수 없는 문제는 빨리 단념하는 것이 좋다.
→ 해결할 수 없는 문제를 다른 사람들과 공유하라고 했으니 정답이 아니지.
⑤ 다른 사람들과 문제를 공유하면 해결에 도움이 된다.
→ 이 글의 핵심은 문제를 공유하라는 거지. 따라서 이것이 정답이야.

2. ①

●지문분석

An interesting study / about facial expressions / was recently published / by the American Psychological Association.
흥미로운 연구는 / 얼굴 표정에 대한 / 최근에 출간 되었어 / 미국 심리학 협회에 의해서

Fifteen Chinese people and fifteen Scottish people / took part in the study.
15명의 중국인들과 15명의 스코틀랜드인들이 / 그 연구에 참여했지

They viewed emotion-neutral faces / that were randomly changed / on a computer screen / and then categorized / the facial expressions / as happy, sad, surprised, fearful, or angry.
그들은 감정 중립적인 얼굴을 보았지 / 무작위로 변하는 / 컴퓨터 스크린에서 / 그리고 나서 분류했어 / 얼굴의 표정을 / 행복한, 슬픈, 놀란, 두려운 또는 화난 표정으로

The responses allowed / researchers to identify / the expressive facial features / that participants associated / with each emotion.
allow A to부정사 'A가 to부정사 하도록 허용하다'
그 반응들은 허용했지 / 연구원들이 구분하도록 / 표현하는 얼굴의 특징을 / 참가자들이 연관짓는 / 각 감정과

The study found / that the Chinese participants relied more on / the eyes / to tell facial expressions / while the Scottish participants relied on / the eyebrows and mouth.
접속사 that
to부정사의 부사적 용법 '구별하기 위해서'
그 연구는 발견했지 / 중국 참가자들은 더 많이 의존했지 / 눈에 / 얼굴의 표현을 구별하는 데 / 반면에 스코틀랜드 참가자들은 의존했지 / 눈썹과 입에

People / from different cultures / perceive happy, sad, or angry facial expressions / in different ways.
사람들은 / 다른 문화권에서 온 / 행복하고, 슬프고, 또는 화난 얼굴 표정을 인식하지 / 다른 방식으로

That is, / facial expressions / are not the "universal language of emotions."
즉 / 얼굴 표현은 / 감정의 보편적인 언어가 아니지

●전체 해석

표정에 관한 흥미로운 연구가 최근에 미국 심리학회에서 발표됐다. 15명의 중국인과 15명의 스코틀랜드인이 이 연구에 참여했다. 이들은 컴퓨터 화면에서 무작위로 바뀌는 감정 중립적인 얼굴을 보고 행복한, 슬픈, 놀란, 두려운 또는 화난 표정으로 분류했다. 그들의 반응을 통해 연구자들은, 참가자가 감정을 드러내는 얼굴 부위 중 어느 부분을 각각의 감정과 연관 짓는지를 알게 되었다. 연구에 따르면 중국인 참가자들은 표정을 구별하기 위해 눈에 좀 더 의존하는 반면, 스코틀랜드인 참가자들은 눈썹과 입에 의존했다. 사람들은 문화가 다르면 행복한, 슬픈, 화난 표정을 다른 방식으로 인식한다. 즉, 표정은 '감정의 보편적인 언어'가 아니다.

●중요 포인트

긴 주어 구문 (전치사구 수식)
주어가 전치사구 등의 수식을 받을 경우, 긴 주어 구문이 나오지만, 다른 긴 주어 구문에 비해서 그리 어렵지 않아.

An interesting study about facial expressions was recently published by the American Psychological Association.

People from different cultures perceive happy, sad, or angry facial expressions in different ways.

●해설
첫 문장에 실험이 나오면 결론은 대부분 글 마지막에 나오게 되어 있어.

An interesting study about facial expressions was recently published by the American Psychological Association. Fifteen Chinese people and fifteen Scottish people took part in the study. They viewed emotion-neutral faces that were randomly changed on a computer screen and then categorized the facial expressions as happy, sad, surprised, fearful, or angry. The responses allowed researchers to identify the expressive facial features that participants associated with each emotion. The study found that the Chinese participants relied more on the eyes to tell facial expressions, while the Scottish participants relied on the eyebrows and mouth. People from different cultures perceive happy, sad, or angry facial expressions in different ways. That is, facial expressions are not the "universal language of emotions."

→ 주제문이지. 실험에서 나온 일반론이 마지막에 언급되지. 여기에 주제문이 있어.

2. 다음 글의 요지로 가장 적절한 것은?

① 문화에 따라 표정을 인식하는 방식이 다르다.
→ 표정 인식의 다양성이 지문의 주제이므로 이것이 정답이지.
② 동서양을 막론하고 선호하는 표정이 있다.
→ 표정의 다양성이 키워드니까 이것은 아니야.
③ 노력을 통해 좋은 인상을 줄 수 있다.
→ 이것도 역시 표정의 보편성을 이야기 하므로 패스.
④ 사람마다 고유한 감정 표현 방식이 있다.
→ 역시 표정의 보편성을 다루고 있지.
⑤ 지나친 감정 표현은 오해를 불러일으킬 수 있다.
→ 특정한 감정 표현에 대한 설명은 아니지.

3. ②

● 지문분석

> You've probably looked around you / and noticed / that all people are unique and different.
> 접속사 that
> 당신은 아마도 당신 주변을 보고 / 알아차렸어 / 모든 사람들은 독특하고 다르다는 것을
>
> Even people / who might seem really similar / in certain ways / can also be very different.
> S
> 심지어 사람들은 / 진짜로 비슷해 보이는 / 어떤 방식 면에서는 / 또한 매우 다를 수 있어
>
> From different appearances, / to different personalities, / to different beliefs / – it's a big world / full of interesting and diverse people!
> from A to B 'A에서 B까지'
> 형용사의 후위 수식
> 다른 외모서부터 / 다른 성격 / 다른 신념에 이르기까지 / 그것은 큰 세상이야 / 재미나고 다양한 사람들로 가득 찬
>
> It is tolerance / that protects the diversity / which makes the world so exciting.
> it ~ that 강조용법
> 바로 관용이지 / 다양성을 보호하는 것이 / 세상을 너무 흥미롭게 만들어주는
>
> Tolerance is the idea / that all people should be equally accepted / and equally treated, / regardless of their differences / from others.
> 동격절
> 관용은 생각이야 / 모든 사람들은 동등하게 수용되어야만 하고 / 동등하게 대우받아야만 한다는 / 그들의 차이와는 상관없이 / 다른 사람들과의
>
> It's a lot like fairness.
> 그것은 공정함과 아주 같지
>
> Having tolerance / means giving every person / the same consideration, / despite a person's opinions, background, appearance, or other qualities, / and whether or not those things are
> S 동명사 주어   V
> despite + 명사 / although + 문장
> '~이든 아니든 간에'

> the same as / your own.
> '~와 같은 것'
> 관용을 가진다는 것은 / 모든 사람에게 주는 것을 의미하지 / 같은 배려를 / 사람의 의견, 배경, 외모, 아니면 다른 특징에도 불구하고 / 그리고 그러한 것들이 같든 그렇지 않든 간에 / 당신 자신과
>
> Tolerance allows / the world to flourish.
> allow A to부정사 'A가 to부정사 하도록 허용하다'
> 관용은 허용하지 / 세상이 번영하는 것을
>
> That is why / treating other people / with tolerance / is very important.
> why + 결과   S 동명사 주어
> 그게 이유야 / 다른 사람들을 대하는 것이 / 관용을 가지고 / 매우 중요하다는

● 전체 해석

당신은 아마도 당신의 주위를 둘러보고 모든 사람들이 독특하고 다르다는 것을 알아차렸을 것이다. 심지어 어떤 방식에서 매우 비슷해 보이는 사람들도 또한 매우 다를 수 있다. 각양각색의 외모에서부터 다른 성격, 다른 신념에 이르기까지 이 큰 세상은 흥미롭고 다양한 사람들로 가득 차 있다! 이 세상을 매우 흥미롭게 만드는 이런 다양성을 보장하는 것은 관용이다. 관용은 사람들이 다른 사람들과 다름과 상관없이 모든 사람들이 동등하게 인정받고 동등하게 대우받는다는 개념이다. 그것은 공정함과 많이 비슷하다. 관용을 갖는다는 것은 한 사람의 의견, 배경, 외모, 또는 기타 특성들에도 불구하고, 그리고 이러한 것들이 당신의 것과 동일하든 아니든 상관없이 모든 사람에게 동일한 배려를 주는 것을 의미한다. 관용은 이 세상이 번창하도록 한다. 그래서 관용을 가지고 다른 사람을 대하는 것이 매우 중요하다.

● 중요 포인트

> it ~ that 강조구문
> 강조하고 싶은 부분을 it과 that 사이에 넣어서 '~한 것은 바로 ~이다'의 의미를 만들어 줘.
>
> It + is + 명사/대명사/전치사구/부사구(절) + that ~
>
> 강조의 대상
> It is tolerance that protects the diversity.
> 다양성을 보호하는 것이 바로 관용이다.
> 강조의 대상
> It was after school that he played soccer.
> 하교 후에야 비로소 그는 축구를 했어.

● 해설

You've probably looked around you and noticed that all people are unique and different. Even people who might seem really similar in certain ways can also be very different. From different appearances, to different personalities, to different beliefs — it's a big world full of interesting and diverse people! It is tolerance that protects the diversity which makes the world so exciting. Tolerance is the idea that all people should be equally accepted and equally treated, regardless of their differences from others. It's a lot like fairness. Having tolerance means

'다양성'이 반복되지.
키워드 '관용' 등장

giving every person the same consideration, despite a person's opinions, background, appearance, or other qualities, and whether or not those things are the same as your own. Tolerance allows the world to flourish. That is why treating other people with tolerance is very important.
관용에 대한 일반론적 설명이지.
주제문에 해당돼.

3. 다음 글의 요지로 가장 적절한 것은?
① 긍정적인 사고방식은 삶의 가치를 높인다.
→ 지문에서는 '관용=긍정적인 사고방식'이라고 언급되지 않았어. 영어 지문은 일반적인 추론이 아니라 지문에 근거해서 풀어야 해.
② 다양성을 수용하는 관용적인 태도가 필요하다.
→ 이 글의 키워드는 관용(tolerance)지. 관용은 다양성을 받아들이는 녀석이므로 이것이 정답이야.
③ 의사 결정 시 공과 사를 엄격히 구분해야 한다.
→ '공과 사 구분'은 언급조차 되지 않았어.
④ 타인의 실수에 대해 용서하는 마음을 가져야 한다.
→ 관용에 대한 일반적인 말인데, 이게 핵심은 아니야. 다양성 때문에 관용을 언급한 거지.
⑤ 객관적 근거를 바탕으로 자신의 의견을 주장해야 한다.
→ 자신의 의견이 아니라 남을 존중하라는 거지.

4단계 혼공 개념 마무리 p.81

1. 여러분의 애완동물의 특별한 욕구를 인식하고 그것을 존중해 주는 것이 중요하다.
It is important / to recognize your pet's
가주어-진주어 구문
particular needs / and respect them.
중요해 / 너의 애완동물의 특별한 욕구를 인식하는 게 / 그리고 그들을 존중하는 걸

2. 모르는 단어 주변에서 볼 수 있는 의미 단서를 문맥상 단서라고 부른다.
The meaning clues / that you can see / near a new word / are called / context clues.
의미 실마리는 / 당신이 볼 수 있는 / 새로운 단어 근처에서 / 불리 우지 / 문맥 실마리라고

3. 우리는 주로 우리가 기억하는 것은 실제로 일어난 것이라고 생각하지만, 항상 그런 것은 아니다.
We usually believe / that what we remember / is what really happened, / but this is not always true.
우리는 보통 믿지 / 우리가 기억하는 건 / 실제로 일어난 것이라고 / 그런데 이것은 항상 사실인 것은 아니지

4. 1년 이상 집에 저장되어 있는 물건들은 단순히 자리만을 차지하고 있다.
Items / that have been stored / in your house / for more than a year / are merely taking up space.
물건들은 / 저장되어 있는 / 당신의 집에 / 1년 이상 / 단순히 자리만 차지하고 있어

5. 다른 사람들과 상호 작용을 한 사람들은 시간이 흐르면서 자기들의 걱정을 55퍼센트 줄였으나, 홀로 남겨진 사

람들은 아무런 개선도 보이지 않았다.
Those / who interacted with others / reduced their concerns / by 55 percent over time, / but those / who were left on their own / showed no improvement.
사람들은 / 다른 사람과 상호작용한 / 그들의 걱정을 줄였어 / 그 동안 55% 정도를 / 하지만 사람들은 / 혼자 힘으로 남겨졌던 / 어떠한 개선도 보여주지 못했지

6. 사람들은 문화가 다르면 행복한, 슬픈, 화난 표정을 다른 방식으로 인식한다.
People / from different cultures / perceive happy, sad, or angry facial expressions / in different ways.
사람들은 / 다른 문화권에서 온 / 행복하고, 슬프고, 또는 화난 얼굴 표정을 인식하지 / 다른 방식으로

7. 심지어 어떤 방식에서 매우 비슷해 보이는 사람들도 또한 매우 다를 수 있다.
Even people / who might seem really similar / in certain ways / can also be very different.
심지어 사람들은 / 진짜로 비슷해 보이는 / 어떤 방식 면에서는 / 또한 매우 다를 수 있어

8. 이 세상을 매우 흥미롭게 만드는 이런 다양성을 보장하는 것은 관용이다.
It is tolerance / that protects the diversity / which makes the world so exciting.
it ~ that 강조용법
바로 관용이지 / 다양성을 보호하는 것이 / 세상을 너무 흥미롭게 만들어주는

혼공 08일차 주제추론

1단계 개념 요리하기 p.84

● 지문 분석

Hydroelectric power / is a clean and renewable power source.
수력 발전은 / 깨끗하고 재생 가능한 에너지원이지
However, / there are a few things / about dams / that are important / to know.
하지만 / 몇 가지 것들이 있어 / 댐에 대한 / 중요한 / 알기에
To build a hydroelectric dam, / a large area
to부정사의 부사적 용법 '짓기 위해서'
must be flooded / behind the dam.
수력 발전 댐을 짓기 위해서 / 거대한 지역이 수몰되어야 해 / 댐 뒤에
Whole communities sometimes have to be moved / to another place.
전체 공동체는 때때로 이동해야 해 / 다른 지역으로
Entire forests can be drowned.

모든 숲들은 물에 잠길 수 있어

The water / released from the dam / can be
colder / than usual / and this can affect the
ecosystems / in the rivers downstream.
그 물은 / 댐에서 방류된 / 더 차가울 수 있어 / 보통보다 / 그
리고 이것은 생태계에 영향을 줄 수 있지 / 하류의 강에서

It can also wash away riverbanks / and destroy
life / on the river bottoms.
그것은 또한 강기슭을 쓸어버릴 수 있지 / 그리고 생명을 파
괴 할 수 있지 / 강바닥의

The worst effect of dams / has been observed
/ on salmon / that have to travel upstream / to
lay their eggs.
최악의 댐의 효과는 / 관찰되어 왔어 / 연어에게서 / 거슬러
올라와야만 하는 / 알을 낳기 위해서

If blocked by a dam, / the salmon life cycle /
it is 생략=If it is blocked
cannot be completed.
댐에 의해서 막힌다면 / 연어의 생태 사이클은 / 완료될 수가
없어

● 전체 해석

수력 발전은 깨끗하고 재생 가능한 에너지원이다. 하지만 알
아두는 것이 중요한 댐에 관한 몇 가지가 있다. 수력 발전 댐
을 건설하기 위해서, 댐 뒤의 넓은 지역이 반드시 물에 잠기
게 된다. 때때로 지역 사회 전체가 다른 지역으로 이주되어
야 한다. 숲 전체가 물에 잠길 수도 있다. 댐에서 방류된 물
은 평소보다 더 차서 이것이 하류의 강 생태계에 영향을 미
칠 수 있다. 그것은 또한 강기슭을 유실되게 하고 강바닥의
생물을 파괴할 수도 있다. 댐의 가장 나쁜 영향은 알을 낳기
위해 흐름을 거슬러 올라가야 하는 연어에서 관찰되어 왔다.
댐으로 막히면, 연어의 라이프 사이클은 완결될 수 없다.

● 중요 포인트

lie vs lay

❶ lie는 자동사로 '~에 누워있다, 놓여있다'를 의미해.

❷ lay는 타동사로 '~을 놓다, 눕히다'를 의미하지.

❸ lie-lied-lied (거짓말하다)

lie 누워있다, 놓여있다	눕히다, 놓다, 알을 낳다 **lay**
lie - lay - lain ➕ 장소 전치사구	lay - laid - laid ➕ 목적어

The book lay on the table. + 장소 전치사구
그 책은 탁자 위에 놓여 있었다.

He laid the book on the table. + 목적어
그는 책을 탁자 위에 놓았다.

2 단계 **개념 맛보기**   p.86

● 지문분석

Of all superstitions, / few are as widely believed
부정어 주어
/ as the one saying / the number thirteen is
unlucky.
모든 미신 가운데에서 / 어떠한 것도 널리 믿어졌던 것은 없
어 / 한 가지 말처럼 / 숫자 13은 불행이라는

Many people are so uncomfortable / with
so ~ that ... '너무 ~해서 ...하다'
thirteen / that the number is removed / from
most airline seating charts.
많은 사람들이 너무 불편해서 / 13에 대해서 / 그 숫자는 제거
가 되지 / 대부분의 항공기의 좌석 차트에서

In France, / houses are never numbered thirteen.
프랑스에서 / 집들은 결코 13이라는 숫자를 붙이지 않아

And the national lottery in Italy / doesn't use
the number.
그리고 이탈리아의 국가 복권도 / 그 숫자를 사용하지 않아

● 전체 해석

모든 미신 가운데, 13이 불운의 수라는 것만큼 널리 믿
어졌던 것은 없었다. 많은 사람들이 13이라는 숫자를
너무 싫어해서 13은 여객기 좌석 차트에서도 빠져있다.
프랑스에서는 집 번호에 13이라는 숫자는 붙이지 않는
다. 이탈리아에서도 국가 복권에 그 숫자는 사용하지
않는다.
① people's favorite number 사람들이 좋아하는 숫자
② buildings without a thirteenth floor 13층이 없는
건물

1. ①

● 지문분석

Among some animals, / smell plays a different
role / from its role / among people.
일부 동물들 사이에서 / 냄새는 다른 역할을 하지 / 그 역할과
는 다르게 / 사람들 사이에

Ants use smell / to mark a path to food.
표시하기 위해서
개미들은 냄새를 사용하지 / 음식으로 가는 길을 표시하려고

Female butterflies attract male butterflies /
with a smell.
암컷 나비는 수컷 나비를 유혹하지 / 냄새를 가지고

Scientists have studied / how people respond /
to smells too.
과학자들은 연구해왔지 / 어떻게 사람들이 반응하는지 / 냄새
에 또한

For example, they have discovered / one of the
reasons / that two people fall in love: / They
smell good / to each other!
예를 들어 그들은 발견해왔지 / 이유 중의 하나를 / 두 사람이
사랑에 빠진 / 그들은 좋은 냄새가 나 / 서로에 대해서

● 전체 해석

동물들 사이에서와 사람들 사이에서의 냄새의 역할은 다르다. 개미는 냄새를 이용하여 먹이로 이르는 길을 표시한다. 암컷 나비는 냄새로 수컷을 유인한다. 과학자들은 사람들이 냄새에 어떻게 반응하는지도 연구했다. 예를 들어, 그들은 두 사람이 사랑에 빠지게 되는 이유 중 하나를 발견해냈다. 그 두 사람은 서로에게 좋은 냄새가 나는 것이다.

● 해설

글이 알려주는 키워드는 바로 냄새(smell)! 냄새가 동물과 사람에게서 어떤 역할을 하는지 알려주고 있지. 따라서 ① 'the role of smells(냄새의 역할)'가 정답이야.
② how the nose smells 냄새를 어떻게 맡나
③ the jobs for our nose 우리 코의 역할

2. ②

● 지문분석

> Did you know / that a bright room can make / you happier / and more hard-working?
>
> 너는 알았냐 / 밝은 방이 만들 수 있다는 것을 / 너를 더 행복하게 / 그리고 더 열심히 일하게
>
> A recent study suggests / that students do better / on tests / in sunny schools.
> (접속사 that)
>
> 최근의 연구는 알려주지 / 학생들이 더 잘한다고 / 시험에서 / 햇빛이 드는 학교에서
>
> Daylight is also good for / business.
>
> 햇빛은 또한 좋아 / 사업에도
>
> The use of natural light / makes / customers spend more money / in stores.
> (사역동사 make, make + A + 동사원형)
>
> 자연광의 사용은 / 만들어 주지 / 고객들이 더 많은 돈을 쓰도록 / 가게에서
>
> In offices, / workers / who have windows / near their desks / work harder / than those / who don't.
>
> 사무실에서 / 근로자들은 / 창문이 있는 / 책상 근처에 / 더 열심히 일하지 / 사람들보다 / 그렇지 않은

● 전체 해석

밝은 방이 우리를 더 행복하고 더 열심히 일하게 만들어 준다는 사실을 아는가? 최근의 한 연구는 햇빛이 잘 드는 학교에서 학생들이 시험을 더 잘 본다는 점을 시사하고 있다. 또한 햇빛은 사업에도 이롭다. 자연광의 사용이 고객들로 하여금 가게에서 더 많은 돈을 지출하게 만든다. 사무실에서도 책상 근처에 창이 있는 직원들이 그렇지 않은 직원들보다 더 열심히 일한다.

● 해설

햇빛이 드는 곳에서는 학생들은 성적이 더 좋고, 사업에도 좋고, 근로자들은 더 열심히 일한다는 내용이므로 ② 'positive effects of sunlight(햇빛의 긍정적인 효과)'가 정답이 되겠지.
① right places for schools 학교를 짓기 알맞은 장소
③ using solar energy for lighting 조명을 위해 태양 에너지를 이용하는 것

3. ③

● 지문분석

> Collecting can open new worlds / for children.
>
> 수집은 새로운 세계를 열 수 있어 / 아이들을 위해서
>
> Collecting stamps, / for example, / shows them / cultures or historical events / of a country.
>
> 우표를 모으는 건 / 예를 들어 / 그들에게 보여주지 / 문화나 역사적인 사건 / 한 나라의
>
> Collecting also gives children / opportunities / to learn skills / that can be used / every day.
>
> 수집은 또한 아이들에게 주지 / 기회를 / 기술을 배울 수 있는 / 사용될 수 있는 / 매일
>
> While playing with collections / such as dolls,
> (they are 생략=While they are playing with collections ~)
> comic books, stickers, and so on, / children can organize their treasures / by size, shape, or color.
>
> 수집품들을 가지고 노는 것은 / 예를 들어 인형이나 만화책, 스티커나 기타 등등의 / 아이들은 그들의 보물을 체계화 할 수 있지 / 크기나 모양 또는 색깔에 의해서
>
> This will teach them / to see the world / from different points of view.
>
> 이것은 그들에게 가르쳐 줄 거야 / 세상을 보기를 / 다른 관점으로부터

● 전체 해석

수집을 하는 것은 아이들에게 새로운 세상을 열어 줄 수 있다. 예를 들어, 우표 수집은 아이들에게 한 나라의 문화 또는 역사적 사건들을 보여준다. 수집을 하는 것은 또한 아이들에게 일상에서 사용될 수 있는 기술을 배울 기회를 제공해 준다. 인형이나 만화책, 스티커 등과 같은 수집품들을 가지고 노는 동안에 아이들은 자신들의 보물들을 크기, 모양, 또는 빛깔에 의해 체계화할 수 있다. 이를 통해 아이들은 다른 관점으로 세상을 보는 법을 배우게 될 것이다.

● 해설

수집(collection)이 아이들에게 주는 여러 가지 장점을 설명하고 있지. 무언가를 배우는 것이니까 ③ 'educational effects of collecting(수집의 교육적 효과)'이 주제로서 적절해.
① how to start collecting 수집을 시작하는 방법
② why children like collecting 왜 아이들은 수집을 좋아하나
→ 이것은 너무 광범위한 주제라고 할 수 있어.

4. ②

● 지문분석

> Life today is much different / from life in the past.
>
> 오늘날의 삶은 많이 달라 / 과거의 삶과는
>
> The home isn't the center of entertainment / for

everyone in the family / anymore.
집은 오락의 중심이 아니지 / 가족 내의 모든 이들에게 있어 / 더 이상

But teenagers have to remember / that family relationships are still very important.
하지만 십대들은 기억해야만 해 / 가족관계는 여전히 매우 중요하다고

Asking a parent or a brother or a sister / for advice / is sometimes finding the right way / to solve a problem.
S 동명사 주어
to부정사의
형용사적 용법
부모나 형제자매에게 요청하는 것은 / 조언을 / 때때로 올바른 방법을 찾는 것이지 / 문제를 해결하기 위한

● 전체 해석
오늘날의 삶은 과거의 삶과 굉장히 다르다. 가정은 더 이상 모든 가족 구성원을 위한 오락의 중심이 아니다. 그러나 가족관계가 여전히 중요하다는 것을 십대들은 기억해야만 한다. 부모나 언니, 오빠에게 가끔 충고를 구하는 것이 어려운 상황을 극복하는 방법이다.

● 해설
십대들에게 해주는 말로 오늘날은 과거와 많이 달라졌지만, 그래도 가족들에 도움을 줄 수 있으므로 좋은 가족관계를 유지하라는 거야. 따라서 ② 'the importance of family relationships(가족 관계의 중요성)'가 정답이 되겠지.
① reasons of teenager problems 십대 문제의 이유들
③ ways to solve the problems of your family 가족의 문제를 해결하는 방법들

5. ③
● 지문분석

As in marriage, / understanding is the most important thing / in friendship.
결혼에서와 마찬가지로 / 이해는 가장 중요한 거지 / 우정에서

Having a friend / means / that you may often be angry, / even hurt / by your friend.
S 동명사 주어   V   접속사 that
친구를 가진다는 것은 / 의미하지 / 당신은 종종 화가 날 수도 있어 / 심지어 상처를 받을 수도 있어 / 여러분의 친구에 의해서

In such situation, / however, / you must be ready / to understand your friend.
그런 상황에서 / 하지만 / 여러분은 준비해야만 해 / 여러분의 친구를 이해할

If not, / the friendship will soon break up.
그렇지 않다면 / 우정은 곧 깨질 거야

Without understanding, / you can't get over / any problems of relationship.
이해가 없다면 / 당신은 극복할 수 없어 / 관계의 어떤 문제라도

● 전체 해석
결혼에서와 마찬가지로, 이해심은 우정에 가장 중요한 것이다. 친구를 사귄다는 것은 종종 친구 때문에 화도 나고, 심지어 상처를 받을 수 있다는 것을 의미한다. 그러나 그런 상황에서 친구를 이해하도록 노력해야 한다. 그렇지 않으면, 우정은 곧 깨어질 것이다. 이해심 없이는 관계의 여러 문제들을 극복할 수 없다.

● 해설
친구 때문에 화가 날 수도 있지만, 결국은 이해하라는 내용이야. 이해야 말로 관계유지의 기본이라고 말하고 있어. 따라서 정답은 ③ 'the importance of understanding in friendship(우정에서의 이해의 중요성)'이 되겠지.
① the meaning of a successful marriage 성공적인 결혼의 의미
② the art of living for human relationship 인간관계를 위한 처세술 ➡ 이것은 너무 범위가 크지.

3 단계 모의고사 요리하기 p.88

1. ③
● 지문분석

When you face / a severe source of stress, / you may fight back, / reacting immediately.
분사구문 〈동시상황〉 '반응하면서'
여러분이 직면할 때 / 극심한 스트레스의 요인과 / 여러분은 반격할 수도 있어 / 즉각적으로 반응하면서

While this served your ancestors well / when they were attacked / by a wild animal, / it is less helpful today / unless you are attacked physically.
'반면에'
이것은 여러분의 조상들에게 도움이 되었던 반면 / 그들이 공격을 받았을 때 / 야생동물에 의해서 / 그것은 오늘날 그리 도움이 안 돼 / 만약 당신이 물리적으로 공격받지 않는다면

Technology makes it much easier / to worsen a situation / with a quick response.
가목적어-진목적어
기술은 훨씬 더 쉽게 만들지 / 상황을 악화시키는 걸 / 빠른 반응으로

I know / I have been guilty / of responding too quickly / to people, / on email in particular, / in a harsh tone / that only made things worse.
접속사 that 생략
나는 알지 / 내가 죄책감을 느낀 걸 / 너무 빨리 반응한 것에 대해서 / 사람들에게 / 특히 이메일로 / 거친 톤으로 / 오직 일만 악화시켰던

The more something causes / your heart to race, / the more important it is / to step back / before speaking / or typing a single word.
the 비교급 ~ the 비교급
가주어-진주어
어떤 것이 유발하면 할수록 / 당신이 심장이 뛰도록 / 더욱 중요해지지 / 뒤로 물러서는 게 / 말하거나 / 한 단어를 쓰기 전에

This will give you / time / to think things through / and find a way / to deal with the other person / in a healthier manner.

이것은 당신에게 줄 거야 / 시간을 / 충분히 생각할 / 그리고 방법을 찾을 / 다른 사람을 다루는 / 좀 더 건강한 방식으로

● 전체 해석

극심한 스트레스 요인과 직면할 때 당신은 즉각적인 반응을 보이며 반격할지도 모른다. 이것은 당신의 조상들이 야생동물로부터 공격을 받았을 때는 도움이 되었지만 오늘날에는 당신이 물리적으로 공격받지 않는 한 그다지 도움이 되지 않는다. 기술로 인하여 성급한 반응으로 상황을 악화시키는 것이 훨씬 더 쉬워졌다. 나는, 특히 이메일에서, 상황을 악화시키기만 하는 거친 어조로 사람들에게 너무 성급하게 반응한 것에 대해 죄책감을 느꼈음을 알고 있다. 어떤 일이 당신의 심장을 빨리 뛰게 하면 할수록, 말을 한마디 하거나 타자로 치기 전에 한 걸음 뒤로 물러서는 것이 더욱 더 중요하다. 이것은 당신에게 상황을 충분히 생각하고 상대방에게 좀 더 건강한 방식으로 대하는 방법을 찾을 시간을 줄 것이다.

● 중요 포인트

가목적어-진목적어 구문

5형식 구문에서 목적어 자리에 to부정사나 that절 등의 문장이 온다면, 문장의 맨 뒤로 보내고 그 자리에 가목적어 it을 사용해야 해.

Technology makes it much easier / to worsen a situation / with a quick response.
가목적어   진목적어

➜ Technology makes to worsen a situation with a quick response much easier. (×)
O.C

● 해설

When you face a severe source of stress, you may fight back, reacting immediately. While this served your ancestors well when they were attacked by a wild animal, it is less helpful today unless you are attacked physically. 빠른 반응은 안 좋음 Technology makes it much easier to worsen a situation with a quick response. I know I have been guilty of responding too quickly 주제문 (기술로 인한 빠른 반응의 단점) to people, on email in particular, in a harsh tone that only made things worse. The more something causes your heart to race, the more important it is to step back before speaking or typing a single word. This will give you time to think things through and find 자신의 경험을 바탕으로 빠른 답변의 문제점을 언급 a way to deal with the other person in a healthier manner.

1. 다음 글의 주제로 가장 적절한 것은?
① origins of violent human behaviors 폭력적인 인간 행동의 기원
➜ 폭력성이 아닌 기술로 인한 빠른 반응으로 인한 문제를 다루고 있지.
② benefits of social media technology 소셜 미디어 기

술의 장점
➜ 소셜 미디어 기술 때문에 빠른 반응이 나오는데, 이게 문제라는 거지.
③ importance of taking time in responding 반응하는데 걸리는 시간의 중요성
➜ 너무 빠르게 반응하므로 문제라고 하고 있지. 이것이 바로 정답이겠지?
④ relationship between health and heartbeat 건강과 심장 박동 수 사이의 관계
➜ 심장 박동 수가 나와서 나온 오답이지.
⑤ difficulties in controlling emotional reactions 감정적 반응을 통제하는 것의 어려움
➜ 감정적 반응이 문제가 아니라 반응 속도가 문제라는 거지.

2. ②
● 지문분석

Have you been abroad?
너 해외가 본적 있니?

Do you travel a lot?
너 많이 여행하니?

Then you know / what I'm talking about.
그러면 당신은 안다 / 내가 말하는 것을

Wherever you go / on this globe, / you can get '어디라도'
along with English.
잘 지낸다, ~로 살아간다
당신이 어디를 가든지 간에 / 이 지구상에서 / 너는 영어로 잘 지낼 수 있어

Either most people speak it anyhow, / or either A or B 'A거나 B거나'
there is at least somebody around / who can communicate in this language.
대부분의 사람들이 그것을 어찌 되었던 말하거나 / 아니면 최소한 주변의 누군가 있어 / 이 언어로 의사소통을 할 수 있는

But then, you realize / that mostly there's 접속사 that
something / you may find odd / about the way / English is used there.
하지만 그때 너는 깨닫지 / 대개 무언가가 있다고 / 당신이 이상하다고 발견한 / 방식에 대해서 / 영어가 거기서 사용되는

If you are abroad, / English is likely to / be somewhat different / from the way / you speak it.
만약 당신이 외국에 있다면 / 영어는 ~일 가능성이 높아 / 다소 다르다는 / 방식과는 / 당신이 그것을 말하는

Well, if you stay there, / wherever that is, / for 삽입절
a while, / you'll get used to this.
~에 익숙해지다
만약 당신이 거기서 머문다면 / 그곳이 어디든지 간에 / 잠시 동안 / 당신은 이것에 익숙해질 거야

And if you stay there / even longer, / you may 비교급 강조
even pick up / some of these features / and begin to sound like the locals.
그리고 만약 당신이 거기서 머문다면 / 더욱 오랫동안 / 당신은 심지어 배울지도 몰라 / 이러한 특징 중 일부를 / 그리고 지역민들처럼 들리기 시작할 거야

What this example teaches us / is: / English is
S 단수 취급 주어   V

no longer just "one language."
더 이상 ~이 아니다
이 예시가 우리에게 가르쳐 주는 것은 / 이거야 / 영어는 더
이상 단순한 하나의 언어가 아니라는 거지

● 전체 해석

당신은 외국에 나가본 적이 있는가? 당신은 여행을 많이 하
는가? 그렇다면 당신은 내가 무엇에 관해 말하고 있는지 알
것이다. 당신은 이 지구상 어디를 가든지, 영어로 살아갈 수
있다. 대부분의 사람들이 어떤 식으로든지 영어로 말하거나,
또는 적어도 주변에 이 언어로 의사소통할 수 있는 사람이
있다. 그러나 그때, 당신은 대체로 그곳에서 영어가 사용되
는 방식에 있어 이상하다고 발견할 수 있는 무언가가 있다
는 것을 깨닫게 된다. 만약 당신이 외국에 있다면, 영어는 당
신이 말하는 방식과 다소 다를 수 있다. 만약 당신이 그곳에
잠시 동안 머무른다면, 거기가 어디든지 간에, 당신은 이것
에 익숙하게 될 것이다. 그리고 만약 당신이 그곳에 보다 오
랫동안 머무른다면, 이러한 특징들 중 일부를 배워서 그 지
역 사람들처럼 들리기 시작할지도 모른다. 이러한 사례가 우
리에게 가르쳐 주는 것은 영어가 더 이상 '단일 언어'가 아
니라는 것이다.

● 중요 포인트

단수 취급 주어 구문

주어 자리에 문장이나 구가 올 경우 보통은 단수 취급
을 해야 해.

S 단수취급   V 단수동사
What this example teaches us is: English is no
longer just "one language."

● 해설

Have you been abroad? Do you travel a lot? Then
영어의 흥미성에 대해서 이야기 하고 있어.
you know what I'm talking about. Wherever you
go on this globe, you can get along with English.
Either most people speak it anyhow, or there is at
least somebody around who can communicate in
this language. But then, you realize that mostly
반전의 반어 but 등장
there's something you may find odd about the way
English is used there. If you are abroad, English is
likely to be somewhat different from the way you
speak it. Well, if you stay there, wherever that is, for
a while, you'll get used to this. And if you stay there
even longer, you may even pick up some of these
features and begin to sound like the locals. What
this example teaches us is: English is no longer just
"one language."
➡ 주제문이지.

2. 다음 글의 주제로 가장 적절한 것은?

① pros and cons of travelling abroad 해외여행에 대한
찬반
➡ 해외여행 자체가 글의 주제가 아니지.

② localization of English in different places 다른 지역
에서의 영어의 현지화
➡ 영어가 지역마다 다르다는 내용이므로 영어의 현재화라고 한
이것이 바로 정답이야.

③ necessity for systematic English education 시스템
적인 영어교육의 필요성
➡ 영어교육에 대한 내용은 언급이 되지 않았지.

④ various methods to improve English ability 영어
능력을 향상시키는 다양한 방법
➡ 영어 능력 향상이 주제가 아니야.

⑤ how to get along with local residents abroad 해외
에서 지역 주민들과 잘 지내는 법
➡ 영어를 가지고 잘 지내는 것이 지역 주민들과 잘 지내는 것이
아니지.

3. ②

● 지문분석

One day / after the space shuttle *Challenger*
exploded, / Ulric Neisser asked / a class of 106
students / to write down exactly / where they
ask + A + to부정사 'A에게 to부정사 하기를 요구하다'
were / when they heard the news.
간접의문문 '의문사 + S + V'
어느 날 / 우주 왕복선 챌린저호가 폭발한 후 / 율릭 나이서는
요구했어 / 한 학급의 106명의 학생들에게 / 정확하게 쓰라고
/ 어디에 있었는지 / 그들이 그 소식을 들었을 때

Two and a half years later, / he asked them /
the same question.
2년 반이 지나고 나서 / 그는 그들에게 물었어 / 같은 질문을

In that second interview, / 25 percent of the
students / gave completely different accounts /
of where they were.
두 번째 인터뷰에서 / 25%의 학생들이 / 완전히 다른 설명을
해주었지 / 그들이 어디에 있었는지

Half had significant errors / in their answers /
and less than 10 percent / remembered / with
any real accuracy.
절반 정도는 상당한 오류를 가지고 있었어 / 그들의 대답에 /
그리고 10% 미만은 / 기억했지 / 어느 정도 실제적인 정확성
을 가지고

Results / such as these / are part of the reason
S   V
/ people make mistakes / on the witness stand
/ when they are asked / months later / to
describe a crime / they witnessed.
that, which 생략
결과는 / 이와 같은 / 이유의 일부야 / 사람들이 실수를 하는
/ 증언석에서 / 그들이 요청을 받았을 때 / 수개월 뒤에 / 범
죄를 묘사하라는 / 그들이 목격한

Between 1989 and 2007, / 201 prisoners / in
the United States / were proven innocent / on
the basis of DNA evidence.

1989년과 2007년 사이에 / 201명의 수감자들은 / 미국에서 / 무죄라고 증명 되었어 / DNA 증거를 기반으로

Seventy-five percent of those prisoners / had been declared guilty / on the basis of mistaken eyewitness accounts.

75%의 수감자들은 / 유죄 판결을 받았어 / 잘못된 목격자 설명을 바탕으로

●전체 해석

우주왕복선 Challenger호가 폭발한 후 어느 날, Ulric Neisser가 한 학급의 106명 학생들에게 그들이 그 소식을 들었을 때 정확히 어디에 있었는지를 써 달라고 요청했다. 2년 반 후, 그는 그들에게 똑같은 질문을 했다. 그 두 번째 면담에서 학생들 중 25퍼센트는 그들이 어디에 있었는지에 대해 완전히 다르게 설명했다. 절반은 그들의 답변에 있어서 중대한 오류를 범했고 10퍼센트 미만이 어느 정도라도 실질적인 정확성을 가지고 기억했다. 이와 같은 결과는 사람들이 자신이 목격한 범죄를 묘사해달라고 몇 달 후 요청받았을 때 증인석에서 실수를 저지르는 이유의 일부다. 1989년과 2007년 사이, 미국에서는 201명의 수감자들이 DNA 증거에 기초하여 무죄라고 밝혀졌다. 이러한 수감자들 중 75퍼센트가 잘못된 목격자 진술에 기초하여 유죄로 판결을 받았다.

●중요 포인트

관계사의 생략

❶ 목적격 관계대명사는 거의 생략한다.

They are asked months later to describe a crime (that/which 생략) they witnessed.

❷ 관계부사 why나 that의 경우 생략이 가능하다.

Results such as these are part of the reason (why/that 생략) people make mistakes.

●해설

One day after the space shuttle Challenger exploded, Ulric Neisser asked a class of 106 students to write down exactly where they were when they heard the news. Two and a half years later, he asked them the same question. In that second interview, 25 percent of the students gave completely different accounts of where they were. Half had significant errors in their answers and less than 10 percent remembered with any real accuracy. Results such as these are part of the reason people make mistakes on the witness stand when they are asked months later to describe a crime they witnessed. Between 1989 and 2007, 201 prisoners in the United States were proven innocent on the basis of DNA evidence. Seventyfive percent of those prisoners had been declared guilty on the basis of mistaken eyewitness accounts.

두 가지 예시 모두 일정 기간이 지난 후에 기억의 내용이 바뀜을 알려주고 있어. 주제문은 정확하게 나와 있지 않지만, 2개의 예시를 통해서 주제를 알 수가 있게 되지.

3. 다음 글의 주제로 가장 적절한 것은?

① causes of major space mission failures 주요한 우주 미션 실패의 원인
→ 우주탐사선의 폭발은 예시의 하나야.

② inaccuracy of information recalled over time 일정 기간 이후에 회상된 정보의 부정확성
→ 우주비행선과 목격자 관련 예시 모두 일정 기간 이후에 기억의 변화에 대한 것이지. 따라서 이것이 정답이야.

③ importance of protecting witnesses from threats 위협으로부터 목격자를 보호하는 것의 중요성
→ 목격자 경우도 예시의 하나이며, 주제와는 상관없지.

④ factors that improve people's long-term memories 사람들의 장기 기억을 개선하는 요인들
→ 장기 기억이 포인트가 아니지.

⑤ ways to collect DNA evidence in crime investigations 범죄 수사에서 DNA 증거를 수집하는 방법들
→ DNA가 언급돼서 나온 오답으로 이게 주요 포인트가 아니야.

④ 혼공 개념 마무리   p.91

1. 댐에서 방류된 물은 평소보다 더 차서 이것이 하류의 강 생태계에 영향을 미칠 수 있다.

The water / released from the dam / can be colder / than usual / and this can affect the ecosystems / in the rivers downstream.

그 물은 / 댐에서 방류된 / 더 차가울 수 있어 / 보통보다 / 그리고 이것은 생태계에 영향을 줄 수 있지 / 하류의 강에서

2. 많은 사람들이 13이라는 숫자를 너무 싫어해서 13은 여객기 좌석 차트에서도 빠져있다.

Many people are so uncomfortable / with thirteen / that the number is removed / from most airline seating charts.

so ~ that ... '너무 ~해서 ...하다'

많은 사람들이 너무 불편해서 / 13에 대해서 / 그 숫자는 제거가 되지 / 대부분의 항공기의 좌석 차트에서

3. 사무실에서도 책상 근처에 창이 있는 직원들이 그렇지 않은 직원들보다 더 열심히 일한다.

In offices, / workers / who have windows / near their desks / work harder / than those / who don't.

사무실에서 / 근로자들은 / 창문이 있는 / 책상 근처에 / 더 열심히 일하지 / 사람들보다 / 그렇지 않은

4. 부모나 언니, 오빠에게 가끔 충고를 구하는 것이 어려운 상황을 극복하는 방법이다.

Asking a parent or a brother or a sister / for advice / is sometimes finding the right way / to solve a problem.

S 동명사 주어   to부정사의 형용사적 용법

부모나 형제자매에게 요청하는 것은 / 조언을 / 때때로 올바른 방법을 찾는 것이지 / 문제를 해결하기 위한

5. 기술로 인하여 성급한 반응으로 상황을 악화시키는 것이 훨씬 더 쉬워졌다.

Technology makes it much easier / to worsen a situation / with a quick response.

가목적어–진목적어

기술은 더 쉽게 만들었지 / 상황을 악화시키는 걸 / 빠른 반응으로

6. 어떤 일이 당신의 심장을 빨리 뛰게 하면 할수록, 말을 한마디 하거나 타자로 치기 전에 한 걸음 뒤로 물러서는 것이 더욱 더 중요하다.

The more something causes / your heart to race,
<small>the 비교급 ~ the 비교급</small>
/ the more important it is / to step back / before
<small>가주어-진주어</small>
speaking / or typing a single word.

어떤 것이 유발하면 할수록 / 당신이 심장이 뛰도록 / 더욱 중요해지지 / 뒤로 물러서는 게 / 말하거나 / 한 단어를 쓰기 전에

7. 이러한 사례가 우리에게 가르쳐 주는 것은 영어가 더 이상 '단일 언어'가 아니라는 것이다.

What this example teaches us / is: / English is
<small>S 단수 취급 주어　V</small>
no longer just "one language."

이 예시가 우리에게 가르쳐 주는 것은 / 이거야 / 영어는 더 이상 단순한 하나의 언어가 아니라는 거지

8. 이와 같은 결과는 사람들이 자신이 목격한 범죄를 묘사해달라고 몇 달 후 요청받았을 때 증인석에서 실수를 저지르는 이유의 일부이다.

Results / such as these / are part of the reason /
<small>S　　　　　　　　　V</small>
people make mistakes / on the witness stand /
when they are asked / months later / to describe
a crime / they witnessed.
<small>that/which 생략</small>

결과는 / 이와 같은 / 이유의 일부야 / 사람들이 실수를 하는 / 증언석에서 / 그들이 요청을 받았을 때 / 수개월 뒤에 / 범죄를 묘사하라는 / 그들이 목격한

혼공 09일차 제목추론

1단계 개념 요리하기　p.94

● 지문 분석

Give children options / and allow / them to
<small>❶ 명령문　　　　❷ 명령문</small>
make their own decisions / — on how much /
they would like to eat, / whether they want to
eat or not, / and what they would like to have.

아이들에게 선택권을 줘 / 그리고 허락해 / 그들이 결정을 할 수 있도록 / 얼마나 많이에 대해서 / 그들이 먹고 싶은지 / 그들이 먹기를 원하든 그렇지 않든 / 그리고 그들이 먹고 싶어 하는 것에 대해서

For example, / include them / in the decision-
<small>명령문</small>
making process / of what you are thinking of
/ making for dinner / — "Lisa, would you like
to have / pasta and meatballs, or chicken and a
baked potato?"

예를 들어 / 그들을 포함시켜 / 의사결정 과정에 / 당신이 생각하고 있는 것의 / 저녁으로 먹게 될 / 리사, 너 먹고 싶니 / 파스타와 미트볼, 아니면 치킨과 구운 감자를

When discussing / how much / they should
<small>=When you discuss ~, Discussing</small>
eat / during dinner, / serve them a reasonable
<small>명령문</small>
amount;

토의할 때 / 얼마나 많이 / 그들이 먹어야 하는지를 / 저녁 식사 동안에 / 그들에게 합리적인 양을 제공해줘

if they claim / they are still "hungry" / after
they are through, / ask them / to wait five
<small>명령문</small>
to ten minutes, / and if they continue to feel
hunger, / then they can have a second plate of
food.

만약 그들이 주장한다면 / 그들이 여전히 배가 고프다고 / 끝낸 후에도 / 그들에게 요구해 / 5~10분을 기다리라고 / 그리고 만약 그들이 계속해서 배고픔을 느낀다면 / 그때 그들은 두 번째의 접시를 받을 수 있어

These are fantastic behaviors / that, when
taught properly, / teach brilliant self-confidence
<small>분사구문 'they are' 생략 (삽입절)=when they are taught ~</small>
and self-control.

이러한 것들은 환상적인 행동들이야 / 적절히 배울 때 / 뛰어난 자신감과 자기통제를 가르치는

● 전체 해석

아이들에게 선택권을 주고 그들이 얼마나 많이 먹기를 원할지, 그들이 먹고 싶어 할지 또는 아닐지, 그리고 그들이 무엇을 먹기를 원할지에 대해 자신이 결정하게 허락하라. 예를 들어 "Lisa야, 파스타와 미트볼을 먹고 싶니 아니면 닭고기와 구운 감자를 먹고 싶니?"라고 여러분이 저녁 식사를 위해 만들려고 생각하고 있는 것에 대한 의사결정 과정에 그들을 포함하라. 그들이 저녁 식사 동안 얼마나 먹어야 하는지를 의논할 때, 그들에게 적당량의 음식을 차려 줘라. 만약 그들이 끝난 후에도 여전히 '배고프다'고 주장하면, 그들에게 5분에서 10분 동안 기다리라고 요청하고, 만약 그들이 계속 허기를 느끼면, 그때 그들은 또 한 접시의 음식을 먹을 수 있다. 제대로 배우면, 이것들은 훌륭한 자신감과 자기통제를 가르쳐 주는 멋진 행동이다.

● 중요 포인트

접속사 + 분사

❶ 분사구문에서 간혹 의미를 강조하기 위해서 접속사를 남겨두기도 해.

When discussing how much they should eat
<small>= When you discuss ~, Discussing</small>
during dinner, serve them a reasonable amount.

❷ 부사절의 '주어 + be동사'의 생략이라고도 하지.

When (you are) discussing how much ~

2단계 개념 맛보기　p.96

보기 ①

● 지문분석

Some snails actually have as many / as twenty-five thousand teeth!
일부 달팽이들은 실제로 많이 가져 / 2만 5천개 정도 되는 이빨을
The snail's teeth are found / in a strange place.
달팽이의 이빨은 발견돼 / 이상한 곳에서
Look inside its mouth, / which is found / under the head.
그녀석의 입 안쪽을 봐봐 / 그것은 발견돼 / 머리 아래에서
Examine its tongue.
그녀석의 혀를 조사해봐
On the tongue / you will find / thousands of tiny teeth.
혀 위에서 / 너는 발견할 거야 / 수 천 개의 조그마한 이빨

● 전체 해석
실제로 어떤 달팽이들은 2만 5천 개나 되는 이를 가지고 있다. 달팽이의 이는 이상한 곳에 있다. 머리 아래쪽에 있는 입을 들여다봐라. 혀도 살펴봐라. 혀 위에는 수천 개의 작은 이가 있을 것이다.
② Number of Snails 달팽이의 수
③ Importance of Teeth 이빨의 중요함

1. ②
● 지문분석

Communication means / a sharing of information.
의사소통은 의미하지 / 정보의 공유를
People communicate with each other / in many ways.
사람들은 서로와 의사소통하지 / 많은 방식으로
Much communication / is face-to-face and silent.
많은 의사소통은 / 대면하고 말이 없지
People smile and laugh.
사람들은 미소짓고 웃어
They shake hands.
그들은 악수를 하지
They wave.
그들은 손을 흔들어

● 전체 해석
의사소통은 정보를 나누는 것을 의미한다. 사람들은 여러 가지 방법으로 서로 의사소통을 한다. 얼굴을 마주 대하고 말없이 의사소통하는 경우가 많다. 미소를 짓기도 하고 웃기도 한다. 악수를 하고 손을 흔든다.

● 해설
키워드는 communication(의사소통)이고, 제시되는 예시가 의사소통의 방법들이지. 따라서 정답은 ② 'How People Communicate(어떻게 사람들은 의사소통하는가)'가 되겠지.
① What Information Means 정보가 의미하는 것

③ Why Words Are Important 단어는 왜 중요한가

2. ② 예시만으로 이루어져 있고 주제문이 없지.
● 지문분석

Seek shelter / in a large building / as soon as you see / a thunderstorm approaching.
명령문   지각동사   목적격보어
피난처를 찾아라 / 커다란 건물에서 / 당신이 보자마자 / 뇌우가 다가오는 것을
Taking shelter / under a large tree / would be a bad idea.
S 동명사 주어   v
피하는 건 / 큰 나무 아래에서 / 나쁜 생각일 수도 있어
You should lower your body / and wait / for the storm / to pass, / or take shelter in a car / if one is nearby.
                         ①   ②   ③
a car
당신은 몸을 낮춰야 해 / 그리고 기다려야 해 / 폭풍이 / 지나가는 걸 / 아니면 차에서 피해 / 차가 근처에 있다면

● 전체 해석
뇌우가 다가오면 즉시 큰 건물 안으로 들어가 피해라. 높은 나무 아래 피난처를 찾는다는 것은 좋지 않은 생각이다. 당신은 몸을 낮추어서 폭풍이 지나가기를 기다리거나 근처에 차가 있다면 그 안에 몸을 숨겨야만 한다.

● 해설
뇌우가 오면 피해야 하는 장소를 알려주고 있어. 따라서 ② 번이 정답이 되겠지.
① The Cause of a Thunderstorm 뇌우의 원인
③ The Time When a Thunderstorm Comes 뇌우가 오는 시기

3. ③
● 지문분석

The study of handwriting / is not a modern science.
필체에 대한 연구는 / 현대 과학이 아니야
Like fingerprints, / handwriting can be used / to identify someone.
지문과 같이 / 필체는 이용될 수 있어 / 누군가를 구분해 내는 데
But some scientists use it / for more / than that.
하지만 일부 과학자들은 그것을 사용하지 / 더 많은 것을 위해서 / 그것보다
They claim / that they can find out many things / about a person / from his or her writing.
접속사 that
그들이 주장하길 / 그들은 많은 것들을 발견할 수 있어 / 사람에 대해서 / 그 사람의 글씨로부터
They can tell / whether or not a person is healthy.
그들은 말할 수 있지 / 사람이 건강한지 아닌지를
They say / writing shows / what sort of mood / a person is in.
그들이 말하길 / 글씨는 보여주지 / 어떤 기분인지를 / 사람이

● 전체 해석

필체에 대한 연구는 현대 과학은 아니다. 지문처럼, 필체도 사람의 신원을 확인하는 데 이용될 수 있다. 그러나 일부 과학자들은 그러한 용도 이상의 것을 위해 그것을 사용한다. 그들은 사람들의 글씨로부터 그 사람에 대한 많은 것을 알아낼 수 있다고 주장한다. 그들은 어떤 사람이 건강한지 아닌지를 구별할 수 있다. 그들은 글씨가 그 사람이 어떤 기분인지를 보여준다고 말한다.

● 해설

필체(handwriting)에 대한 설명이 이어지고 있지. 필체를 통해서 많은 것을 알 수 있다고 하고 있으니 ③ 'What Handwriting Can Show(필체가 보여주는 것)'가 정답이 되겠지.
① How to Write Beautifully 아름답게 쓰는 법
② Many Uses of Fingerprints 지문의 다양한 사용

4. ②

● 지문분석

> Real environmental change / depends on us.
> 진짜 환경적인 변화는 / 우리에게 달려있어
> We can't wait / for world leaders / to take action.
> 우리는 기다릴 수 없어 / 세계 지도자들이 / 행동을 취하기를
> We must make changes ourselves / and I believe / we can.
> 우리는 스스로 변해야 해 / 그리고 나는 믿어 / 우리가 할 수 있다고
> When we think of our environment, / we have to think of / our own responsibilities.
> 우리가 우리 환경을 생각할 때 / 우리는 생각해야 해 / 우리 자신의 책임을
> We have to be more environment-friendly.
> 우리는 더욱 친환경적이어야 해
> We must not throw away / so many things.
> 우리는 버려선 안 돼 / 너무 많은 것들을
> We should carry our own cups.
> 우리는 우리 자신의 컵을 가지고 다녀야 해

● 전체 해석

실질적인 환경 변화는 우리에게 달려 있다. 우리는 세계 지도자들이 조치를 취하기를 기다릴 수 없다. 우리는 스스로 변화해야 하며, 그렇게 할 수 있다고 나는 믿는다. 환경을 생각할 때, 우리는 책임을 생각해야 한다. 우리는 좀 더 환경 친화적이어야 한다. 너무 많은 것들을 버려서는 안 된다. 우리는 자신의 컵을 휴대해야 한다.

● 해설

첫 문장에 지문의 주제문이 담겨있어. 우리 스스로가 환경을 위해서 변해야 한다는 내용이 나오지. 따라서 ② 'Saving the Earth Starts from You!(지구를 구하는 것은 당신으로부터 시작된다!)'가 정답이 되겠지.
① Find New Energy for Future!
　미래를 위해 새로운 에너지를 찾아라!

③ World Leaders Have to Take Action Now!
　세계 지도자들이 이제 조치를 취해야 한다!

5. ③

● 지문분석

> Many people seem to agree / that exercise should be painful.
> 많은 사람들은 동의하는 것 같아 / 운동은 고통스러워야 한다고
> But the truth of the matter is / that this is a very dangerous idea.
>   　　　　　　　접속사 that
> 하지만 그 문제의 진실은 / 이것은 매우 위험한 생각이라는 거지
> Fatigue and pain are your body's ways / of saying / that it is in danger / and is being overworked.
> 　　　　　　　　　접속사 that　　❶　　　　❷
> 피로와 고통은 당신 신체의 방식이야 / 말하는 / 그것이 위험하다는 / 그리고 혹사당하고 있는 중이라는
> While a good workout / should offer pressure and challenges, / it should absolutely never be painful.
> 좋은 운동은 / 압력과 도전을 제공해 주어야 하는 반면에 / 그것은 절대적으로 고통스러워서는 안 돼
> Likewise, / you should never be pushing your body / every day.
> 마찬가지로 / 당신은 결코 당신의 신체를 혹사시켜서는 안 돼 / 매일

● 전체 해석

많은 사람들은 운동이 고통스러워야 한다는 생각에 동의하는 것 같다. 그러나 그 문제의 진실은 이것이 굉장히 위험한 생각이라는 것이다. 피로와 고통은 당신에게 당신의 몸이 위험에 처해 있고 너무 무리하고 있다는 것을 말해 주는 것이다. 좋은 운동은 압박과 도전을 제공해야 하지만, 그것은 절대 고통스러워서는 안 된다. 이처럼, 당신은 매일 자신의 몸을 혹사시켜서는 안 된다.

● 해설

운동은 고통스러워야 한다는 첫 문장을 반박하는 문장이 바로 이어 나오지. 즉, 운동으로 몸을 혹사시키지 말라는 것이 필자의 주장이라고 할 수 있어. 따라서 정답은 ③ 'Painful Exercise: the Wrong Answer(고통스러운 운동: 잘못된 대답)'라고 할 수 있겠지.
① How to Cure Muscle Pain 근육 고통을 치료하는 법
② Need Muscles? Go to Gym! 근육이 필요해? 체육관으로 가!

③단계 모의고사 요리하기 p.98

1. ①

●지문분석

Dr. John Ross was well-known / for helping his patients.
<small>전치사 + 동명사</small>
닥터 존 로스는 잘 알려져 있지 / 그의 환자를 돕는 것으로

Many of his patients / were poor farmers, / and they could not always afford / to pay Dr. Ross's small fee.
그의 환자 중 많은 사람들이 / 가난한 농부였지 / 그리고 그들은 항상 여유가 있는 건 아니었어 / 닥터 로스에게 적은 요금을 지불하기에

The good doctor would accept / vegetables, eggs, / or even a simple "thank you" / in payment.
훌륭한 의사는 받아들이곤 했어 / 야채와 계란 / 아니면 심지어 단순한 "고마워"도 / 대가로

One winter afternoon, / he went to a house / to see a child / with a fever.
어느 겨울날 오후 / 그는 한 집으로 갔어 / 한 아이를 보러 / 열이 있는

The girl's family / had run out of the firewood / they needed / to keep their tiny house warm.
그 소녀의 가족은 / 장작을 다 써버렸어 / 그들이 필요했던 / 그들의 작은 집을 따뜻하게 유지하기 위해서

Dr. Ross grabbed a spare blanket / from his car / and told the father / to bathe his daughter's
<small>❷ tell + 목적어 + to부정사 'A에게 to부정사 하라고 말하다'</small>
forehead / with cool water.
닥터 로스는 여분의 담요를 가져왔어 / 그의 차에서 / 그리고 그 아빠에게 말했지 / 그의 딸의 이마를 닦으라고 / 찬물로

Then Dr. Ross left / to take care of other patients.
그리고 나서 닥터 로스는 떠났어 / 다른 환자들을 돌보기 위해서

After setting a broken leg, / delivering a baby, / and cleaning an infected finger, / he returned to the sick child's house / with a load of firewood.
<small>❶ ❷ ❸</small>
부러진 다리를 맞추고 / 아기의 출산을 돕고 / 그리고 감염된 손가락을 깨끗이 하고 나서 / 그는 아픈 아이의 집으로 돌아왔어 / 한 무더기의 장작을 가지고

He built a fire / for the little girl and her family.
그는 불을 피웠어 / 작은 소녀와 그녀의 가족을 위해서

●전체 해석

Dr. John Ross는 환자들을 돕기로 잘 알려져 있었다. 그의 환자 중 다수가 가난한 농부들이어서, 그들은 Dr. Ross의 얼마 안되는 진료비를 항상 지불할 수 있는 것은 아니었다. 그 훌륭한 의사는 채소나 달걀, 심지어는 "감사합니다"라는 간

단한 인사말을 진료비로 받곤 했다. 어느 겨울날 오후에, 그는 열이 있는 한 아이를 진료하러 어느 집에 갔다. 그 소녀의 가족은 그들의 작은 집을 따뜻하게 하는 데 필요한 장작을 다 써 버렸다. Dr. Ross는 자기 차에서 여분의 담요를 가져다주고는 아빠에게 찬물로 딸의 이마를 적셔 주라고 말했다. 그런 다음 Dr. Ross는 다른 환자들을 돌보러 떠났다. 부러진 다리를 맞추고, 아기의 출산을 돕고, 감염된 손가락을 소독한 다음 그는 한 짐의 장작을 가지고 아픈 아이의 집으로 돌아왔다. 그는 어린 소녀와 그녀의 가족을 위해 불을 지폈다.

●중요 포인트

전치사 + 동명사

❶ 전치사 뒤에 동사가 올 경우에는 동명사가 와야 해.

Dr. John Ross was well-known for helping his patients. <small>전치사 + 동명사</small>
<small>for help (×)</small>

❷ 전치사 뒤에 명사도 올 수 있어. 다만 뒤에 목적어가 올 경우에는 동명사가 와야 해.

Music is a great way of expression.
음악은 우리를 표현하는 위대한 방법이다.
전치사 + 명사 (○)

Music is a great way of expression us.
전치사 + 명사 + 목적어 (×)

Music is a great way of expressing us.
전치사 + 동명사 + 목적어 (○)

●해설
주제문이지. 닥터 로스를 한마디로 표현한 문장이야.

Dr. John Ross was well-known for helping his patients. Many of his patients were poor farmers, and they could not always afford to pay Dr. Ross's small fee. The good doctor would accept vegetables, eggs, or even a simple "thank you" in payment. One winter afternoon, he went to a house to see a child with a fever. The girl's family had run out of the firewood they needed to keep their tiny house warm. Dr. Ross grabbed a spare blanket from his car and told the father to bathe his daughter's forehead with cool water. Then Dr. Ross left to take care of other patients. After setting a broken leg, delivering a baby, and cleaning an infected finger, he returned to the sick child's house with a load of firewood. He built a fire for the little girl and her family.
→ 뒤 내용은 모두 닥터 로스의 선행에 대한 예시야.

1. 다음 글의 제목으로 가장 적절한 것은?
① A Warm-Hearted Doctor 마음이 따뜻한 의사
→ 돈도 안 받고 가난한 환자를 돕는 의사 로스의 이야기니까 이게 정답이지.
② Folk Medicine Really Works 민간요법은 진짜 효과가 있다
→ 말도 안 되는 답이지.
③ The Importance of Family Love 가족 사랑의 중요성
→ 가족에 대한 이야기가 아닌 닥터 로스에 대한 이야기지.
④ A Little Knowledge Is Dangerous 선무당이 사람 잡는다

→ 지식에 대한 내용은 안 나오지.
⑤ A Doctor Who Couldn't Cure Himself 자기 자신을 치료할 수 없었던 의사
→ 남을 위해 애쓰는 의사의 이야기야.

2. ①

● 지문분석

In the late 1960s, / a television producer, / Joan Cooney, / started an epidemic.
1960년대 말에 / TV PD인 / 조안 쿠니는 / 전염병을 퍼뜨렸지

She targeted children / between three and five.
그녀는 아이들을 타겟으로 잡았어 / 3~5세 사이의

Her agent of infection / was television / and the "virus" / she wanted to spread / was literacy.
그녀의 병원체는 / TV였어 / 그리고 바이러스는 / 그녀가 퍼뜨리기 원했던 / 읽고 쓰는 능력이었어

The show would be an hour long / and run 5 days a week / in hopes / that it would become contagious enough / to improve education.
(동격의 that)
그 쇼는 1시간짜리였고 / 1주일에 5일 방송되는 거였어 / 희망으로 / 그것이 충분히 전염성이 있을 거라는 / 교육을 개선하기에

Her aim / was to spread positive learning
(to부정사의 명사적 용법 '퍼뜨리는 것')
values / to all children and even their parents.
그녀의 목표는 / 긍정적인 학습의 가치를 퍼뜨리는 거였지 / 모든 아이들과 심지어 그들의 부모들에게

She also intended / for it / to give advantages / to children / with fewer opportunities / once they began elementary school.
그녀는 또한 의도를 가졌어 / 그것이 / 이점을 주려는 / 아이들에게 / 거의 기회가 없었던 / 일단 그들이 초등학교에 들어가면

What she wanted to do, / in essence, / was
(S)   (V)
create a learning epidemic / to fight the wide-
(to 생략(=was to create))
spread epidemics / of poverty and illiteracy.
그녀가 하기를 원했던 것은 / 본질적으로 / 학습 전염병을 만드는 것이었어 / 널리 퍼진 전염병과 싸우기 위한 / 가난과 문맹이라는

She called / her idea / Sesame Street.
그녀는 불렀어 / 그녀의 생각을 / 세서미 스트리트라고

● 전체 해석

1960년대 후반, Joan Cooney라는 텔레비전 프로듀서가 하나의 전염병을 퍼뜨리기 시작했다. 그녀는 3~5세 아이들을 목표 대상으로 삼았다. 전염병의 병원체는 텔레비전이었고 그녀가 퍼뜨리기를 원했던 바이러스는 읽고 쓰는 능력이었다. 그 쇼는 교육을 향상시킬 만큼 충분히 전염성이 있었으면 하는 희망에서 일주일에 5일, 한 시간씩 방송될 예정이었다. 그녀의 목표는 학습의 긍정적 가치를 모든 아이들과 심지어 그 부모들에게까지 전파하는 것이었다. 그녀에게는 또

한 불우한 환경의 아이들이 초등학교를 다니기 시작할 때 유리하게 하려는 의도가 있었다. 본질적으로 그녀가 하길 원했던 것은 만연해있는 가난과 문맹이라는 전염병에 대항하기 위해 학습 전염병을 만드는 것이었다. 그녀는 자신의 아이디어를 'Sesame Street'라고 불렀다.

● 중요 포인트

동격의 접속사 that

명사에 대한 세부 설명을 하기 위해서 뒤에 동격의 접속사 that을 사용하지. 이때, 관계대명사 that과의 차이는 동격의 that 뒤에는 완전한 문장이 온다는 점이야.

The show would be an hour long and run 5 days
                                  (동격의 접속사 that)
a week in hopes that it would become contagious
enough to improve education. (완전한 문장)
                              (관계대명사 that)
He has the book that I bought yesterday. (불완전한 문장)
그는 내가 어제 사준 책을 가지고 있다.

● 해설

In the late 1960s, a television producer, Joan Cooney, started an epidemic. She targeted children
                              (단순한 설명에 대한 내용이 아니야.)
between three and five. Her agent of infection was television and the "virus" she wanted to spread was literacy. The show would be an hour long and run 5 days a week in hopes that it would become contagious enough to improve education. Her aim was to spread positive learning values to all children and even their parents. She also intended for it to give advantages to children with fewer opportunities once they began elementary school. What she wanted to do, in essence, was create a learning epidemic to fight the widespread epidemics of poverty and illiteracy. She called her idea Sesame
(방송을 이용한 교육이 핵심이야.)
Street.

2. 다음 글의 제목으로 가장 적절한 것은?

① Sesame Street: Educational Virus 세서미 스트리트: 교육적 바이러스
→ 주인공인 조안이 교육을 퍼뜨리기 위해서 만든 프로그램에 대한 것이니까 바로 이것이 정답이겠지.
② Are Children Sick of Sesame Street? 아이들은 세서미 스트리트를 지루해 할까?
→ 아이들의 반응은 나와 있지 않아.
③ What Makes Sesame Street Harmful? 무엇이 세서미 스트리를 위험하게 만드나?
→ 세서미 스트리트는 위험한 게 아니라 오히려 아이들을 도와주었지.
④ Too Much TV Time Equals Less Education TV를 너무 많이 보게 하는 것은 교육을 덜 하는 것과 같다
→ TV를 교육의 도구로 사용했으니 오답이야.
⑤ Don't Turn on TV Too Early in the Morning! 아침에 너무 일찍 TV를 켜지 말라!
→ TV에 대한 긍정적인 면을 다루니까 부정적인 면을 다룬 선택지는 OUT!

3. ⑤

●지문분석

Consider an innocent question / asked years ago / by a son to his father: / "Who invented the automobile?"

순진한 질문을 고려해보자 / 몇 년 전에 물어본 / 아들이 아버지에게 / 누가 자동차를 발명했어요?

Trying to be instructive, / the father told his son / that in about 1886 / Karl Benz invented the automobile.
분사구문 (동시동작) '노력하면서'   접속사 that

교육적이고자 노력하면서 / 아버지는 아들에게 말했어 / 약 1886년에 / 칼 벤츠가 자동차를 발명했다고

"Wow, he must have been a real genius / to figure out / the engine, the brakes, the spark plugs, the wheels, / and how everything worked together!"
          must + have p.p. → 과거사실에 대한 강한 확신

와우 그는 진짜 천재였음이 틀림없구나 / 이해해서 / 엔진과 브레이크, 스파크플러그, 바퀴를 / 그리고 어떻게 모든 것이 함께 작동하는지를

"Well, someone else invented the tires; / I think / it was Firestone.

음, 다른 누군가가 타이어를 발명했지 / 내가 생각건대 / 그건 파이어스톤이었어

And then there was even the person / who invented the wheel...."

그러고 나서 심지어 사람이 있었지 / 바퀴를 발명한

But then he experienced / a moment of realization.

하지만 그때 그는 경험했어 / 깨달음의 순간을

"I think / I may have misled you.
              may + have p.p. → 과거에 대한 추측

생각건대 / 나는 너를 오해하게 했던 거 같아

No one person / invented / all of the components of the automobile.

어떤 사람도 / 발명한 건 아니었어 / 자동차의 모든 부품을

Many people made significant discoveries / that led to the invention of the automobile."

많은 사람들은 상당한 발견을 했지 / 자동차의 발명을 이끈

●전체 해석

몇 년 전 한 소년이 아버지에게 했던 순진무구한 질문을 고려해보자. "누가 자동차를 발명했나요?" 교육적이기 위해, 아버지는 아들에게 1886년경에 Karl Benz가 자동차를 발명했다고 말했다. "와, 엔진, 브레이크, 점화플러그, 바퀴, 그리고 모든 것들이 어떻게 함께 작동하는지를 이해하다니 그는 진정한 천재였음에 틀림없어요!" "음, 다른 누군가가 타이어를 발명했단다. 내 생각에 그는 Firestone이야. 그리고 바퀴를 발명한 사람도 있어...." 그러나 그 때 아버지는 깨닫게 되었다. "내가 너를 오해하게 만들었을 수도 있다는 생각이 드는구나. 그 누구도 혼자서 자동차의 그 부품들을 모두 발명하지는 않았단다. 많은 사람들이 상당한 발견을 이루어 그것이 자동차의 발명에 이르렀단다."

●중요 포인트

조동사 + have p.p.

❶ must + have p.p.: ~ 했었음에 틀림없다
  should + have p.p.: ~ 했어야 했다
       '돌아 왔음에 틀림없다'
  He must have come back here yesterday.
  그는 어제 여기에 돌아왔음에 틀림없다.
       '돌아왔어야 했다'
  He should have come back here yesterday.
  그는 어제 여기에 돌아왔어야 했다.

❷ may + have p.p.: ~했을지도 모른다 (과거에 대한 추측)
       '예전에 너를 오해하게 만들었을 수도 있다'
  I may have misled you.

●해설
자동차의 발명이라는 예시를 가지고 전개하고 있어.

Consider an innocent question asked years ago by a son to his father: "Who invented the automobile?" Trying to be instructive, the father told his son that in about 1886 Karl Benz invented the automobile. "Wow, he must have been a real genius to figure out the engine, the brakes, the spark plugs, the wheels, and how everything worked together!" "Well, someone else invented the tires; I think it was Firestone. And then there was even the person who invented the wheel...." But then he experienced a moment of realization. "I think I may have misled you. No one person invented all of the components of the automobile. Many people made significant discoveries that led to the invention of the automobile."
→ 주제문이라고 할 수 있겠지.

3. 다음 글의 제목으로 가장 적절한 것은?
① The Trap of Group Thinking 집단사고의 함정
→ 집단사고를 언급할만한 내용이 없어.
② Curiosity: A Key to Success 호기심: 성공의 핵심
→ 아이가 질문한 내용으로 호기심이라는 용어를 오답으로 제시한 거지.
③ Always Think About What's Next 다음을 항상 생각해라
→ 미래에 대한 내용이 나오지 않고 있어.
④ More Successes, More Good Ideas 생각이 많을수록 좋은 생각이 많아진다
→ 발명을 여러 사람이 한 거지 생각이 많다는 것과는 상관이 없어.
⑤ One Great Invention, Many Inventors 위대한 발명, 더 많은 발명가들
→ 자동차를 한 사람이 만든 것이 아니라 여러 사람의 발명으로 이루어졌다는 내용이니까 이것이 정답이 되겠지.

4 단계 **혼공 개념 마무리**   p.101

1. 그들이 저녁 식사 동안 얼마나 먹어야 하는지를 의논할 때, 그들에게 적당량의 음식을 차려 줘라.

When discussing / how much / they should eat / during dinner, / serve them a reasonable
'you are' 생략, 혹은 접속사 있는 분사구문   명령문

amount;

토의할 때 / 얼마나 많이 / 그들이 먹어야 하는지를 / 저녁 동안에 / 그들에게 합리적인 양을 제공해줘

2. 제대로 배우면, 이것들은 훌륭한 자신감과 자기통제를 가르쳐 주는 멋진 행동이다.

These are fantastic behaviors / that, when taught properly, / teach brilliant self-confidence
분사구문 'they are' 생략 (삽입절)=when they are taught
and self-control.

이러한 것들은 환상적인 행동들이야 / 적절히 배울 때 / 뛰어난 자신감과 자기통제를 가르치는

3. 높은 나무 아래 피난처를 찾는다는 것은 좋지 않은 생각이다.

Taking shelter / under a large tree / would be a
S 동명사 주어 ∨
bad idea.

피하는 건 / 큰 나무 아래에서 / 나쁜 생각을 수도 있어

4. 그 쇼는 교육을 향상시킬 만큼 충분히 전염성이 있었으면 하는 희망에서 일주일에 5일, 한 시간씩 방송될 예정이었다.

The show would be an hour long and run 5 days a week / in hopes / that it would become
동격의 that
contagious enough / to improve education.

그 쇼는 1시간짜리였고 / 1주일에 5일 방송되는 거였어 / 희망으로 / 그것이 충분히 전염성이 있을 거라는 / 교육을 개선하기에

5. 본질적으로 그녀가 하길 원했던 것은 만연해있는 가난과 문맹이라는 전염병에 대항하기 위해 학습 전염병을 만드는 것이었다.

What she wanted to do, / in essence, / was
S
create a learning epidemic / to fight the wide-
(=to create)
spread epidemics / of poverty and illiteracy.

그녀가 하기를 원했던 것은 / 본질적으로 / 학습 전염병을 만드는 것이었어 / 널리 퍼진 전염병과 싸우기 위한 / 가난과 문맹이라는

6. 몇 년 전 한 소년이 아버지에게 했던 순진무구한 질문을 고려해보자.

Consider an innocent question / asked years ago / by a son to his father: / "Who invented the automobile?"

순진한 질문을 고려해보자 / 몇 년 전에 물어본 / 아들이 아버지에게 / 누가 자동차를 발명했어요?

7. 와, 엔진, 브레이크, 점화플러그, 바퀴, 그리고 모든 것이 어떻게 함께 작동하는지를 이해하다니 그는 진정한 천재였음에 틀림없어요!

"Wow, he must have been a real genius / to
must + have p.p. ➡ 과거사실에 대한 강한 확신
figure out / the engine, the brakes, the spark plugs, the wheels, / and how everything worked together!"

와우 그는 진짜 천재였음이 틀림없구나 / 이해해서 / 엔진과 브레이크, 스파크플러그, 바퀴 / 그리고 어떻게 모든 것이 함께 작동하는지를

1단계 개념 요리하기 p.104

● 지문 분석

What's happening / when we're actually doing two things / at once?
무슨 일이 벌어질까 / 우리가 실제로 두 가지 일을 하고 있을 때 / 동시에

It's simple.
그건 간단해

Our brain has channels, / and so we're able to process / different kinds of data / in different parts of our brain.
우리의 두뇌는 채널을 가지지 / 그래서 우리는 처리할 수 있어 / 다른 종류의 데이터를 / 두뇌의 다른 부분에서

Therefore, / you can talk and walk / at the same time.
그래서 / 당신은 말하고 걸을 수 있지 / 동시에

There is no channel interference.
채널 간섭은 없어

But you're not really focused / on both activities.
하지만 당신은 실제로 집중하지 못해 / 두 가지 활동에

One is happening / in the foreground / and the other / in the background.
하나는 벌어지고 있어 / 전면에서 / 그리고 다른 것은 / 후면에서

If you were trying to explain / on the cell phone / how to operate a complex machine, / you'd stop walking.
당신이 만약 설명하려고 노력하고 있다면 / 휴대전화로 / 복잡한 기계를 작동하는 방법을 / 당신은 걷는 걸 멈출 수도 있어

Similarly, / if you were crossing a rope bridge / over a valley, / you'd likely stop talking.
마찬가지로 / 당신이 만약 밧줄 다리를 건너고 있다면 / 계곡 위의 / 당신은 말하는 걸 멈출 거야

You can do two things / at once, / but you can't focus effectively / on two things / at once.
당신은 두 가지 일을 할 수 있어 / 동시에 / 하지만, 당신은 효과적으로 집중할 수 없어 / 두 가지 일에 / 동시에

● 전체 해석

우리가 실제로 두 가지 일을 동시에 하고 있을 때 무슨 일이 일어나고 있을까? 그것은 간단하다. 우리의 뇌에는 채널이 있어서 우리는 뇌의 다른 부분에서 다른 종류의 데이터를 처리할 수 있다. (A) 그러므로, 말을 하면서 동시에 걸을 수가 있다. 채널 간섭이 전혀 없다. 하지만 두 가지 활동에 다 진정으로 집중하지는 못한다. 한 가지 활동은 전면에서 일어나고 있고 또 다른 활동은 후면에서 일어나고 있다. 복잡한 기계를 작동하는 방법을 휴대전화로 설명하려고 시도하고 있

다면 걸음을 멈출 것이다. (B) 마찬가지로, 계곡 위의 밧줄 다리를 건너고 있다면 아마 말하는 것을 멈출 것이다. 두 가지 일을 동시에 할 수는 있지만, 두 가지 일에 동시에 효과적으로 집중할 수는 없다.

● 중요 포인트

one − the other 부정대명사

one: 첫 번째 지칭대상

another: 셋 이상의 대상에서 처음과 마지막이 아닌 대상

the other: 마지막 대상

One is happening in the foreground and the other in the background.
첫 번째 대상   두 개 중 나머지 하나
앞에서 both라는 표현으로 전체가 두 개이다. 따라서 나머지 한 개는 자동적으로 마지막 한 개가 되므로 the other를 사용한다.

I have three sons: one is a teacher, another is a pilot, and the other is a student.
저는 아들이 셋 있습니다. 하나는 교사이고, 다른 하나는 파일럿이고, 나머지 하나는 학생입니다.

2단계 개념 맛보기   p.106

보기 ①

● 지문분석

When a woman tries on a new dress / and asks a man, / "How does it look?" / she usually receives a response / like good or fine.
여자가 새 옷을 입어보고 / 그리고 남자에게 물을 때 / 이거 어때 보여? / 그녀는 보통 반응을 받아 / 좋아 아니면 괜찮아 같은

However / that kind of simple response / does not score any points.
그러나 / 그러한 종류의 간단한 반응은 / 어떤 점수도 얻지 못해

To score good points / a man needs / to respond the same way / a woman would, / by giving details.
                     that 생략   전치사 + 동명사
좋은 점수를 따기 위해서는 / 남자는 필요하지 / 같은 식으로 반응하는 / 여자가 하는 / 세부적인 내용을 줌으로써

● 전체 해석

여자가 새 옷을 입어보고 남자에게 '어때 보여?'라고 물으면, 여자는 보통 '좋아.' 또는 '괜찮네.'와 같은 대답을 듣는다. 하지만, 그런 종류의 간단한 대답은 점수를 따지 못한다. 좋은 점수를 따려면, 남자는 여자가 하는 것과 똑같은 방식으로 상세한 표현을 할 필요가 있다.

---

1. ③ However

● 지문분석

Many people think / that nothing is better / than a short nap / after eating a big meal.
많은 사람들은 생각하지 / 어떠한 것도 더 좋지 않다고 / 짧은 낮잠보다 / 많이 먹은 다음에

However, a nap isn't a good idea / at all.
그러나 / 낮잠은 좋은 생각이 아니야 / 전혀

Even though large dinners often make / people sleepy, / it is better / to relax after a meal / than to sleep.
              O.C.   가주어−진주어 구문
비록 저녁을 많이 먹은 것은 종종 만들어 / 사람을 졸리게 / 더 좋아 / 식사 후 쉬는 게 / 자는 것보다

● 전체 해석

많은 사람들은 양이 많은 식사를 한 후에 낮잠만큼 좋은 게 없다고 생각한다. 하지만, 낮잠은 전혀 좋은 생각이 아니다. 부담스러울 정도의 식사는 흔히 사람들을 졸리게 만들지만 식사 후에는 잠을 자는 것보다 편히 쉬는 편이 더 낫다.

● 해설

앞에서는 '식사 후 잠을 자는 게 좋을 것 같다'라는 일반론으로 시작했지만, 뒤에서는 좋은 아이디어가 아니라고 하고 있으므로 역접을 나타내는 However(그러나)가 적절해.

2. ③ For example

● 지문분석

Many magazines now publish / a range of editions / aimed at specific areas and groups, / instead of a single national edition.
많은 잡지들은 지금 출판하지 / 다양한 판을 / 특별한 지역과 단체를 목표로 하는 / 단일한 전국 판 대신에

For example, / Time magazine publishes / 357 different editions / worldwide.
예를 들어 / 타임지는 출판하지 / 357개의 다른 판을 / 세계적으로

They include special editions / for doctors, educators, and college students.
그들은 특별판을 포함하지 / 의사와 교육자와 대학생을 위한

● 전체 해석

이제는 많은 잡지가 전국 단일판 대신에, 특정 지역이나 단체를 목표로 하는 다양한 판을 출판하고 있다. 예를 들어, 타임지는 세계적으로 357가지의 다른 판을 출판하고 있다. 거기에는 의사, 교육자, 그리고 대학생을 위한 특별판도 포함되어 있다.

● 해설

앞에서는 단일한 전국판이 아닌 다양한 판을 출판한다는 내용이 나오고, 이어서 그에 대한 구체적인 예시로 타임지를 들고 있으므로 For example(예를 들어)이 적절해.

3. ② Besides

●지문분석

> In their efforts / to control infection, / hospitals
> are turning to / disposable medical equipment
> and products.
> 그들의 노력에서 / 감염을 통제하려는 / 병원은 의지하고 있
> 어 / 일회용 의료장비와 제품에
>
> Using / these medical products / controls /
> infection and disease properly.
> 사용하는 것은 / 이러한 의료제품을 / 통제하는 거야 / 감염
> 과 질병을 적절히
>
> Besides, / it ensures safety / to staff and patients.
> 게다가 / 그것은 안전을 보장하지 / 직원과 환자들의
>
> Today, / infections in hospitals / create serious
> problems / for the healthcare industry.
> 오늘날 / 병원에서의 감염은 / 심각한 문제를 초래하지 / 건
> 강관리 산업에서

●전체 해석

감염을 통제하기 위한 노력으로, 병원은 일회용 의료장비와 의료제품에 의존하고 있다. 이런 의료품을 사용함으로써 감염과 질병을 적절히 통제한다. 게다가 그것은 직원과 환자의 안전도 보장해 준다. 오늘날 병원에서 발생하는 감염은 건강관리 산업에 심각한 문제를 일으킨다.

●해설

의료제품을 사용하는 목적을 설명하고 있는데, 앞에서는 감염과 질병 통제를 뒤에는 직원과 환자 보호를 위해서라고 하고 있어. 비슷한 내용이 추가되었으므로 Besides(게다가)가 적절해.

4. ③ In other words

●지문분석

> A decision-maker's knowledge and experience
> / are essential / and can contribute to a good
> decision.
> 의사 결정자의 지식과 경험은 / 본질적이야 / 그리고 좋은 결
> 정에 기여할 수 있지
>
> The decision-maker predicts / what will happen
> / if something is done now, / based on what
> happened / when something was done / in the
> past.
> 의사 결정자는 예측하지 / 무엇이 벌어질지를 / 만약 무언가
> 가 지금 이루어진다면 / 벌어졌던 일에 근거를 두고 / 무언가
> 가 이루어졌을 때 / 과거에
>
> In other words, / a decision-maker uses the past
> / to predict the future.
> 다시 말하자면 / 의사 결정자는 과거를 사용하지 / 미래를 예
> 측하기 위해서

●전체 해석

의사 결정자의 지식과 경험은 필수적이며 좋은 결정에 기여할 수 있다. 의사 결정자는 과거에 어떤 일이 행해졌을 때 무엇이 발생했는지를 바탕으로 현재 어떤 일이 행해지면 무엇이 발생할 것인지를 예측한다. 다시 말해서, 의사 결정자는 미래를 예측하는 데 과거를 이용한다.

●해설

앞에서 의사 결정자가 과거에 일을 바탕으로 미래에 벌어지는 일을 예측한다고 하고 있고 뒤에서는 이를 다시 한 번 진술하고 있으므로 In other words(다시 말하자면)가 적절하지.

5. ② However

●지문분석

> Americans consider / freedom an essential
> right.
> 미국인들은 고려해 / 자유를 필수적인 권리로
>
> They have fought many wars / to protect it, /
> and are willing to die / to maintain it.
> 그들은 많은 전쟁을 치러왔어 / 그것(자유)를 보호하기 위해서
> / 그리고 죽으려고 해 / 그것을 지키려고
>
> However, / American culture has put much
> emphasis on / prohibition / as well.
> 하지만 / 미국문화는 많은 강조를 해 왔어 / 금지에 / 마찬가
> 지로
>
> They believe / they shouldn't drink too much, /
> play too much, / or show off too much wealth.
> 그들은 믿지 / 그들은 술을 많이 마셔서는 안 된다고 / 너무
> 놀지도 / 아니면 너무 많은 재산을 자랑하지 말라고

●전체 해석

미국인은 자유를 필수적인 권리로 여긴다. 그들은 자유를 수호하기 위해 많은 전쟁을 치렀고 그것을 지켜내기 위해 죽음도 불사한다. 그러나 미국 문화는 금지에도 많은 강조를 두어왔다. 그들은 너무 많이 마시면 안 되고, 너무 많이 놀아도 안 되며, 너무 많은 부를 자랑해도 안 된다고 믿는다.

●해설

미국인들이 자유를 위해 싸워왔다고 했는데, 뒤에서는 금지도 강조해왔다는 내용이므로 이 둘은 서로 반대가 돼. 따라서 However(하지만)가 정답이 되겠지.

3 단계 **모의고사 요리하기** p.108

1. ①

●지문분석

Finding the perfect shoe fit / may be difficult /
for some people.
완벽한 맞는 신발을 찾는 건 / 어려울 수도 있어 / 일부 사람
들에게는

Most adults think / they know their exact foot
size, / so they don't measure their feet / when
buying new shoes.
대부분의 성인을 생각하지 / 그들은 정확한 발 크기를 알고
있다고 / 그래서 그들은 그들의 발을 재지 않아 / 새 신발을
살 때

Therefore, / many people squeeze / into the
same shoe size / for years, or even decades.
그래서 / 많은 사람들은 밀어 넣어 / 똑같은 신발 크기로 / 수
년 혹은 심지어 수십 년 동안

While feet stop growing / in length / by age
twenty, / most feet gradually widen / with age,
/ and sometimes women's feet "grow" / after
the birth of a child.
발이 성장이 멈추는 반면 / 길이 면에서 / 20세의 나이까지 /
대부분의 발은 점진적으로 넓어져 / 나이와 함께 / 그리고 때
때로 여성의 발은 성장하지 / 출산 이후에

Besides, / your feet can actually be different
sizes / at different times of the day, / getting
larger / and returning to "normal" / by the next
morning.
게다가 / 당신의 발은 실제로 다른 크기일 수 있어 / 하루 중
다른 시기에 / 더 커지게 되고 / 그리고 정상으로 돌아오지 /
다음 날 아침에

So, the next time you buy shoes, / remember /
that your foot size can change.
그래서 다음번 당신이 신발을 살 때 / 기억해 / 당신의 발 크
기가 변할 수 있다는 걸

● 전체 해석
완전히 딱 맞는 신발을 찾는 것이 어떤 이들에게는 어려울
수도 있다. 대부분의 성인들은 자신의 정확한 발 크기를 알
고 있다고 생각해서, 새 신발을 살 때 자신의 발 크기를 재
지 않는다. (A) 그래서 많은 사람들은 수 년 혹은 수십 년 동
안 똑같은 크기의 신발에 밀어 넣는다. 20세가 되면 발은 더
이상 길어지지 않지만, 대부분의 발은 나이가 들면서 점점
넓어지고, 때때로 여성의 발은 출산 후 커진다. (B) 게다가
당신의 발은 커졌다가 다음날 아침에 '정상'으로 돌아오는
등 사실상 하루 중 시간에 따라 크기가 다를 수도 있다. 그
래서 당신이 다음 번 신발을 구입할 때는 당신의 발의 크기
가 달라질 수 있다는 점을 기억하라.

● 중요 포인트

문장 마지막 분사
❶ 문장 마지막에 오는 분사는 기본적으로 동시상황
을 나타내.

Your feet can actually be different sizes at
different times of the day, getting larger and
returning to "normal" ~
❷ 앞에 있는 명사를 수식할 수도 있어.
She gave me the special book, saying "Carpe
Diem".
그녀는 나에게 특별한 책을 주었는데, 그 책에는 "현재를
즐겨"라고 쓰여 있다.

● 해설
1. 다음 글의 빈칸 (A), (B)에 들어갈 말로 가장 적절한 것은?
Finding the perfect shoe fit may be difficult for some
people. Most adults think they know their exact foot
size, so they don't measure their feet when buying
new shoes.　(A)　, many people squeeze into the
same shoe size for years, or even decades.
While feet stop growing in length by age twenty,
most feet gradually widen with age, and sometimes
women's feet "grow" after the birth of a child.
　(B)　, your feet can actually be different sizes
at different times of the day, getting larger and
returning to "normal" by the next morning.
So, the next time you buy shoes, remember that your
foot size can change.

(A) Therefore: 신발을 살 때, 발을 측정하지 않아 수 년 동
안 동일한 크기의 신발을 신게 된다는 내용이므로 두 문장
은 인과관계가 성립하게 돼. 따라서 보기 중 결과를 나타내
는 Therefore(그래서)가 적절하지.
(B) Besides: 앞 문장은 나이에 따라 발 크기가 달라지는 것
을, 뒷 문장에는 하루 중 발 크기가 달라지는 것을 나타내고
있어. 발 크기가 달라지는 경우가 이어서 나오므로 첨가를
나타내는 Besides(게다가)가 적절하지.

2. ①

● 지문분석

We have evolved the capacity / to care for /
other people, animals and things.
우리는 능력을 발달시켜 왔지 / 돌보는 / 다른 사람, 동물과
사물들을

For example, / if children are hurt, / parents
often know / that rationalizing with them / is
not enough.
예를 들어 / 만약 아이들이 다치면 / 부모들은 종종 알게 돼 /
그들을 합리화하는 것은 / 충분치 않다는 것을

The children will often need / a cuddle and a
bit of tender loving care.
아이들은 종종 필요할 거야 / 포옹과 약간의 부드러운 애정
어린 보살핌이

We recognize / that other people often need / looking after and caring for, / and we have evolved the capacity / to do this / within our brains.
<small>need ~ing: ~해 질 필요가 있다</small>

우리는 인지해 / 다른 사람들이 종종 필요가 있다는 것을 / 돌봄과 보살핌을 / 그리고 우리는 그 능력을 발달시켜왔어 / 이것을 하는 / 우리 두뇌 내에서

We can empathize with others / and feel sad for them / and often want to help them.

우리는 다른 사람들에게 공감할 수 있어 / 그리고 그들을 위해서 슬픔을 느끼지 / 그리고 종종 그들을 돕고 싶어 해

However, / in depression, / we often lose this inner capability.

하지만 / 우울할 때 / 우리는 종종 이러한 내적 능력을 잃어버려

We often fail / to look after or nurture ourselves, / and we may not even recognize / that we need / to become more inwardly caring.

우리는 종종 실패하지 / 우리 자신을 돌보거나 양육하는 것을 / 그리고 우리는 심지어 인지하지 못해 / 우리가 필요하다는 것을 / 더욱 내적으로 돌볼

To heal often means / we have to learn / to reactivate the caring-healing part of ourselves / that depression has knocked out.

치료는 종종 의미하지 / 우리는 배워야만 한다는 것을 / 돌보고 치료하는 자아의 부분을 재활성화 시키는 것을 / 우울이 쓰러뜨려버린

● 전체 해석

우리는 다른 사람들, 동물들 그리고 사물들을 돌보는 능력을 발달시켜왔다. (A) 예를 들어, 만약에 아이들이 다치면 부모들은 자주 그들에게 합리적인 설명을 해주는 것이 충분하지 않다는 것을 안다. 아이들은 잦은 포옹 그리고 약간의 부드럽고 애정 있는 보살핌을 필요로 한다. 우리는 다른 사람들이 자주 돌봄과 보살핌을 필요로 한다는 것을 인지하고 우리는 우리의 두뇌 속에서 이것을 하는 능력을 발달시켜왔다. 우리는 타인을 공감하고 그들을 위해 슬퍼할 수 있으며 자주 그들을 돕기를 원한다. (B) 그러나, 우울할 때 우리는 자주 이러한 내적인 능력을 잃어버린다. 우리는 우리 자신을 돌보거나 보살피는 것에 자주 실패하고 우리가 더 내적으로 돌볼 필요가 있다는 것을 심지어 인지하지 못할지도 모른다. 치료하는 것은 자주 우리가 우울이 쓰러뜨린 우리 자신의 돌보고 치유하는 부분을 재활성하는 것을 배워야 한다는 것을 의미한다.

● 중요 포인트

need + ing (능동형 수동태)

❶ need, want, require 다음에 ~ing가 오면 수동의 의미를 지니지.

Other people often need looking after and caring for. 다른 사람들은 종종 돌봐질 필요가 있다.

Her skirt wants ironing.
그녀의 치마는 다림질할 필요가 있다

❷ need ~ing는 need to be p.p.로 바꿔 쓸 수 있어.
Other people often need looking after.
　　　　　　　　　= need to be looked after

● 해설

2. 다음 글의 빈칸 (A), (B)에 들어갈 말로 가장 적절한 것은?

We have evolved the capacity to care for other people, animals and things. __(A)__, if children are hurt, parents often know that rationalizing with them is not enough. <small>남을 돌보는 능력을 발달시켜옴(일반론) + 아이들이 다치면 부모들은 알고 있음(구체적 예시)</small> The children will often need a cuddle and a bit of tender loving care. We recognize that other people often need looking after and caring for, and we have evolved the capacity to do this within our brains. We can empathize with others and feel sad for them and often want to help them. __(B)__, in depression, we often lose this inner capability. <small>공감하며 남을 돕고 싶어 함 ⟷ 우울하면 공감능력 상실</small> We often fail to look after or nurture ourselves, and we may not even recognize that we need to become more inwardly caring. To heal often means we have to learn to reactivate the caring-healing part of ourselves that depression has knocked out.

(A) For example: 남을 돌보는 능력을 발달시켜왔다는 일반론을 이야기하고 바로 뒤에서 이를 뒷받침해 주는 구체적 사례가 나오므로 For example(예를 들어)이 적절하지.
(B) However: 앞에는 남을 공감할 수 있다는 내용이 나오지만 바로 그러한 능력을 잃어버린 상황이 나오므로 상황 변화를 의미하는 However(그러나)가 적절해.

3. ②

● 지문분석

Humans rely heavily / on communicating / through the meaning / found in words / and the way / they are arranged.
<small>전치사 + 동명사</small>

인간은 과도하게 의존하지 / 의사소통에 / 의미를 통한 / 단어 속에서 발견되는 / 그리고 방법에 / 그들이 배열되는

We can tell someone / we love them / in a sad, happy, or soft tone of voice, / which gives nuance / to our feelings / – but the meaning / of the words "I love you" / remains the same.
<small>앞 문장 전체를 받는 관계대명사</small>

우리는 다른 사람에게 말할 수 있어 / 우리가 그들을 사랑한다고 / 슬프고 행복하고 아니면 부드러운 목소리로 / 그런데 그것은 뉘앙스를 주지 / 우리 감정에 / 하지만 의미는 / '너를 사랑해'라는 단어의 / 같아

This is why / "mixed signals" / can be so confusing.

이것이 이유지 / 혼합된 신호가 / 매우 혼동스러울 수 있다는

For example, / if a friend tells you / that he or she likes you, / you can interpret that / in different ways, / depending on the nonlanguage cues.

<small>대명사, '좋아한다고 하는 것'</small>
<small>분사구문</small>

예를 들어 / 만약 한 친구가 당신에게 말한다면 / 그가 당신을 좋아한다고 / 당신은 그것을 해석할 수 있어 / 다른 방식으로 / 비언어적인 실마리에 따라서

If you hear "I like you" / in a soft, upbeat tone / and see your friend smiling / and engaging you / with friendly eye contact / and body and arms relaxed, / you will most likely believe / that sentiment.

<small>① </small>
<small>지각동사 + 목적어 + 목적보어 ②</small>

만약 당신이 '내가 너를 좋아해'라는 말을 들으면 / 부드럽고 경쾌한 톤으로 / 그리고 당신의 친구가 미소 짓는 걸 본다면 / 그리고 당신을 끌어들이는 것을 / 친한한 눈 맞춤과 / 몸과 팔을 편안한 상태로 / 당신은 거의 믿을 거야 / 그러한 감정을

However, / if you hear / "I like you" / in an angry tone of voice / while your friend exhibits no facial expression, / avoids eye contact, / and sits slightly turned away from you, / with arms folded tightly, / you would question his or her motive.

<small>① ②</small>
<small>③</small>
<small>with + 명사 + 분사: 동시상황 '~한 채로'</small>

하지만 / 당신이 듣는다면 / '내가 너를 좋아해'라는 소리를 / 화난 톤으로 / 당신의 친구가 어떠한 얼굴 표정도 보여주지 않고 / 눈 마주침도 피하고 / 살짝 당신에게서 돌아앉고 / 팔짱을 꽉 긴 채로 / 당신은 그 사람의 동기에 의문을 가질 거야

● 전체 해석

사람들은 단어에서 발견되는 의미와 그것들이 배열되는 방식을 통해 의사소통하는 것에 크게 의존한다. 우리는 누군가에게 우리가 그들을 사랑한다고 슬픈, 행복한, 또는 부드러운 목소리 톤으로 말할 수 있는데, 그것은 우리의 감정에 뉘앙스(미묘한 차이)를 주지만 '내가 당신을 사랑한다'라는 말의 의미는 똑같다. 이것은 '혼합된 신호들'이 매우 혼란스러울 수 있는 이유이다. (A) 예를 들어, 만약 한 친구가 당신에게 그 또는 그녀가 당신을 좋아한다고 말하면, 당신은 비언어적인 신호에 따라 그것을 다른 방법으로 해석할 수 있다. 만약 당신이 부드럽고, 경쾌한 톤의 '나는 너를 좋아해'라는 말을 듣고 그 친구가 미소를 지으며, 친한한 눈 맞춤과 편안한 자세로 당신의 관심을 끄는 것을 본다면, 당신은 아마도 그 감정을 믿을 것이다. (B) 그러나, 만약 당신이 당신의 친구가 무표정한 얼굴을 보여주고, 눈 맞춤을 피하며, 팔짱을 꽉 긴 채 당신으로부터 살짝 돌려 앉아 화난 목소리 톤으로 '나는 너를 좋아해'라고 말하는 것을 듣는다면, 당신은 그 또는 그녀의 진의에 의문을 가질 것이다.

● 중요 포인트

that의 다양한 쓰임

❶ 명사절을 이끄는 접속사 that
<small>tell의 목적어인 문장을 이끔</small>
We can tell someone that we love them.
우리는 다른 누군가에게 우리가 그들을 사랑한다고 말할 수 있다.

❷ 대명사 that: 그것
You can interpret that in different ways.
<small>그것을</small>
당신은 다른 방식으로 그것을 해석할 수 있다.

❸ 지시 형용사 that: 저것의, 그러한
You will most likely believe that sentiment.
<small>저러한</small>
당신은 그러한 감정을 거의 믿게 될 것이다.

❹ 관계사 that
I have a bag that he bought me 2 years ago.
나는 그가 2년 전에 사 준 가방을 가지고 있다.

● 해설

3. 다음 글의 빈칸 (A), (B)에 들어갈 말로 가장 적절한 것은?
Humans rely heavily on communicating through the meaning found in words and the way they are arranged. We can tell someone we love them in a sad, happy, or soft tone of voice, which gives nuance to our feelings — but the meaning of the words "I love you" remains the same. This is why "mixed signals" can be so confusing. _____(A)_____, if a friend tells you that he or she likes you, you can interpret that in different ways, depending on the nonlanguage cues.
<small>혼합된 신호들이 혼란스러움(일반론) + 좋아함을 표현하는 친구의 예시(구체적 예시)</small>
If you hear "I like you" in a soft, upbeat tone and see your friend smiling and engaging you with friendly eye contact and body and arms relaxed, you will most likely believe that sentiment. _____(B)_____, if you hear "I like you" in an angry tone of voice while your friend exhibits no facial expression, avoids eye contact, and sits slightly turned away from you, with arms folded tightly, you would question his or her motive.
<small>긍정적인 비언어적 신호 예시 ⇔ 부정적인 비언어적 신호 예시</small>

(A) For example: 다양하게 혼합된 신호들이 주는 혼란스러움을 이야기하고 이에 대한 구체적인 예시가 나타남으로 For example(예를 들어)이 적절하지.
(B) However: 앞에는 긍정적인 신호를 보여주는 예시가, 뒤에는 부정적인 신호를 보여주는 예시가 나오므로 However(그러나)가 적절해.

④ 혼공 개념 마무리 <small>p.111</small>

1. 한 가지 활동은 전면에서 일어나고 있고 또 다른 활동은 후면에서 일어나고 있다.
   One is happening / in the foreground / and the other / in the background.
   하나는 벌어지고 있어 / 전면에서 / 그리고 다른 것은 / 후면에서

2. 좋은 점수를 따려면, 남자는 여자가 하는 것과 똑같은 방식으로 상세한 표현을 할 필요가 있다.
   To score good points / a man needs / to respond the same way / a woman would, / by giving
   <small>전치사 + 동명사</small>

details.

좋은 점수를 따기 위해서는 / 남자는 필요하지 / 같은 식으로 반응하는 / 여자가 하는 / 세부적인 내용을 줌으로써

3. 부담스러울 정도의 식사는 흔히 사람들을 졸리게 만들지만 식사 후에는 잠을 자는 것보다 편히 쉬는 편이 더 낫다.

Even though large dinners often make / people sleepy, / it is better / to relax after a meal / than to sleep.

O.C.　　　가주어–진주어 구문

비록 저녁을 많이 먹은 것은 종종 만들어 / 사람을 졸리게 / 더 좋아 / 식사 후 쉬는 게 / 자는 것보다

4. 이런 의료품을 사용함으로써 감염과 질병을 적절히 통제한다.

Using these medical products / controls

　S 동명사 주어　　　　　　V
infection and disease properly.

이러한 의료제품을 사용하는 것은 / 감염과 질병을 적절히 통제하는 거야.

5. 게다가, 당신의 발은 커졌다가 다음날 아침에 '정상'으로 돌아오는 등 사실상 하루 중 시간에 따라 크기가 다를 수도 있다.

Besides, / your feet can actually be different sizes / at different times of the day, / getting larger / and returning to "normal" / by the next morning.

　　分詞구문 (동시상황)=and get ~ and return

게다가 / 당신의 발은 실제로 다른 크기일 수 있어 / 하루 중 다른 시기에 / 더 커지게 되고 / 그리고 정상으로 돌아오지 / 다음 날 아침에

6. 우리는 다른 사람들이 자주 돌봄과 보살핌을 필요로 한다는 것을 인지하고 우리는 우리의 두뇌 속에서 이것을 하는 능력을 발달시켜왔다.

We recognize / that other people often need

　　　　　　need ~ing: ~해 질 필요가 있다
/ looking after and caring for, / and we have evolved the capacity / to do this / within our brains.

우리는 인지해 / 다른 사람들이 종종 필요하다는 것을 / 돌봄과 보살핌을 / 그리고 우리는 그 능력을 발달시켜왔어 / 이것을 하는 / 우리 두뇌 내에서

7. 사람들은 단어에서 발견되는 의미와 그것들이 배열되는 방식을 통해 의사소통하는 것에 크게 의존한다.

Humans rely heavily / on communicating /

　S　　V　　　　　전치사 + 동명사
through the meaning / found in words / and the way / they are arranged.

❶

인간은 과도하게 의존하지 / 의사소통에 / 의미를 통한 / 단어 속에서 발견되는 / 그리고 방법에 / 그들이 배열되는

 11일차 무관한 문장 찾기

 개념 요리하기　　　　　　p.114

●지문 분석

> The water / that is embedded / in our food / and manufactured products / is called "virtual water."
>
> 물은 / 내포되어 있는 / 우리 음식 속에 / 그리고 제품에 / '가상의 물'이라고 불려
>
> 　　　　　　　　　265 gallons지만 실제 주어는 water이므로 단수 취급
> For example, / about 265 gallons of water / is
>
　　　　　　　S　　　　　　　　　　　V
> needed / to produce two pounds of wheat.
>
> 예를 들어 / 약 265갤런의 물이 / 필요로 하지 / 2파운드의 밀을 만드는데
>
> So, the virtual water / of these two pounds of wheat / is 265 gallons.
>
　　　　S　　　　　　　　　　　　　　　V
>
> 그래서 가상의 물은 / 이 2파운드의 밀의 / 265갤런이야
>
> Virtual water is also present / in dairy products, soups, beverages, and liquid medicines.
>
> 가상의 물은 또한 존재하지 / 유제품과 수프와 음료와 액체 약에
>
> (However, / it is necessary / to drink as much
>
　　　　　　가주어–진주어 구문
> water / as possible / to stay healthy.)
>
> 하지만 / 필요로 하지 / 많은 물을 마시는 게 / 가능한 한 / 건강하려면
>
> Every day, / humans consume / lots of virtual
>
　　　　　　S　　　V
> water / and the content of virtual water / varies
>
　　　　　　　　　　　　　　　　　V
> / according to products.
>
> 매일 / 인간은 소비해 / 많은 가상의 물을 / 그리고 가상의 물의 함유량은 / 달라 / 제품에 따라
>
> For instance, / to produce two pounds of meat
>
　　　　　S to부정사 주어 ➡ 단수취급
> / requires / about 5 to 10 times as much water
>
　　V
> as / to produce two pounds of vegetables.
>
> 예를 들어 / 2파운드의 고기를 생산하는 것은 / 필요로 하지 / 약 5~10배 이상의 물을 / 2파운드의 채소를 생산하는 것보다

●전체 해석

우리의 음식과 제품에 내포된 물은 '가상의 물(공산품·농축산물의 제조·재배에 드는 물)'이라고 불린다. 예를 들어 2파운드의 밀을 생산하기 위해서 약 265갤런의 물이 필요하다. 그래서 이 2파운드의 밀의 가상의 물은 265갤런이다. 가상의 물은 또한 유제품, 수프, 음료, 그리고 액체로 된 약에도 있다. (하지만 건강을 유지하기 위해 가능한 한 많은 물을 마시는 것이 필요하다.) 매일 인간은 다량의 가상의 물을 소비하는데 가상의 물의 함유량은 제품에 따라 다르다. 예를 들어 2파운드의 고기를 생산하려면 2파운드의 채소를 생산하는 것의 약 5배에서 10배의 물이 필요하다.

●중요 포인트

수동태 판별법
❶ 동사의 종류 파악 (자동사 vs 타동사)
❷ 타동사일 경우 목적어 유무 판단
❸ 4/5형식 동사일 경우 해석 필수

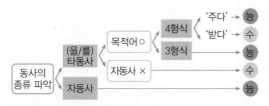

The water is embedded in our food.
'~이 끼워 넣어지다' → 타동사 → 목적어X → 수동태

2 단계 개념 맛보기   p.116

보기 ②

● 지문분석

Is your home / safe / from burglars?
여러분의 집은 / 안전한가 / 강도로부터

Here are some tips / on how to keep your home safe.
여기 몇 가지 팁이 있어 / 당신의 집을 안전하게 유지하는 방법에 대한

One way / to keep a burglar out / is to make
'확신시키는 것이다'
sure / that someone is home.
한 가지 방법은 / 강도를 밖에 있게 하는 / 확신시키는 거야 / 누군가가 집에 있다고

(Make it hard / for the burglar / to sell your
명령문   의미상의 주어
property.)
어렵게 만들어 / 강도가 / 당신의 재산을 파는 것을

A burglar would rather try / an empty house.
강도는 오히려 시도할 거야 / 빈집을

You may be able to fool a burglar / by keeping
전치사 + 동명사
a light on / when you are out.
당신은 강도를 속일 수 있어 / 불을 켜 둠으로써 / 당신이 외출할 때

● 전체 해석

여러분의 집은 강도로부터 안전합니까? 여러분의 집을 안전하게 지킬 수 있는 방법에 관한 몇 가지 충고가 있습니다. 강도를 들어오지 않게 하는 한 가지 방법은 누군가 집에 있다는 것을 확신시키는 것입니다. (강도가 여러분의 재산을 팔기 힘들게 하십시오.) 강도는 빈집에 들어가려고 할 것입니다. 여러분은 아마 외출할 때 불을 켜 놓음으로써 강도를 속일 수도 있습니다.

1. ④

● 지문분석

Comedies are my favorite way / to relax.
코미디는 내가 선호하는 방식이야 / 쉬기 위한

Horror films scare me, / but comedies entertain and refresh me / after work.
공포 영화는 나를 무섭게 해 / 하지만 코미디는 나를 즐겁게 하고 활력을 주지 / 일한 다음에

Woody Allen pictures, / especially the early
ones, / help me / take my mind off the stress /
pictures   help + O + 동사원형/to부정사
of the day.
우디 앨런의 영화들 / 특히 초창기 영화들은 / 나를 도와줘 / 내 마음에서 스트레스를 가져가도록 / 하루의

For example, / watching his film Bananas / is
S   V
more relaxing / for me / than drinking wine.
watching과 병렬구조
예를 들어 / 그의 영화 Bananas를 보는 것은 / 더욱 편안해 / 나에게 / 와인을 마시는 것보다

(So I've been trying to give up / watching his
give up + 동명사
films.)
그래서 나는 포기하도록 노력해왔어 / 그의 영화를 보는 것을

● 전체 해석

코미디 영화는 나를 편하게 해준다. 공포 영화는 무섭지만, 코미디 영화는 일이 끝난 후 나를 즐겁게 해주고 활력을 준다. Woody Allen의 영화, 특히 초기 작품들은 하루의 스트레스를 풀어준다. 예를 들어 bananas는 내게 포도주보다도 더 편안하다. (그래서 나는 그의 영화를 보는 것을 포기하려고 계속 노력해 오고 있다.)

● 해설

1. 다음 글에서 전체 흐름과 관계 없는 문장은?
모두 코미디 영화가 나에게 활기를 준다는 내용
Comedies are my favorite way to relax. ① Horror films scare me, but comedies entertain and refresh me after work. ② Woody Allen pictures, especially the early ones, help me take my mind off the stress of the day. ③ For example, watching his film Bananas is more relaxing for me than drinking wine. ④ So I've been trying to give up watching his films.
이 문장에서 갑자기 영화보기를 그만둔다는 내용이 나오지.
따라서 이 문장이 정답이야.

2. ③

● 지문분석

Every child learns / through play.
모든 아이들은 배워 / 놀이를 통해서

Many experts / in childhood development / think of play / as the "work of children."
많은 전문가들은 / 아동 발달의 / 놀이를 생각하지 / 아이들의 학습이라고

It helps children / to solve problems, / get along
play
with other people, / and control their bodies.
그것은 아이들을 도와주지 / 문제를 풀도록 / 다른 사람들과 어울리도록 / 그리고 그들의 신체를 통제하도록

(Children, however, / prefer going to a movie /

to watching a play.)

하지만 아이들은 / 영화 보러 가는 것을 선호하지 / 놀이를 보는 것보다

While children appear to be "just playing," / they truly are at work / – gaining knowledge of the world.

아이들이 단순히 놀이를 하고 있는 것 같지만 / 그들은 실제로 일하고(배우고) 있어 / 세상의 지식을 얻고 있지

● 전체 해석

모든 아이들은 놀이를 통해서 배운다. 아동 발달에 관한 전문가들은 놀이를 '아이들의 학습'이라고 생각한다. 놀이의 도움으로 아이들은 문제를 해결하고 다른 사람들과 친하게 지내며 자신의 몸을 제어하게 된다. (그러나 아이들은 연극 관람보다는 영화 관람을 더 좋아한다.) 아이들은 '그저 노는 것으로' 보이지만 사실은 배우고 있는 중이다. 즉 세상에 대한 지식을 얻고 있는 것이다.

● 해설

2. 다음 글에서 전체 흐름과 관계 없는 문장은?

Every child learns through play. ① Many experts in childhood development think of play as the "work of children." ② It helps children to solve problems, get along with other people, and control their bodies.

아이들의 놀이는 사실상 학습이라는 내용

③ Children, however, prefer going to a movie to watching a play. 갑자기 영화를 보러 간다는 내용이 나오지. 다음 문장은 다시 놀이와 학습과의 관계를 말하고 있으니 ③번이 정답.

④ While children appear to be "just playing," they truly are at work — gaining knowledge of the world.

3. ③

● 지문분석

Contrary to popular belief, / reading books / in poor light / does not ruin your eyes.
대중적인 믿음과는 달리 / 책을 읽는 것은 / 어두운 조명에서 / 당신의 시력을 망치지 않아

When you read / by moonlight or under the covers, / you tend to squint / to focus on letters.
당신이 읽을 때 / 달빛이나 덮어쓴 채로 / 당신은 가늘게 뜨는 경향이 있어 / 문자에 집중하려고

to부정사의 부사적 용법 '집중하려고'

Sometimes, / this gives you a headache, / makes you tired, / or causes pain / in the muscles around your eyes / and your vision seems less clear.
①②③
때때로 / 이것은 당신에게 두통을 주지 / 당신을 지치게 만들고 / 아니면 고통을 유발하지 / 눈 주변의 근육에 / 그리고 당신의 시력은 덜 선명해져

(Direct lighting / helps people / stay more focused / while reading books.)
they are 생략 / 접속사 + 분사구문
stay + 형용사
'~인 상태로 머물다'
직접 조명은 / 사람들을 도와줘 / 더욱 집중한 상태로 머물도록 / 책을 읽는 동안에

However, / you won't suffer / any long-term eye damage / with a good night's rest.
하지만 / 당신은 고통 받지 않을 거야 / 어떠한 장기적인 눈 손상을 / 밤에 잘 잔다면

● 전체 해석

대중적인 믿음과는 반대로, 어두운 조명에서 책을 읽는 것은 당신의 눈을 망치지 않는다. 달빛에 책을 읽거나 혹은 덮어쓴 채로 책을 읽으면 당신은 글자에 초점을 맞추기 위해 눈을 가늘게 뜨고 보는 경향이 있다. 때때로, 이렇게 하는 것은 당신에게 두통, 피로, 눈 주변 근육의 통증을 주고 당신의 시야가 덜 선명해 보인다. (직접 조명은 사람들이 독서하는 동안 집중하도록 도와준다.) 그러나 하룻밤 푹 잔다면, 당신은 어떠한 장기적인 시력 손상을 겪지는 않을 것이다.

● 해설

3. 다음 글에서 전체 흐름과 관계 없는 문장은?

Contrary to popular belief, reading books in poor light does not ruin your eyes. ① When you read by moonlight or under the covers, you tend to squint to focus on letters. ② Sometimes, this gives you a headache, makes you tired, or causes pain in the muscles around your eyes and your vision seems less clear.

희미한 조명 같은 간접조명이 의외로 시력에 나쁘지 않다는 이야기지.

③ Direct lighting helps people stay more focused while reading books. ④ However, you won't suffer

직접 조명에 대한 이야기가 나오므로 이것이 정답.

any long-term eye damage with a good night's rest.

4. ④

● 지문분석

When you are in danger / and feel afraid, / your body automatically produces a chemical, / called adrenalin, / in your blood.
당신이 위험해질 때 / 그리고 두려움을 느낄 때 / 당신의 신체는 자동적으로 화학 물질을 만들어 / 아드레날린이라는 / 당신의 혈액 속에서

With adrenalin in the blood system, / you actually feel stronger / and are ready to fight.
혈액 시스템안의 아드레날린과 함께 / 당신은 실제로 더 강해지는 걸 느끼지 / 그리고 싸울 준비가 돼

However, / when you are absolutely terrified, / your body can produce / too much adrenalin.
하지만 / 당신이 절대적으로 두려울 때 / 당신의 신체는 만들 수 있어 / 너무 많은 아드레날린을

When this happens, / your muscles become very hard / and you find out / that you can't move at all.
이러한 일이 벌어질 때 / 당신의 근육은 매우 딱딱해지고 / 당신은 깨닫게 되지 / 당신이 전혀 움직일 수가 없다고

(That's why / you do exercise / to build up your muscles.)
why + 결과

이것이 이유야 / 당신이 운동을 하는 / 당신의 근육을 강화하기 위해서

●전체 해석

당신이 위험한 상황에서 두려움을 느낄 때, 몸은 자동적으로 아드레날린이라 불리는 화학 물질을 만들어낸다. 피 속에 아드레날린이 분비되면, 당신은 실제로 더 강해진 것 같고, 싸울 준비가 갖춰져 있다고 느낀다. 그러나 매우 두려울 때 몸은 너무 많은 아드레날린을 분비한다. 이런 일이 일어나면, 근육은 아주 단단해지고 당신은 전혀 움직일 수 없다는 것을 알게 된다. (그런 이유로 당신은 근육을 강화하기 위해 운동을 하는 것이다.)

●해설

4. 다음 글에서 전체 흐름과 관계 없는 문장은?

When you are in danger and feel afraid, your body automatically produces a chemical, called adrenalin, in your blood. ① With adrenalin in the blood system, you actually feel stronger and are ready to fight. ② However, when you are absolutely terrified, your body can produce too much adrenalin. ③ When this happens, your muscles become very hard and you find out that you can't move at all.
혈액속의 아드레날린과 관련된 내용이 전개되고 있어.
④ That's why you do exercise to build up your muscles.
근데 여기서는 갑자기 근육을 강화하기 위한 운동 이야기가 나오지.
따라서 어색한 문장은 ④번이야.

5. ③

●지문분석

Beans are a good source / of vitamins A and C / and can be safely eaten / every day, / but should always be cooked / before consumption.
콩은 훌륭한 원천이야 / 비타민 A와 C의 / 그리고 안전하기 섭취될 수 있어 / 매일 / 하지만 항상 요리되어야 해 / 섭취되기 전에

Raw beans contain hydrocyanic acid, / which is poisonous / and can cause / sickness and blood pressure problems.
날콩은 시안화수소산을 포함해 / 그런데 이것은 독성이 있어 / 그리고 유발할 수 있지 / 병과 혈압 문제를

Once cooked, / however, / beans can help / lower blood pressure.
they are 생략 / 접속사 + 분사구문   help + 동사원형/to부정사
일단 요리가 되면 / 하지만 / 콩은 도와줄 수 있어 / 혈압을 낮추는데

(Recently, / the number of blood donors / has increased rapidly.)
                    S   V
최근에 / 헌혈자의 수는 / 빠르게 줄고 있어

Beans contain / a significant amount of calcium, / the basic building material / of all bones and teeth.
콩은 포함하고 있어 / 엄청나게 많은 양의 칼슘을 / 기본적인 형성 물질이지 / 모든 뼈와 치아의

●전체 해석

콩은 비타민 A와 C의 좋은 원천이며 매일 안전하게 먹을 수 있지만, 먹기 전에 항상 익혀야 한다. 날콩에는 시안화수소산이 함유되어 있는데, 이것은 독성이 있으며 병과 혈압 문제를 일으킬 수 있다. 하지만, 일단 익히면 혈압을 낮추는 데 도움이 될 수 있다. (최근에 헌혈자의 수가 급속히 증가했다.) 콩에는 모든 뼈와 치아를 형성하는 기본적인 물질인 칼슘이 상당량 함유되어 있다.

●해설

5. 다음 글에서 전체 흐름과 관계 없는 문장은?

Beans are a good source of vitamins A and C and can be safely eaten every day, but should always be cooked before consumption. ① Raw beans contain hydrocyanic acid, which is poisonous and can cause sickness and blood pressure problems. ② Once cooked, however, beans can help lower blood pressure. 콩의 여러 가지 효능에 대한 글이 전개되고 있어.
③ Recently, the number of blood donors has increased rapidly.
갑자기 헌혈자의 수가 감소한다는 내용이 나오지, 앞에 혈압 이야기가 나와서 이어지는 것 같지만 콩과는 관련이 없으니 이것이 정답이야.
④ Beans contain a significant amount of calcium, the basic building material of all bones and teeth.

3 단계 모의고사 요리하기 p.118

1. ③

●지문분석

Music study / enriches all the learning / — in reading, math, and other subjects — / that children do at school.
음악 공부는 / 모든 학습을 풍부하게 해줘 / 읽기, 수학, 다른 과목에서 / 아이들이 학교에서 하는

It also helps / to develop / language and communication skills.
music study
그것(음악 공부)은 또한 도와주지 / 발달시키는 것을 / 언어와 의사소통 기술을

As children grow, / musical training continues
          S   S   V
to help them / develop the discipline and self-
   help + O + 동사원형
confidence / needed to achieve in school.
아이들이 자라면서 / 음악 훈련은 그들을 계속 도와줘 / 자제력과 자신감을 발달시키도록 / 학교에서 성취하는데 필요한

(Studying / while listening to music / causes /
   S 동명사 주어   V
students to have a difficult time / learning the material.)
have a difficult time ~ing: ~ing 하는데 어려움이 있다
공부하는 것은 / 음악을 들으면서 / 하게 해 / 학생들이 어려움을 갖는 것을 / 자료를 배우는 데

The day-to-day practice / in music, / along
                                                              ~와 함께
with setting goals / and reaching them,
              ❶   ❷   =goals

/ develops self-discipline, patience, and responsibility.
매일 매일의 연습은 / 음악에서 / 목표를 세우고 / 목표에 도달하는 것과 더불어 / 자력, 인내심과 책임감을 발전시켜

That discipline / carries over to other areas, / such as doing homework and other school projects / on time / and keeping materials organized.
그러한 자제력은 / 다른 영역으로 옮겨가지 / 예를 들어 숙제나 다른 학교 프로젝트를 하는 것과 / 제 시간에 / 그리고 자료를 정리하는 것처럼

● 전체 해석

음악 공부는 아이들이 학교에서 하는 읽기, 수학, 그리고 다른 과목에서의 모든 학습의 질을 높여준다. 그것은 또한 언어와 의사소통 기술을 발달시키는 데 도움이 된다. 아이들이 자라면서 음악 훈련은 아이들이 학교에서 성과를 이루는 데 필요한 자제력과 자신감을 개발하도록 계속 도움을 준다. (음악을 들으면서 공부하는 것은 학생들이 자료를 배우는 데 어려움을 갖게 한다.) 목표를 세우고 달성하는 것과 더불어 매일 행해지는 음악 연습은 자기 절제와 인내심, 그리고 책임감을 개발한다. 그러한 자제력은 숙제나 다른 학교 과제를 제시간에 해내고 자료 정리하기와 같은 다른 영역으로 옮겨간다.

● 중요 포인트

병렬구조

and, or, not ~ but, not only ~ but also와 같은 접속사로 연결된 부분은 문법 특성이 동일해야 해.

| 명사 and 명사 | 동명사 and 동명사 | 형용사 and 형용사 |

That discipline carries over to other areas, such as doing homework and other school projects on time and keeping materials organized.

● 해설

1. 다음 글에서 전체 흐름과 관계 없는 문장은?

Music study enriches all the learning - in reading, math, and other subjects - that children do at school. ① It also helps to develop language and communication skills. ② As children grow, musical training continues to help them develop the discipline and self-confidence needed to achieve in school. 이 글은 음악 공부로 인한 긍정적인 내용을 다루고 있어.
③ Studying while listening to music causes students to have a difficult time learning the material.
그런데 ③번은 음악 공부의 부정적인 면을 다루고 있어. 따라서 정답은 ③번이야.
④ The dayto-day practice in music, along with setting goals and reaching them, develops self-discipline, patience, and responsibility. ⑤ That discipline carries over to other areas, such as doing homework and other school projects on time and keeping materials organized.

2. ④

● 지문분석

When the Muslims invaded southern Europe / in the eighth century, / they passed a law / forbidding the sale of pork.
이슬람교도들이 남유럽을 침략했을 때 / 18세기에 / 그들은 법을 통과 시켰어 / 돼지고기의 판매를 금지하는

This was done / because the founder of the Muslim religion / had declared / pork to be unclean.
이것은 이루어졌어 / 이슬람교의 창시자가 / 선언했기에 / 돼지고기가 깨끗하지 않다고

This law, of course, / didn't change the Europeans' love of pork, / and there soon developed / a black market for the meat.
이 법은 물론 / 유럽인들의 돼지고기에 대한 사랑을 바꾸지 못했어 / 그리고 곧 발달했어 / 고기를 위한 암시장이

In secret transactions, / usually conducted at night, / farmers would sell to city dwellers / pigs / concealed in large bags.
비밀 거래에서 / 보통 밤에 이루어진 / 농부들은 도시 주민들에게 팔았어 / 돼지고기를 / 커다란 자루에 숨겨진

Occasionally, a dishonest farmer / would trick a buyer / by selling a bag / containing not a pig but a cat.
전치사 + 동명사
때때로 정직하지 못한 농부들은 / 구매자들을 속이곤 했지 / 가방을 판매함으로써 / 돼지가 아닌 고양이를 담은

(Pigs were traditionally associated with dirtiness / because of their habit / of rolling around in mud / while cats were believed / to be clean.)
돼지는 전통적으로 더러움과 연결되지 / 그들의 습성 때문에 / 진흙 속에서 뒹구는 / 반면에 고양이는 믿어지지 / 깨끗하다고

If something went wrong / and the bag came open / during the transaction, / this literally "let the cat out of the bag" / and this is why / revealing a secret / is said / to be "letting the cat out of the bag."
만약 무언가가 잘못된다면 / 그리고 가방이 열리게 되면 / 거래 동안에 / 이것은 말 그대로 고양이를 가방 밖으로 나가게 하는 거야 / 그리고 이것은 이유지 / 비밀을 드러내는 것은 / 말 되어지는 / 고양이를 가방 밖으로 나가게 한다고

● 전체 해석

이슬람교도들이 8세기에 남부 유럽을 침략했을 때 그들은 돼지고기의 판매를 금지하는 법을 통과시켰다. 이슬람교의 창시자가 돼지고기는 깨끗하지 않다고 선언했었기 때문에 이것이 이루어졌다. 물론 이 법이 돼지고기에 대한 유럽 사람들의 애정을 바꾸지는 못했고 곧 고기를 위한 암시장이 발달했다. 대개 밤에 행해졌던 비밀스런 거래 속에서 농부들은 도시 주민들에게 큰 가방에 숨겨진 돼지를 팔곤 했다.

때때로 정직하지 못한 농부들은 돼지가 아닌 고양이가 담긴 가방을 팔아서 구매자들을 속이곤 했다. (고양이들이 깨끗하다고 여겨졌던 반면에 돼지들은 진흙 속에서 뒹구는 습관 때문에 전통적으로 불결함과 연관되었다.) 만약 어떤 것이 잘못되어서 거래 중에 가방이 열리게 되면 이것은 글자 그대로 '고양이가 가방 밖으로 나가게 하는 것'이다. 그래서 이러한 이유로 비밀을 폭로하는 것은 '고양이를 가방 밖으로 나가게 한다.'고 말해진다.

● 중요 포인트

because vs because of

❶ because, although, while + 문장(S + V)
This was done because the founder of the Muslim religion had declared pork to be unclean.
문장(S+V)이 왔어.

❷ because of, despite, during + 명사
Pigs were traditionally associated with dirtiness because of their habit of rolling around in mud.
명사(their habit)가 왔지.

● 해설

2. 다음 글에서 전체 흐름과 관계 없는 문장은?

When the Muslims invaded southern Europe in the eighth century, they passed a law forbidding the sale of pork. This was done because the founder of the Muslim religion had declared pork to be unclean. ① This law, of course, didn't change the Europeans' love of pork, and there soon developed a black market for the meat. ② In secret transactions, usually conducted at night, farmers would sell to city dwellers pigs concealed in large bags. ③ Occasionally, a dishonest farmer would trick a buyer by selling a bag containing not a pig but a cat.
이 글은 이슬람교도의 남유럽 침략시 벌여진 돼지고기 금지법에 대한 이야기지. 전체적으로 돼지고기 금지법으로 인해 벌어지는 내용들이 나오고 있어.
④ Pigs were traditionally associated with dirtiness because of their habit of rolling around in mud while cats were believed to be clean.
그런데 ④번은 단순한 고양이와 돼지의 차이점을 말하고 있으니까 이것이 정답이 되겠지. ⑤번은 다시 돼지고기 거래 이야기가 나오고 있어.
⑤ If something went wrong and the bag came open during the transaction, this literally "let the cat out of the bag" and this is why revealing a secret is said to be "letting the cat out of the bag."

3. ④

● 지문분석

Have you ever done / something absent-minded
~thing + 형용사
/ like throwing the peeled potato / into the bin
전치사 + 동명사
/ and the peelings into the pot?
당신은 한 적이 있나 / 멍청한 일을 / 껍질 벗긴 감자를 던지는 것처럼 / 쓰레기통 안으로 / 그리고 껍질은 냄비로

How about sending an email / saying there is a document / attached without actually attaching the document?
이메일을 보내는 건 어떤 가 / 자료가 있다고 말하고 있는 / 실제는 자료를 첨부하지 않은 채 첨부된

Everyday mistakes / like these / happen all
S
the time / because our brains have to keep track of / hundreds of different responses / to thousands of different potential stimuli / every hour of our waking lives.
매일의 실수는 / 이와 같은 / 항상 발생해 / 왜냐하면 우리 두뇌는 기록해야만 하기 때문이야 / 수백 가지의 다른 반응을 / 수천 가지의 다른 잠재적인 자극에 대한 / 우리가 깨어있는 삶의 매 시간마다

Even though a second earlier / we wrote / that
S V
we were attaching a document / to the email, / the very next second / our brain gives a command / to our fingers / to send the attachment-less email.
비록 1초 전에 / 우리가 썼더라도 / 우리가 자료를 첨부하고 있다고 / 이메일에 / 그 다음 1초에 / 우리의 뇌는 명령을 내려 / 우리 손가락에 / 첨부 없는 메일을 보내라고

(It is wise / not to open email attachments /
가주어-진주어
from an unknown, doubtful, or untrustworthy source.)
현명해 / 이메일 첨부파일을 열지 않는 것은 / 모르고 의심스럽고 믿을만하지 못한 출처로부터 온

Sometimes / we don't even realize our mistake / until we get an email / from the addressee / pointing it out.
때때로 / 우리는 우리의 실수를 깨닫지 못해 / 우리가 이메일을 받을 때까지 / 수신인으로부터 / 그것을 지적하는

● 전체 해석

당신은 여태까지 껍질을 벗긴 감자를 쓰레기통에 던지고 껍질은 냄비에 던지는 것과 같은 멍청한 일을 한 적이 있는가? 실제로 문서를 첨부하지 않고 첨부 문서가 있다는 이메일을 보내는 것은 어떤가? 우리의 뇌는 우리의 깨어있는 삶의 매 시간마다 수천 가지 다양한 잠재적인 자극에 대해 수백 가지의 다양한 반응을 기록해야 하기 때문에 이와 같은 흔한 실수가 항상 일어난다. 비록 우리가 1초 전에 이메일에 문서를 첨부했다고 썼다 하더라도, 바로 다음 순간에 우리의 뇌는 첨부 문서가 없는 이메일을 보내라고 손가락에게 명령을 내린다. (모르는, 의심스러운, 또는 신뢰할 수 없는 출처로부터 온 이메일의 첨부 문서를 열지 않는 것이 현명하다.) 때때로 심지어 우리는 그것을 지적하는 수신인으로부터 이메일을 받고 나서야 비로소 우리의 실수를 깨닫는다.

● 중요 포인트

명사 수식 분사(~ed)

명사 뒤에 오는 과거분사는 그 명사를 수식할 수 있어. 「주격 관계사 + be동사」의 생략 구문으로 보기도 하지만 중요한 것은 앞의 명사를 수식한다는 거야.

There is a document attached without actually attaching the document.

●해설

3. 다음 글에서 전체 흐름과 관계 없는 문장은?

Have you ever done something absent-minded like throwing the peeled potato into the bin and the peelings into the pot? ① How about sending an email saying there is a document attached without actually attaching the document? ② Everyday mistakes like these happen all the time because our brains have to keep track of hundreds of different responses to thousands of different potential stimuli every hour of our waking lives. ③ Even though a second earlier we wrote that we were attaching a document to the email, the very next second our brain gives a command to our fingers to send the attachment-less email.
자기도 모르게 첨부 파일 없이 이메일을 보내는 경우에 대한 글이야.
④ It is wise not to open email attachments from an unknown, doubtful, or untrustworthy source.
그런데 ④번은 단순히 모르는 이메일을 열어보지 말라는 내용이지. 단순히 이메일이라는 소재만 가져온 문장이야. 이것이 바로 정답이 되겠지.
⑤ Sometimes we don't even realize our mistake until we get an email from the addressee pointing it out.

4단계 혼공 개념 마무리   p.121

1. 우리의 음식과 제품에 내포된 물은 '가상의 물'이라고 불린다.
The water / that is embedded / in our food / and manufactured products / is called "virtual water."
물은 / 내포되어 있는 / 우리 음식 속에 / 그리고 제품에 / '가상의 물'이라고 불려

2. 대중적인 믿음과는 반대로, 어두운 조명에서 책을 읽는 것은 당신의 눈을 망치지 않는다.
Contrary to popular belief, / reading books / in poor light / does not ruin your eyes.
대중적인 믿음과는 달리 / 책을 읽는 것은 / 어두운 조명에서 / 당신의 시력을 망치지 않아

3. 날콩에는 시안화수소산이 함유되어 있는데, 이것은 독성이 있으며 병과 혈압 문제를 일으킬 수 있다.
Raw beans contain hydrocyanic acid, / which is poisonous / and can cause / sickness and blood pressure problems.
날콩은 시안화수소산을 포함해 / 그런데 이것은 독성이 있어 / 그리고 유발할 수 있지 / 병과 혈압 문제를

4. 아이들이 자라면서 음악 훈련은 아이들이 학교에서 성과를 이루는 데 필요한 자제력과 자신감을 개발하도록 계속 도움을 준다.
As children grow, / musical training / continues to help them / develop the discipline and self-confidence / needed to achieve in school.
help + O + 동사원형
아이들이 자라면서 / 음악 훈련은 / 계속 도와줘 / 그들이 / 자제력과 자신감을 발달시키도록 / 학교에서 성취하는데 필요한

5. 목표를 세우고 달성하는 것과 더불어 매일 행해지는 음악 연습은 자기 절제와 인내심, 그리고 책임감을 개발한다.
The day-to-day practice / in music, / along with setting goals / and reaching them, / develops self-discipline, patience, and responsibility.
매일 매일의 연습은 / 음악에서 / 목표를 세우고 / 목표에 도달하는 것과 더불어 / 자제력, 인내심과 책임감을 발전시켜

6. 대개 밤에 행해졌던 비밀스런 거래 속에서 농부들은 도시 주민들에게 큰 가방에 숨겨진 돼지를 팔곤 했다.
In secret transactions, / usually conducted at night, / farmers would sell to city dwellers / pigs / concealed in large bags.
비밀 거래에서 / 보통 밤에 이루어진 / 농부들은 도시 주민들에게 / 팔았어 / 돼지고기를 / 커다란 자루에 숨겨진

7. 실제로 문서를 첨부하지 않고 첨부 문서가 있다는 이메일을 보내는 것은 어떤가?
How about sending an email / saying / there is a document / attached / without actually attaching the document?
이메일을 보내는 건 어떤 가 / 말하고 있는 / 자료가 있다고 / 첨부된 / 실제는 자료를 첨부하지 않은 채

혼공 12일차 주어진 문장 넣기

1단계 개념 요리하기   p.124

●지문 분석

It's great / to have people in your life / who
가주어-진주어
believe in you / and cheer you on.   people 수식
대단하지 / 당신의 인생에서 사람을 가지는 게 / 당신을 믿고 / 그리고 당신을 응원하는

They are truly interested / in what you are trying to achieve / and support you / in all of your goals and efforts.
그들은 정말로 관심이 있어 / 당신이 얻고자 노력하는 것에 / 그리고 당신을 지지하지 / 당신의 목표와 노력의 모든 것 안에서

Each of us needs people / in our lives / who

encourage us / so that we can feel confident /
in our capabilities / and move forward / toward
our goals.
우리 각자는 사람들이 필요하지 / 우리 인생에서 / 우리를 격
려하는 / 그래서 우리는 자신감을 느낄 수 있지 / 우리의 능력
에 대해서 / 그리고 앞으로 나아가지 / 우리의 목표를 향해서

But there will be times / in your life / when
there is no one around / to stand up / and cheer
you on.
시기가 있을 거야 / 당신의 인생에서 / 주변에 누구도 없는 /
서서 / 당신을 응원할

When this happens, / don't get depressed.
이러한 일이 벌어질 때 / 낙담하지 마

Instead, / become your own cheerleader.
대신에 / 당신 자신의 치어리더가 돼

Give yourself a motivational pep talk / because
nobody knows / your strengths and talents
better / than you / and no one can motivate you
/ better than you.
당신 스스로에게 동기를 주는 격려의 말을 줘 / 왜냐하면 누
구도 알지 못해 / 당신의 강점과 재능을 더 잘 / 당신보다 /
그리고 누구도 당신에게 동기를 줄 수 없어 / 당신보다 더 잘

●전체 해석

여러분의 인생에서 여러분을 믿고 응원하는 사람들이 있다
는 것은 좋은 일이다. 그들은 여러분이 성취하려고 노력하고
있는 것에 진심으로 관심을 가지며 여러분의 모든 목표와 노
력을 지지한다. 우리는 각자 우리의 인생에서 자신의 능력을
확신하고 자신의 목표를 향해 앞으로 나아가기 위해 우리를
격려해 주는 사람들이 필요하다. 하지만 여러분의 인생에서
일어나 여러분을 응원할 사람이 주변에 아무도 없을 때가
있을 것이다. 이런 일이 일어날 때, 우울해하지 마라. 대신에
여러분 자신의 치어리더가 되라. 어느 누구도 여러분의 장점
과 소질을 여러분보다 더 잘 알지 못하고 그 어느 누구도 여
러분에게 여러분보다 더 잘 동기를 부여할 수 없으므로, 동
기를 부여하는 격려의 말을 여러분 자신에게 하라.

●중요 포인트

2형식 동사 + 형용사

❶ 2형식 동사는 뒤에 주격보어가 오므로 부사는 올
수 없어.

2형식 동사
be동사, appear, seem
[감각동사] look, sound, feel   **형용사**
[~이 되다] become, grow,   주격보어
get, turn

❷ 우리말로 부사처럼 해석이 되지만, 형용사가 와야
하지.

'자신감 있게 느껴' → 부사처럼 해석이 되지만, feel 다음에는 형용사!
We can feel confident in our capabilities and
move forward toward our goals.

p.126

2단계 개념 맛보기

보기 ④

●지문분석

It is easy / to fill your house or apartment / with
the magic of green plants.
가주어-진주어
쉽지 / 당신의 집이나 아파트를 채우는 것이 / 녹색 식물의 마
법으로

First, / buy a number of cheap but healthy plants
/ at a store.
명령문
우선 / 많은 값이 싸지만 건강한 식물들을 사라 / 가게에서

Second, / place them attractively / on the shelves.
명령문 plants
두 번째 / 그것들을 매력적으로 위치시키자 / 선반 위에다가

Third, water lightly but lovingly, / as directed /
명령문 '물을 주다'   it is 생략
by the seller, plant labels, or gardening books.
세 번째로 / 가볍지만 사랑스럽게 물을 줘라 / 지시된 대로 /
판매자나 화분 라벨이나 원예책에 의해서

If not, / the plants will soon suffer / from too
much water or too little.
그렇지 않다면 / 식물들은 곧 고통을 받을 거야 / 너무 많이
물을 주거나 너무 적게 주는 것으로부터

●전체 해석

집이나 아파트를 녹색 화초의 매력으로 가득 채우기는
쉽다. 먼저 가게에서 여러 가지의 값싸고 싱싱한 화초
를 사라. 둘째, 선반에 그것들을 매력적으로 배열하라.
셋째, 판매자, 화분 라벨, 또는 원예책에서 지시하는 대
로, 가볍게 그리고 애정을 가지고 물을 주어라. 그렇지
않으면 화초는 곧 물을 너무 많이 주어서, 또는 너무 적
게 주어서 병에 걸리게 될 것이다.

1. ③

●지문분석

Clocks and watches help us / get to places / on
time.
시계는 우리를 도와주지 / 장소에 도착하도록 / 정각에

When we look at a watch, / we know / if we
have to hurry / or take our time.
우리가 시계를 볼 때 / 우리는 알아 / 우리가 서둘러야 하는지
/ 아니면 여유를 가질지

But what about people / who are blind?
하지만 사람들은 어때 / 눈이 보이지 않는

In this case, / blind people can use / a 'talking
watch'.
이 경우에 / 시각 장애인들은 사용할 수 있어 / 말하는 시계를

The watch shows the correct time, / but it also
has a button.
그 시계는 정확한 시간을 보여줘 / 그러나 그것은 또한 버튼
을 가지고 있어

When the button is pressed, / a voice 'tells' the time.
버튼이 눌러졌을 때 / 목소리가 시간을 말해주지

● 전체 해석
시계는 우리가 제때 장소에 도착하도록 도와준다. 우리가 시계를 볼 때 우리는 서둘러야 할지 아니면 여유를 가져도 되는지 알 수 있다. 그러나 시각 장애인들은 어떨까? 이와 같은 경우 시각 장애인들은 '말하는 시계'를 사용할 수 있다. 이 시계는 정확한 시각을 보여줄 뿐 아니라, 버튼도 있다. 버튼을 누르면 소리가 시간을 '말해준다.'

● 해설
1. 글의 흐름으로 보아, 주어진 문장이 들어가기에 가장 적절한 곳은?
In this case, blind people can use a 'talking watch'.
이 경우는 뒤에 시계가 나오니 분명히 시각장애인이 시계를 사용하는 순간일 거야.

Clocks and watches help us get to places on time. (①) When we look at a watch, we know if we have to hurry or take our time. (②) But what about people who are blind? (③) The watch shows the
시각 장애인이 드디어 등장
correct time, but it also has a button. (④) When the button is pressed, a voice 'tells' the time.

2. ④

● 지문분석

Astronauts found no water / on the surface of the moon.
우주 비행사들은 어떠한 물도 발견하지 못했어 / 달의 표면에서
They found no living things / on the moon / − no animals or plants.
그들은 어떠한 살아있는 생명체를 발견하지 못했지 / 달에서 / 어떠한 동물이나 식물도 말이야
However, / scientists have discovered / what seems to be water and ice / beneath the surface of the moon.
그런데 / 과학자들은 발견했어 / 물과 얼음 같은 것을 / 달의 표면 아래에서
Most of it / is combined together / with other chemicals.
그 대부분은 / 함께 결합되어 있어 / 다른 화학 물질과
So, when you visit the moon, / you should be able to separate the water / from the other chemicals.
그래서 당신이 달을 방문할 때 / 당신은 그 물을 분리할 수 있어야 해 / 다른 화학 물질로부터
Then, you will be able to drink the water.
그러면 당신은 그 물을 마실 수 있게 될 거야

● 전체 해석
우주 비행사들은 달 표면에서 어떠한 물도 발견하지 못했다. 그들은 달에서 살아있는 존재 – 동물이든 식물이든 – 를 발견하지 못했다. 하지만, 과학자들은 물과 얼음인 것 같은 것을 달 표면 아래에서 발견했다. 그 중 대부분의 것은 다른 화학 물질과 결합되어 있다. 그래서 여러분이 달을 방문할 때, 여러분은 다른 화학 물질로부터 물을 분리할 수 있어야 한다. 그러면, 당신은 물을 마실 수 있게 될 것이다.

● 해설
2. 글의 흐름으로 보아, 주어진 문장이 들어가기에 가장 적절한 곳은?
So, when you visit the moon, you should be able to
the moon, the water, the other chemicals가 나오니 앞에 언급이 되어 있어야 해.
separate the water from the other chemicals.

Astronauts found no water on the surface of the moon. (①) They found no living things on the moon - no animals or plants. (②) However, scientists have discovered what seems to be water and ice beneath the surface of the moon. (③) Most of it is combined together with other chemicals. (④
마지막으로 other chemicals가 언급된 부분이니 이 다음에 나와야겠지.
) Then, you will be able to drink the water.

3. ③

● 지문분석

The idea of a paperless office / appeared / more
S   V
than 20 years ago.
종이 없는 사무실의 생각은 / 나타났어 / 20년 전 보다 전에

The paperless office has many benefits.
종이 없는 사무실은 많은 이점을 가지지

First, it helps the environment / by saving more
the paperless office   전치사 + 동명사
trees.
우선 그것은 환경을 도와줘 / 더 많은 나무를 아낌으로써

Another benefit / is to save money.
                '~하는 것' to부정사의 명사적 용법
또 다른 이점은 / 돈을 아끼는 거야

Printers, paper and ink / are expensive, / so
keeping an electronic file / saves / a lot of
S   V
money.
프린터, 종이와 잉크는 / 비싸 / 그래서 전자파일을 가지는 것이 / 아껴주지 / 많은 돈을

Also, the paperless office saves time.
또한 종이 없는 사무실은 시간을 아껴줘

It takes hours / to search data / with paper
it takes + 시간 + to부정사: to부정사 하는데 시간이 걸리다
document.
시간이 걸려 / 데이터를 찾는데 / 종이 자료를 가지고

But with digital document, / you can search
data / within seconds.
하지만 디지털 자료를 가지고 / 당신은 데이터를 찾을 수 있어 / 수 초 안에

● 전체 해석
종이 없는 사무실의 생각은 20년도 훨씬 전에 나타났다. 종

이 없는 사무실은 많은 이점이 있다. 우선, 더 많은 나무를 구함으로써 환경을 도와준다. 또 다른 이점은 돈을 절약하는 것이다. 프린터와 종이, 그리고 잉크는 비싸며, 그래서 전자 파일을 사용하는 것이 많은 돈을 절약해준다. 또한 종이 없는 사무실은 시간을 아껴준다. 종이 자료를 가지고 데이터를 찾는 것은 시간이 걸린다. 하지만, 디지털 자료라면 당신은 수초 만에 데이터를 찾을 수 있다.

●해설

3. 글의 흐름으로 보아, 주어진 문장이 들어가기에 가장 적절한 곳은?

Also, the paperless office saves time.
일단 앞에 다른 장점이 나와야겠지. 뒤에는 시간과 관련된 내용이 나오면 돼.

The idea of a paperless office appeared more than 20 years ago. The paperless office has many benefits. First, it helps the environment by saving more trees. (①) Another benefit is to save money. (②) Printers, paper and ink are expensive, so keeping an electronic file saves a lot of money. (③) It takes hours to search data with paper document.
드디어 시간이 나왔다. 앞에는 돈과 관련되었으니 시간과 연결이 안 되지? 주어진 문장이 앞 앞에 들어가야 돼.
(④) But with digital document, you can search data within seconds.

4. ④

●지문분석

> We should keep in mind / that 3-D movies might not be good for / our eyes.
> 우리는 명심해야 해 / 3D 영화는 좋지 않을 수도 있어 / 우리 눈에
>
> When we look at things nearby, / our eyes converge.
> 우리가 사물을 가까이서 볼 때 / 우리의 눈은 수축해(한 곳으로 몰려)
>
> Our eyes do the opposite / when we look at things / in the distance.
> 우리의 눈은 반대의 작용을 하지 / 우리가 사물을 볼 때 / 멀리서
>
> When we watch 3-D movies, / however, / our eyes focus on things / that are both far and near / at the same time.
> both A and B
> 우리가 3D 영화를 볼 때 / 하지만 / 우리의 눈은 사물에 집중해 / 멀고 가까운 곳 모두에 있는 / 동시에
>
> This can lead to / headaches and unclear vision.
> 이것은 유발할 수 있어 / 두통과 부정확한 시력을
>
> Therefore, 3-D movie producers / should do something / to solve these types of problems.
> 그래서 3D 영화 제작자는 / 무언가를 해야 해 / 이러한 문제를 해결할

●전체 해석

우리는 3D 영화가 눈에 좋지 않을 수도 있다는 걸 명심해야

한다. 우리가 가까이서 사물을 볼 때, 우리 눈은 수축한다. 우리가 멀리 있는 사물을 볼 때는 우리의 눈은 반대로 된다. 그러나, 우리가 3D 영화를 볼 때에, 우리의 눈은 멀리 있는 것과 가까이 있는 것을 동시에 집중하게 된다. 이것은 두통과 부정확한 시력을 유발할 수 있다. 따라서, 3D 영화 제작자는 이런 유형의 문제들을 해결해야만 한다.

●해설

4. 글의 흐름으로 보아, 주어진 문장이 들어가기에 가장 적절한 곳은?

This can lead to headaches and unclear vision.
일단 안 좋은 문제점이 등장하지. 따라서 앞에는 이 원인이 나와야 해.

We should keep in mind that 3-D movies might not be good for our eyes. (①) When we look at things nearby, our eyes converge. (②) Our eyes do the opposite when we look at things in the distance. (③) When we watch 3-D movies, however, our eyes focus on things that are both far and near at the same time.
맨 앞 문장에서 문제점을 지적했는데, 이 부분은 정확하게 어떤 문제점인지는 나오지 않아. 단순한 상황 설명이야.
(④) Therefore, 3-D movie producers should do something to solve these types of problems.
갑자기 문제점을 해결해야 된다고 나오니 앞에는 문제점이 나와야겠지. 따라서 앞에는 문제점이 언급되어야 하니까 ④번이 정답이야.

5. ③

●지문분석

> I was scared / of air travel.
> 나는 무서웠어 / 비행기 여행이
>
> Friends said / air travel is safer / than highway travel, / but it made no difference / to me.
> that 생략
> 친구들은 말했지 / 비행기 여행이 더 안전하다고 / 고속도로 여행보다 / 하지만 그것은 차이점이 없었어 / 나에게는
>
> I had read many news stories / describing crash scenes / and imagined these scenes / happening to me.
> 나는 많은 뉴스 이야기를 읽어왔어 / 충돌 장면을 묘사하는 / 그리고 이러한 장면을 상상했지 / 나에게 일어나는
>
> Then one day / I had the opportunity / to fly with friends / on a plane / to a beautiful resort.
> 그러던 어느 날 / 나는 기회를 가졌지 / 친구들과 함께 비행할 / 비행기로 / 아름다운 리조트로
>
> I didn't want to miss / such a great vacation.
> such a 부 형 + 명 '어순 주의'
> 나는 놓치고 싶지 않았어 / 그렇게나 멋진 휴가를
>
> So I spent two weeks / imagining a smooth flight / on a beautiful sunny day / and an easy landing.
> spend 시간 ~ing: ~ing 하는 데 시간을 보내다
> 그래서 나는 2주의 시간을 보냈지 / 부드러운 비행을 상상하는데 / 아름다운 화창한 날씨에 / 그리고 평탄한 착륙을

●전체 해석

나는 비행기 여행이 무서웠다. 친구들은 비행기 여행이 고속도로 여행보다 안전하다고 말했지만, 나에게는 전혀 달라지는 것이 없었다. 나는 추락 장면을 설명하는 많은 뉴스 기사를 읽었으며, 그러한 장면들이 나에게 일어나는 것을 상상했

었다. <u>그러던 어느 날 나는 친구들과 함께 비행기를 타고 아름다운 휴양지에 갈 기회가 생겼다.</u> 나는 그런 멋진 휴가를 놓치고 싶지 않았다. 그래서 나는 아름답고 화창한 날씨에 순조로운 비행을 한 후 사뿐히 착륙하는 장면을 상상하면서 2주일을 보냈다.

● 해설

5. 글의 흐름으로 보아, 주어진 문장이 들어가기에 가장 적절한 곳은?

Then one day I had the opportunity to fly with friends on a plane to a beautiful resort.
여하튼 친구들과 비행기 여행을 갈 기회가 생겼다는 거지. 뒤에는 여행과 관련된 내용이 나오면 될 것 같아.

I was scared of air travel. (①) Friends said air travel is safer than highway travel, but it made no
비행기가 무서워 비행기 여행을 못한다는 내용이야.
difference to me. (②) I had read many news stories describing crash scenes and imagined these scenes happening to me. (③) I didn't want to miss such a great vacation.
갑자기 휴가를 놓치고 싶지 않대. 바로 주어진 문장에서 언급한 그 기회겠지. 이 앞에 들어가면 OK.
(④) So I spent two weeks imagining a smooth flight on a beautiful sunny day and an easy landing.

③ 모의고사 요리하기   p.128

1. ③

● 지문분석

For the most part, / people / who live or work / in cities / walk throughout the day / – to go / from the parking lot / to the office, / to shop, / and to run errands.
대부분의 경우 / 사람들은 / 살거나 일하는 / 도시에서 / 하루 종일 걷지 / 가려고 / 주차장에서 / 사무실로 / 쇼핑하러 / 그리고 심부름을 하러

It's often easier and cheaper / to walk a few blocks / than to wait for a taxi or subway.
가주어-진주어
종종 더 쉽거나 가격이 싸 / 몇 블록을 걷는 게 / 택시나 지하철을 기다리는 것보다

In this way, / exercise can be structured / into the daily routine.
이런 식으로 / 운동은 구조화될 수 있어 / 일상생활 속으로

This is not the case / for people / who live in the suburbs.
이것은 그런 경우는 아니야 / 사람들을 위한 / 교외 지역에 살고 있는

Because the suburbs are spread out, / it's too far / to walk to the office / or run to the store.
교외 지역은 펼쳐져 있기 때문에 / 그곳은 너무 멀어서 / 사무실까지 걸을 수 없거나 / 가게로 뛰어갈 수 없어

Walking to the bus stop / used to provide / at least some movement, / but now most public
used to ~하곤 했다

transportation is limited, / so suburban people drive everywhere.
버스 정류장까지 걷는 것은 / 제공하곤 했었지 / 최소한 몇 가지 움직임을 / 하지만 지금 대부분의 대중교통은 제한적이야 / 그래서 교외 지역의 사람들은 어디든 운전을 하지

The price / they pay / is limited physical movement / during the day.
S
가격은 / 그들이 지불하는 / 제한된 육체 운동이야 / 하루 동안의

● 전체 해석

대부분의 경우에, 도시에서 살거나 일하는 사람들은 주차장에서 사무실까지 가기 위해서, 쇼핑하기 위해서, 그리고 용무를 보기 위해서 온종일 걷는다. 택시나 지하철을 기다리는 것보다 몇 블록을 걷는 것은 흔히 더 수월하고 비용이 덜 든다. 이런 식으로 운동이 일과 속에 구조화될 수 있다. <u>이것은 교외에 사는 사람들에게는 해당되는 일이 아니다.</u> 교외는 넓게 펼쳐져 있기 때문에 사무실까지 걸어가거나 상점까지 뛰어가기에는 너무 멀다. 버스 정류장까지 걸어가는 것이 적어도 약간의 운동을 제공해 주곤 했지만, 지금은 대부분의 대중교통이 제한적이어서 교외에 사는 사람들은 어디든 운전을 하고 다닌다. 그들이 치러야 하는 대가는 하루 동안 신체적 운동이 제한적이라는 것이다.

● 중요 포인트

used to vs be used to

❶ used to부정사: ~하곤 했다
Walking to the bus stop <u>used to provide</u> at least some movement.
버스 정류장까지 걷는 것은 최소한 몇 가지 움직임을 제공해주곤 했어.

❷ be used to부정사: ~에 이용되다
This device <u>was used to help</u> your exercise.
이 장치는 당신의 운동을 돕는데 이용되었다.

❸ be used to ~ing: ~에 익숙해지다
The child <u>is used to touching</u> the smart phone.
그 아이는 스마트폰을 만지는데 익숙하다.

● 해설

1. 글의 흐름으로 보아, 주어진 문장이 들어가기에 가장 적절한 곳을 고르시오.

This is not the case for people who live in the suburbs.
교외 지역이 등장하지. 아마도 교외 지역이 갑자기 나타난 곳에 들어가겠지?

For the most part, people who live or work in cities walk throughout the day – to go from the parking lot to the office, to shop, and to run errands. (①) It's often easier and cheaper to walk a few blocks than to wait for a taxi or subway. (②) In this way, exercise can be structured into the daily routine. (③) Because the suburbs are spread out,
교외 지역이 등장하지. 이 앞에서는 한 번도 나오지 않았어. 따라서 주어진 문장은 이, 앞에 나와야겠지.
it's too far to walk to the office or run to the store.

(④) Walking to the bus stop used to provide at least some movement, but now most public transportation is limited, so suburban people drive everywhere. (⑤) The price they pay is limited physical movement during the day.

2. ④

● 지문분석

> A classic psychological experiment / asks a group of people / to wear headphones.
> <small>ask + 목적어 + to부정사</small>
> 전형적인 심리학 실험은 / 한 그룹의 사람들에게 요구해 / 헤드폰을 쓰라고
>
> In this experiment, / spoken words are played / through the headphones, / but a different set of words / is played / to each ear.
> 이 실험에서 / 음성으로 된 단어들이 재생돼 / 헤드폰을 통해서 / 하지만 다른 형태의 단어들이 / 재생돼 / 각각의 귀에
>
> Participants are told / to listen to the words / being sent / to one ear (say the left ear) / and to repeat them aloud.
> 참가자들은 말을 듣지 / 그 단어들을 들어보라는 / 전달되어지는 / 하나의 귀에 (말하자면 왼쪽 귀) / 그리고 그것들을 크게 따라하라고
>
> When given these instructions, / people are quite good / at repeating the words / that were spoken to that ear.
> <small>they are 생략 / 접속사 + 분사구문</small>
> 이런 지시를 받았을 때 / 사람들은 아주 능숙하지 / 그 단어들을 반복하는 데 / 그 쪽 귀에 들리는
>
> However, they are unable to remember / any of the words / that they heard in the other ear, / even if the same small set of words / had been repeated / a dozen times.
> 하지만 그들은 기억할 수가 없어 / 어떤 단어도 / 그들이 다른 쪽 귀에서 들었던 / 비록 같은 작은 일련의 단어들이 / 반복되더라도 / 12번 정도
>
> This example shows / that much of the information / that is available to your ears / does not make it / too far / into your head.
> <small>셀 수 없는 명사(단수취급)</small>
> 이 예시는 보여주지 / 많은 정보는 / 당신 귀에서 이용 가능한 / 해내지 못해 / 멀리까지 / 당신의 머릿속으로
>
> You are selecting / only a small amount of that information / to be processed / enough to know / what words were being spoken.
> 당신은 선택하고 있어 / 단지 적은 양의 그러한 정보를 / 처리되어지는 / 알 정도로 충분히 / 어떤 단어를 듣고 있는지

● 전체 해석

한 전형적인 심리학 실험은 한 그룹의 사람들에게 헤드폰을 착용하도록 요청한다. 이 실험에서, 음성으로 된 단어들은 헤드폰을 통해서 재생되지만 서로 다른 일련의 단어들이 각의 귀에 재생된다. 참가자들은 한쪽 귀(예를 들면 왼쪽 귀)에 들린 단어를 듣고 크게 반복하라고 지시 받는다. 이런 지시를 받을 때, 사람들은 그 귀에서 들었던 단어들을 상당히 잘 반복한다. 하지만, 비록 일련의 짧은 동일한 단어들이 수십 번 반복되었다 할지라도, 그들은 다른 한쪽 귀에서 들은 어떤 단어도 기억하지 못한다. 이 예는 당신의 귀로 얻을 수 있는 정보의 많은 부분이 당신의 머릿속까지 멀리 도달하지 못한다는 것을 보여준다. 당신은 어떤 단어들이 들리고 있었는지 충분히 알 수 있을 만큼 처리될 그 정보의 적은 양 만을 선택하고 있다.

● 중요 포인트

4형식 동사의 수동태

수동태 구문에는 보통 목적어가 없지만, 원래 목적어가 2개인 4형식 동사의 수동태는 목적어가 존재할 수 있어.

<small>수동태임에도 불구하고 뒤에 목적어가 나오지.</small>
Jack was given a pen and a book from the teacher.

해석을 통해서 내용상 '받다'면 수동태, '주다'면 능동태를 선택하면 돼.

<small>'이러한 지시를 받았을 때'</small>
When given these instructions, people are quite good at repeating the words.

● 해설

2. 글의 흐름으로 보아, 주어진 문장이 들어가기에 가장 적절한 곳을 고르시오.

However, they are unable to remember any of the words that they heard in the other ear, even if the same small set of words had been repeated a dozen times. <small>기본적으로 However가 나오니 앞의 내용의 반박 내용이지. 즉 지문에서 갑자기 방향 전환이 이루어지는 부분이 나오는 거야. 그 부분을 찾아야 해.</small>

A classic psychological experiment asks a group of people to wear headphones. (①) In this experiment, spoken words are played through the headphones, but a different set of words is played to each ear. (②) Participants are told to listen to the words being sent to one ear (say the left ear) and to repeat them aloud. (③) When given these instructions, people are quite good at repeating the words that were spoken to that ear. <small>사람들은 들은 단어를 반복하는 데 능숙하다는 내용에 다음 많은 정보가 머리에는 도달하지 못한다는정반대인 내용이 나오지.</small> (④) This example shows that much of the information that is available to your ears does not make it too far into your head. (⑤) You are selecting only a small amount of that information to be processed enough to know what words were being spoken.

3. ⑤

● 지문분석

> The goal in anger management / is to increase the options / you have / to express anger in a healthy way.

분노 조절의 목적은 / 선택을 증가시키는 거야 / 당신이 가지는 / 분노를 건전한 방식으로 표현해내는

By learning a variety of anger management
전치사 + 동명사
strategies, / you develop control, choices, and flexibility / in how you respond / to angry feelings.

다양한 분노 조절 전략을 배움으로써 / 당신은 통제와 선택, 그리고 유연성을 발달시키지 / 어떻게 당신이 반응하는지에 있어 / 화나는 감정에 대해서

A person / who has learned a variety of ways
S
/ to handle anger / is more competent and
V
confident.

사람은 / 다양한 방식을 배워왔던 / 분노를 다루기 위한 / 더욱 유능하고 자신감이 있어

And with competence and confidence / comes
전치사구 + V + S → 도치구문
/ the strength / needed to cope with situations /
S   전치사구
that cause frustration and anger.

그리고 능력과 자신감과 함께 / 오지 / 강함이 / 상황들을 극복하기 위해 필요한 / 좌절과 분노를 유발하는

The development / of a set of such skills /
S
further enhances our sense of optimism / that
V   동격 접속사
we can effectively handle the challenges / that
come our way.

발전은 / 그런 기술의 / 더 나아가 우리의 낙관론에 대한 감정을 고양시키지 / 우리가 효과적으로 어려움을 다룰 수 있다는 / 우리에게 닥치는

In contrast, the individual / who responds to
anger / in the same way every time / has little
V
capacity / to constructively adapt his responses
/ to different situations.

대조적으로 그 개인은 / 분노에 반응하는 / 항상 같은 방식으로 / 어떠한 능력도 없어 / 건설적으로 그의 반응을 적응시키는 / 다른 상황에

Such individuals are more likely / to feel
frustrated / and to have conflicts / with others
and themselves.

그런 개인들은 더욱 하려고 할 거야 / 좌절감을 느끼는 걸 / 그리고 다툼이 있겠지 / 다른 사람들과 그리고 자기 자신과

● 전체 해석

분노 조절의 목적은 건강한 방식으로 분노를 표출하기 위해 당신이 가지는 선택사항을 늘리는 것이다. 다양한 분노 조절 전략을 배움으로써 당신은 분노 감정에 대응하는 방식에 있어 통제, 선택사항들, 그리고 용통성을 발전시킨다. 분노를 조절하는 다양한 방식을 배운 사람은 더 유능하고 자신감이 있다. 그리고 능력과 자신감으로 좌절과 분노를 유발한 상황들을 대처하기 위해 필요한 힘이 생긴다. 일련의 그러한 기술들의 개발은 더 나아가 우리에게 생긴 도전에 효과적으로 대처하는 낙천주의를 강화한다. 대조적으로, 매번 동일한 방식으로 분노에 대응하는 개인은 다양한 상황에 자신의 대응을 건설적으로 적응시키는 능력을 거의 가지고 있지 않다. 그러한 개인들은 좌절감을 느끼기 쉽고 다른 사람들 그리고 자신들과의 갈등을 겪을 가능성이 더욱 높다.

● 중요 포인트

도치구문

❶ 동사 앞에 주어가 아닌 다른 성분이 올 때 도치가 발생하지.

With competence and confidence comes the strength needed to cope with situations.
전치사구가 앞에 오니까 동사와 주어가 서로 도치됨

❷ 동사 앞에 나온 부분을 강조하거나 주어가 긴 경우 도치가 이루어져.

● 해설

3. 글의 흐름으로 보아, 주어진 문장이 들어가기에 가장 적절한 곳을 고르시오.

In contrast, the individual who responds to anger in the same way every time has little capacity to constructively adapt his responses to different situations.
역시 In contrast가 나오니 앞의 내용의 반박 내용이지. 방향 전환이 키포인트.

The goal in anger management is to increase the options you have to express anger in a healthy way. (①) By learning a variety of anger management strategies, you develop control, choices, and flexibility in how you respond to angry feelings. (②) A person who has learned a variety of ways to handle anger is more competent and confident. (③) And with competence and confidence comes the strength needed to cope with situations that cause frustration and anger. (④) The development of a set of such skills further enhances our sense of optimism that we can effectively handle the challenges that come our way. (⑤) Such individuals are more likely to feel frustrated and to have conflicts with others and themselves.
⑤번의 앞은 다양하게 반응하는 사람들의 낙관성을 이야기하는데 ⑤번의 뒤는 갑자기 좌절감과 다툼이 나오지. 두 문장 사이에 간극이 느껴지지? 따라서 주어진 문장은 ⑤번에 들어가야 해.

4단계 혼공 개념 마무리   p.131

1. 하지만 여러분의 인생에서 일어나 여러분을 응원할 사람이 주변에 아무도 없을 때가 있을 것이다.
But there will be times / in your life / when there is no one around / to stand up / and cheer
no one 수식
you on.
시기가 있을 거야 / 당신의 인생에서 / 주변에 누구도 없는 / 서서 / 당신을 응원할

2. 하지만, 과학자들은 물과 얼음인 것 같은 것을 달 표면 아래에서 발견했다. 그중 대부분의 것은 다른 화학물질과 결합되어 있다.
However, / scientists have discovered / what seems to be water and ice / beneath the surface of the moon.

그런데 / 과학자들은 발견 했어 / 물과 얼음 같은 것을 / 달의 표면 아래에서

3. 그러나, 우리가 3D 영화를 볼 때에, 우리의 눈은 멀리 있는 것과 가까이 있는 것을 동시에 집중하게 된다.
When we watch 3-D movies, / however, / our eyes focus on things / that are both far and near / at the same time.
<u>both A and B</u>
우리가 3D 영화를 볼 때 / 하지만 / 우리의 눈은 사물에 집중해 / 멀고 가까운 곳 모두에 있는 / 동시에

4. 그래서 나는 아름답고 화창한 날씨에 순조로운 비행을 한 후 사뿐히 착륙하는 장면을 상상하면서 2주일을 보냈다.
So I spent two weeks / imagining a smooth flight / on a beautiful sunny day / and an easy landing.
<u>spend 시간 ~ing: ~ing 하는 데 시간을 보내다</u>
그래서 나는 2주의 시간을 보냈지 / 부드러운 비행을 상상하는 데 / 아름다운 화창한 날씨에 / 그리고 평탄한 착륙을

5. 버스 정류장까지 걸어가는 것이 적어도 약간의 운동을 제공해 주곤 했었지만, 지금은 대부분의 대중교통이 제한적이어서 교외에 사는 사람들은 어디든 운전을 하고 다닌다.
Walking to the bus stop / used to provide / at least some movement, / but now most public transportation is limited, / so suburban people drive everywhere.
<u>S ... V used to '~하곤 했다'</u>
버스 정류장까지 걷는 것은 / 제공하곤 했었지 / 최소한 몇 가지 움직임을 / 하지만 지금 대부분의 대중교통은 제한적이야 / 그래서 교외 지역의 사람들은 어디든 운전을 하지

6. 이런 지시를 받을 때, 사람들은 그 귀에서 들었던 단어들을 상당히 잘 반복한다.
When given these instructions, / people are quite good at / repeating the words / that were spoken to that ear.
<u>they are 생략 / 접속사 + 분사구문</u>
이런 지시를 받았을 때 / 사람들은 아주 능숙하지 / 그 단어들을 반복하는데 / 그 쪽 귀에 들리는

7. 대조적으로, 매번 동일한 방식으로 분노에 대응하는 개인은 다양한 상황에 자신의 대응을 건설적으로 적응시키는 능력을 거의 가지고 있지 않다.
In contrast, the individual / who responds to anger / in the same way every time / has little capacity / to constructively adapt his responses / to different situations.
대조적으로 그 개인은 / 분노에 반응하는 / 항상 같은 방식으로 / 어떠한 능력도 없어 / 건설적으로 그의 반응을 적응시키는 / 다른 상황에

 혼공 13일차 **글의 순서 배열**

① 단계 개념 요리하기   p.134

● 지문 분석

> I took a job / on the night shift / because the money was <u>much</u> better.
> <u>비교급 강조</u>
> 나는 일을 맡았어 / 야간 근무로 / 왜냐하면 돈이 더욱 좋았기에
>
> (B) Unfortunately, / working at night / meant / I could no longer have dinner / with my wife and kids.
> <u>that 생략</u>
> 불행하게도 / 밤에 일하는 건 / 의미했지 / 내가 더 이상 저녁을 먹을 수 없는 것을 / 내 아내와 아이들과 함께
>
> A sandwich in the cafeteria / isn't exactly the same thing / as a hot meal at home.
> 카페에서의 샌드위치는 / 정확하게 똑같은 게 아니야 / 집에서 만든 따뜻한 음식과
>
> (C) One night, / my wife surprised me / by packing up the kids and dinner / and coming to see me / at work.
> 어느 날 밤에 / 아내는 나를 깜짝 놀라게 했어 / 아이들과 저녁을 챙김으로써 / 그리고 나를 보러 와서 / 일터에
>
> The five of us / sat around the cafeteria table / and it was the best meal / I'd had in a long time.
> 우리 다섯은 / 카페 테이블 주변에 앉았어 / 그리고 그것은 최고의 식사였지 / 내가 한동안 했던
>
> (A) I took a slightly longer break / than usual / and my boss wasn't too happy about that.
> 나는 약간 더 길게 휴식을 취했지 / 평소보다 / 그리고 내 상사는 그걸 좋아하지 않았어
>
> So, we couldn't do it very often, / but I loved it / when they came.
> 그래서 우리는 그것을 너무 종종은 할 수 없었지 / 하지만 나는 그것을 너무 사랑했어 / 그들이 올 때

● 전체 해석

나는 (야간 근무의) 보수가 훨씬 더 나았기 때문에 야간에 근무하는 일을 맡았다. (B) 불행히도, 밤에 일하는 것은 내가 더는 아내와 아이들과 함께 저녁을 먹을 수 없다는 것을 의미했다. 구내식당의 샌드위치는 집의 따뜻한 식사와 똑같은 것은 아니다. (C) 어느 날 밤, 아내는 아이들을 챙기고 저녁을 싸서 직장에 있는 나를 보러 와 나를 놀라게 했다. 우리 다섯은 구내식당의 식탁에 둘러앉았고 그것은 한동안 내가 했던 식사 중 최고의 식사였다. (A) 나는 평소보다 약간 더 긴 휴식을 했는데 상사는 그것에 대해 그리 좋아하지 않았다. 그래서 우리는 그것을 아주 자주 할 수는 없었지만, 그들이 올 때는 매우 좋았다.

● 중요 포인트

비교급 강조

❶ 비교급을 강조(수식)하는 표현을 참고하자.

> **much, still, far, even, a lot, a little** + 비교급

❷ 형용사를 강조했던 기존의 very와 too는 비교급을 강조할 수 없지.

I took a job on the night shift because the money was <u>much</u> better.
_{very, too (X)}

2단계 개념 맛보기   p.136

보기 (C)–(A)–(B)

●지문분석

Credit is an important tool / for dealing with _{전치사 + 동명사} your money / and increasing your ability / to borrow money.

신용은 중요한 도구야 / 당신의 돈을 다루고 / 그리고 당신의 능력을 증가시키기 위한 / 돈을 빌리는

(C) Building good credit / is important / for _S   _V   _{전치사 + 동명사} buying major life goods.

좋은 신용을 쌓는 것은 / 중요하지 / 주요한 생활용품을 사는데

(A) For example, / it can help you / get a car loan / or a house loan.

예를 들어 / 그것은 당신을 도울 수 있어 / 자동차 대출을 얻는데 / 아니면 주택 대출을

(B) But when credit is used badly, / it can lead to great debt / and a money crisis.

하지만 신용이 잘못 사용될 때 / 그것은 엄청난 빚을 유발할 수 있지 / 그리고 재정적 위기를

●전체 해석

신용은 돈을 관리하고 돈을 빌리는 능력을 증가시키는 도구다. (C) 좋은 신용을 쌓는 것은 주요 생활용품을 사는데 중요하다. (A) 예를 들면, 그것은 당신이 자동차나 주택 대출을 받는데 도움을 준다. (B) 그러나 신용을 잘못 사용하면 큰 빚을 지거나 재정적 위기를 초래한다.

---

1. (C)–(A)–(B)

●지문분석

Masks have been used / in many ways / for thousands of years.

가면들은 사용되어 왔어 / 여러 가지 면에서 / 수천 년 동안

(C) Some tribes wore masks / when they went to war.

일부 부족들은 가면을 썼어 / 그들이 전쟁터로 갈 때

(A) They thought / the masks helped them / _{that 생략}   _{help + 목적어 + 동사원형/to부정사} win.

그들은 생각했어 / 가면이 그들을 도와주었다고 / 이기도록

(B) Others thought / that wearing masks / _S would make their gods happy.

다른 사람들은 생각했어 / 가면 착용은 / 그들의 신을 기쁘게 만든다고

●전체 해석

가면들은 수천 년 동안 여러 가지로 사용되었다. (C) 일부 부족들은 전쟁터로 갈 때, 가면을 착용했다. (A) 그들은 가면이 그들이 승리하도록 도와준다고 생각했다. (B) 다른 사람들은 가면 착용이 신을 행복하게 만든다고 생각했다.

●해설

1. 주어진 글 다음에 이어질 글의 순서를 맞춰 보자.

Masks have been used in many ways for thousands of years.

(C) Some tribes wore masks when they went to war.

→ (C)에서 전쟁터가 언급이 되었는데, 바로 (A)에서 승리하도록 도와준다고 했으니 이 둘은 이어지지.

(A) They thought the masks helped them win.

(B) Others thought that wearing masks would make their gods happy.

→ (B)에서는 다른 개념(신을 기쁘게 한다는)이 나오니까 마지막에 와야 해.

---

2. (A)–(C)–(B)

●지문분석

According to doctors, / laughter has an effect on / our body / as well as our mind.

의사들에 따르면 / 웃음은 영향을 줘 / 우리 신체에 / 우리 마음뿐만 아니라

(A) Maria was told / that she had cancer / and _❶ had only one year to live. _❷

마리아는 말을 들었어 / 그녀는 암에 걸렸다고 / 그리고 살려면 1년이 남았다고

(C) She didn't want to die, / so she asked her _{ask + 목적어 + to부정사} friends / to tell her / as many funny things / as they could.

그녀는 죽고 싶지 않았어 / 그래서 그녀는 그녀의 친구들에게 요구했어 / 그녀에게 말해달라고 / 많은 재미난 것들을 / 그들이 할 수 있는 만큼의

(B) Finally, / laughter helped her / to live longer / than expected.

마침내 / 웃음은 그녀를 도왔어 / 오래 살도록 / 예상했던 것보다

●전체 해석

의사들에 따르면, 웃음은 마음 뿐만 아니라 신체에도 영향을 준다. (A) 마리아는 그녀가 암에 걸렸고, 1년 정도 수명이 남아있다는 이야기를 들었다. (C) 그녀는 죽고 싶지 않았고, 친구들에게 할 수 있는 한 많은 재미난 이야기를 해달라고 요

구했다. (B) 마침내 웃음은 그녀가 예상했던 것보다 더 오래 살 수 있도록 도와주었다.

●해설

2. 주어진 글 다음에 이어질 글의 순서를 맞춰 보자.

According to doctors, laughter has an effect on our body as well as our mind.

→ 일반적인 웃음과 건강과의 관계를 이야기하고 있지.

(A)<u>Maria</u> was told that she had cancer and had only one year to live.

→ 다른 문장에 제시된 she에 대한 정체가 언급되었기에 첫 번째 문단이 돼.

(C)She didn't want to die, so she asked her friends to tell her as many funny things as they could.

→ 중간 과정을 묘사하고 있어. 따라서 두 번째 문단으로 오게 돼.

(B)Finally, laughter helped her to live longer than expected.

→ 최종 결론이지. 웃음 때문에 그녀는 더 오래 살게 되었으니 마지막 문단으로 와야 해.

3. (A)―(C)―(B)

●지문분석

> The Internet has several big advantages: / there's lots of information, / and it can be totally up-to-date.
>
> 인터넷은 몇 가지 큰 장점이 있어 / 많은 정보가 있지 / 그리고 그것은 전체적으로 최신 정보가 될 수 있어.
>
> (A) However, / it's not always a reliable source.
>
> 하지만 / 그것이 항상 믿을만한 정보인 것만은 아니야
>
> (C) There are often no editors / to make sure / the facts are straight, / and anyone with a computer / can post his or her own opinions / as fact.
>
> that 생략
>
> 종종 편집자가 없어 / 확인할 만한 / 그 사실들이 명확한지 / 그리고 컴퓨터를 가진 누구나 / 자신의 의견을 게시할 수 있지 / 사실로서
>
> (B) Therefore, / <u>avoid using</u> the Internet / as your first or only source of information.
>
> 명령문, avoid + 동명사
>
> 그래서 / 인터넷을 사용하는 걸 피해 / 첫 번째 혹은 유일한 정보의 창구로서

●전체 해석

인터넷은 몇 가지 장점이 있다. 많은 정보가 있으며, 전체적으로 최신 정보가 될 수 있다. (A) 하지만, 인터넷이 항상 믿을만한 것은 아니다. (C) 사실들이 명확한지를 확인할만한 편집자가 종종 없고, 컴퓨터를 가진 누구나 자신의 의견을 사실로 게시할 수가 있다. (B) 그래서 인터넷을 여러분의 첫 번째 혹은 유일한 정보의 출처로 사용하는 것은 피해라.

●해설

3. 주어진 글 다음에 이어질 글의 순서를 맞춰 보자.

The Internet has several big advantages: there's lots of information, and it can be totally up-to-date.

→ 인터넷의 장점이 언급되고 있어.

(A)However, it's not always a reliable source.

→ 세 문장 모두 인터넷의 주의점을 언급하고 있지. 주어진 문장은 인터넷의 장점이니, 다른 점을 언급하는 however가 있는 (A)가 첫 번째로 위치해야 해.

(C)There are often no editors to make sure the facts are straight, and anyone with a computer can post his or her own opinions as fact.

→ 단점에 대한 이유가 나오지.

(B)<u>Therefore</u>, avoid using the Internet as your first or only source of information.

→ 결론에 해당되는 문장이야. 마지막에 위치해야겠지.

4. (B)―(A)―(C)

●지문분석

> Leonardo Da Vinci was born in 1452.
>
> 레오나르도 다빈치는 태어났다 / 1452년에
>
> He lived in a period / called the Renaissance, / when everyone was interested in art.
>
> 그는 기간에 살았어 / 르네상스라 불리우는 / 모든 사람들이 예술에 관심이 있던
>
> (B) Even though Da Vinci was a great artist / of that period, / he became famous / because he could do many other things.
>
> 비록 다빈치가 위대한 예술가였지만 / 그 시대의 / 그는 유명해졌어 / 그가 많은 다른 것들을 할 수 있어서
>
> (A) He was a scientist, an inventor, an architect, a musician, and a mathematician.
>
> 그는 과학자이자, 발명가, 건축가이자, 음악가, 그리고 수학자였어
>
> When he was thirty, / he moved to Milan.
>
> 그가 30세가 되었을 때 / 그는 밀라노로 옮겨갔지
>
> (C) In that place, / he painted most of his pictures.
>
> 그곳에서 / 그는 그의 그림의 대부분을 그렸지
>
> His paintings were done / in a realistic style.
>
> 그의 그림은 이루어졌지 / 사실주의 스타일로

●전체 해석

레오나르도 다빈치는 1452년에 태어났다. 그는 르네상스라고 불리는 시기에 살았는데, 그 시기에는 모든 사람들이 예술에 관심을 가졌다. (B) 비록 다빈치는 그 시대의 유명한 화가였지만 다른 많은 것들을 할 수 있었기 때문에 유명해졌다. (A) 그는 과학자이자 발명가였고 건축가이자 음악가였으며 동시에 수학자였다. 그는 서른 살에 밀라노로 옮겨갔다. (C) 거기에서 그는 대부분의 그의 작품을 그렸다. 그의 그림은 사실주의적 양식을 사용했다.

●해설

4. 주어진 글 다음에 이어질 글의 순서를 맞춰 보자.

Leonardo Da Vinci was born in 1452. He lived in a period called the Renaissance, when everyone was interested in art.

(B)Even though Da Vinci was a great artist of that period, he became famous because he could do many other things.

→ 다빈치는 다른 것도 잘 한다는 내용이야.

(A) He was a scientist, an inventor, an architect, a musician, and a mathematician. When he was thirty, he moved to Milan.

→ 다른 것도 잘함에 대한 내용이 언급되고 있으니 (B) → (A)로 가야겠지.

(C) In that place, he painted most of his pictures. His paintings were done in a realistic style.

→ that place가 (A)에서 언급된 Milan이야. 따라서 (C)로 가야 해.

5. (C)–(A)–(B)

●지문분석

> Do you think / broccoli tastes bitter?
> 너 생각하니 / 브로콜리가 쓴 맛이 난다고
> Don't blame the cook!
> 요리사를 탓하지마
> (C) Researchers say / that what tastes good or bad / can depend on the taster's genes.
> 연구자들에 따르면 / 좋은 맛이냐 나쁜 맛이냐는 / 맛보는 사람의 유전자에 달려있어
> (A) Genes determine / the color of your eyes / and the shape of your face.
> 유전자는 결정하지 / 너의 눈의 색과 / 너의 얼굴의 모양을
> Genes also determine / how many taste buds / are on your tongue.
> 유전자는 역시 결정해 / 얼마나 많은 미뢰가 / 너의 혀에 있는지
> Some people have many taste buds.
> 일부는 많은 미뢰를 가져
> (B) Because of this, / they find the flavor of some foods / unpleasantly strong.
> because of + 명사
> 이것 때문에 / 그들은 일부 음식의 맛을 발견하지 / 기분 나쁘게 강하다고
> Broccoli tastes very bitter / to them.
> 브로콜리는 너무 쓴 맛이 나지 / 그들에게

●전체 해석

브로콜리 요리가 쓴 맛이 난다고 생각하는가? 요리사의 잘못이 아니다. (C) 연구자들은 맛이 좋은가 나쁜가 하는 것은 맛을 보는 사람의 유전자에 달려있다고 한다. 유전자는 여러분의 눈의 색깔과 얼굴의 형태를 결정한다. (A) 유전자는 당신의 혀 위에 미뢰(맛을 느끼는 조직)의 수를 결정하기도 한다. 어떤 사람은 미뢰가 많이 있다. (B) 이로 인해서 그들은 어떤 음식의 맛이 기분 좋지 않을 정도로 강하다고 느낀다. 그들에게는 브로콜리가 쓴 맛이 난다.

●해설

5. 주어진 글 다음에 이어질 글의 순서를 맞춰 보자.

Do you think broccoli tastes bitter? Don't blame the cook!

→ 주어진 문장은 브로콜리의 맛에 대한 이야기로 시작하지.

(C) Researchers say that what tastes good or bad can depend on the taster's genes. Genes determine the color of your eyes and the shape of your

face.

→ 대체로 이야기의 시작은 '~에 따르면'부터지.

(A) Genes also determine how many taste buds are on your tongue. Some people have many taste buds.

→ (C)에 언급된 gene이 다시 언급되고 있어.

(B) Because of this, they find the flavor of some foods unpleasantly strong. Broccoli tastes very bitter to them.

→ (A)에서 언급된 미뢰로 인한 결과가 나오고 있으니 (B)로 연결되어야 해.

③단계 모의고사 요리하기 p.138

1. ② (B)–(A)–(C)

●지문분석

> When I was eight years old / and was spending a weekend at my aunt's, / a middle-aged man visited one evening.
> 내가 8살이었고 / 주말을 이모네서 보내고 있을 때 / 한 중년의 남성이 어느 날 저녁 방문했어
> After a polite argument / with my aunt, / he devoted his attention to me.
> 정중한 논쟁 이후 / 이모와의 / 그는 그의 관심을 나에게 주었지
> (B) At that time, / I was excited about boats, / and the visitor discussed the subject / with me in a way / that seemed to me particularly interesting.
> 그때 / 나는 보트에 흥분에 있었고 / 그 방문객은 그 주제에 대해서 토론을 했지 / 나와 함께 이런 식으로 / 나에게는 특별히 흥미로워 보이는
> After he left, / I spoke of him with enthusiasm.
> 그가 떠난 이후 / 나는 그에 대해서 열정을 가지고 이야기 했어
> What a man!
> 멋지다고
> (A) To reduce my excitement, / my aunt / informed me / that he, a New York lawyer, / cared nothing about them.
> '줄이기 위해서' 목적을 나타내는 to부정사
> 나의 흥분을 줄이기 위해서 / 이모는 / 나에게 알려주었지 / 뉴욕 변호사인 그는 / 그것들에 대해서 어떠한 관심이 없었다고
> I asked for the reason / he still talked all the time / about boats.
> 나는 그 이유를 물었지 / 그가 계속 항상 말을 했던 / 보트에 대해
> (C) My aunt answered, / "Because he is a gentleman.
> 이모는 답했어 / 왜냐하면 그는 신사니까
> He saw / you were interested in boats, / and he talked about the things / he knew / would interest / and please you."
> he knew that ( ) would ~:
> ( )가 선행사로 나감

그는 알았지 / 네가 보트에 관심이 있다는 것을 / 그리고 그는 그것들에 대해서 말했지 / 그가 알기에 / 흥미를 주고 / 너를 기쁘게 해줄

● 전체 해석

내가 여덟 살 때 이모 집에서 주말을 보내고 있었는데, 어느 날 저녁 한 중년 남자가 방문했다. 그는 이모와 점잖게 논쟁을 벌인 뒤 나에게 관심을 보였다. (B) 그 당시에, 나는 보트에 흥미가 있었고, 그는 나에게는 무척 흥미롭게 보이는 방식으로 그 주제에 관해 이야기를 했다. 그가 떠나고 나서 나는 신이 나서 그에 대해 말했다. 참 멋진 분이야! (A) 나의 흥분을 가라앉히기 위해 이모는 그가 New York의 변호사이고 보트에 관해서는 전혀 관심이 없다는 사실을 내게 알려 주었다. 나는 그 분이 그럼에도 보트에 대해 계속 말한 이유를 물어보았다. (C) 이모께서 말씀하셨다. "신사니까. 그는 네가 보트에 관심이 있다는 걸 알아차린 거야. 그래서 너의 관심을 끌고 너를 즐겁게 해 줄 거라는 걸 알았던 것들에 대해 이야기를 한 거지."

● 중요 포인트

that절 주어의 선행사

that절의 주어가 선행사로 나간 경우 해석에 주의해야 해. 「동사 + 동사」로 되어 있어서 까다롭거든.
He saw / you were interested in boats, / and he talked about the things / he knew / would interest / and please you."
원래 he knew that the things would interest ~ 이런 구조였는데, that이 생략되고, the things가 선행사로 나가버려서 he knew would interest ~ 라는 구조가 됐어.

● 해설

1. 주어진 글 다음에 이어질 글의 순서로 가장 적절한 것은?
When I was eight years old and was spending a weekend at my aunt's, a middle-aged man visited one evening. After a polite argument with my aunt, he devoted his attention to me.
→ 한 남자가 주인공에게 관심이 있다는 것으로 끝나지. (A)에는 흥분이 나오고, (C)는 이모가 답변을 하니 (B)가 이어져야겠지.

(B) At that time, I was excited about boats, and the visitor discussed the subject with me in a way that seemed to me particularly interesting. After he left, I spoke of him with enthusiasm. What a man!
→ 남자의 친절에 주인공이 감격해하지. 이런 흥분을 줄여주는 내용이 나오는 (A)가 이어져야 해.

(A) To reduce my excitement, my aunt informed me that he, a New York lawyer, cared nothing about them. I asked for the reason he still talked all the time about boats.
→ 내가 질문을 했으니 이에 대해서 답변한다는 answered가 나오는 (C)가 마지막에 위치하게 돼.

(C) My aunt answered, "Because he is a gentleman. He saw you were interested in boats, and he talked about the things he knew would interest and please you."

2. ⑤ (C)–(B)–(A)

● 지문분석

The habit of reading books / multiple times / encourages people / to engage with them emotionally.
S V encourage + 목적어 + to부정사
책을 읽는 습관은 / 여러 번 / 사람들을 격려하지 / 그것들과 감정적으로 연결되게끔

If they only read a book once, / they tend to only focus / on the events and stories in it.
그들이 읽은 책
그들이 오직 책을 한 번만 읽는다면 / 그들은 오직 집중하는 경향이 있어 / 그 안에 있는 사건과 이야기에만

(C) But with a second read-through, / the repeated experience brings back / the initial emotions / caused by the book, / and allows people / to appreciate those emotions / at their leisure.
S V1 S
V2
allow + 목적어 + to부정사
하지만 두 번째 읽을 때는 / 반복된 경험이 다시 가져오지 / 처음의 감정들을 / 책이 유발한 / 그리고 사람들에게 허용해 줘 / 그러한 감정들을 음미하라고 / 느긋하게

(B) By enjoying the emotional effects / of the book / more deeply, / people become more in touch / with their own feelings.
전치사 + 동명사
감정적 효과를 더욱 즐김으로써 / 책의 / 더 깊이 / 사람들은 더욱 가까워지지 / 자신의 감정과

Despite their familiarity with the stories, / re-reading brings / renewed understanding / of both the book and themselves.
despite + 명사
S V
그들의 이야기와의 친숙함에도 불구하고 / 다시 읽기는 가져오지 / 새로워진 이해를 / 책과 자기 자신 모두에 대한

(A) The same effect / can be seen / with familiar holiday destinations.
같은 효과가 / 보여질 수 있지 / 친숙한 휴일 여행지에서

Re-visiting a place / can also help people / better understand / both the place and themselves.
장소를 다시 방문하는 것은 / 또한 사람들을 도울 수 있어 / 더 잘 이해하도록 / 장소와 자기 자신에 대해서

Considering the immense benefits, / don't hesitate / to give re-consuming a try.
분사구문, 동명사 아님 명령문
엄청난 이점들을 고려했을 때 / 주저하지 마 / 재소비를 시도하는 것을

● 전체 해석

책을 여러 번 읽는 습관은 사람들로 하여금 그 책과 감정적으로 연결되게 한다. 만약 책을 한 번만 읽으면, 사람들은 그 책의 사건과 이야기에만 집중하는 경향이 있다. (C) 하지만 두 번째 읽을 때는 반복된 경험이 책을 통해 생겨난 처음의 감정을 되살려주고, 그 감정을 느긋하게 음미할 수 있게 해준다. (B) 그 책의 감정적 효과를 좀 더 깊이 즐김으로써, 사람들은 자신의 감정과 더욱 가까워진다. 비록 사람들은 이야기에 이미 익숙하지만, 그 책을 다시 읽는 것은 책과 자신에 대한 새로운 이해를 가져다준다. (A) 그와 동일한 효과를 익숙한 휴가지에서도 볼 수 있다. 한 장소를 다시 방문하는

것 또한 사람들이 그 장소와 자신을 더 잘 이해하도록 도와
준다. 이러한 많은 이점을 고려해 볼 때 재소비(책을 다시 읽
고, 장소를 다시 방문하는 것)를 시도해 보는 것에 망설이지
마라.

● 중요 포인트

동명사와 현재분사의 차이점

❶ 동명사는 문장에서 주어, 목적어, 보어, 전치사의
목적어로 사용되지.

동명사 주어, '수집하는 것'
Collecting some books is my hobby.
일부 서적을 모으는 것이 내 취미야.

❷ 현재분사는 문장 앞, 문장 뒤, 명사 뒤에 위치하며
하나의 서술어나 수식어로서 역할을 해.

분사구문, '수집할 때'
Collecting some books, I feel excited.
책을 몇 권 수집할 때, 나는 흥분을 느껴.

❸ 문장 맨 앞에 나올 경우 ~ing 형태가 동명사인지,
분사구문인지 해석을 구별해야 해.

분사구문, 동명사 아님 '고려할 때'   명령문
Considering the immense benefits, / don't
hesitate / to give re-consuming a try.

● 해설

2. 주어진 글 다음에 이어질 글의 순서로 가장 적절한 것은?
The habit of reading books multiple times
encourages people to engage with them emotionally.
If they only read a book once, they tend to only
focus on the events and stories in it.
→ 책 한 번 읽기의 특징을 말하고 있어. 아래 나오는 (A), (B),
(C) 모두 책 다시 읽기의 특징을 이야기하고 있으니 책 다시
읽기를 시작할 부분이 필요하겠지? 그게 바로 (B)의 But이 되
겠지.

(C) But with a second read-through, the repeated
experience brings back the initial emotions
caused by the book, and allows people to
appreciate those emotions at their leisure.
→ 그냥 단순한 책 다시 읽기의 특징이 나오고 있어. 그다지 주요
한 특징이 보이지 않아. 그런데 (A)에서는 여행지에 대한 이야
기가 나오는데, (C)와 연결할만한 포인트가 없지. 따라서 (C)
다음에는 책 다시 읽기의 특징이 이어지는 (B)가 자연스러워.

(B) By enjoying the emotional effects of the book
more deeply, people become more in touch
with their own feelings. Despite their familiarity
with the stories, rereading brings renewed
understanding of both the book and themselves.
→ 책 다시 읽기의 특징은 '책-자기 자신'의 관계를 (A)에 나오는
'여행지-자기 자신'의 관계와 연결 지을 수가 있겠지.

(A) The same effect can be seen with familiar
holiday destinations. Re-visiting a place can also
help people better understand both the place and
themselves. Considering the immense benefits,
don't hesitate to give re-consuming a try.

3. ④ (C)-(A)-(B)

● 지문분석

Frank Barrett, an organizational behavior
expert, / explains / that disrupting routines
/ and looking at a situation / from another's
                    S2
perspective / can lead to new solutions.
프랭크 바렛, 조직 행동 전문가인 / 설명해 / 일상을 방해하는
것과 / 상황을 바라보는 것은 / 다른 사람의 관점에서 / 새로
운 해결책을 이끌 수 있다고

(C) In a lecture, / Barrett shares / the story of
an airline / that was dealing with many
complaints / about their customer service.
한 강연에서 / 바렛은 공유해 / 한 항공사의 이야기를 / 많은
불평사항을 처리하고 있는 / 그들의 고객 서비스에 대한

The airline's leaders / held a workshop / to
focus on / how to create a better experience /
for their customers.
그 항공사의 임원들은 / 워크숍을 개최했지 / 집중하기 위해
서 / 더 나은 경험을 어떻게 만드는지에 대해서 / 그들의 고객
을 위한

(A) While everyone else was in meetings / on
the first day of the workshop, / the airline's
vice president of marketing / had the beds / in
                              사역동사 have + 목적어 + p.p.
each leader's hotel room / replaced with airline
                         목적어와 목적 보어가 서로 수동 관계
seats.
다른 모든 사람들이 회의에 있는 동안 / 워크숍의 첫째 날에 /
항공사의 마케팅 부사장은 / 침대를 ~하게 했어 / 각 임원들
호텔방에 있는 / 항공사의 좌석으로 교체되게

(B) After having spent that night / in airline
seats, / the company's leaders / came up with
some "radical innovations."
그날 밤을 보낸 이후 / 항공기 좌석에서 / 그 회사의 임원들은
/ 몇 가지 '획기적인 혁신 방안'을 생각해 냈지

If he had not disrupted / their sleeping routines
if 주어 had p.p. ~, 주어 may have p.p.: 가정법 과거완료(과거 상황을 가정함)
/ and allowed them / to experience their
customers' discomfort, / the workshop may
have ended / without any noteworthy changes.
그가 방해하지 않았었다면 / 그들의 일상적인 잠을 / 그리고
그들에게 허용하지 않았더라면 / 그들 고객의 불편함을 경험
하는 걸 / 그 워크숍은 끝났을 수도 있어 / 어떠한 주목할 만
한 변화 없이

● 전체 해석

조직 행동 전문가인 Frank Barrett은 일상을 방해하고 다른
사람의 관점으로 상황을 바라보는 것이 새로운 해결책을 이
끌어낼 수 있다고 설명한다. (C) 한 강연에서, Barrett은 고객
서비스에 대한 많은 불만을 해결했던 항공사의 이야기를 들
려준다. 그 항공사의 임원들은 어떻게 고객들에게 더 나은
경험을 제공할 것인지 논의하려고 워크숍을 열었다. (A) 첫
날, 모든 사람들이 회의에 참석하는 동안, 영업담당 부사장
은 임원들의 호텔 방 침대를 비행기 좌석으로 교체했다. (B)
그날 밤 비행기 좌석에서 하룻밤을 보낸 후, 임원들은 '획기

적인 혁신안'을 생각해냈다. 만약 그가 임원들의 일상적 수면을 방해하지 않고 그들이 고객의 불편을 경험하도록 하지 않았다면, 그 워크숍은 가치 있는 변화 없이 끝났을지도 모른다.

● 중요 포인트

가정법 과거완료
과거 상황에 대한 가정

> If 주어 + had p.p. ~, 주어 + 조동사 + have p.p.

If he had not disrupted their sleeping routines and allowed them to experience their customers' discomfort, the workshop may have ended without any noteworthy changes.

과거 사건인 '일상적 수면 방해'를 하지 않은 상황을 가정했으니까 가정법 과거완료로 표현하고 있지. 이때 조심할 점은 주절에도 '조동사 + have p.p.'의 형태로 써 주어야 한다는 거지.

● 해설

3. 주어진 글 다음에 이어질 글의 순서로 가장 적절한 것은?
Frank Barrett, an organizational behavior expert, explains that disrupting routines and looking at a situation from another's perspective can lead to new solutions.

→ 한 전문가가 이야기를 시작하고 있지. (A), (B), (C)에서는 항공사의 예시를 이야기하고 있으니까 시작에 해당하는 In a lecture가 나오는 (C)가 바로 이어져야 하겠지.

(C) In a lecture, Barrett shares the story of an airline that was dealing with many complaints about their customer service. The airline's leaders held a workshop to focus on how to create a better experience for their customers.

→ 워크숍이 진행되고 있는 이야기야. 그런데 (B)를 보면 갑자기 밤을 보냈다는 내용이 나오니, 무언가 빠져 있는 듯 하지. 그 부분이 바로 침대 이야기가 나오는 (A)가 되겠지. 그래서 (C) → (A)가 되어야 해.

(A) While everyone else was in meetings on the first day of the workshop, the airline's vice president of marketing had the beds in each leader's hotel room replaced with airline seats.

→ 호텔방 침대를 항공기 좌석으로 바꾸었다. 그런 다음 거기서 잠을 잤다는 내용이 나오는 (B)가 (A) 다음에 나오면 되겠지.

(B) After having spent that night in airline seats, the company's leaders came up with some "radical innovations." If he had not disrupted their sleeping routines and allowed them to experience their customers' discomfort, the workshop may have ended without any noteworthy changes.

4 혼공 개념 마무리 p.141

1. 그녀는 죽고 싶지 않았고, 친구들에게 할 수 있는 한 많

은 재미난 이야기를 해달라고 요구했다.

She didn't want to die, / so she asked her friends / to tell her / as many funny things / as they could.
<small>ask + 목적어 + to부정사</small>

그녀는 죽고 싶지 않았어 / 그래서 그녀는 그녀의 친구들에게 요구했어 / 그녀에게 말해달라고 / 많은 재미난 것들을 / 그들이 할 수 있는 만큼의

2. 사실들이 명확한지를 확인할 만한 편집자가 종종 없고, 컴퓨터를 가진 누구나 자신의 의견을 사실로써 게시할 수가 있다.

There are often no editors / to make sure / the facts are straight, / and anyone with a computer / can post his or her own opinions / as fact.
<small>that 생략</small> <small>S</small>

종종 편집자가 없어 / 확인할 만한 / 그 사실들이 명확한지 / 그리고 컴퓨터를 가진 누구나 / 자신의 의견을 게시할 수 있지 / 사실로서

3. 그는 르네상스라고 불리는 시기에 살았는데, 그 시기에는 모든 사람들이 예술에 관심을 가졌다.

He lived in a period / called the Renaissance, / when everyone was interested in art.

그는 기간에 살았어 / 르네상스라 불리우는 / 모든 사람들이 예술에 관심이 있던

4. 연구자들은 맛이 좋은가 나쁜가 하는 것은 맛을 보는 사람의 유전자에 달려있다고 한다.

Researchers say / that what tastes good or bad / can depend on the taster's genes.
<small>S</small>

연구자들에 따르면 / 좋은 맛이냐 나쁜 맛이냐는 / 맛보는 사람의 유전자에 달려있어

5. 이러한 많은 이점을 고려해 볼 때 재소비를 시도해 보는 것에 망설이지 마라.

Considering the immense benefits, / don't hesitate / to give re-consuming a try.
<small>부사구문, 동명사 아님</small> <small>명령문</small>

엄청난 이점들을 고려했을 때 / 주저하지 마 / 재소비를 시도하는 것을

6. 그는 네가 보트에 관심이 있다는 걸 알아차린 거야. 그래서 너의 관심을 끌고 너를 즐겁게 해 줄 거라는 걸 알았던 것들에 대해 이야기를 한 거지.

He saw / you were interested in boats, / and he talked about the things / he knew / would interest / and please you."
<small>he knew that ( ) would ~: ( )가 선행사로 나감</small>

그는 알았지 / 네가 보트에 관심이 있다는 것을 / 그리고 그는 그것들에 대해서 말했지 / 그가 알기에 / 흥미를 주고 / 너를 기쁘게 해줄

7. 만약 그가 임원들의 일상적 수면을 방해하지 않고 그들이 고객의 불편을 경험하도록 하지 않았다면, 그 워크숍은 가치 있는 변화 없이 끝났을지도 모른다.

If he had not disrupted / their sleeping routines / and allowed them / to experience their customers' discomfort, / the workshop may have ended / without any noteworthy changes.
<small>if 주어 had p.p. ~, 주어 may have p.p.: 가정법 과거완료 (과거 상황을 가정함)</small>

그가 방해하지 않았다면 / 그들의 일상적인 잠을 / 그리고 그들에게 허용하지 않았더라면 / 그들 고객의 불편함을 경험

하는 걸 / 그 워크숍은 끝났을 수도 있어 / 어떠한 주목할 만한 변화 없이

  14일차 요약문 완성

1단계 개념 요리하기 　　　　p.144

● 지문 분석

> Children are much more resistant / to giving something / to someone else / than to helping them.
> _{resistant to(전치사) + 동명사}
> 아이들은 훨씬 더 저항적이야 / 무언가를 주는 데 / 다른 누군가에게 / 그들을 돕는 것보다
>
> One can observe / this difference clearly / in very young children.
> 우리는 관찰할 수 있어 / 이 차이점을 명확하게 / 매우 어린 아이들에게서
>
> Even though one-and-a-half-year-olds / will support each other / in difficult situations, / they are not willing to share / their own toys with others.
> 비록 1살 반짜리 아이들이 / 서로를 도울 거라고 해도 / 어려운 상황에서 / 그들은 공유하려 하지 않아 / 남들과 자신의 장난감을
>
> The little ones / even defend their possessions / with screams / and, if necessary, blows.
> 작은 아이들은 / 심지어 그들의 소유물을 방어하기도 해 / 소리를 지르며 / 그리고 만약 필요하다면 주먹을 날리기도 하지
>
> This is the daily experience / of parents / troubled by constant quarreling / between toddlers.
> 이것은 일상의 경험이지 / 부모들의 / 지속적인 말다툼으로 어려움을 겪는 / 아이들 사이에서
>
> There was no word / I heard more frequently / than "Mine!" / from my daughters / when they were still in diapers.
> 말은 없었어 / 내가 더욱 빈번히 들었던 / '내꺼야' 보다도 / 내 딸들로부터 / 그들이 여전히 기저귀를 차고 있을 때

● 전체 해석

아이들은 다른 사람을 돕는 것보다는 무언가를 주는 것에 훨씬 더 저항한다. 우리는 아주 어린 아이들에게서 이러한 차이점을 확실히 관찰할 수 있다. 1년 6개월 된 아기들은 어려운 상황에서는 서로 도와주려 하지만, 그들 자신의 장난감은 다른 아기들과 기꺼이 공유하려 하지 않는다. 그 어린 아기들은 심지어 자신의 소유물을 소리를 지르면서 필요하면 주먹을 날리며 지킨다. 이것은 (걸음마를 배우는) 아기들 사이의 끊임없는 싸움으로 문제를 겪고 있는 부모들의 일상적인

경험이다. 내 딸들이 기저귀를 차고 있을 때조차 그들에게서 "내 거야!"라는 말보다 더 자주 들었던 말은 없었다.

⬇

아주 어린 아이들은 어려운 상황에서 서로를 <u>도와주려고는</u> 하지만, 그들은 자신의 소유물은 기꺼이 <u>공유하려</u> 하지 않는다.

● 중요 포인트

to ~ing

❶ 전치사로 사용된 'to' 다음에 동사가 올 경우 동명사(~ing) 형태로 와야 해.

　　　　　　　　　　resistant to(전치사) + 동명사
Children are much more resistant / to giving something / to someone else / than to helping them.

❷ 거의 대부분이 숙어니까 모두 숙지하도록 하자.
be used to ~ing: ~에 익숙해지다
look forward to ~ing: ~을 기대하다
pay attention to ~ing: ~에 관심을 가지다
when it comes to ~ing: ~에 대하여
object to ~ing: ~에 반대하다
contribute to ~ing: ~에 공헌하다
be devoted to ~ing: ~에 헌신하다

2단계 개념 맛보기 　　　　p.146

보기 ②

● 지문분석

> Some scientists studied children / who could not focus / on the teacher in class.
> 일부 과학자들은 아이들을 연구했어 / 집중할 수 없는 / 수업 중 교사에게
>
> They prepared two different classrooms.
> 그들은 두 개의 다른 교실을 준비했어
>
> They painted the wall of one classroom / brown and yellow.
> 그들은 하나의 교실 벽을 칠했어 / 갈색과 노란색으로
>
> The children / who studied there / were overactive / as their heart rates went up.
> 아이들은 / 그곳에서 공부한 /
> 지나치게 활동적이었지 / 그들의 심장 박동이 높아짐에 따라
>
> The other classroom was painted / light and dark blue.
> 다른 교실은 칠해졌어 / 밝고 어두운 파란색으로
>
> Their heart rates were slower / and they were much calmer.
> 그들의 심장 박동 수는 더욱 느려졌어 / 그리고 그들은 훨씬 조용해졌지.

몇몇 과학자들이 수업시간에 교사에게 집중하지 못하는 아이들에 대해 연구하였다. 각기 다른 교실을 두 개 준비하였다. 한 교실은 벽을 갈색과 노란색으로 칠하였다. 거기서 공부한 아이들은 심장 박동률이 높아져 지나치게 활동적이 되었다. 다른 교실은 짙고 옅은 푸른색으로 칠했다. 아이들의 심장 박동이 더 느려졌고 훨씬 더 조용해졌다.

↓

색깔은 교실에서의 학생들의 <u>감정</u>에 영향을 미친다.

1. ③

●지문분석

Winter may be a bad time / for thin people.
겨울은 안 좋은 시기일 수도 있어 / 마른 사람들에게

They usually feel cold / during these months.
그들은 보통 추위를 느껴 / 이러한 달 동안에

They might feel depressed / during cold weather.
그들은 우울함을 느끼지 / 추운 날씨 동안에

In hot summer weather, / on the other hand, / overweight people may feel unhappy.
더운 날씨에 / 반면에 / 살찐 사람들은 불편함을 느낄 수도 있어

The summer heat may make them / tired and angry.
5형식 make + O + O.C.
여름의 열은 그들을 만들 수도 있어 / 지치고 화나게

Low air pressure relaxes people.
저기압은 사람들을 편하게 할 수도 있어

●전체 해석

겨울은 마른 사람에게는 좋지 않은 때이다. 그들은 이 여러 달 동안에 추위를 느낀다. 그들은 추운 계절에 우울함을 느낀다. 반면에 더운 여름에는, 살찐 사람들은 불편하다고 느낄 수도 있다. 여름의 더위가 그들을 지치고 화나게 만들기도 한다. 저기압은 사람들의 긴장을 풀어지게 한다.

↓

날씨는 사람의 <u>감정</u>에 큰 영향을 준다.

●해설

이 글은 날씨와 사람들의 '감정 상태'와의 관계를 나타내고 있지. 요약문에서 빈칸은 '사람의 ○○'이니까, ③ '감정(feelings)'이 정답이야.
① 일   ② 옷   ③ 감정

2. ①

●지문분석

Research on marijuana / shows / that this drug weakens memory.
마리화나에 대한 연구는 / 보여주지 / 이 약은 기억력을 약화시킨다는 것을

Subjects / who had smoked marijuana / could recall items / for a brief period, / but they forgot more and more / of the information / over time.
피실험자들은 / 마리화나를 피워왔던 / 물건들을 기억해냈어 / 짧은 시간 동안 / 하지만 그들은 더 많은 것들을 잊었지 / 정보에 대한 / 시간이 흐른 뒤

In contrast, / some drugs have been used / to strengthen memory.
대조적으로 / 일부 약들은 사용되어 왔어 / 기억력을 강화하는 데

●전체 해석

마리화나에 대한 한 연구는 이 약물이 기억력을 약화시킨다는 것을 보여주고 있다. 마리화나를 피운 피실험자들은 짧은 시간 안에는 항목들을 기억해 냈지만, 시간이 흘러감에 따라 점점 더 많은 정보를 기억해내지 못했다. 이와는 대조적으로, 어떤 약물은 기억력을 강화시키기 위해 사용되어 왔다.

↓

기억력은 <u>약물 이용</u>에 따라 강화될 수도 있고 약화될 수도 있다.

●해설

이 글은 마리화나와 기억력의 관계를 다룬 글이야. 다른 약들도 언급이 되는데, 기억력과의 관계를 언급하지. 따라서 빈칸에 들어갈 말은 ① '약물 이용(drug use)'이 적절해.
① 약물 이용   ② 흡연   ③ 정보

3. ③

●지문분석

The part-time jobs / can give teens / the chance / to learn / what they like / and don't like / about certain types of jobs.
파트타임은 / 십대들에게 줄 수 있어 / 기회를 / 배울 수 있는 / 그들이 좋아하는 / 그리고 좋아하지 않는 / 특정 타입의 일에 대해서

It will help them / to choose their life-long job / after graduating.
help + O + to부정사/동사원형
그것은 그들을 도울 수 있지 / 그들의 평생에 걸친 일을 선택하도록 / 졸업한 이후에

Moreover, / working with others / builds leadership, teamwork, and the ability / to consider others.
게다가 / 다른 사람과 함께 일을 하는 것은 / 리더십, 팀워크 그리고 능력을 키워주지 / 다른 사람을 고려하는

●전체 해석

파트타임은 십대들에게 그들이 특정 종류의 일에 대해 좋아하는 점과 좋아하지 않는 점을 알 수 있는 기회를 제공한다. 그것은 그들이 졸업 후에 그들의 평생직장을 선택하는 데 도움을 줄 것이다. 더욱이, 다른 사람들과 함께 일하는 것은 그들의 지도력, 팀워크, 그리고 타인들을 존중하는 능력을 쌓게 해 준다.

↓

파트타임을 통해, 십대들은 일에 대한 그들의 흥미를 발견하고 <u>사회적인</u> 기술을 개발할 수 있다.

●해설

이 글은 파트타임이 십대들에게 미치는 영향에 대한 글이지. 파트타임을 통해서 다양한 장점을 배우는데, 특히 마지막에서 다른 사람과 함께 일하는 것의 이점을 언급하고 있어. 따라서 빈칸에 들어갈 적절한 말은 ③ '사회적인(social)'이 되겠지.

① 공부　　　② 언어　　　③ 사회적인

4. ②

●지문분석

Online shoppers / are now taking more time / to click the "buy" button / than they were two years ago.
온라인 쇼핑객들은 / 지금 더 많은 시간을 쓰고 있어 / '구매' 버튼을 누르는데 / 그들이 2년 전에 했던 것보다

They are taking more an half a day longer / before making① a buying decision / and placing② an order, / according to a recent report / on digital window shopping.
그들은 12시간 이상을 더 쓰고 있어 / 구매결정을 하기 전에 / 그리고 주문을 하기 전에 / 최신 보고서에 따르면 / 온라인 쇼핑에 대한

In discussing reasons / for the increased time, / the report said / that online shoppers / went from site to site / to find better and cheaper products.
in ~ing: ~할 때
이유를 토론할 때 / 증가된 시간에 대해 / 보고서는 이렇게 이야기하지 / 온라인 쇼핑객들은 / 사이트 이곳저곳을 다닌다고 / 더 좋고 더 싼 물건을 발견하기 위해서

●전체 해석

지금 온라인 구매자들은 2년 전보다 '구매' 버튼을 누르는 데 더 많은 시간을 사용하고 있다. 온라인 쇼핑에 대한 최근의 한 보고에 따르면 그들이 구매 결정을 하고 주문을 하는 데는 (이전보다) 12시간 이상이 더 걸린다. 그 증가된 시간에 대한 이유를 논하면서 그 보고서는 온라인 구매자들이 보다 좋고 값싼 상품을 찾기 위해 여러 사이트를 방문한다는 점을 언급했다.

↓

온라인 소비자들은 상품을 <u>비교해 보기</u>를 원하기 때문에 더 느린 구매자가 되었다.

●해설

이 글은 온라인 쇼핑에 걸리는 시간이 이전보다 더 길어진 이유에 대해서 다루고 있어. 특히 싸고 더 나은 물건을 사기 위해서 이곳저곳을 돌아다니기 때문이라고 언급하고 있지. 따라서 빈칸에 들어갈 적절한 말은 ② '비교하다(compare)'가 되겠지.

① 광고하다　　　② 비교하다　　　③ 교환하다

5. ①

●지문분석

When we walk into a supermarket, / we can find many tropical fruits.
우리가 슈퍼마켓으로 걸어 들어갈 때 / 우리는 더 많은 열대과일을 발견할 수 있어

But if we look at the labels, / we see mangoes from India / and pineapples from the Philippines.
그러나 만약 우리가 라벨을 본다면 / 우리는 인도에서 온 망고를 보게 되지 / 그리고 필리핀에서 온 파인애플을

That usually means / they have been flown / from those countries / so that we can eat them / fresh!
앞의 them에 대한 부가설명
그것은 보통 의미하지 / 그들이 흘러들어왔다고 / 그들 나라에서 / 우리가 그것들을 먹을 수 있도록 / 신선하게

A problem rises here.
문제는 여기서 발생하지

Air flight increases / global warming gases.
비행기 운항이 증가시켜 / 온난화 가스를

Again, / it adds to the global warming gases.
다시 / 그것은 온난화 가스를 증가시키지

●전체 해석

슈퍼마켓에 들어갈 때, 우리는 많은 열대 과일을 볼 수 있다. 하지만, 우리가 라벨을 보면, 인도산 망고와 필리핀산 파인애플을 보게 된다. 그것은 대개 그러한 과일들을 우리가 신선하게 먹을 수 있도록 그 나라들에서 공수해왔다는 것을 의미한다! 문제는 여기서 발생한다. 비행기 운항은 지구 온난화 가스를 증가시킨다. 그것은 지구 온난화 가스를 다시 증가시킨다.

↓

우리가 과일에 대한 <u>선택권</u>을 더 많이 가지면 가질수록, 지구 온난화는 더욱 더 심각해진다.

●해설

이 글은 슈퍼마켓에서 볼 수 있는 다양한 열대과일이 결국은 온난화 가스 증가와 연결된다는 내용이야. 따라서 빈칸에 들어갈 적절한 말은 ① '선택들(choices)'이 되겠지. ③번의 exports(수출)는 imports(수입)로 해야 타당한 답이 돼.

① 선택들　　　② 안전　　　③ 수출

3단계 모의고사 요리하기　　　p.148

1. ②

Natural boundaries / between states or countries
/ are found / along rivers, lakes, deserts, / and
mountain ranges.
자연적 경계는 / 주나 나라들 사이에 / 발견되지 / 강이나
호수, 사막 / 그리고 산맥을 따라

Among them, / river boundaries would seem to
be ideal: / they provide clear separation, / and
they are established / and recognized physical
features.
그들 중에서 / 강 경계가 이상적인 것 같아 / 그들은 명확한
구분을 제공하지 / 그리고 그들은 확립된 / 그리고 인정된
물리적 특징이야

In reality, / however, / river boundaries can
change / as rivers change course.
실제로 / 하지만 / 강 경계는 변할 수 있어 / 강이 경로를
바꿈에 따라

Following flooding, / a river's course may
shift, / altering the boundary / between states
or countries.
홍수를 따라(홍수 이후에) / 강의 경로는 바뀔 수 있어 /
그리고 경계를 바꾸지 / 주나 나라들 사이의

For example, / the Rio Grande, / separating
the United States and Mexico, / has frequently
shifted its course, / causing problems / in
determining the exact location / of the
international boundary.
예를 들어 / 리오그란데는 / 미국과 멕시코를 나누는 / 빈번히
그 경로를 바꾸고 있어 / 문제를 일으키면서 / 정확한 위치를
결정하는 데 / 국가간의 경계의

●전체 해석

주나 국가 사이의 자연적 경계는 강, 호수, 사막 그리고 산맥
을 따라 나타난다. 그것 중에 강을 따라 형성된 경계가 가장
이상적인 것처럼 보인다. 왜냐하면, 그것들이 분명한 구분을
해주고, 그것들은 확립되고 인정된 물리적 특징이기 때문이
다. 하지만 실제로 강을 따라 형성된 경계는 강이 경로를 바
꿈에 따라 변할 수 있다. 홍수 후에 강의 경로가 변하여 주
나 국가 사이의 경계를 바꿀 수 있다. 예를 들어, 미국과 멕
시코를 구분 짓는 리오그란데 강은 경로를 빈번하게 바꾸어,
국가 간 경계의 정확한 위치를 결정하는 데 문제를 일으켰
다.

↓

강은 경계를 (A) 확립하기에 이상적인 것처럼 보이지만, 사
실은 그렇지 않은데, 그 이유는 그것의 경로가 (B) 변할 수도
있기 때문이다.

●중요 포인트

삽입절의 수식을 받는 주어
❶ 동사 사이에는 주어를 수식하는 많은 녀석들이 들
   어가지. 그 중 한 개가 바로 삽입절/삽입구야.

For example, the Rio Grande, separating the
United States and Mexico, has frequently shifted
its course.

❷ 삽입절/삽입구의 경우 주어와 동사 사이에 콤마(,)
   가 들어가므로 다른 녀석들보다는 구별하기가 쉽
   지.

Health care, a primary concern of many people,
is limited to developed countries.
많은 사람들의 주된 관심사인 의료는 선진국에서도 제한
적이다.

●해설

1. 다음 글의 내용을 한 문장으로 요약하고자 한다. 빈칸 (A)
와 (B)에 들어갈 말로 가장 적절한 것은?
Natural boundaries between states or countries are
found along rivers, lakes, deserts, and mountain
ranges. Among them, river boundaries would seem
to be ideal: they provide clear separation, and they
are established and recognized physical features.
In reality, however, river boundaries can change as
rivers change course. Following flooding, a river's
course may shift, altering the boundary between
states or countries. For example, the Rio Grande,
separating the United States and Mexico, has
frequently shifted its course, causing problems in
determining the exact location of the international
boundary.

↓

A river seems to be ideal in __(A)__ boundaries, but
in fact it isn't, because its course is __(B)__ .

강은 나라들 사이의 경계를 확립하는데 이상적이지만, 자주
경로를 바꿔서 그렇지 않음을 알려주고 있지. 따라서 빈칸
(A)는 '확립하는(establishing)'이 적절하고, (B)는 '가변적인
(changable)'이 적절해.

(A)	(B)
① 확립하는	……… 보이지 않는
② 확립하는	……… 가변적인
③ 제거하는	……… 고정된
④ 연결하는	……… 고정된
⑤ 연결하는	……… 가변적인

2. ①
●지문분석

In one study, / researchers asked students / to
arrange ten posters / in order of beauty.
ask + A + to부정사: A에게 to부정사를 요구하다
한 연구에서 / 연구원들은 학생들에게 요구했어 / 10개의 포
스터를 배열하라고 / 아름다운 순서로

They promised / that afterward / the students
could have / one of the ten posters / as a reward
/ for their participation.

그들은 약속했어 / 이후에 / 학생들은 가질 수 있다고 / 10개의 포스터 중 한 개를 / 보상으로 / 그들의 참여에 대한

However, / when the students finished the task, / the researchers said / that the students were not allowed / to keep the poster / that they had rated / as the third-most beautiful.

그러나 / 학생들이 일을 끝냈을 때 / 연구원들을 말했어 / 학생들은 허용이 되지 않는다고 / 포스터를 가지는 게 / 그들이 평가한 / 3등으로 아름답다고

Then, they asked the students / to judge all ten posters again / from the very beginning.

그리고 나서 그들은 학생들에게 요구했어 / 10개의 모든 포스터를 다시 평가하라고 / 처음부터

What happened was / that the poster / they were unable to keep / was suddenly ranked / as the most beautiful.

일어난 일은 ~였어 / 포스터가 / 그들이 가질 수 없었던 / 갑자기 평가된 것 / 가장 아름답다고

This is an example / of the "Romeo and Juliet effect":

이것이 예시야 / 로미오와 줄리엣 효과라는

Just like Romeo and Juliet in the Shakespearean tragedy, / people become more attached / to each other / when their love is prohibited.

셰익스피어 비극에서의 로미오와 줄리엣처럼 / 사람들은 더욱 애착을 가지게 돼 / 서로에게 / 그들의 사랑이 금지가 될 때

● 전체 해석

한 연구에서, 학생들은 10개의 포스터를 아름다운 순서대로 배열하도록 요청받았다. 연구자들은 학생들이 나중에 포스터 중 하나를 연구 참여에 대한 보상으로 가질 수 있다고 약속했다. 그러나 학생들이 이 과업을 마쳤을 때, 연구자들은 학생들이 3순위로 선택했던 포스터는 가질 수 없다고 말했다. 그 후 그들은 학생들에게 10개의 포스터를 처음부터 다시 평가하도록 요청했다. 그 결과 학생들이 가질 수 없도록 했던 포스터가 갑자기 가장 아름다운 것으로 순위 매겨졌다. 이것은 '로미오와 줄리엣 효과'의 한 예시이다. 셰익스피어 비극에 나오는 로미오와 줄리엣처럼, 사랑이 금지될 때 사람들은 서로에게 더 애착감이 생긴다.

↓

사람들은 무언가를 (A) 소유할 수 없을 때, 그것이 더 (B) 매력적이라고 생각하기 시작한다.

● 중요 포인트

관계사의 수식을 받는 주어

❶ 주어와 동사의 거리를 멀리 떨어뜨려 놓는 것 중 대표적인 녀석이 바로 관계사절이지.
the poster they were unable to keep was suddenly ranked as the most beautiful ~

❷ 주어 뒤에 관계사절이 나온다면, 보통은 두 번째 동사가 주어와 연결된 본동사인 경우가 많아.

Students who successfully acquired one positive habit reported less stress.
성공적으로 하나의 긍정적인 습관을 배운 학생들은 더 적은 스트레스를 보여주었다.

● 해설

2. 다음 글의 내용을 한 문장으로 요약하고자 한다. 빈칸 (A)와 (B)에 들어갈 말로 가장 적절한 것은?

In one study, researchers asked students to arrange ten posters in order of beauty. They promised that afterward the students could have one of the ten posters as a reward for their participation. However, when the students finished the task, the researchers said that the students were not allowed to keep the poster that they had rated as the third-most beautiful. Then, they asked the students to judge all ten posters again from the very beginning. What happened was that the poster they were unable to keep was suddenly ranked as the most beautiful. This is an example of the "Romeo and Juliet effect": Just like Romeo and Juliet in the Shakespearean tragedy, people become more attached to each other when their love is prohibited.

↓

When people find they cannot ___(A)___ something, they begin to think it more ___(B)___.

포스터를 가져가지 못하게 했을 때, 그 포스터가 다음에는 가장 우선순위가 된다는 내용으로 처음에 3등한 포스터를 못 가져가게 하자, 다음번에는 1등으로 평가해서 가져갈 수 있게 되었어. (A)에는 앞에 부정어가 있으니 조심해. 부정어를 빈칸에 넣고 하면 더 편한데 본문에서 가져가지 못하게 했다는 것과 어울리는 것은 '소유하다(own)', (B)에는 3등이 1등으로 순위가 올랐으니 '매력적인(attractive)'이 적절해.

	(A)		(B)
①	소유하다	········	매력적인
②	소유하다	········	잊어버리는
③	만들다	········	매력적인
④	만들다	········	로맨틱한
⑤	받아들이다	········	실망스런

3. ③

● 지문분석

The human voice / can form incredibly different sounds, / but each individual language / contains only a subset / of potential sound units, / or phonemes.

인간의 목소리는 / 믿을 수 없을 정도의 다른 소리를 형성할 수 있어 / 그런데 각각의 개개의 언어는 / 오직 부분집합만을 포함하지 / 잠재적인 소리 단위의 / 아니면 음소의

One phoneme / that occurs / in only about twenty percent of the world's languages / is the ejective consonant, / such as [p] or [k].
한 가지 음소는 / 발생하는 / 오직 전 세계 언어의 약 20%에서 / 방출음이야 / p나 k와 같은

Caleb Everett, an anthropologist, / decided to map / where this sound occurs.
인류학자인 캐럽 에버렛은 / 지도를 그리기로 결정했지 / 어디서 이 소리가 나오는지

He took a sample of 567 languages / spoken around the world / and compared the locations and altitudes of those / that either contained or ignored ejective consonants.
그는 567개의 언어를 샘플을 추출했지 / 전 세계에서 사용되는 / 그리고 그것들의 위치와 고도를 비교했어 / 방출음을 포함하거나 무시하는

Everett discovered / that languages / that included ejective consonants / were generally spoken / at a higher elevation / than those / that did not.
에버렛은 발견했어 / 그 언어들을 / 방출음을 포함하는 / 일반적으로 사용된다고 / 고지대에서 / 언어들보다 / 그렇지 않은

He suggests / that the sounds are more popular / at high altitudes / because lower air pressure / may make it easier / to produce the burst of air / that is a key characteristic of ejective consonants.
가목적어–진목적어
그는 제시하지 / 그 소리들은 더욱 대중적이라고 / 고지대에서는 / 왜냐하면 낮은 공기압이 / 더 쉽게 만들 수도 있어서 / 공기가 방출을 하는 걸 / 파열음의 핵심적인 특징인

● 전체 해석

인간의 목소리는 믿을 수 없을 만큼 다양한 소리들을 만들어 낼 수 있다. 하지만 각각의 개별적인 언어는 오직 잠재적인 소리 단위 즉 음소의 부분집합을 포함하고 있다. 전 세계 언어의 오직 약 20퍼센트에서만 발생하는 하나의 음소는 [p], [k]와 같은 방출음이다. 인류학자인 Caleb Everett은 이러한 소리가 어디에서 발생하는지 지도를 만들기로 결정했다. 그는 전 세계에서 사용되는 567개 언어의 샘플을 추출했다. 그리고 방출 자음을 포함하거나 무시하는 언어의 장소와 고도를 비교했다. Everett은 방출음을 포함하는 언어가 포함하지 않는 언어보다 더 높은 고도에서 일반적으로 말해진다는 것을 발견했다. 그는 더 낮은 기압이 방출음의 주된 특성인 공기의 방출을 더 쉽게 만들기 때문에 그 소리가 높은 고도에서 더 대중적이라는 것을 제시한다.

⬇

한 연구는 (A) 지리적인 요소들이 각각의 언어 속에서 방출음의 (B) 등장을 결정하는데 중요한 역할을 할지도 모른다고 보여주었다.

● 중요 포인트

대명사 those

❶ 보통 영어는 반복되는 명사는 대명사를 사용하는데, 그 명사가 복수인 경우 those를 사용해.
He took a sample of 567 languages spoken around the world and compared the locations and altitudes of <u>those</u> that either contained or ignored ejective consonants.

❷ 단수의 경우 that을 사용하기도 하지.
The weather of Korea is cooler than <u>that</u> of Japan.
한국의 날씨는 일본의 날씨보다 더 시원하다.

● 해설

3. 다음 글의 내용을 한 문장으로 요약하고자 한다. 빈칸 (A)와 (B)에 들어갈 말로 가장 적절한 것은?

The human voice can form incredibly different sounds, but each individual language contains only a subset of potential sound units, or phonemes. One phoneme that occurs in only about twenty percent of the world's languages is the ejective consonant, such as [p] or [k]. Caleb Everett, an anthropologist, decided to map where this sound occurs. He took a sample of 567 languages spoken around the world and compared the locations and altitudes of those that either contained or ignored ejective consonants. Everett discovered <u>that languages that included ejective consonants were generally spoken at a higher elevation</u> than those that did not. He suggests that the sounds are more popular at high altitudes because lower air pressure may make it easier to produce the burst of air that is a key characteristic of ejective consonants.

⬇

A study revealed that ____(A)____ factors may play a role in determining the ____(B)____ of ejective consonants in each language.

이 글은 언어가 사용되는 위치에 따라서 파열음의 존재가 결정된다는 이야기야. 전 세계의 언어에서 파열음이 있는 곳은 대개 고지대라고 언급하고 있어. 따라서 (A)는 중요한 역할을 한다고 하니까 고지대와 어울리는 '지리적인(geographic)'이 적절하지. (B)에는 파열음의 존재를 결정하는 것이니까 '등장(presence)'이 적절하겠지.

	(A)		(B)
①	심리학적인	‥‥‥‥‥	정의
②	지리적인	‥‥‥‥‥	높이
③	지리적인	‥‥‥‥‥	등장
④	문화의	‥‥‥‥‥	생존
⑤	문화의	‥‥‥‥‥	존재

1. 아이들은 다른 사람을 돕는 것보다는 무언가를 주는 것에 훨씬 더 저항한다.

Children are much more resistant / to giving
<u>resistant to</u>(전치사) + 동명사
something / to someone else / than to helping
them.

아이들은 훨씬 더 저항적이야 / 무언가를 주는데 / 다른 누군가에게 / 그들을 돕는 것보다

2. 파트타임은 십대들에게 그들이 특정 종류의 일에 대해 좋아하는 점과 좋아하지 않는 점을 알 수 있는 기회를 제공한다.

The part-time jobs / can give teens / the chance
/ to learn / what they like / and don't like / about
certain types of jobs.

파트타임은 / 십대들에게 줄 수 있어 / 기회를 / 배울 수 있는 / 그들이 좋아하는 / 그리고 좋아하지 않는 / 특정 타입의 일에 대해서

3. 그들이 구매 결정을 하고 주문을 하는 데는 (이전보다) 12시간 이상이 더 걸린다.

They are taking more an half a day longer /
①
before making a buying decision / and placing
②
an order.

그들은 12시간 이상이 더 쓰고 있어 / 구매결정을 하기 전에 / 그리고 주문을 하기 전에

4. 홍수 후에 강의 경로가 변하여 주나 국가 사이의 경계를 바꿀 수 있다.

Following flooding, / a river's course may
분사구문
shift, / altering the boundary / between states or
분사구문 〈동시상황〉
countries.

홍수를 따라(홍수 이후에) / 강의 경로는 바뀔 수 있어 / 그리고 경계를 바꾸지 / 주나 나라들 사이의

5. 그 결과 학생들이 가질 수 없도록 했던 포스터가 갑자기 가장 아름다운 것으로 순위 매겨졌다.

What happened was / that the poster / they were
S   V
unable to keep / was suddenly ranked / as the
V
most beautiful.

일어난 일은 ~였어 / 포스터가 / 그들이 가질 수 없었던 / 갑자기 평가된 것 / 가장 아름답다고

6. 전 세계 언어의 오직 약 20퍼센트에서만 발생하는 하나의 음소는 [p], [k]와 같은 방출음이다.

One phoneme / that occurs / in only about
S
twenty percent of the world's languages / is the
V
ejective consonant, / such as [p] or [k].

한 가지 음소는 / 발생하는 / 오직 전 세계 언어의 약 20%에서 / 방출음이야 / p나 k와 같은

7. 그는 더 낮은 기압이 방출음의 주된 특성인 공기의 방출을 더 쉽게 만들기 때문에 그 소리가 높은 고도에서 더 대중적이라는 것을 제시한다.

He suggests / that the sounds are more popular
/ at high altitudes / because lower air pressure
/ may make it easier / to produce the burst
가목적어   진목적어
of air / that is a key characteristic of ejective
consonants.

그는 제시하지 / 그 소리들은 더욱 대중적이라고 / 고지대에서는 / 왜냐하면 낮은 공기압이 / 더 쉽게 만들 수도 있어서 / 공기가 방출을 하는 걸 / 파열음의 핵심적인 특징인

 15일차 빈칸추론(단어)

1 개념 요리하기   p.154
단계

●지문 분석

In small towns / the same workman / makes
chairs and doors and tables, / and often the
same person builds houses.

작은 마을에서는 / 같은 노동자가 / 의자와 문과 테이블을 만들지 / 그리고 종종 같은 사람이 집도 지어

And it is, of course, impossible / for a man of
가주어   의미상의 주어
many trades / to be skilled in all of them.
진주어

그리고 물론 불가능하지 / 많은 거래에 있는 사람들이 / 그것들 모두에 능숙해지는 것은

In large cities, / on the other hand, / because
many people make demands / on each trade, /
one trade alone – / very often even less than a
whole trade – / is enough to support a man.

대도시에서는 / 반면에 / 많은 사람들이 필요로 하기 때문에 / 각각의 거래에서 / 하나의 거래만으로는 / 매우 종종 모든 거래에서 보다 훨씬 적게 / 한 사람을 도와주기에 충분하지

For instance, / one man makes shoes for men,
/ and another for women.

예를 들어 / 어떤 사람은 남자들을 위해서 신발을 만들지 / 그리고 또 다른 사람을 여성들을 위해서

And there are places / even where one man
관계부사
earns a living / by only stitching shoes, / another
by cutting them out, / and another by sewing
the uppers together.

그리고 장소들이 있어 / 심지어 한 사람이 생계를 꾸리는 / 오직 신발을 바느질만 함으로써 / 또 다른 사람은 그것들을 잘라내는 것으로 / 그리고 또 다른 사람은 윗부분을 함께 꿰매붙이는 것으로써

Such skilled workers / may have used simple
tools, / but their specialization did result in /
조동사 + have p.p.: 과거 사건에 대한 추측
more efficient and productive work.

그런 숙련된 근로자들은 / 간단한 도구들을 사용했을 수도 있어 / 하지만 그들의 전문화는 초래했어 / 더욱 효율적이고 생산적인 작업을

●전체 해석

작은 마을에서는 똑같은 직공이 의자와 문과 탁자를 만들고, 흔히 바로 그 사람이 집을 짓는다. 그리고 물론 여러 직종에

종사하는 사람이 그 직종 모두에 능숙하기는 불가능하다. 반면에 큰 도시에서는 많은 사람이 각 직종을 필요로 하기 때문에, 직종 하나만으로도, 온전한 직종에 훨씬 미치지 못하는 것으로도 한 사람을 먹고 살게 하기에 충분하다. 예를 들어 어떤 사람은 남성용 신발을 만들고, 다른 사람은 여성용 신발을 만든다. 그리고 어떤 사람은 신발에 바느질만 하고, 다른 사람은 그것을 잘라 내는 것으로, 또 다른 사람은 신발의 윗부분을 꿰매 붙이는 것으로 한 사람이 생계를 꾸리는 경우까지도 있다. 그런 숙련된 직공들은 간단한 도구를 사용했을지도 모르지만, 그들의 전문화는 더 효율적이고 생산적인 작업을 정말 초래했다.

● 중요 포인트

동사 강조 do

동사를 강조할 경우 동사 앞에 do 동사를 쓰지. 현재면 do/does, 과거면 did를 사용하면 돼.

do + 동사원형: 동사 강조

Their specialization did result in more efficient and productive work.

2단계 개념 맛보기
p.156

보기 ④

● 지문분석

On his way home from school, / Jimmy Brown often stops / at Brady's News-stand / on Main Street.
학교에서 집으로 가는 도중 / 지미 브라운은 종종 멈추지 / 브래디의 신문 가판대에 / Main Street에 있는

Jimmy loves to look at magazines, / and Brady's has the best magazines / in town.
지미는 잡지를 보는 것을 좋아하고 / 브래디의 가게는 최고의 잡지들을 보유하지 / 마을에서

Sometimes Jimmy spends the whole afternoon
spend + 시간 + ~ing
/ reading about sports, movies, and pop music.
때때로 지미는 오후 내내를 쓰지 / 스포츠나 영화 팝음악에 대해서 읽는 데

Mr. Brady, the owner of the news-stand, / is very kind.
신문가판대의 주인인 브래디씨는 / 매우 친절하지

He doesn't mind / if Jimmy looks at the magazines, / as long as he puts them back / in the right place.
그는 신경 쓰지 않아 / 지미가 잡지를 보든 안 보든 / 그가 그것들을 돌려놓는 한 / 제자리에

● 전체 해석

Jimmy Brown은 하교 후 집으로 가는 도중에 Main Street에 있는 Brady의 News-stand에 가끔 들른다. Jimmy는 잡지 보는 것을 매우 좋아하는데, Brady씨네 가게는 도심에서 최고의 잡지를 취급하고 있다. Jimmy는 스포츠, 영화, 그리고 팝 음악에 관한 것을 가끔 오후 내내 읽는다. 그 잡지 판매점의 주인인 Brady씨는 매우 친절하다. 그는 Jimmy가 그 잡지들을 제자리에 다시 갖다 놓기만 한다면 Jimmy가 잡지 보는 것을 개의치 않는다.
① 화난 ② 나쁜 ③ 정직한

1. ④

● 지문분석

People have used cosmetics / all throughout history.
사람들은 화장품을 사용해왔어 / 전 역사를 통해서

In fact, / some of them have been quite dangerous / to people.
사실 / 그들 중 일부는 굉장히 위험했지 / 사람들에게

For example, / long ago in Italian culture, / people thought / women with big eyes / were beautiful.
예를 들어 / 오래 전 이탈리아 문화에서는 / 사람들은 생각했어 / 큰 눈을 가진 여성들이 / 아름답다고

Therefore, / in the name of beauty, / women began to put drops of belladonna / in their eyes / to make their pupils larger.
'만들기 위해서'
그래서 / 아름다움이라는 이름으로 / 여성들은 벨라도나 방울들을 떨어뜨리기 시작했지 / 그들의 눈으로 / 그들의 동공을 더 크게 만들기 위해서

Today we know / belladonna is poisonous, / and it can harm the nerves / in the body seriously.
오늘날 우리는 알지 / 벨라도나는 독성이 있어 / 그리고 그것은 신경을 상하게 할 수 있지 / 신체에 심각하게

● 전체 해석

사람들은 전 역사를 통해서 화장품을 사용해 왔다. 실제로 그것들 중에 일부는 사람들에게 매우 위험했다. 예를 들면 오래 전 이탈리아 문화에서 사람들은 큰 눈을 가진 사람들이 아름답다고 생각했다. 그러므로 아름다움을 위해 여자들은 그들의 동공을 크게 만들기 위해 벨라도나액을 눈 속에 집어넣었다. 오늘날 우리는 벨라도나가 독이 있다는 것을 안다. 그리고 그것은 몸 속의 신경을 상하게 할 수도 있다.

● 해설

1. 다음 빈칸에 들어갈 말로 가장 적절한 것을 골라 보자.
People have used cosmetics all throughout history. In fact, some of them have been quite _____ to people. For example, long ago in Italian culture, people thought women with big eyes were beautiful. Therefore, in the name of beauty, women began to put drops of belladonna in their eyes to make

their pupils larger. Today we know belladonna is poisonous, and it can harm the nerves in the body seriously.

① helpful 도움이 되는　　② glorious 영광스런
③ graceful 우아한　　　　④ dangerous 위험한

이 글은 예전에 화장품으로 쓰였던 벨라도나가 사실은 굉장히 위험한 물질이라는 내용이야. 빈칸은 in fact로 인해서 중요한 부분을 담은 내용이니까, ④ '위험한(dangerous)'이 적절하겠지.

2. ①

● 지문분석

What is the essence of law?
법의 본질은 무엇일까?
I think / the law takes away / the right of revenge / from people / and gives the right / to the community.
나는 생각해 / 법은 가져간다고 / 복수의 권리를 / 사람으로부터 / 그리고 권리를 준다고 / 사회에게
If someone harmed one of your family members, / you must not harm that person's family members.
누군가가 당신 가족 중 한 사람을 위험하게 한다면 / 당신은 그 사람의 가족을 위험하게 해서는 안 돼
Instead, / you must appeal to the court of law, / which will punish the person.
대신에 / 당신은 법정에 호소해야 해 / 그것은 그 사람을 벌 줄 거야

● 전체 해석

법의 본질이 무엇인가? 나는 법이 사람들로부터 복수할 권리를 빼앗아서 그 권리를 공동체에 주는 것이라고 생각한다. 만약 누군가가 당신 가족 중 한 사람에게 해를 가했다 해도, 당신은 그 사람의 가족에게 해를 주어서는 안 된다. 대신에, 당신은 법정에 호소를 해야 하고, 그러면 법정에서 그 사람을 벌 줄 것이다.

● 해설

2. 다음 빈칸에 들어갈 말로 가장 적절한 것을 골라 보자.
What is the essence of law? I think the law takes away the right of revenge from people and gives the right to the community. If someone harmed one of your family members, you must not harm that person's family members. Instead, you must appeal to the court of law, which will _____ the person.

① punish 벌주다　　　② avoid 피하다
③ trust 신뢰하다　　　④ free 자유를 주다

이 글은 법이란 개인의 복수 대신 사회에게 그 권리를 양도한 것이라고 하고 있어. 따라서 빈칸에는 법이 범죄자를 처벌(punish)한다는 내용이 나와야겠지.

3. ④

● 지문분석

A recent study shows / that kids / who watch a lot of TV / are more likely to be overweight / than those / who do not.
최근의 연구를 보여주지 / 아이들은 / TV를 많이 보는 / 더욱 과체중이 되는 경향이 있지 / 아이들보다 / 그렇지 않은
Can you guess why?
왜 그런지 추측할 수 있어?
It's because of commercials on TV!
그것은 TV에 나오는 광고 때문이야
The junk food is often advertised / in commercials / by their favorite cartoon characters.
정크 푸드는 종종 광고되지 / 광고에서 / 그들이 좋아하는 만화 등장인물들에 의해서
It is so appealing / that kids just want to go out / and get it right away!
그것은 너무나도 매력적이어서 / 아이들은 단지 밖에 나가길 원해 / 그리고 당장 그것을 얻고 싶어 하지
Kids / who watch a lot of TV / are also likely to stay only at home / and be getting less exercise.
아이들은 / TV를 많이 보는 / 또한 집에만 머무르려고 하지 / 그리고 운동을 덜 하려고 해

● 전체 해석

최근의 한 연구는 TV를 많이 보는 어린이들이 그렇지 않은 어린이들보다 더 과체중이 되는 경향이 있다고 보여준다. 왜 그런지 추측할 수 있는가? 그것은 TV의 광고 때문이다. 정크 푸드는 종종 아이들이 가장 좋아하는 만화 주인공들에 의해 광고된다. 그것은 너무나 유혹적이어서 아이들은 그것을 당장 나가서 사고 싶어 한다! TV를 많이 보는 아이들은 또한 집에 머무르며 운동을 덜 하는 경향이 있다.

● 해설

3. 다음 빈칸에 들어갈 말로 가장 적절한 것을 골라 보자.
A recent study shows that kids who watch a lot of TV are more likely to be _____ than those who do not. Can you guess why? It's because of commercials on TV! The junk food is often advertised in commercials by their favorite cartoon characters. It is so appealing that kids just want to go out and get it right away! Kids who watch a lot of TV and those attractive commercials are also likely to stay only at home and be getting less exercise.

① active 활발한　　　② violent 폭력적인
③ diligent 근면한　　　④ overweight 과체중의

이 글은 TV를 많이 보는 아이들은 광고를 많이 보게 되는데, 이로 인해서 문장의 마지막에서는 집에만 있고 운동은 하지 않게 된다고 하지. 따라서 빈칸에 들어갈 가장 적절한 것은 ④ '과체중의(overweight)'가 적절해.

4. ①

●지문분석

> Scientists want to know / what affects our personality.
> 과학자들은 알고 싶어 해 / 무엇이 우리의 성격에 영향을 주는지를
>
> The twins help scientists / understand the connection / between environment and biology.
> 쌍둥이들은 과학자들을 도와주지 / 관계를 이해하도록 / 환경과 생물학 사이의
>
> Researchers at the University of Minnesota / studied 350 sets of identical twins / who did not grow up together.
> 미네소타 대학의 연구원들은 / 350쌍의 일란성 쌍둥이를 연구했어 / 함께 자라지 않은
>
> They discovered many similarities / in their personalities.
> 그들은 많은 유사성을 발견 했어 / 그들의 성격에서
>
> Scientists believe / that personality characteristics / such as friendliness, shyness, and fears / are not a result of environment.
> 과학자들은 믿고 있어 / 개인의 특징은 / 친근함, 수줍음, 공포와 같은 / 환경의 결과가 아니라고
>
> These characteristics are probably inherited.
> 이러한 특징들은 아마도 유전돼

●전체 해석

과학자들은 무엇이 우리의 성격에 영향을 미치는지 알기 원한다. 쌍둥이들은 과학자들에게 환경과 생물학의 관계를 이해하는데 도움이 된다. Minnesota 대학의 연구원들은 다른 환경에서 자란 350쌍의 일란성 쌍둥이를 연구했다. 그들은 쌍둥이들의 성격에서 많은 유사점을 발견했다. 과학자들은 친밀감, 수줍음, 그리고 공포와 같은 성격 특성은 환경의 결과가 아니라고 믿는다. 이러한 특성들은 아마 유전적일 것이다.

●해설

4. 다음 빈칸에 들어갈 말로 가장 적절한 것을 골라 보자.
Scientists want to know what affects our personality. The twins help scientists understand the connection between environment and biology. Researchers at the University of Minnesota studied 350 sets of identical twins who did not grow up together. They discovered many similarities in their personalities. Scientists believe that personality characteristics such as friendliness, shyness, and fears are not a result of environment. These characteristics are probably _____.
① inherited 유전되는　　　② changeable 바꿀 수 있는
③ controlled 통제되는　　　④ learned 학습되는

이 글은 사람의 성격에 영향을 미치는 것은 환경이 아닌 유전자의 영향이 크다는 것을 알려주고 있어. 서로 다른 곳에서 자란 쌍둥이의 성격이 비슷하다는 것을 예시로 들고 있어. 환경과 생물학의 관계라는 부분과 환경의 결과가 아니라는 것에서 빈칸에는 '유전된(inherited)'이 적절하다는 것을 알 수 있지.

5. ②

●지문분석

> It often feels reasonable / to give a range.
> 가주어-진주어 구문
> 종종 합리적이라고 느껴지지 / 범위를 주는 것이
>
> With a customer, / that may mean saying / "I can do this / for between $10,000 and $15,000."
> 고객과 함께 / 그것은 말하는 걸 의미할 수도 있어 / 나는 이것을 할 수 있어요 / 만 달러와 만 오천 달러 사이에서
>
> With a new employee, / you could be tempted to say, / "You can start / between April 1 and April 15."
> 새 직원과 함께 / 당신은 말하고 싶을 수도 있어 / 당신은 시작할 수 있어요 / 4월 1일과 4월 15일 사이에
>
> But that word *between* / tends to suggest / that you will take a step back, / and any clever negotiator will quickly focus / on the cheaper price or the later deadline.
> 하지만, '사이에'라는 단어는 / 의미하는 경향이 있어 / 당신은 한 발 뒤로 물러설 거라는 걸 / 그리고 어떤 현명한 협상가는 빠르게 집중할 거야 / 더 싼 가격이나 더 늦은 마감일에

●전체 해석

범위를 제시하는 것은 종종 합리적이라고 느껴진다. 고객에게는 "저는 10,000달러에서 15,000달러 정도면 이 일을 할 수 있습니다."라고 말하는 것을 의미할 수 있다. 새 직원에게는 "당신은 4월 1일에서 4월 15일 사이에 일을 시작할 수 있습니다."라고 말하고 싶을 수도 있다. 그러나 'between'이라는 단어는 당신이 한 발 물러설 것이라는 것을 의미하는 경향이 있어서, 영리한 협상가는 재빨리 더 낮은 가격이나 더 늦은 마감일에 초점을 맞출 것이다.

●해설

5. 다음 빈칸에 들어갈 말로 가장 적절한 것을 골라 보자.
It often feels reasonable to give a _____. With a customer, that may mean saying "I can do this for between $10,000 and $15,000." With a new employee, you could be tempted to say, "You can start between April 1 and April 15." But that word between tends to suggest that you will take a step back, and any clever negotiator will quickly focus on the cheaper price or the later deadline.
① job 일　　　　　② range 범위
③ hint 힌트　　　　④ prize 가격

이 글은 범위를 제시하는 것이 합리적인 제안이라고 이야기하고 있어. 글 중간 중간에 between이라는 단어를 사용함으로써 '범위'가 계속해서 제시되고 있지. 이 부분을 인지한다면 정답 ② '범위(range)'는 금방 고를 수 있을 거야.

3 단계 모의고사 요리하기　　p.158

1. ②

●지문분석

> Recently on a flight to Asia, / I met Debbie, / who was warmly greeted / by all of the flight attendants / and was even welcomed / aboard the plane by the pilot.
> 최근에 아시아로 가는 비행에서 / 나는 Debbie를 만났어 / 그녀는 따뜻한 인사를 받았지 / 모든 승무원으로부터 / 그리고 심지어 환영받았지 / 기장으로부터 탑승에 대한
>
> Amazed at all the attention / being paid to her,
> 분사구문=Because I was amazed ~.
> / I asked / if she worked with the airline.
> ~인지 아닌지
> 모든 관심에 놀라서 / 그녀에게 쏟아지는 / 나는 물었지 / 그녀가 그 항공사에서 근무했는지 여부를
>
> She did not, / but she deserved the attention, / for this flight marked the milestone / of her flying over 4 million miles / with this same airline.
> 그녀는 그렇지 않았어 / 하지만 그녀는 그러한 관심을 받을 만 해 / 왜냐하면 이 비행은 엄청난 기록을 세웠거든 / 그녀의 4백만 마일을 넘는 비행의 / 같은 항공사와 함께
>
> During the flight / I learned / that the airline's
> during + 명사
> CEO personally called her / to thank her / for using their service for a long time / and she received a catalogue / of fine luxury gifts / to choose from.
> 비행 동안에 / 나는 알았어 / 비행사의 CEO가 개인적으로 그녀에게 전화했음을 / 그녀에게 고마워하기 위해서 / 오랜 기간 동안 그들의 서비스를 이용해준 것에 대해서 / 그리고 그녀는 카탈로그를 받았어 / 훌륭한 명품 선물의 / 선택할
>
> Debbie / was able to acquire / this special treatment / for one very important reason: / she was a loyal customer / to that one airline.
> Debbie는 / 받을 수 있었어 / 이 특별한 대우를 / 한 가지 매우 중요한 이유로 / 그녀는 충성스런 고객이었어 / 그 항공사의

●전체 해석

최근에 아시아로 가는 비행에서 나는 Debbie를 만났는데, 그녀는 승무원 모두로부터 따뜻한 인사를 받았으며 심지어 기장으로부터 탑승에 대한 환영을 받았다. 그녀에게 쏟아지고 있는 그 모든 관심에 놀라서 나는 그녀가 그 항공사에 근무하는지 물어보았다. 그녀는 그렇지는 않았지만, 그 관심을 받을 자격이 있었는데, 이 비행이 그녀가 이 동일한 항공사로 400만 마일 넘게 비행하는 획기적인 기록을 세웠기 때문이다. 비행 동안에 나는 그 항공사의 최고경영자가 그녀에게 직접 전화를 걸어 그녀가 오랫동안 그들의 서비스를 이용한 것에 감사했으며, 그녀가 선택할 멋진 고급 선물 목록을 받았다는 것을 알게 되었다. Debbie는 한 가지 매우 중요한 이유 때문에 이러한 특별대우를 받을 수 있었는데, 그녀는 그 한 항공사에 충실한 고객이었기 때문이다.

●중요 포인트

to부정사의 명사 수식

❶ 명사 뒤에 to부정사가 올 경우 그 명사를 수식할 확률이 높아.

She received a catalogue of fine luxury gifts to choose from.

❷ 물론 100%는 아니지. 때에 따라서 명사 뒤에 오더라도 '~하기 위해서'로 해석될 경우도 있어.

You must rely on words to do both the telling
'둘 다 하기 위해서', 목적으로 사용된 to부정사
and the showing.
당신은 말하는 것과 보여주는 것 모두를 하기 위해서 단어들에 의존해야 한다.

●해설

1. 다음 빈칸에 들어갈 말로 가장 적절한 것을 고르시오

Recently on a flight to Asia, I met Debbie, who was warmly greeted by all of the flight attendants and was even welcomed aboard the plane by the pilot. Amazed at all the attention being paid to her, I asked if she worked with the airline. She did not, but she deserved the attention, for this flight marked the milestone of her flying over 4 million miles with this same airline. During the flight I learned that the airline's CEO personally called her to thank her for using their service for a long time and she received a catalogue of fine luxury gifts to choose from. Debbie was able to acquire this special treatment for one very important reason: she was a _____ customer to that one airline.

① courageous 용감한
② loyal 충성스런
③ complaining 불평하는
④ dangerous 위험한
⑤ temporary 일시적인

이 글은 한 항공사를 무려 4백만 마일을 이용한 고객에게 항공사가 특별한 서비스를 제공한 이야기야. 글의 흐름으로 볼 때, 그녀가 그러한 대우를 받은 이유는 오랫동안 한 항공사를 이용한 것이므로 빈칸은 ② '충성스런(loyal)'이 적절해.

★선택지 ①,②번은 긍정적, ③,④,⑤번은 부정적이지. 내용상 좋은 것(+)이 나와야 하니까 정답은 ①,②번 두 개로 줄어들 수 있어.

2. ③

●지문분석

> Today, 3-D printing technology is used / only in companies and universities, / but the prices are now getting lower / and the quality better.
> is getting 생략, the quality is getting better
> 오늘날 3D 프린트 기술은 사용되고 있어 / 오직 회사와 대학에서만 / 하지만 가격은 지금 내려가고 있지 / 그리고 그 품질은 좋아져

We can imagine / every home having a 3-D printer / in the future.
_{imagine + 명사 + 동명사}

우리는 상상할 수 있어 / 모든 집이 3D 프린터를 가지고 있는 것을 / 미래에

Note / that 3-D printing technology doesn't
_{명령문}
require / an original object / to copy: / any drawing will do, / as long as it describes the
_{drawing}
piece precisely.

주목해보자 / 3D 프린트 기술은 필요하지 않아 / 원래의 물건을 / 복제할 / 어떤 그림이면 할 거야 / 그것이 물건을 정확하게 묘사하는 한

Soon anyone can use a home sketching tool / to produce the proper design, / and then the home printer will be able to create / the actual physical object.

곧 누구나 가정용 스케치 도구를 사용할 수 있어 / 적절한 디자인을 만드는 / 그리고 나서 가정용 프린터는 만들 수 있을 거야 / 실제 물건을

If you can draw it, / you can make it.

당신이 그것을 그릴 수만 있다면 / 당신은 그것을 만들 수 있어

For example, / if you don't have enough dinner plates / for your guests, / you can "print out" / some real plates / from your sketch.

예를 들어 / 만약 당신이 충분한 저녁용 접시가 없다면 / 당신 손님들을 위한 / 당신은 출력을 할 수 있어 / 몇 개의 실제 접시를 / 당신의 스케치로부터

● 전체 해석

오늘날, 3D 프린트 기술은 회사와 대학에서만 사용되지만, 이제 가격은 더 낮아지고 질은 더 좋아지고 있다. 모든 가정이 미래에 3D 프린터를 보유하는 것을 상상해 볼 수 있다. 3D 프린트 기술은 복제할 원래의 물건을 필요로 하지 않는다는 점에 주목하라. 즉, 그 물체를 정확하게 묘사하는 한, 어떤 그림이라도 충분할 것이다. 머지않아 누구나 적절한 디자인을 만들어 내는 가정용 스케치 도구를 사용할 수 있고, 그 다음에는 가정용 프린터가 진짜 물건을 만들어낼 수 있을 것이다. 그릴 수 있으면 만들 수 있다. 예를 들어 손님을 위한 정찬용 접시가 충분하지 않다면, 스케치로부터 실제 접시 몇 개를 '출력(제작)'할 수 있다.

● 중요 포인트

반복되는 동사의 생략

동일한 동사구가 반복되면 뒤에서 그 동사는 생략되곤 해.

The prices are now getting lower and the quality better.
_{=the quality is getting better}

● 해설

2. 다음 빈칸에 들어갈 말로 가장 적절한 것을 고르시오.

Today, 3-D printing technology is used only in companies and universities, but the prices are now getting lower and the quality better. We can imagine every home having a 3-D printer in the future. Note that 3-D printing technology doesn't require an original object to copy: any drawing will do, as long as it describes the piece precisely. Soon anyone can use a home sketching tool to produce the proper design, and then the home printer will be able to create the actual physical object. If you can _____ it, you can make it. For example, if you don't have enough dinner plates for your guests, you can "print out" some real plates from your sketch.

① mix 혼합하다
② open 열다
③ draw 그리다
④ move 움직이다
⑤ taste 맛보다

이 글은 3D프린터 기술이 가정에도 도입될 것이라는 이야기를 하고 있어. 특히 중간에 drawing, sketch라는 단어를 사용하면서 '그릴 수만 있다면' 실제 물건을 만들 수 있다고 하고 있지. 따라서 빈칸에 ③ '그리다(draw)'이 적절해.

3. ②

● 지문분석

Every leader starts / in his inner circle, / the comfort zone.

모든 리더들은 시작해 / 자신의 내부 원에서 / 즉, 안락 영역에서

This is the place / where we operate / from
_❶
what we are comfortable with, / where we
_❷
know well / what we are capable of / and can consistently achieve / expected outcomes and results.

이것은 장소야 / 우리가 운영하는 / 우리가 편안한 곳으로부터 / 그리고 우리가 잘 알고 있는 / 우리가 무엇을 할 수 있는지 / 그리고 지속적으로 성취할 수 있는지를 / 기대된 예상과 결과를

The goal of the next zone / is to push out /
_❶
beyond that area / and begin to learn new
_❷
things.

다음 영역의 목표는 / 밀고 나가는 거야 / 그 영역 너머로 / 그리고 새로운 것을 배우기 시작하는 것이지

This is known / as the learning zone.

이것은 알려져 있어 / 학습 영역으로

In a new environment or area, / we have to adapt and learn / to perform in new ways.

새로운 환경이나 영역 안에서 / 우리는 적응하고 배워야만 해 / 새로운 방식으로 수행하는 것을

Beyond the learning zone / lies / the courage
_{장소 부사구가 문장 앞에 있음 → 도치} V   S
zone.

학습 영역 너머로 / 놓여있어 / 용기 영역이

In this zone, / we continue to learn, / but the

learning curve is steeper / because we are challenged / to accomplish greater and more difficult things / that take a fair amount of courage / to achieve.

이 영역에서 / 우리는 계속해서 배워 / 하지만 학습 곡선은 더욱 가파르지 / 왜냐하면 우리는 도전받으니까 / 더 대단하고 더욱 어려운 것을 성취하라고 / 훨씬 많은 양의 용기가 필요한 / 성취하기 위해서는

The outermost circle / is known / as the performance zone / – because once we have mastered the new learning / and mustered thecourage / to experiment / with all the new knowledge, / we will really start / to perform differently from before.

가장 바깥 영역은 / 알려져 있어 / 실행 영역이라고 / 왜냐하면 일단 우리가 새로운 학습을 마스터하고 / 그리고 용기를 내기만 하면 / 실험하기로 / 모든 새로운 지식을 가지고 / 우리는 실제로 시작할 거야 / 이전과는 다르게 실행하기를

● 전체 해석

모든 지도자는 그의 내부에 있는 원, 즉 안락 영역에서 시작한다. 이곳은 우리가 편안해 하는 것을 바탕으로 일을 하고, 우리가 무엇을 할 수 있는지 잘 알며, 기대된 성과와 결과를 지속적으로 성취할 수 있는 영역이다. 그 다음 영역의 목적은 그 영역 너머로 밀고 나아가 새로운 것들을 배우기 시작하는 것이다. 이것은 학습 영역으로 알려져 있다. 새로운 환경이나 영역에서, 우리는 적응해야 하고 새로운 방식들로 수행하는 것을 배워야 한다. 학습 영역 너머에 용기 영역이 놓여있다. 이 영역에서, 우리는 학습을 계속하지만, 학습 곡선이 보다 가파르다. 이는 성취하기에 상당한 양의 용기가 필요한 좀 더 대단하고 좀 더 어려운 일들을 완수하도록 도전받기 때문이다. 가장 바깥 원은 수행 영역으로 알려져 있는데, 일단 우리가 새로운 학습을 숙달했고 그 모든 새로운 지식을 가지고 실험할 용기를 냈다면, 우리는 이전과 다른 수행을 진정으로 시작할 것이다.

● 중요 포인트

부사구의 도치

❶ 문장 맨 앞에 장소나 시간을 나타내는 부사구가 올 때, 뒤에는 동사와 주어의 도치가 발생해.

Beyond the learning zone lies the courage zone.
장소 부사구가 문장 앞에 있음 → 도치   V   S

❷ 도치가 발생하면 주어와 동사의 수 일치에 조심해야 해.

이게 주어가 아니지.   was (X)
On the platform were a lot of students.
장소 부사구   V   S
플랫폼에는 많은 학생들이 있었다.

● 해설

3. 다음 빈칸에 들어갈 말로 가장 적절한 것을 고르시오.
Every leader starts in his inner circle, the comfort zone. This is the place where we operate from what we are comfortable with, where we know well what we are capable of and can consistently achieve

expected outcomes and results. The goal of the next zone is to push out beyond that area and begin to learn new things. This is known as the learning zone. In a new environment or area, we have to adapt and learn to perform in new ways. Beyond the learning zone lies the courage zone. In this zone, we continue to learn, but the learning curve is steeper because we are challenged to accomplish greater and more difficult things that take a fair amount of courage to achieve. The outermost circle is known as the _____ zone — because once we have mastered the new learning and mustered the courage to experiment with all the new knowledge, we will really start to perform differently from before.

① fairness 공정함
② performance 실행
③ diligence 근면함
④ morality 도덕성
⑤ consistency 지속성

이 글은 리더들이 가지고 있는 4가지 영역인 시작점인 안락 영역, 새로운 것을 배우는 학습영역, 어려운 것을 해내는 용기영역, 그리고 마지막으로 실제로 다른 것을 행하는 수행영역을 이야기하고, 마지막 문장에서 빈칸에 해당되는 녀석에 대한 설명을 하고 있어. 이전과는 다른 것을 수행하기 시작한다고 하므로 빈칸에는 ② '수행(performance)'이 들어가겠지.

④ 혼공 개념 마무리   p.161

1. 그리고 물론 여러 직종에 종사하는 사람이 그 직종 모두에 능숙하기는 불가능하다.
   And it is, of course, impossible / for a man of
   가주어   의미상의 주어
   many trades / to be skilled in all of them.
   진주어
   그리고 물론 불가능하지 / 많은 거래에 있는 사람들이 / 그것들 모두에 능숙해지는 것은

2. 그는 Jimmy가 그 잡지들을 제자리에 다시 갖다 놓기만 한다면 Jimmy가 잡지 보는 것을 개의치 않는다.
   He doesn't mind / if Jimmy looks at the magazines, / as long as he puts them back / in the right place.
   그는 신경 쓰지 않아 / 지미가 잡지를 보든 안 보든 / 그가 그것들을 돌려놓는 한 / 제자리에

3. TV를 많이 보는 아이들은 또한 집에 머무르며 운동을 덜 하는 경향이 있다.
   Kids / who watch a lot of TV / are more likely
   S   V
   to be overweight / than those / who do not.
   아이들은 / TV를 많이 보는 / 더욱 과체중이 되는 경향이 있지 / 아이들보다 / 그렇지 않은

4. 쌍둥이들은 과학자들에게 환경과 생물학의 관계를 이해하는데 도움이 된다.
   The twins help scientists / understand the
                help + O + 동사원형/to부정사
   connection / between environment and biology.

쌍둥이들은 과학자들을 도와주지 / 관계를 이해하도록 / 환경과 생물학 사이의

5. 그녀에게 쏟아지고 있는 그 모든 관심에 놀라서 나는 그녀가 그 항공사에 근무하는지 물어보았다.

<u>Amazed</u> at all the attention / being paid to her, /
분사구문=Because I was amazed ~
I asked / if she worked with the airline.
모든 관심에 놀라서 / 그녀에게 쏟아지는 / 나는 물었지 / 그녀가 항공사에서 근무했는지 여부를

6. 오늘날, 3D 프린트 기술은 회사와 대학에서만 사용되지만, 이제 가격은 더 낮아지고 질은 더 좋아지고 있다.

Today, 3-D printing technology is used / only in companies and universities, / but the prices are now getting lower / and <u>the quality better.</u>
　　　　　　　　　　　　　　is getting 생략, the quality is getting better
오늘날 3D 프린트 기술은 사용되고 있어 / 오직 회사와 대학에서만 / 하지만 가격은 지금 내려가고 있지 / 그리고 그 품질은 좋아져

7. 이곳은 우리가 편안해 하는 것을 바탕으로 일을 하고, 우리가 무엇을 할 수 있는지 잘 알며, 기대된 성과와 결과를 지속적으로 성취할 수 있는 영역이다.

This is <u>the place</u> / <u>where we operate</u> / from what
　　　　　　　　　　❶
we are comfortable with, / <u>where we know well</u>
　　　　　　　　　　　　❷
/ what we are capable of / and can consistently achieve / expected outcomes and results.
이것은 장소야 / 우리가 운영하는 / 우리가 편안한 곳으로부터 / 그리고 우리가 잘 알고 있는 / 우리가 무엇을 할 수 있는지 / 그리고 지속적으로 성취할 수 있는지를 / 예상된 결과를

 혼공 16일차 **빈칸추론(구/문장)**

❶단계 **개념** 요리하기　　　p.164

●지문 분석

What do advertising and map-making have in common?
광고와 지도를 만드는 것은 공통점이 무엇인가?
Without doubt / the best answer is <u>their shared</u>
<u>need</u> / to communicate a limited version of the truth.
의심할 여지없이 / 최고의 답변은 그들의 공유된 필요야 / 제한한 진실의 형태를 전달할
An advertisement must create <u>an image</u> / that's appealing / and a map must present <u>an image</u> / that's clear, / but neither can meet its goal / by telling or showing everything.
광고는 이미지를 만들어야만 해 / 매력적인 / 그리고 지도는 이미지를 제공해야 해 / 분명한 / 하지만 어느 것도 그것의 목적을 충족할 수 없어 / 모든 것을 말하거나 보여줌으로써

Ads will cover up / or play down / negative aspects of <u>the company or service</u> / <u>they advertise.</u>
광고는 숨기거나 / 약화시킬 거야 / 회사나 서비스의 부정적인 면들을 / 그들이 광고하는
In this way, / they can <u>promote</u> / a favorable
　　　　　　　　　　　❶
comparison / with similar products / or <u>differentiate a product</u> / from its competitors.
　　❷
이런 식으로 / 그들은 홍보할 수 있어 / 선호하는 비교를 / 비슷한 제품과 / 아니면 제품을 차별화 할 수 있지 / 경쟁자와
Likewise, / the map must remove <u>details</u> / <u>that would be confusing.</u>
마찬가지로 / 지도는 세부사항을 제거해야만 해 / 혼동을 줄 수 있는

●전체 해석

광고를 하는 것과 지도를 만드는 것은 어떤 공통점이 있는가? 의심할 바 없이 최고의 대답은 그것들이 제한된 형태의 진실을 전달해야 하는 필요성을 공유하고 있다는 것이다. 광고는 매력적인 이미지를 만들어 내야하고, 지도는 분명한 이미지를 제공해야 하지만, 어느 것도 모든 것을 말하거나 보여 줌으로써 자기 목적을 충족할 수는 없다. 광고는 선전하는 회사나 서비스의 부정적인 측면을 숨기거나 약화시킨다. 이런 식으로, 그것은 자기에게 유리하게 유사한 제품과 비교하는 것을 홍보하거나 제품을 그것의 경쟁 제품과 차별화할 수 있다. 마찬가지로 지도는 혼란스럽게 할 세부 사항을 제거해야 한다.
① 정보의 양을 줄임
③ 사람들의 의견을 들음
④ 시각적 이미지에만 의존함
⑤ 모든 이에게 이용할 수 있게 함

●중요 포인트

만능 관계사 that
❶ that은 who/which 대신에 쓰일 수 있어.
The map must remove <u>details</u> <u>that would be</u>
<u>confusing.</u>
I have <u>many friends</u> <u>that can give some advice</u>
<u>to me.</u>
나는 나에게 몇 가지 조언을 해 줄 수 있는 많은 친구들이 있다.
❷ 관계부사로도 사용되어 when이나 where, why 대신 쓰이기도 하지.
There are <u>many places</u> <u>that we can spend our</u>
<u>vacation taking a rest.</u>
우리가 휴가를 보내는 데 쓸 수 있는 많은 장소가 있다.

보기 ①

●지문분석

Prince William was staying / with his family / in the small town of Augsburg.
윌리엄 왕자는 머물고 있었어 / 가족과 함께 / 아우크스부르크의 작은 도시에서

The town's police captain was very lazy.
그 도시의 경찰서장은 매우 게을렀어

He was not doing his job / and the people of Augsburg / were becoming unhappy and angry.
그는 일을 안 하고 있었어 / 그리고 아우크스부르크의 사람들은 / 불행해지고 화가 나 있었지

Their money was not safe / in the banks of the town.
그들의 돈은 안전하지 않았어 / 도시의 은행에 있는

There were a lot of thieves in the streets.
거리에는 많은 도둑들이 있었지

Prince William heard about this / and got angry.
윌리엄 왕자는 이에 대해서 들었고 / 화가 났어

get + 형용사: ~이 되다

So he decided to / make the captain leave his job.
make + O + 동사원형(능동)/~ed(수동)
그래서 그는 결정했어 / 서장을 해고하기로

●전체 해석

William 왕자는 Augsburg의 작은 마을에서 가족과 머물고 있었다. 그런데 그 마을의 경찰서장이 아주 게을렀다. 그가 자기의 업무를 하지 않아 마을 사람들은 화가 났다. 은행에 있는 그들의 돈은 안전하지 않았고 거리에는 도둑들이 득실거렸다. William 왕자는 이 소식을 듣고 화가 났다. 그래서 경찰서장을 해고하기로 결심했다.

1. ③

●지문분석

While blue is one of the most popular colors, / it decreases the desire to eat.
파란색은 가장 인기 있는 색 중 하나인 반면 / 그것은 식욕을 감소시켜

Blue food is rare / in nature.
파란색 음식은 드물지 / 자연에서는

There are no blue vegetables and no blue meats.
파란색 채소나 파란색 고기는 없어

Food researchers say / that when humans searched for food, / they learned to avoid toxic objects, / which were often blue, black, or purple.
식품 연구가들에 따르면 / 사람들이 식량을 찾았을 때 / 그들

은 독성 물질을 피하는 것을 배웠어 / 그것들은 종종 파란색이나 검정, 아니면 보라색이야

When food / dyed blue / is served to people, / they lose appetite / — they don't want to eat.
식량이 / 파랗게 염색된 / 사람들에게 제공될 때 / 그들은 식욕을 잃어버려 / 그들은 먹고 싶어 하지 않아

●전체 해석

파란색은 가장 인기 있는 색깔 중의 하나이지만, 식욕을 감소시킨다. 자연 속에서 파란 색의 먹을거리 찾아보기 힘들다. 파란 채소나 파란 육류는 없다. 식품 연구가들에 따르면, 인류가 먹을거리를 찾아다니는 과정 속에서 독성이 있는 물질은 피해야 한다는 것을 알게 되었는데, 그 물질은 종종 파란색, 검정색, 혹은 자주색이었다. 파랗게 염색된 식품이 사람들에게 제공될 때, 사람들은 식욕을 잃고 만다. 즉, 먹을 마음이 생기지 않는다.

●해설

1. 다음 빈칸에 들어갈 말로 가장 적절한 것을 골라 보자.
While blue is one of the most popular colors, it _____. Blue food is rare in nature. There are no blue vegetables and no blue meats. Food researchers say that when humans searched for food, they learned to avoid toxic objects, which were often blue, black, or purple. When food dyed blue is served to people, they lose appetite — they don't want to eat.
① makes people relaxed 사람들을 편안하게 만든다
② makes people feel blue 사람들을 우울하게 만든다
③ decreases the desire to eat 식욕을 감소시킨다

파란색 음식은 별로 없고, 주로 독성이 있기에 사람들은 파란색 음식을 보면 먹고 싶어 하지 않는다고 하지. 따라서 빈칸에 들어갈 말은 ③번이 적절해.

2. ③

●지문분석

According to wise men / throughout the years, / decreasing your desires / is a sure way / to happiness.
현명한 사람에 따르면 / 수 년 간에 걸쳐 / 욕구를 줄이는 것은 / 확실한 방법이야 / 행복에 대한

Political scientist Alex Michalos, / asked 18,000 college students / in thirty-nine countries / how happy they were. 간접의문문: 의문사 + S + V
정치학자인 알렉스 미할로스는 / 18,000명의 대학생들에게 물었어 / 39개국의 / 그들이 얼마나 행복한지

Then he asked them / how close they were / to having all / they wanted in life.
전치사 to
그리고 나서 그는 그들에게 물었어 / 얼마나 가까이 있는지 / 모든 것을 가지는 데에 / 그들이 평생 원했던

He found / that the people / who are less happy / are those with desires / that are much higher
그는 발견했어 / 사람들이 / 덜 행복한 / 욕구를 가진 사람들이다 / 훨씬 높은

/ than what they already had.
그는 깨달았어 / 사람들은 / 덜 행복한 / 욕구를 가진 사람들
이라는 것을 / 더욱 높은 / 그들이 벌써 갖고 있는 것보다

Instead of being satisfied, / most of us merely
전치사 + ~ing
want more.
만족하는 것 대신에 / 대부분의 우리는 단지 더 많이 원하지

● 전체 해석

수 년 간에 걸쳐 현명한 사람들은 욕심을 줄이는 것이 행
복해질 수 있는 확실한 방법이라고 말하고 있다. 정치학자
Alex Michalos가 39개국에 있는 18,000명의 대학생들에게
그들이 얼마나 행복한지 물었다. 그런 다음 그들의 삶에서
자신이 원하는 모든 것을 소유하는데 얼마나 근접해 있는지
물었다. 그가 알아낸 바로는 덜 행복한 사람은 이미 가지고
있는 것보다 훨씬 더 큰 욕심을 가진 사람들이었다. 만족하
는 대신에 우리 대부분은 더 많은 것을 바랄 뿐이다.

● 해설

2. 다음 빈칸에 들어갈 말로 가장 적절한 것을 골라 보자.
According to wise men throughout the years,
_____ is a sure way to happiness. Political scientist Alex
Michalos, asked 18,000 college students in thirty-
nine countries how happy they were. Then he asked
them how close they were to having all they wanted
in life. He found that the people who are less happy
are those with desires that are much higher than
what they already had. Instead of being satisfied,
most of us merely want more.
① getting a better job 더 좋은 직업을 갖는 것
② achieving your goal 목표를 달성하는 것
③ decreasing your desires 욕심을 줄이는 것

이 글은 불행한 사람들은 욕심이 많은 사람들이라는 글이야.
빈칸은 '행복'에 대한 것이니 마지막과는 반대되는 내용이
나와야겠지. 따라서 ③번이 적절해.

3. ③

● 지문분석

Most dinosaurs / were much larger / than
비교급 강조 much
reptiles / that we have today.
대부분의 공룡들은 훨씬 컸어 / 파충류보다 / 지금 우리가 가지는
In addition, / the legs of most reptiles today /
are on the sides of their body.
게다가 / 오늘날의 대부분의 파충류의 다리들은 / 그들 몸통
의 옆에 있어
However, / dinosaurs' legs / were on the bottom
of their body.
하지만 / 공룡의 다리는 / 몸통 바닥에 있었어
On top of that, / today's reptiles / use the
environment to control their body temperature.
게다가 / 오늘날의 파충류는 / 체온을 통제하기 위해서 환경
을 사용하지
On the other hand, / dinosaurs controlled their

own body temperature.
반면에 / 공룡은 자신의 체온을 통제했어
All of these facts / show / that dinosaurs and
modern reptiles are actually quite different.
이러한 모든 사실들은 / 보여주지 / 공룡과 현대의 파충류는
실제로 아주 다르다는 것을

● 전체 해석

대부분의 공룡은 오늘날의 파충류보다 훨씬 더 컸다. 또한
오늘날 대부분의 파충류의 다리는 몸통의 측면에 있다. 그러
나 공룡의 다리는 몸의 아래쪽에 있었다. 게다가 오늘날의
파충류는 체온을 조절하기 위해 주변 환경을 이용한다. 반면
에 공룡들은 스스로 체온을 조절했다. 이러한 모든 사실은
공룡과 오늘날의 파충류들이 실제로는 아주 다르다는 것을
보여준다.

● 해설

3. 다음 빈칸에 들어갈 말로 가장 적절한 것을 골라 보자.
모두 다 공룡과 현대 파충류의 차이점을 설명하고 있어.
Most dinosaurs were much larger than reptiles that
we have today. In addition, the legs of most reptiles
today are on the sides of their body. However,
dinosaurs' legs were on the bottom of their body.
On top of that, today's reptiles use the environment
to control their body temperature. On the other hand,
dinosaurs controlled their own body temperature.
All of these facts show that dinosaurs and modern
reptiles _____.
① survived the ice age 빙하기에서 살아남았다
② have the same ancestors 같은 조상을 갖고 있다
③ are actually quite different 실제로는 아주 다르다

이 글은 처음부터 끝까지 공룡과 현대 파충류의 차이점을
설명한 글이야. 따라서 빈칸에는 ③번이 적절하지.

4. ②

● 지문분석

What makes a good walk?
무엇이 좋은 걷기를 만들까?
Most of all, / a good walk should be a pleasant
experience / to our senses.
무엇보다도 / 좋은 걷기는 즐거운 경험이어야 해 / 우리 감각에
There should be rich colors / to delight our eyes
/ and sweet sound / to ring in our ears.
풍부한 색상이 있어야 해 / 우리 눈을 즐겁게 할 / 그리고 즐
거운 소리가 / 우리 뒤에 울리는
Spring flowers, summer trees, autumn leaves,
and winter snow / are all nice surprises / along
the way.
봄의 꽃, 여름의 나무, 가을의 나뭇잎, 그리고 겨울의 눈은 /
모두 좋은 놀라움들이야 / 길을 따라
The singing of birds, / murmuring of a stream,
/ whispering of the wind, / and happy talking
of people / are the symphonic sounds of a good

walk.
새들의 노래 / 졸졸 흐르는 개울 / 바람의 속삭임 / 그리고 사람들의 행복한 말소리는 / 좋은 걷기의 교향곡 소리이지

● 전체 해석
무엇이 기분 좋은 걷기를 만드는가? 무엇보다도, 기분 좋은 걷기란 감각이 즐거운 경험이 되어야 한다. 우리 눈을 즐겁게 하는 총천연색과 우리 귀에 메아리치는 즐거운 소리가 있어야 한다. 봄의 꽃들, 여름의 나무들, 가을의 잎들, 그리고 겨울의 눈은 길을 따라 걸으며 만나는 놀라운 기쁨들이다. 새가 지저귀고, 시냇물이 졸졸 흐르고, 바람이 속삭이고, 사람들이 행복하게 이야기를 나누는 것은 기분 좋은 걷기에서 들을 수 있는 교향곡이다.

● 해설
4. 다음 빈칸에 들어갈 말로 가장 적절한 것을 골라 보자.
What makes a good walk? Most of all, a good walk should be _____. There should be rich colors to delight our eyes and sweet sound to ring in our ears. Spring flowers, summer trees, autumn leaves, and winter snow are all nice surprises along the way. The singing of birds, murmuring of a stream, whispering of the wind, and happy talking of people are the symphonic sounds of a good walk.
① taken regularly if possible
　가능하다면 규칙적으로 취하는
② a pleasant experience to our senses
　우리 감각에 즐거운 경험
③ done considering our physical condition
　우리 신체 상태를 고려하여 이루어진

글 전체적으로 우리의 감각을 즐겁게 해주는 것들이 존재하는 길을 걷는 것이 좋다고 하고 있어. 따라서, 빈칸에는 ②번이 가장 적절해.

5. ①
● 지문분석

Chuck felt sorry / about not going to a dance
　　　　　　　　　동명사의 부정: 부정어 + 동명사
party / with his friends after school, / but he thought / he had better prepare for a final exam / coming up in a couple of days.
척은 아쉬워했어 / 댄스파티에 가지 못하는 걸 / 친구들과 함께 하고 후에 / 하지만 그는 생각했지 / 그는 기말고사를 대비하는 것이 낫다고 / 며칠 뒤에 다가오는
So he went back home / and studied for the exam.
그래서 그는 집으로 되돌아가서 / 시험을 위해 공부했지
His efforts at studying / resulted in a high grade on the exam.
공부에서의 그의 노력은 / 시험에서의 높은 점수를 야기했지
His friends did not score half / as well as he did.

그의 친구들은 반도 얻지 못했어 / 그가 한 것의
Chuck learned from this experience / that it's
　　　　　　　　　　　　　　　　　가주어-진주어
true / that you reap what you sow.
척은 이 경험으로부터 배웠어 / 사실이라고 / 뿌린 대로 걷는다는 것이

● 전체 해석
Chuck은 방과 후에 친구들과 함께 댄스파티에 가지 못하는 것이 아쉬웠지만, 며칠 후에 있을 기말고사를 대비하는 것이 낫다고 생각했다. 그래서 집으로 돌아가 시험 공부를 했다. 공부를 한 그의 노력으로 시험에서 좋은 성적을 거두었다. 그의 친구들은 그의 성적의 절반에도 미치지 못했다. Chuck은 이 경험에서 뿌린 대로 거둔다는 사실을 알게 되었다.

● 해설
5. 다음 빈칸에 들어갈 말로 가장 적절한 것을 골라 보자.
Chuck felt sorry about not going to a dance party with his friends after school, but he thought he had better prepare for a final exam coming up in a couple of days. So he went back home and studied for the exam. His efforts at studying resulted in a high grade on the exam. His friends did not score half as well as he did. Chuck learned from this experience that it's true that _____.
① you reap what you sow 뿌린 대로 거둔다
② two heads are better than one 하나보다 둘이 낫다
③ too many cooks spoil the broth 사공이 많으면 배가 산으로 간다

댄스파티에 가지 않고 기말고사를 준비한 척의 성적이 좋았다는 내용이니 ① '뿌린 대로 거둔다(you reap what you sow)'가 되겠지.

🍳 3단계 모의고사 요리하기 　　p.168

1. ④
● 지문분석

Some of the most extensive research / on the subject of success / was conducted / by George and Alec Gallup.
일부 가장 광범위한 조사 중 일부가 / 성공이라는 주제에 대한 / 이루어 졌어 / George and Alec Gallup에 의해서
They interviewed people / acknowledged as successful / in a wide variety of areas: / business, science, literature, education, religion, etc.
그들은 사람들을 인터뷰했어 / 성공한 것으로 인정받은 / 다양한 분야에서 / 사업, 과학, 문학, 교육, 종교, 기타 등등
The goal of the researchers / was to determine

/ what these high-achieving people had / in common.
연구원들의 목표는 / 결정하는 것이었어 / 이러한 높은 성취를 한 사람들이 무엇을 가지고 있는지 / 공통으로

There was one thing / they all had in common: / the willingness / to work long, hard hours.
한 가지가 있었어 / 그들 모두가 공통으로 가지고 있는 / 의지야 / 오랫동안 그리고 열심히 일하는

All of them / agreed / that success / wasn't something / that had just happened to them / due to luck or special talents.
접속사 / 관계사
그들 모두가 / 동의했지 / 성공은 / 무언가가 아니라고 / 그들에게 그저 일어난 / 행운이나 특별한 재능 때문에

It happened / because they'd made it happen / through continuous effort.
자역동사 make + O + 동사원형(능동) / ~ed(수동)
그것은 일어났지 / 그들이 그것이 일어나게 만들었기 때문에 / 지속적인 노력을 통해서

Instead of looking for shortcuts and ways / to avoid hard work, / these people welcomed it / as a necessary part of the process.
지름길이나 방법을 찾는 것 대신에 / 힘든 일을 피하려는 / 이 사람들은 그것을 환영했지 / 과정의 필요한 부분으로써

● 전체 해석

성공이라는 주제에 관한 가장 광범위한 연구 중의 일부가 George and Alec Gallup에 의해 이루어졌다. 그들은 사업, 과학, 문학, 교육, 종교 등 아주 다양한 분야에서 성공적인 것으로 인정받아 온 사람들을 인터뷰했다. 이 연구원들의 목표는 이러한 성취도가 높은 사람들이 공통으로 가진 것이 무엇인가를 판정하는 것이었다. 그들 모두가 공통으로 가진 한 가지가 있었는데, 그것은 기꺼이 오랫동안 열심히 일하고자 하는 것이었다. 그들 모두는 성공이 운이나 특별한 재능 때문에 그들에게 그저 일어난 어떤 것이 아니라는 것에 동의했다. 그것(성공)은 계속적인 노력을 통해 그들이 그것이 일어나게 했기 때문에 발생했다. 지름길과 열심히 일하는 것을 피하는 방법을 찾는 대신에 이러한 사람들은 (성공으로 이르는) 과정에 필요한 부분으로 그것을 기꺼이 받아들였다.

● 중요 포인트

명사를 수식하는 여러 가지

❶ 분사(~ing/~ed)

They interviewed people acknowledged as successful.

❷ to부정사

Instead of looking for shortcuts and way to avoid hard work, ~

❸ 관계대명사

Success wasn't something that had just happened to them ~

❹ 주어 + 동사 (목적격 관계사 생략)

There was one thing they all had in common.

● 해설

1. 다음 빈칸에 들어갈 말로 가장 적절한 것을 고르시오.

Some of the most extensive research on the subject of success was conducted by George and Alec Gallup. They interviewed people acknowledged as successful in a wide variety of areas: business, science, literature, education, religion, etc. The goal of the researchers was to determine what these high-achieving people had in common. There was one thing they all had in common: the willingness to

_____. All of them agreed that success wasn't something that had just happened to them due to luck or special talents. It happened because they'd made it happen through continuous effort. Instead of looking for shortcuts and ways to avoid hard work, these people welcomed it as a necessary part of the process.

① take a risk 모험하다
② make plans ahead 미리 계획을 세우다
③ get rid of bad habits 나쁜 습관을 버리다
④ work long, hard hours 오랫동안 열심히 일하다
⑤ respect others' opinions 다른 사람의 의견을 존중하다

이 글은 성공한 사람들이 공통으로 가진 것들은 행운이나 특별한 재능이 아닌 열심히 일하는 의지라고 이야기하고 있지. 따라서 빈칸에 들어갈 적절한 말은 ④ '오랫동안 열심히 일한다(work long, hard hours)'가 되겠지.

2. ③

● 지문분석

It is not always easy / to eat well / when you have a newborn baby.
가주어-진주어
항상 쉬운 건 아니야 / 잘 먹는 게 / 여러분이 신생아를 가졌을 때

It can seem like / you do not have time / to prepare tasty nutritious meals / or even to eat them.
접속사 that 생략
그건 이것과 같을 수 있어 / 여러분이 시간이 없는 것처럼 / 맛있는 영양 넘치는 식사를 준비하는 / 아니면 심지어 그것들을 먹을

You will need to learn / the following trick.
여러분들은 배울 필요가 있어 / 다음의 방법들을

Try not to wait / until you are really hungry / to think about eating.
명령문.to부정사의 부정: 부정어 + to부정사
기다리려고 노력하지 마 / 여러분이 정말로 배고플 때까지 / 먹는 것에 대해 생각하려고

When you have a newborn baby, / preparing food / will probably take longer / than usual.
S
여러분이 신생아가 있을 때 / 음식을 준비하는 것은 / 아마도 시간이 더 걸릴 거야 / 평소보다

If you start / when you are already hungry, / you will be absolutely starving / before the food is ready.

여러분이 시작한다면 / 여러분이 벌써 배고플 때 / 여러분은 절대적으로 배가 고플 거야 / 식사가 준비되기 전에

When you are starving and tired, / eating healthy is difficult.

여러분이 배고프고 지칠 때 / 건강한 음식을 먹는 것은 어려워

You may want to eat fatty fast food, chocolates, cookies or chips.

당신은 기름진 패스트푸드나 초콜릿, 쿠키, 아니면 과자를 먹고 싶어할 수도 있어

This type of food is okay sometimes, / but not every day.

이러한 종류의 음식은 때때로는 좋아 / 하지만 매일은 아니지

● 전체 해석

신생아가 생기면 잘 먹는 것이 항상 쉬운 것은 아니다. 맛있고 영양가 많은 식사를 준비할 시간, 혹은 심지어 그것을 먹을 시간조차 없는 것처럼 보일 수도 있다. 다음 요령을 배울 필요가 있을 것이다. 먹고 싶은 생각이 들 정도로 정말 배고파질 때까지 기다리려고 하지 마라. 신생아가 있으면, 음식을 준비하는 일이 평상시보다 아마 시간이 더 오래 걸릴 것이다. 이미 배고픔을 느낄 때 (음식 준비를) 시작하게 되면, 음식이 준비되기 전에 대단히 배가 고플 것이다. 배가 몹시 고프고 피곤하면, 건강에 이롭게 먹는 것이 어렵다. 기름진 패스트푸드, 초콜릿, 쿠키 혹은 감자 칩을 먹고 싶어질 수도 있다. 이런 종류의 음식은 가끔은 괜찮겠지만, 매일 그렇지는 않다.

● 중요 포인트

명령문 vs 준동사
❶ 문장의 맨 앞에 동사가 올 경우 그 종류를 파악하는 것이 중요해.

❷ 문장에는 꼭 본동사가 필요하니까 본동사가 있는지를 알아봐야 해. 본동사가 있다면 맨 앞은 명령문이 아닌 다른 것이 와야겠지.

이 문장에는 본동사가 없으니 try라는 동사가 와야 해.
Try not to wait until you are really hungry.
이것은 until이라는 접속사로 인해서 새로운 문장에 걸리는 본동사야.

Eating healthy is difficult.
여기서는 본동사 is가 뒤에 나오니 eat의 형태는 주어 역할을 하는 eating이나 to eat이 와야겠지.

● 해설

2. 다음 빈칸에 들어갈 말로 가장 적절한 것을 고르시오.

It is not always easy to eat well when you have a newborn baby. It can seem like you do not have time to prepare tasty nutritious meals or even to eat them. You will need to learn the following trick. Try not to wait until _____. When you have a

newborn baby, preparing food will probably take longer than usual. If you start when you are already hungry, you will be absolutely starving before the food is ready. When you are starving and tired, eating healthy is difficult. You may want to eat fatty fast food, chocolates, cookies or chips. This type of food is okay sometimes, but not every day.

① your baby cries to be fed at night
아기가 밤에 먹을 것을 달라고 울어대다

② you find a new recipe for your meal
식사를 위한 새로운 요리법을 찾아내다

③ you are really hungry to think about eating
먹고 싶은 생각이 들 정도로 배고프다

④ your kids finish all the food on their plates
자녀들이 접시 위에 있는 모든 음식을 다 먹다

⑤ you feel like taking a nap after a heavy meal
음식을 많이 먹은 후 낮잠을 자고 싶은 기분이 들다

이 글은 아이가 생겼을 때, 잘 먹는 법을 설명한 글이야. 특히 중요한 것은 배가 고파질 때까지 기다리지 말라는 거지. 그러면 패스트푸드 같은 음식을 먹게 될 확률이 높다고 하고 있어. 따라서 빈칸에 들어가기에 적절한 것은 ③ '먹고 싶은 생각이 들 정도로 배고프다(you are really hungry to think about eating)'가 되겠지.

3. ③
● 지문분석

Friends. / Can you imagine / what life would be like / without them?
친구들 / 당신은 상상할 수 있어 / 인생이 무엇과 같은지 / 그들이 없다면

Who would you hang out with / during lunch?
당신은 누구와 어울릴 거야 / 점심식사 동안에

Who would you tell / about the new boy / in your history class?
당신은 누구와 이야기 할 거야 / 새로운 남자아이에 대해서 / 당신의 역사 수업의

Let's face it.
그것에 직면해보자

Without friends, / the world would be a pretty lonely place.
친구가 없다면 / 세상은 아주 외로운 장소가 될 거야

Although friends and friendship mean / different things to different people, / most people realize / that friends are pretty important.
친구와 우정이 의미함에도 불구하고 / 다른 사람에게 다른 것들을 / 대부분의 사람들은 깨닫지 / 친구들은 아주 중요하다고

While it's fun / to read / what other people have said about friendship, / what matters most / is what you think of / when you hear the word "friend."

재미난 반면 / 읽는 것이 / 다른 사람들이 우정에 대해서 말해 왔던 것을 / 가장 중요한 것은 / 당신이 생각하는 거야 / 당신이 '친구'라는 단어를 들을 때

Your own personal definition of friendship / has a lot to do with / what kind of friend you are.
당신 자신의 개인적인 우정에 대한 정의는 / 관련이 많아 / 당신이 어떤 종류의 친구인가와

If, for instance, / you believe / that loyalty goes hand in hand with friendship, / you are probably a loyal friend yourself.
<small>강조용법</small>
예를 들어 / 당신이 믿는다면 / 충직성이 우정과 관련이 있다고 / 당신은 아마도 충직한 친구일 거야

If you believe / a friend is someone / who'll go out of her way for you, / maybe just to pick up a homework assignment / you missed / when
<small>'가져오기 위해서', 목적으로 쓰인 to부정사</small>
you were sick, / it's likely that / you'd also go out of your way / for your friends.
당신이 믿는다면 / 친구는 이런 사람이라고 / 당신을 위해서 노력을 많이 하려는 / 아마도 숙제를 가져오려고 / 당신이 깜빡한 / 당신이 아플 때 / 이럴 가능성이 높지 / 당신 역시 노력을 할 사람이라는 / 당신의 친구를 위해서

● 전체 해석

친구들. 그들이 없으면 삶이 무엇과 같을 지를 당신은 상상할 수 있는가? 점심시간 동안 당신은 누구와 시간을 보낼 것인가? 역사 시간에 있는 새로운 남자 아이에 대하여 누구에게 이야기하겠는가? 그러한 상황을 직면해 보자. 친구들이 없다면, 세상은 상당히 외로운 곳일 것이다. 비록 친구와 우정이 서로 다른 사람들에게 서로 다른 것들을 의미하지만, 대부분의 사람들은 친구가 무척 중요하다고 인식한다. 다른 이들이 우정에 관해 무엇이라 말했는지를 읽어내는 것은 흥미롭지만, 가장 중요한 것은 '친구'라는 단어를 들을 때 당신이 무엇을 떠올리는가이다. 우정에 관한 당신 자신의 개인적인 정의가 당신이 어떤 종류의 친구인지와 많은 관련이 있다. 예를 들어, 충직성이 우정과 연관되어 있다고 당신이 생각한다면, 당신은 당신 자신이 아마도 충직한 친구일 것이다. 친구란 당신이 아플 때 당신이 깜빡했던 숙제를 가져오려고 특별히 노력하는 사람이라고 생각한다면, 당신 또한 당신의 친구들을 위해서 특별한 노력을 기울일 것이다.

● 중요 포인트

접속사 that의 생략

❶ 접속사 that이 동사의 목적절을 이끄는 경우 대부분 생략이 돼.

you believe (that) a friend is someone ~

❷ 주어를 이끌 경우에는 생략이 되지 않지.

That he is my son is important to me.
그가 내 아들이라는 것은 나에게 중요해.

● 해설

3. 다음 빈칸에 들어갈 말로 가장 적절한 것을 고르시오.

Friends. Can you imagine what life would be like without them? Who would you hang out with during lunch? Who would you tell about the new boy in your history class? Let's face it. Without friends, the world would be a pretty lonely place. Although friends and friendship mean different things to different people, most people realize that friends are pretty important. While it's fun to read what other people have said about friendship, what matters most is what you think of when you hear the word "friend." _____ has a lot to do with what kind of friend you are. If, for instance, you believe that loyalty goes hand in hand with friendship, you are probably a loyal friend yourself. If you believe a friend is someone who'll go out of her way for you, maybe just to pick up a homework assignment you missed when you were sick, it's likely that you'd also go out of your way for your friends.

① A shared experience with friends
　친구들과 함께 공유된 경험
② Your personality that needs improvement
　개선이 필요한 당신의 성격
③ **Your own personal definition of friendship**
　당신 자신의 우정에 대한 정의
④ The way of talking and listening to others
　다른 사람과 대화하는 방식
⑤ The honesty between you and your friends
　당신과 친구 사이의 정직

친구에 대해서 떠올릴 때 가장 중요한 것은 친구에 대한 정의며 그것에 따라서 어떤 친구를 사귈 것인지가 결정된다고 하고 있어. 빈칸의 경우, 뒤에 나오는 글들을 보면, 'you believe'라는 말이 쓰이지. 즉 당신이 친구에 대해서 무엇을 믿느냐에 따라 달라진다는 거지. 따라서 빈칸은 ③ '당신 자신의 우정에 대한 정의(Your own personal definition of friendship)'가 적절해.

4 혼공 개념 마무리 <small>단계</small> p.171

1. 광고는 매력적인 이미지를 만들어 내야 하고, 지도는 분명한 이미지를 제공해야 하지만, 어느 것도 모든 것을 말하거나 보여 줌으로써 자기 목적을 충족할 수는 없다.
An advertisement must create an image / that's appealing / and a map must present an image / that's clear, / but neither can meet its goal / by telling or showing everything.
광고는 이미지를 만들어야만 해 / 매력적인 / 그리고 지도는 이미지를 제공해야 해 / 분명한 / 하지만 어느 것도 그것의 목적을 충족할 수 없어 / 모든 것을 말하거나 보여줌으로써

2. 식품 연구가들에 따르면, 인류가 먹을거리를 찾아다니는 과정 속에서 독성이 있는 물질은 피해야 한다는 것을 알게 되었는데, 그 물질은 종종 파란색, 검정색, 혹은 자주색이었다.

Food researchers say / that when humans searched for food, / they learned to avoid toxic objects, / which were often blue, black, or purple.

식품 연구가들에 따르면 / 사람들이 식량을 찾았을 때 / 그들은 독성 물질을 피하는 것을 배웠어 / 그것들은 종종 파란색이나 검정, 아니면 보라색이야

3. Chuck은 방과 후에 친구들과 함께 댄스파티에 가지 못하는 것이 아쉬웠지만, 며칠 후에 있을 기말고사를 대비하는 것이 낫다고 생각했다.

Chuck felt sorry / about not going to a dance party / with his friends after school, / but he thought / he had better prepare for a final exam / coming up in a couple of days.

동명사의 부정: 부정어 + 동명사

척은 아쉬워했어 / 댄스파티에 가지 못하는 걸 / 친구들과 함께 하고 후에 / 하지만 그는 생각했지 / 그는 기말고사를 대비하는 것이 낫다고 / 며칠 뒤에 다가오는

4. 성공이라는 주제에 관한 가장 광범위한 연구 중의 일부가 George and Alec Gallup에 의해 이루어졌다.

Some of the most extensive research / on the subject of success / was conducted / by George and Alec Gallup.

일부 가장 광범위한 조사 중 일부가 / 성공이라는 주제에 대한 / 이루어졌어 / George and Alec Gallup에 의해서

5. 신생아가 생기면 잘 먹는 것이 항상 쉬운 것은 아니다.

It is not always easy / to eat well / when you have a newborn baby.

가주어-진주어

항상 쉬운 건 아니야 / 잘 먹는 게 / 여러분이 신생아를 가졌을 때

6. 다른 이들이 우정에 관해 무엇이라 말했는지를 읽어내는 것은 흥미롭지만, 가장 중요한 것은 '친구'라는 단어를 들을 때 당신이 무엇을 떠올리는가이다.

While it's fun / to read / what other people have said about friendship, / what matters most / is what you think of / when you hear the word "friend."

가주어-진주어

재미난 반면 / 읽는 것이 / 다른 사람들이 우정에 대해서 말해왔던 것을 / 가장 중요한 것은 / 당신이 생각하는 거야 / 당신이 '친구'라는 단어를 들을 때

 혼공 **17일차 장문의 이해 I**

 1 단계 **개념 요리하기**   p.174

● 지문 분석

Food is one of the most important tools / you can use / as a manager.

음식은 가장 중요한 도구 중 하나야 / 여러분이 사용할 수 있는 / 관리자로서

Having a full stomach / makes people feel / satisfied and happier.

V make + O + 동사원형(능동) / ~ed(수동)

배를 부르게 하는 것은 / 사람들이 느끼도록 만들지 / 만족하고 더 행복하도록

Eating together gives employees time / to make connections with each other.

함께 먹는 것은 직원들에게 시간을 줘 / 서로와 관계를 맺을

Providing an occasional snack / or paying for a lunch / now and then / can help your employees feel / appreciated / and make the office feel / more welcoming.

V ① help + O + 동사원형/to부정사 ②

때때로 간식을 제공하던가 / 점심을 제공하는 것은 / 이따금씩 / 당신의 직원들이 느끼도록 도와주지 / 인정받고 있음을 / 그리고 사무실이 느끼도록 해줘 / 보다 따뜻함을

These do not need / to be elaborate setups.

이것은 필요하지 않아 / 정교한 준비가 될

If you have a small budget, / you're not going to want / to buy lunch at a restaurant / for your entire group.

당신이 예산이 적다면 / 당신은 원하지 않을 거야 / 레스토랑에서 점심을 사는 것을 / 당신의 전체 직원들에게

Bringing in some cookies / once in a while / is enough; / you can also encourage employees / to bring in food themselves.

encourage + O + to부정사 / 강조용법

쿠키 몇 개를 가져오는 것 / 이따금씩 / 충분해 / 당신은 또한 직원들을 독려할 수 있어 / 스스로 음식을 가져오라고

The key / to using food effectively / is for it not to become a planned event.

전치사 to + ~ing / 의미상의 주어

핵심은 / 효과적으로 음식을 사용하는 / 그것(음식)이 계획된 행사가 되지 않는 거야

If everyone knows / you bring donuts / to the Friday morning meeting, / it becomes an expectation / and not a surprise.

만약 모든 사람들이 알고 있다면 / 당신이 도넛을 가져오리라는 것을 / 금요일 아침 회의에 / 그것은 기대가 되지 / 그리고 놀라움이 아니라

To create goodwill, / the food must appear to be unexpected.

'만들기 위해서', 목적으로 사용된 to부정사

선의를 만들기 위해서 / 음식은 예상치 못한 것이 되어야 해

It is also a good idea / to praise employees / who bring food in / without being asked; / this creates / an atmosphere of sharing.

가주어-진주어

또한 좋은 생각이야 / 직원들을 칭찬하는 것은 / 음식을 가지고 오는 / 요청없이도 / 이것은 만들지 / 공유의 분위기를

● 전체 해석

음식은 경영자로서 여러분이 사용할 수 있는 가장 중요한 수단 중 하나이다. 배가 부르면 사람들은 만족스럽고 더 행

복해진다. 함께 먹는 것은 직원들에게 서로 서로 관계를 맺을 시간을 제공한다. 가끔씩 간식을 주고 때때로 점심을 사는 것은 직원들이 인정받고 있다고 느끼게 하고 사무실이 더 따뜻한 느낌이 들게 한다. 이것들은 공들인 계획이 될 필요는 없다. 만약 예산이 적으면, 여러분은 전체 직원에게 식당에서 점심을 사기를 원하지는 않을 것이다. 이따금씩 약간의 쿠키를 가지고 오는 것으로 충분하다. 여러분은 또한 직원들에게 그들 스스로 음식을 가지고 오도록 권유할 수도 있다. 음식을 효과적으로 사용하는 비결은 그것이 계획된 행사가 되게 하지 않는 것이다. 만약 모두가 여러분이 금요일 오전 회의에 도넛을 가지고 오는 것을 안다면, 그것은 예상한 일이 되고 뜻밖의 일이 되지 않는다. 호의를 보이려면 음식은 예기치 않게 나타나야 한다. 요청받지 않고 음식을 가지고 오는 직원을 칭찬하는 것 또한 좋은 생각이다. 이것은 나눔의 분위기를 만든다.

2단계 개념 맛보기   p.176

보기 1. ① 2. ③

●지문분석

Many families can't buy expensive things / such as a car or a computer.
많은 가족들은 값비싼 물건을 살 수 없어 / 차나 컴퓨터와 같은

These families should consider / cooperative buying.
이러한 가족들은 고려해야 해 / 협동 구매를

Almost anything / one might want to buy / can be jointly owned.
거의 모든 것들은 / 사람들이 사기를 원하는 / 공동으로 소유될 수 있지

There are several advantage / to this.
몇 가지 장점이 있어 / 이것에는

First, it will cost less / than buying something / by yourself, / and there will be fewer worries / about the cost / required / to keep it in good condition.
첫째, 그것은 비용이 덜 들어 / 어떤 것을 사기 보다는 / 혼자서 / 그리고 걱정이 더 적을 수 있어 / 비용에 대해서 / 필요한 / 그것을 좋은 상태로 유지하기 위해서

●전체 해석

많은 가정들은 자동차, 컴퓨터와 같은 값비싼 물건들을 살 수 있는 경제적인 여유가 없다. 이러한 가정에서는 협동 구매를 고려해야만 한다. 사람들이 구매하고자 하는 거의 모든 것들을 공동으로 소유할 수 있다. 여기에는 몇 가지 장점이 있다. 단독 구매하는 것보다는 비용이 덜 들고, 물건을 좋은 상태로 유지하기 위한 비용에 대해 걱정을 덜 수 있다.

1~2. 1. ③ 2. ②

●지문분석

A beaver cuts down trees / with its teeth, / and it puts the trees and some dirt / across a small river.
비버는 나무를 잘라 / 이빨을 이용해서 / 그리고 그것은 나무와 약간의 흙을 놓지 / 작은 강 위에

This stops the river water / and makes a lake.
이것은 강물을 막아 / 그리고 호수를 만들지

Then the beaver makes a home / in the middle of the lake / under the water.
그러면 비버는 집을 만들어 / 호수 한 가운데에 / 물 속에

The beaver has to work long and hard / to do all this.
비버는 오랫동안 그리고 열심히 일해야 해 / 이러한 모든 것을 하기 위해서

That's why we sometimes say / that someone is as busy as a beaver.
그것이 바로 우리가 때때로 말하는 이유야 / 사람이 비버처럼 바쁘다고

●전체 해석

이로 나무를 잘라서 작은 강 위에 그 나무와 약간의 흙을 얹어 놓는다. 이것들이 강물을 막아 호수가 된다. 그러면 비버는 호수 한 가운데 집을 만든다. 이런 일을 하기 위해 비버는 오랫동안 그리고 열심히 일을 해야 한다. 그래서 우리는 가끔 누군가가 비버처럼 바쁘다는 말을 한다.

●해설

[1~2] 다음 글을 읽고 물음에 답하시오.
A beaver cuts down trees with its teeth, and it puts the trees and some dirt across a small river. This stops the river water and makes a lake. Then the beaver makes a home in the middle of the lake under the water. The beaver has to work long and hard to do all this. That's why we sometimes say that someone is as _____ as a beaver.

1. 윗글의 제목으로 가장 적절한 것은?
① Reason of Flood in a River 강 범람의 이유
→ 강의 범람은 언급이 되지 않았어.
② Beaver as the Forest's Guard 숲의 파수꾼으로서의 비버
→ 비버가 파수꾼은 아니지.
③ Beaver: The Animal in A Hard Work
비버: 고된 노동을 하는 동물
→ 오랫동안 열심히 일을 하는 비버에 대한 내용이므로 정답이야.

2. 윗글의 빈칸에 들어가기에 가장 적절한 것은?
① wet 젖은
→ 강물이 나와서 언급된 거야.
② busy 바쁜
→ 강물을 막아 호수를 만들고 그 안에 집을 만들기 위해서 열심히 오랫동안 일한다고 앞에서 말하고 있지? 그러니까 비버는

바쁜 동물이라고 할 수 있지.
③ heavy 무거운
→ 무게와 관련된 것은 아니지.

3~4. 3. ① 4. ②

●지문분석

> No two people in the world / have exactly the
> S   V
> same opinion.
> 세상속의 어떤 두 사람도 / 정확하게 같은 의견을 가지지 않
> 아
> People with different views and opinions / can
> S   V
> respect each other / and live happily together.
> 다른 견해와 의견을 가진 사람들은 / 서로를 존중하고 / 행복
> 하게 함께 살 수 있어
> You have to be open / to learning about their
>   전치사 to + ~ing
> differences.
> 여러분은 열어야 해 / 그들의 차이점에 대해서 배우는 데
> Accept new things / and learn about other
> 명령문   명령문
> people / without negative thoughts.
> 새로운 것을 받아들여 / 그리고 다른 사람들에 대해서 배워 /
> 부정적인 생각없이
> That is, you have to be open-minded.
> 즉, 여러분은 개방적인 마음을 가져야 해

●전체 해석

세상 사람들 누구도 정확히 똑같은 의견을 갖고 있지는 않
다. 다른 견해와 의견을 가진 사람들도 서로를 존중하고 행
복하게 더불어 살 수 있다. 당신은 그들의 차이점에 대해 알
아가는 것에 마음의 문을 열어야 한다. 부정적인 생각없이
새로운 것을 수용하고 다른 사람에 대해 알려고 하라. 다시
말하면, 여러분은 개방적인 마음을 가져야 한다.

●해설

[3~4] 다음 글을 읽고 물음에 답하시오.
No two people in the world have exactly the same
opinion. People with different views and opinions
can respect each other and live happily together.
You have to be open to learning about their
differences. Accept new things and learn about other
people without negative thoughts. That is, you have
to be _____.

3. 윗글의 제목으로 가장 적절한 것은?
① Live a Harmonious Life with Others
   다른 사람들과 조화로운 삶을 살아라
→ 차이점을 배우는데 마음을 열라고 했으니 이것이 정답이야.
② How to Select a Good Opinions 좋은 의견을 선택하는
방법
→ 좋은 의견은 언급이 되지 않았어.
③ Be Positive to Yourself! 스스로에게 긍정적이 되어라.
→ 긍정적이라는 단어가 본문에 나와서 만든 오답이지.

4. 윗글의 빈칸에 들어가기에 가장 적절한 것은?
① talkative 수다스런
→ 사람들에게 마음을 열라는 건 수다스러운 건 아니지.

② open-minded 개방적인 마음
→ 다른 의견을 가지고 있는 사람들에게 마음의 문을 열어야 한다
고 하고 있으니까 정답!
③ strong-hearted 용감한
→ '용감하라'는 내용은 언급조차 안 되었지.

5~6. 5. ① 6. ①

●지문분석

> I just want to have a cup of coffee / at a coffee
> stand.
> 나는 단지 커피 한 잔을 마시기를 원해 / 커피 판매대에서
> I say: / "I'd like a large cup of coffee."
> 나는 말하지 / 큰 컵으로 커피 한잔이요
> "What kind?" / "Hot and very large."
> 어떤 종류요 / 뜨겁고 매우 큰거요
> "Yeah, but what kind / — mocha, espresso,
> what?"
> 네, 근데 어떤 종류요 / 모카, 에스프레소, 어떤거요?
> "I want just a cup of coffee."
> 저는 그냥 커피 원해요
> After five minutes, / I finally get a cup of coffee.
> 5분 후에 / 나는 마침내 커피 한잔을 얻는다
> I have to go through a whole process / just to
> get a cup of ice cream.
> 나는 전체 과정을 겪어야만 해 / 단지 아이스크림 한 컵을 얻기
> 위해서도
> There are so many things / to decide on in this
> country.
> 너무 많은 것들이 있어 / 이 나라에서 결정해야 할
> Too much choice in everyday life / makes me
> feel / I'm a stranger / in my own country.
> 사역동사 make + O + 동사원형(능동)/~ed(수동)
> 일상생활에서 너무 많은 선택들은 / 내가 느끼도록 만들어 /
> 내가 낯선 이라고 / 내 나라에서

●전체 해석

난 커피 판매대에서 단지 커피 한 잔을 사서 마시고 싶다.
나는 이렇게 말한다: "큰 컵으로 커피 한 잔 주세요". "어
떤 종류로요?" "뜨겁고 큰 것으로요." "예, 그런데 어떤 종
류를—모카, 에스프레소, 어떤 거요?" "그냥 커피 한잔 주세
요." 5분 뒤에 난 드디어 한 잔의 커피를 받는다. 단지 아이
스크림 한 컵을 사기 위해서도 모든 과정을 거쳐야만 한다.
이 나라에는 결정해야 할 것들이 너무나 많다. 일상에서 너
무 많은 선택은 내 나라인데도 내가 낯선 사람인 것처럼 느
끼게 한다.

●해설

[5~6] 다음 글을 읽고 물음에 답하시오.
I just want to have a cup of coffee at a coffee
stand. I say: "I'd like a large cup of coffee." "What
kind?" "Hot and very large." "Yeah, but what
kind – mocha, espresso, what?" "I want just a cup
of coffee." After five minutes, I finally get a cup
of coffee. I have to go through a whole process
just to get a cup of ice cream. There are so many

things to decide on in this country. Too much _____ in everyday life makes me feel I'm a stranger in my own country.

5. 윗글의 제목으로 가장 적절한 것은?
① The More, The Worse 많으면 많을수록 더 좋지 않다
→ 선택이 너무 많은 것에 대한 비판 글이지. 이것이 정답!
② How to Make a Diecious Coffee 맛있는 커피 만드는 법
→ 커피가 계속 언급되지만, 커피 자체에 대한 글은 아니지.
③ The Advantage of Various Selections 다양한 선택의 장점
→ 필자의 의견과 정반대야.

6. 윗글의 빈칸에 들어가기에 가장 적절한 것은?
① choice 선택
→ 바로 앞 문장에서 많은 과정을 겪어야 한다고 했으니 선택이 정답!
② worry 걱정
→ 지문에는 부정적인 내용이 언급되지 않았으니까 걱정은 아니지.
③ pleasure 즐거움
→ 단순한 일상생활에서의 선택에 관한 문제니까 즐거움도 아니지.

 3 단계 **모의고사 요리하기** p.178

1~2. 1. ① 2. ①

●지문분석

A few years ago, / I asked two groups of people
ask + O + to부정사
/ to spend an afternoon / picking up trash in a park.
몇 년 전에 / 나는 두 그룹의 사람들에게 요구했어 / 오후를 써 달라고 / 공원에서 쓰레기를 줍는 데

I told them / that they were participating in an experiment / to examine the best way / to make people take care of / their local parks.
나는 그들에게 말했어 / 그들이 실험에 참여 중이라고 / 최고의 방법을 알아보는 / 사람들이 돌보게 만드는 / 그들의 동네 공원을

One group was paid very well / for their time, / but the other was only given / a small amount of cash.
4형식 수동태 '~을 받다'
한 그룹은 잘 지급 받았어 / 그들의 시간에 대해서 / 하지만 다른 그룹은 오직 받았어 / 약간의 현금만을

After an hour of hard, boring work, / everyone rated / how much they enjoyed the afternoon.
힘들고 지루한 한 시간의 일 이후에 / 모든 사람들은 평가했어 / 얼마나 그들이 오후를 즐겼는지를

You might think / that those / who earned a lot of money / would have been more positive / than those / who earned very little.
당신은 생각할 수도 있어 / 사람들은 / 많은 돈을 받은 / 더욱 긍정적이었을 거라고 / 사람들보다 / 적게 받은

In fact, / the result was the exact opposite.
사실은 / 그 결과는 정반대였어

The average enjoyment / for the well-paid group / was only 2 out of 10, / while the poorly
S
paid group's average rating / was an amazing 8.5.
평균적인 즐거움은 / 잘 지급받은 / 겨우 10 중에 2 정도였어 / 반면에 형편없이 지급받은 그룹의 평균 평가는 / 놀라운 8.5였지

It seemed that / those / who had been paid well / thought, / "Well, people usually pay me / to do things / I dislike.
~인 것 같아 / 사람들은 / 잘 지급받았었던 / 생각했어 / 글쎄, 사람들은 보통 나에게 돈을 주지 / 일을 한 것에 대해서 / 내가 싫어하는

I was paid a large amount, / so I must dislike /
dislike + ~ing
cleaning the park."
나는 많은 돈을 받았어 / 그래서 나는 싫어함에 틀림없어 / 공원을 청소하는 것을

In contrast, / those / who received less money / thought, / "I don't need to be paid much / to do something / I enjoy.
대조적으로 / 사람들은 / 돈을 보다 적게 받았던 / 생각했어 / 나는 많은 돈을 받을 필요가 없어 / 일을 한 것에 대해서 / 내가 좋아하는

I worked for very little pay, / so I must have
must have p.p ~했었음에 틀림없다
enjoyed / cleaning the park."
나는 적게 받고 일했어 / 그래서 나는 좋아했었음에 틀림없어 / 공원을 청소하는 것을

According to the result of this study, / it seems / that giving excessive rewards / may have a
S
negative effect / on the attitude / of the people
전치사 + 명사 + ~ing
doing the work.
이 실험의 결과를 통해서 / ~인 것 같아 / 지나친 보상을 주는 것은 / 부정적인 영향을 미치는 / 태도에 / 사람들이 일을 하는

●전체 해석

몇 년 전에 나는 두 그룹의 사람들에게 어느 오후 시간을 공원에서 쓰레기를 주우며 보내 달라고 부탁했었다. 나는 그들에게 사람들이 자신들의 지역 공원을 돌보게 하는 가장 좋은 방법을 조사하기 위한 실험에 참가하는 것이라고 말했다. 한 그룹에는 그들이 보낸 시간에 대해 후하게 보수가 지급되었지만, 다른 그룹에는 단지 적은 액수의 현금이 지급되었다. 1시간 동안 힘들고 지루한 일을 하고 난 후에 모두가 자신들이 오후 시간을 얼마나 즐겼는지 등급을 매겼다. 여러분은 많은 돈을 번 사람이 매우 적은 돈을 번 사람보다 더 긍정적이었을 것으로 생각할 수도 있다.
사실, 결과는 정반대였다. 후하게 보수를 받은 그룹에서의 평균적 기쁨은 10에서 2밖에 안 되었지만, 매우 적게 보수를 받은 그룹의 평균 등급은 놀랍게도 8.5였다. 후하게 보수를 받은 사람들은 "음, 사람들은 대체로 내가 싫어하는 일을 시키기 위해 돈을 주지. 내가 많은 돈을 받았으니, 나는 공원 청소 하는 것을 틀림없이 싫어하는 거야."라고 생각한 것 같았다. 대조적으로 더 적은 돈을 받은 사람들은 "내가 즐기는

어떤 것을 하기 위해 나는 많은 보수를 받을 필요는 없어. 나는 아주 적은 돈을 받고 일을 했으니, 내가 공원을 청소하는 것을 즐겼음이 틀림없어."라고 생각했다. 이 연구 결과에 의하면 지나친 <u>보상</u>을 주는 것이 그 일을 하는 사람의 태도에 부정적 영향을 줄 수 있다는 것을 보여 주는 것 같다.

● 해설

[1~2] 다음 글을 읽고 물음에 답하시오.

A few years ago, I asked two groups of people to spend an afternoon picking up trash in a park. I told them that they were participating in an experiment to examine the best way to make people take care of their local parks. One group was paid very well for their time, but the other was only given a small amount of cash. After an hour of hard, boring work, everyone rated how much they enjoyed the afternoon. You might think that those who earned a lot of money would have been more positive than those who earned very little.

In fact, the result was the exact opposite. The average enjoyment for the well-paid group was only 2 out of 10, while the poorly paid group's average rating was an amazing 8.5. It seemed that those who had been paid well thought, "Well, people usually pay me to do things I dislike. I was paid a large amount, so I must dislike cleaning the park." In contrast, those who received less money thought, "I don't need to be paid much to do something I enjoy. I worked for very little pay, so I must have enjoyed cleaning the park." According to the result of this study, it seems that giving excessive _____ may have a negative effect on the attitude of the people doing the work.

1. 위 글의 제목으로 가장 적절한 것은?
① Does More Money Make Us Work More Happily?
더 많은 돈이 우리를 더 행복하게 일하도록 하는가?
→ 실험에서 지급된 돈의 양에 반비례해서 하던 일을 좋아했으므로 돈과 일로 인한 행복과의 관계를 언급하는 것이 정답으로 적절하겠지.
② Can You Be Happy When Others Are Sad?
다른 사람이 슬플 때 당신은 행복할 수 있는가?
→ 슬플 때와 행복과의 관계는 언급되지 않았어.
③ Is Following Your Heart Always Right?
당신의 마음을 따르는 것이 항상 옳은가?
→ 얼핏 보면 정답일 수도 있지만, 핵심인 돈과 일의 관계가 나오지 않았으므로 오답이야.
④ Enjoy Your Work and You Will Become Rich
당신의 일을 즐겨라, 그러면 부자가 될 것이다
→ 돈과 일로 인한 행복은 반비례지.
⑤ Pay More and Your Employees Will Work Harder
보수를 더 줘라, 그러면 당신의 직원이 더 열심히 일할 것이다
→ 열심히 일하는 것과 보수와의 관계를 묻는 내용이 아니지.

2. 위 글의 빈칸에 들어갈 말로 가장 적절한 것은?
① rewards 보상
→ 일을 하고 받는 돈과 연관되는 것이 바로 보상이라고 할 수 있

겠지.
② criticism 비판
→ 비판은 언급조차 되지 않았어.
③ stress 스트레스
→ 스트레스도 언급이 되지 않았지.
④ attention 관심
→ 좋아하고 싫어하는 일이 언급되서 나온 오답이야. 관심과는 상관이 없어.
⑤ expectations 기대
→ 일을 하기 전 기대에 대한 내용은 없었지.

3~4. 3. ① 4. ①

● 지문분석

The anger / that criticism causes / can upset employees, family members and friends, / and still not correct the situation / which is a problem.
분노는 / 비판이 유발하는 / 직원과 가족, 친구들을 화나게 할 수 있어 / 그리고 여전히 상황을 수정하지도 못해 / 문제가 되는

George / is the safety supervisor / for an engineering company.
George는 안전관리자야 / 엔지니어링 회사에서

One of his responsibilities / is to see / that employees wear their hard hats / whenever they are on the job / in the field.
그의 책임 중 하나는 / 보는 것이야 / 직원들이 그들의 딱딱한 모자를 착용하는 것을 / 그들이 일할 때 마다 / 현장에서

He reported / that whenever he came across workers / who were not wearing hard hats, / he would tell them / in a firm voice / that they must follow the rules.
그는 보고했어 / 그가 직원들을 만날 때 마다 / 딱딱한 모자를 착용하지 않은 / 그는 그들에게 말하곤 했다고 / 단호한 목소리로 / 그들은 규칙을 따라야 한다고

As a result, / the workers would do / as he said, / but right after he left, / the workers would remove the hats.
결과적으로 / 직원들은 하곤 했어 / 그가 말했듯이 / 하지만 그가 떠난 직후 / 그 직원들은 모자를 벗었지

He decided / to try a different approach.
그는 결정했어 / 다른 방법을 시도해보기로

The next time he found some of the workers / not wearing their hard hats, / he asked / if the hats were uncomfortable / or did not fit properly.
그가 직원 일부는 찾았을 때 / 모자를 쓰지 않은 / 그는 물어봤어 / 모자가 불편한지 / 아니면 적절히 맞지 않는지를

Then he reminded the men / in a pleasant tone of voice / that the hat was designed / to protect them from injury.

그러고 나서 그는 그 사람들에게 상기시켜주었어 / 즐거운 목소리로 / 모자는 만들어졌다고 / 그들을 부상으로부터 보호하려고

The result was increased <u>acceptance</u> / of the regulation / with no resentment or anger.
결과는 증가된 수용이었어 / 규정에 대한 / 어떠한 분노와 화내는 것 없이도

They began to wear hats / more often.
그들은 모자를 착용하기 시작했어 / 훨씬 빈번히

● 전체 해석

비판이 일으키는 분노는 종업원, 가족 구성원, 친구들을 화나게 만들 수 있고, 문제가 되는 그 상황을 여전히 바로잡지 못할 수도 있다. George는 엔지니어링 회사의 안전 관리자이다. 그의 임무 중 하나는 작업자들이 현장에서 작업을 할 때마다 안전모를 쓰는지 확인하는 것이다. 안전모를 쓰고 있지 않은 작업자들을 만날 때마다 그는 단호한 목소리로 그들에게 규정을 따라야 한다고 말했다고 했다. 그 결과 작업자들은 그가 말한 대로 했지만, 그가 떠난 직후 안전모를 벗곤 했다.
그는 다른 접근법을 시도하기로 결심했다. 그 이후에 작업자들 중 몇 명이 안전모를 쓰고 있지 않은 것을 발견했을 때, 그는 안전모가 불편한지 혹은 잘 안 맞는지를 물어 보았다. 그리고 나서 그는 듣기 좋은 어조로 그 사람들에게 안전모는 부상으로부터 그들을 보호할 수 있도록 설계되었음을 상기시켰다. 그 결과, 분개하거나 화내지 않고 더 많은 사람이 규정을 <u>수용</u>했다. 그들은 더욱 자주 안전모를 쓰기 시작했다.

● 해설

[3~4] 다음 글을 읽고 물음에 답하시오.

The anger that criticism causes can upset employees, family members and friends, and still not correct the situation which is a problem. George is the safety supervisor for an engineering company. One of his responsibilities is to see that employees wear their hard hats whenever they are on the job in the field. He reported that whenever he came across workers who were not wearing hard hats, he would tell them in a firm voice that they must follow the rules. As a result, the workers would do as he said, but right after he left, the workers would remove the hats. He decided to try a different approach. The next time he found some of the workers not wearing their hard hats, he asked if the hats were uncomfortable or did not fit properly. Then he reminded the men in a pleasant tone of voice that the hat was designed to protect them from injury. The result was increased of the regulation with no resentment or anger. They began to wear hats more often.

3. 위 글의 제목으로 가장 적절한 것은?
① How to Change Employee Behavior
직원들의 행동을 바꾸는 방법
→ 말하는 방법을 바꿈으로서 직원들이 규정을 더 잘 따르도록 했지. 이것이 바로 정답.

② Why Should Workers Follow the Rules?
왜 직원들은 규칙을 따라야 하는가
→ 왜 따라야 하는지가 소재가 아니지.
③ Learn How to Talk to Your Supervisors
당신의 관리자에게 말하는 법을 배워라
→ 관리자가 아니라 직원들에게 말하는 방법이지.
④ Never Complain about Your Company's Policy
당신의 회사 정책에 대해서 불평하지 말라
→ 회사 정책에 대한 불평이 포인트가 아니야.
⑤ The More Listening, the Better Understanding
더 많이 들으면 들을수록 더 이해할 수 있다
→ 얼핏 보면 정답 같은데, 많이 들으라는 내용은 나오지 않았어.

4. 위 글의 빈칸에 들어갈 말로 가장 적절한 것은?
① acceptance 수용
→ 바로 아래 문장에서 규칙을 더 잘 지키고 있다고 나오므로 '규칙의 수용'이 적절하지.
② denial 부인
→ 이후 더 규칙을 잘 준수했지?
③ revisions 수정, 개정
→ 규칙이 바뀐 것은 아니지.
④ announcement 알림, 공지
→ 규칙을 알려주는 것도 아니지.
⑤ doubts 의심
→ 규칙을 의심하지는 않았어.

5~6. 5. ④ 6. ③

● 지문분석

We can start to / help our babies learn / to love great foods / even before they are born.
help + O + 동사원형/to부정사
우리는 시작할 수 있어 / 우리 아이들이 배우도록 돕는 걸 / 훌륭한 음식을 사랑하는 것을 / 그들이 태어나기도 전에

The latest science is uncovering fascinating connections / between what moms eat / while pregnant / and what foods their babies enjoy / after birth.
being이 생략된 분사구문, while being pregnant
최신의 과학은 놀라운 관계를 밝혀내고 있어 / 엄마가 먹는 것 사이에 / 임신 동안에 / 그리고 어떤 음식을 아이들이 좋아하는지 / 태어난 다음에

Remarkable, but true.
놀랍지만, 사실이야

Babies in the womb / taste, remember, and form preferences / for what Mom has been eating.
자궁 속의 아기들은 / 맛보고 기억하고 그리고 선호도를 만들지 / 엄마가 먹고 있는 것에 대한

Consider a fascinating study / involving carrot juice.
놀라운 연구를 고려해보자 / 당근 주스와 관련된

As part of the study, / one group of pregnant women / drank ten ounces of carrot juice / four times a week / for three weeks in a row.
연구의 일부로서 / 한 그룹의 임신한 여성들은 / 10온스의 당근 주스를 마셨어 / 일주일에 4번을 / 3주 동안 연속해서

Another group of women in the study / drank water.
연구에서의 또다른 여성 그룹은 / 물을 마셨지

When their babies were old enough / to start eating cereal, / it was time / to look for a
it is time to부정사: to부정사 할 시간이다
difference between the groups.
아기들이 나이가 충분히 들었을 때 / 시리얼을 먹기 시작할 정도로 / 시간이었지 / 그룹들 사이의 차이점을 찾아볼

An observer / who didn't know / to which group each baby belonged / studied the babies / as they ate cereal / mixed with carrot juice.
관찰자들은 / 알지 못했던 / 어떤 그룹에 각각의 아기들이 속해있는지를 / 아기들을 연구했어 / 그들이 시리얼을 먹었을 때 / 당근 주스와 섞은

The babies / who lacked this earlier experience / of tasting carrot juice / in the womb / protested and made unhappy faces / when they first tasted the juice, / whereas the others readily accepted and enjoyed / the carrot juice in the cereal.
아기들은 / 초기 경험이 부족한 / 당근 주스를 맛 본 / 자궁 속에서 / 저항하고 얼굴을 찌푸렸어 / 그들이 그 주스를 처음 맛보았을 때 / 반면에 나머지 아기들은 쉽게 받아들이고 즐겼지 / 시리얼 속의 당근 주스를

There was a dramatic difference / between those / who had sampled carrot juice in the womb / and those / who had not.
엄청난 차이가 있어 / 아기들 사이에 / 자궁 속에서 당근 주스를 맛보았던 / 그리고 아기들 / 그렇지 않았던

● 전체 해석

우리는 아기들이 심지어 태어나기도 전에 훌륭한 음식들을 좋아하게 되도록 돕기 시작할 수 있다. 최신의 과학이 엄마들이 임신 중에 먹는 것과 아기들이 출생 후 무슨 음식을 즐기는지 사이의 대단히 흥미로운 관련성을 밝히고 있다. 놀랍지만 사실이다. 자궁 속에 있는 아기들은 엄마가 먹어왔던 것을 맛보고, 기억하고, 그에 대한 선호를 형성한다. 당근주스와 관련된 흥미로운 연구를 생각해 보라. 연구의 일부로서 한 그룹의 임산부들은 10온스의 당근 주스를 연이어 3주 동안 주 4회씩 마셨다.
 그 연구에서 또 다른 그룹의 여성들은 물을 마셨다. 그들의 아기들이 시리얼을 먹기 시작할 수 있을 정도의 나이가 되었을 때, 그룹들 사이의 차이점을 기대해 볼 만한 때가 되었다. 각각의 아기가 어떤 그룹에 속하는지를 알지 못했던 한 관찰자가 당근 주스에 섞은 시리얼을 먹고 있는 아기들을 살펴보았다. 자궁에서 당근 주스를 맛보는 이러한 이전의 경험이 없었던 아기들이 처음 그 주스를 맛보았을 때 저항을 하고 얼굴을 찌푸렸던 반면, 다른 아기들은 시리얼에 있는 당근 주스를 선뜻 받아들이고 즐겼다. 자궁 안에서 당근주스를 맛본 아기들과 그렇지 않은 아기들 사이에 현격한 차이가 있었다.

● 해설
[5~6] 다음 글을 읽고 물음에 답하시오.
We can start to help our babies learn to love great foods even before they are born. The latest science is uncovering fascinating connections between what moms eat while pregnant and what foods their babies enjoy after birth. Remarkable, but true. Babies in the womb taste, remember, and form preferences for what Mom has been eating. Consider a fascinating study involving carrot juice. As part of the study, one group of pregnant women drank ten ounces of carrot juice four times a week for three weeks in a row.
Another group of women in the study drank water. When their babies were old enough to start eating cereal, it was time to look for a difference between the groups. An observer who didn't know to which group each baby belonged studied the babies as they ate cereal mixed with carrot juice. The babies who this earlier experience of tasting carrot juice in the womb protested and made unhappy faces when they first tasted the juice, whereas the others readily accepted and enjoyed the carrot juice in the cereal. There was a dramatic difference between those who had sampled carrot juice in the womb and those who had not.

5. 윗글의 제목으로 가장 적절한 것은?
① Change Your Diet for Your Health
건강을 위해서 식단을 바꿔라
→ 건강과의 관계는 나오지 않았어.
② Learn about the Recipes Using Carrots
당근을 사용하는 조리법을 배워라
→ 본문에 당근 주스가 언급돼서 나온 오답.
③ The Critical Period for a Baby's Growth
아기 성장에 중요한 기간
→ 아기의 성장과는 상관없는 내용이지.
④ What Mom Eats Influences the Baby's Taste
엄마가 먹는 것이 아기의 입맛에 영향을 준다
→ 바로 이거지. 엄마가 먹은 당근 주스의 유무로 인해서 아기들의 시리얼에 대한 입맛이 달라진다가 실험의 내용이었지.
⑤ Various Ways to Promote Eating Great Foods
훌륭한 음식을 먹는 것을 촉진시키는 다양한 방법
→ 너무 범위가 크지.

6. 윗글의 빈칸에 들어갈 말로 가장 적절한 것은?
① used 사용했다
② forgot 잊었다
→ 아예 먹은 적이 없으니 잊을 여유도 없지.
③ lacked 부족했다
→ 당근 주스가 들어간 시리얼을 싫어했으니까 당근 주스 경험이 없어야겠지?
④ recalled 회상했다
⑤ maintained 유지했다

1. 나는 두 그룹의 사람들에게 어느 오후 시간을 공원에서 쓰레기를 주우며 보내 달라고 부탁했었다.

I asked two groups of people / to spend an
<u>ask + O + to부정사</u>
afternoon / picking up trash in a park.

몇 년 전에 / 나는 두 그룹의 사람들에게 요구했어 / 오후를 써 달라고 / 공원에서 쓰레기를 줍는데

2. 비판이 일으키는 분노는 종업원, 가족 구성원, 친구들을 화나게 만들 수 있고, 문제가 되는 그 상황을 여전히 바로잡지 못할 수도 있다.

The anger / that criticism causes / can upset ❶
employees, family members and friends, /
and still not correct the situation / which is a ❷
problem.

분노는 / 비판이 유발하는 / 직원과 가족, 친구들을 화나게 할 수 있어 / 그리고 여전히 상황을 수정하지도 못해 / 문제가 되는

3. 그는 듣기 좋은 어조로 그 사람들에게 안전모는 부상으로부터 그들을 보호할 수 있도록 설계되었음을 상기시켰다.

He reminded the men / in a pleasant tone of
voice / that the hat was designed / to protect
them from injury.

그는 그 사람들에게 상기시켜주었어 / 즐거운 목소리로 / 모자는 만들어졌다고 / 그들을 부상으로부터 보호하려고

4. 여러분은 많은 돈을 번 사람이 매우 적은 돈을 번 사람보다 더 긍정적이었을 것으로 생각할 수도 있다.

You might think / that those / who earned a lot
of money would have been more positive / than
those / who earned very little.

당신은 생각할 수도 있어 / 사람들은 / 많은 돈을 받은 / 더욱 긍정적이었을 거라고 / 사람들보다 / 적게 받은

5. 각각의 아기가 어떤 그룹에 속하는지를 알지 못했던 한 관찰자가 당근 주스에 섞은 시리얼을 먹고 있는 아기들을 살펴보았다.

An observer / who didn't know / to which group
each baby belonged / studied the babies / as they
ate cereal / mixed with carrot juice.

관찰자들은 / 알지 못했던 / 어떤 그룹에 각각의 아기들이 속해있는지를 / 아기들을 연구했어 / 그들이 시리얼을 먹었을 때 / 당근 주스와 섞은

6. 자궁 안에서 당근주스를 맛본 아기들과 그렇지 않은 아기들 사이에 현격한 차이가 있었다.

There was a dramatic difference / between
those / who had sampled carrot juice in the
womb / and those / who had not.

엄청난 차이가 있어 / 아기들 사이에 / 자궁 속에서 당근 주스를 맛보았던 / 그리고 아기들 / 그렇지 않았던

혼공 **18일차 장문의 이해 II**

1 개념 요리하기   p.184

● 지문 분석

(A) Once in a village / lived / a rich man.
     <u>부사구의 도치</u>→   V   S
옛날 마을에 / 살았어 / 한 부자가

He had many slaves and servants / for work.
그는 많은 노예와 하인이 있었지 / 일을 위해서

The rich man was very unkind and cruel / to
them.
부자는 매우 불친절했고 잔혹했어 / 그들에게

One day one of the slaves / made a mistake /
while cooking food.
  ① they were 생략 ② 접속사 + 분사구문
어느 날 노예 중 한 명이 / 실수를 저질렀어 / 음식을 요리하던 중

He overcooked the food.
그는 요리를 너무 익혔어

When the rich man saw the food, / he became
angry / and punished the slave.
부자는 그 요리를 보았고 / 그는 화가 났지 / 그리고 그 노예를 벌줬어

He kept the slave in a small room / and locked
it / from outside.
그는 노예를 작은 방안에 가뒀고 / 그것을 잠갔어 / 밖에서

(C) Somehow the slave escaped from that
room / and ran away.
어찌어찌해서 그 노예는 그 방에서 탈출했어 / 그리고 도망갔지

He went to a forest.
그는 숲으로 갔어

There he saw a lion.
거기서 그는 사자를 만났지

Instead of becoming afraid of the lion / and
running away, / he went close to the lion.
사자를 두려워하고 / 도망치는 것 대신에 / 그는 사자에게 가까이 갔어

He saw / the lion was injured / and one of his
legs was bleeding.
그는 봤어 / 사자가 상처를 입었고 / 다리 중 하나가 피를 흘리는 것을

The slave searched for herbs / to cure the
lion's wound / and took care of the lion.
노예는 약초를 찾았어 / 사자의 상처를 치료하기 위해 / 그리고 사자를 돌보았지

(B) After a few days / the lion recovered.
며칠 후에 / 사자는 회복했어

The slave and the lion became very close
friends.
노예와 사자는 매우 친한 친구가 되었지

A few days went by / but one day the slave was caught / by one of the guards of the rich man.
며칠이 지났어 / 하지만 어느 날 노예는 붙잡혔어 / 부자의 경비병 중 하나에게

The guard took him to the rich man, / who decided to punish him severely.
그 경비병은 그를 부자에게 데리고 갔고 / 그는 그를 심하게 벌주기로 결정했어

The rich man ordered guards / to put him in the lion's cage.
부자는 경비병들에게 명령을 내렸어 / 그를 사자 우리로 집어넣으라고

(D) The whole village got the news / about it / and came to see.
마을 전체는 소식을 들었어 / 그것에 대한 / 그리고 보러 왔지

As soon as the slave was locked / in the lion's cage, / the lion came near him / and started licking his hand / and hugged him.
그 노예가 갇히자마자 / 사자 우리에 / 사자는 그 가까이 왔고 / 그의 손을 핥기 시작했어 / 그리고 그를 안아주었지

It was the same lion / that the slave had helped / in the forest.
과거완료: 먼저 발생
그건 같은 사자였어 / 노예가 도와주었던 / 숲에서

Seeing this, / everyone was surprised.
분사구문
이것을 보았을 때 / 모든 사람들은 깜짝 놀랐어

The rich man thought / that the slave was such a great person / that the lion didn't kill him.
such ~ that ...: 너무 ~해서 ...하다
부자는 생각했어 / 그 노예가 너무나도 대단한 사람이어서 / 사자가 그를 죽이지 않았다고

He freed the slave, / made him his friend / and started to treat all his servants and slaves better.
①   ②   ③
그는 노예를 풀어주었어 / 그리고 그를 친구로 삼았고 / 모든 하인과 노예들을 더 잘 대해주기 시작했지

● 전체 해석

(A) 옛날에 한 마을에 부자가 살고 있었다. 그는 일을 해 주는 많은 노예와 하인이 있었다. 부자는 그들에게 매우 불친절했으며 잔인했다. 어느 날 노예 중 한 명이 음식을 요리하던 중 실수를 했다. 그는 음식을 너무 익혔던 것이다. 부자가 그 음식을 보았을 때 화가 나서 그 노예에게 벌을 주었다. 그는 그 노예를 작은 방에 넣어 두고는 밖에서 그 방을 잠갔다. (C) 어찌어찌해서 그 노예는 그 방에서 탈출해서 달아났다. 그는 숲으로 갔다. 그곳에서 그는 사자 한 마리를 보았다. 그는 사자를 무서워해서 도망가는 대신에 사자에게 가까이 갔다. 그는 사자가 다쳐서 다리 하나에서 피가 나고 있는 것을 보았다. 그 노예는 사자의 상처를 치료해 줄 약초를 찾아서 그 사자를 돌봐 주었다. (B) 며칠 뒤에 그 사자는 회복되었다. 노예와 사자는 아주 친한 친구가 되었다. 며칠이 지났는데 어느 날 그 노예가 부자의 경비병 중 한 명에게 붙잡혔다. 그 경비병은 그를 부자에게 데리고 갔으며, 그 부자는 그를 호되게 벌하기로 마음먹었다. 부자는 경비병들에게 그를 사

자 우리에 집어넣으라고 명령했다. (D) 모든 마을 사람들이 그 일에 대한 소식을 듣고는 보러 왔다. 그 노예가 사자 우리 속에 갇히자마자 사자가 그에게 가까이 와서 그의 손을 핥기 시작했으며 그를 안았다. 그것은 노예가 숲에서 도와 주었던 바로 그 사자였다. 이것을 보고 모두 놀랐다. 부자는 노예가 아주 대단한 사람이어서 사자가 그를 죽이지 않았다고 생각했다. 그는 노예를 풀어 주고 그를 친구로 삼았으며 그의 모든 하인과 노예를 더 잘 대하기 시작했다.

2단계 개념 맛보기   p.188

보기 1. ③ 2. ④ 3. ③

● 지문분석

(A) Meghan Vogel was tired.
Meghan Vogel은 지쳤어

She had just won the 2012 state championship / in the 1,600-meter race.
그녀는 막 2012년 주 선수권 대회에서 막 우승했어 / 1,600m 대회에서

She was so exhausted afterward / that she was in last place / toward the end of her next race, the 3,200 meters.
so ~ that ...: 너무 ~ 해서 ...하다
그녀는 그 후 너무 지쳐서 / 그녀는 꼴찌에 있었지 / 다음 경기인 3,200m의 막판에

(D) As she came around the final turn / in the long race, / the runner in front of her, Arden McMath, / fell to the ground.
그녀가 마지막 바퀴를 돌고 있을 때 / 긴 경주의 / 그녀 앞에 있던 선수 / Arden McMath는 / 땅에 쓰러졌어

Vogel made a quick decision.
Vogel은 빠른 결정을 했지

She stopped / and helped McMath to her feet.
그녀는 멈춰서 / McMath가 일어서도록 도와주었어

Together, they walked the last 30 meters.
같이 그들은 마지막 30m를 걸었지

(C) Vogel guided her / to the finish line.
Vogel은 그녀를 인도했어 / 결승선으로

And then she gave McMath a gentle push / across it, / just ahead of Vogel herself.
그리고 나서 그녀는 맥베스를 살짝 밀어주었지 / 그것을 통과하도록 / Vogel 자신을 앞서가도록

"If you work hard / to get to the state meet, / you deserve to finish," / she said.
만약 당신이 열심히 일한다면 / 주 대회에 참가하려고 / 당신은 끝낼 자격이 있어 / 그녀는 말했지

(B) Later, Vogel's hometown held a parade / in her honor.
나중에 Vogel의 고향은 퍼레이드를 열었지 / 그녀를 기리려고

It wasn't because of the race / where she finished first.
그것은 경기 때문은 아니었어 / 그녀가 1등으로 끝낸
It was because of the race / where she finished last.
그것은 경기 때문이었어 / 그녀가 꼴찌로 끝난

● 전체 해석

(A) Meghan Vogel은 지쳤다. 2012년 1600미터 달리기 주 선수권 대회에서 막 우승을 했기 때문이었다. 그녀는 그 후에 너무 기진맥진해서 다음 시합인 3200미터 경기 막판에는 꼴찌를 하고 있었다. (D) 그 긴 경주의 마지막 바퀴를 돌고 있을 때, 그녀 앞에 있던 선수인 Arden McMath가 땅에 쓰러졌다. Vogel은 재빨리 결정했다. 그녀는 달리던 것을 멈추고 McMath가 일어설 수 있도록 도와 주었다. 그들은 함께 마지막 30미터를 걸었다. (C) Vogel은 결승선으로 그녀를 이끌었다. 그리고 나서 Vogel은 McMath가 자신보다 앞서서 결승선을 통과하도록 살짝 밀어 주었다. 그녀는 "주 대회에 참가하기 위해 열심히 노력하면, 완주할 자격이 있어요."라고 말했다. (B) 나중에, Vogel의 고향에서 그녀를 축하하는 퍼레이드를 개최했다. 그 퍼레이드는 그녀가 1등으로 들어온 시합 때문이 아니었다. 그것은 그녀가 꼴찌로 들어온 시합 때문이었다.

1~3. 1. ② 2. ④ 3. ④

● 지문분석

(A) An elderly carpenter was ready to retire.
나이든 목수가 은퇴할 준비를 하고 있었지
He told his boss of his plans / to leave the housebuilding business / to live a more leisurely life / with his family.
그는 상사에게 그의 계획을 말했어 / 주택 건축 업계를 떠난다는 / 더 여유로운 삶을 살기 위해서 / 가족들과
(C) He would miss the paycheck each week, / but he wanted to retire.
그는 매주 급여를 그리워 할 거야 / 하지만 그는 은퇴를 원했어
The boss was sorry / to see his good worker go / and asked / if he could build just one more house / as a personal favor.
지각동사 see + O + 동사원형(능동)/~ed(수동)
상사는 유감스러워 했어 / 그의 좋은 직원이 가는 걸 봐서 / 그리고 요구했지 / 그가 한 집 더 지어줄 수 있는지 여부를 / 개인적 부탁으로
(B) The carpenter said yes, / but over time it was easy / to see / that his heart was not in his work.
목수는 알았다고 했지 / 하지만 시간이 흘러 쉬웠어 / 보는 게 / 그의 심장이 자신의 일에 없음을(진심으로 일하지 않음을)
He used poor materials / and didn't put much time or effort / into his last work.

그는 형편없는 자재를 사용했어 / 그리고 많은 시간과 노력을 두지 않았지 / 그의 마지막 작업에
It was an unfortunate way / to end his lifelong career.
불행한 방식이었지 / 그의 일생에 걸친 일을 끝내는 데
(D) When he finished his work, / his boss came to check out the house.
그가 작업을 마쳤을 때 / 그의 상사가 집을 확인하러 왔지
Then he handed the front-door key to the worker / and said, / "This is your house, / my gift to you."
그리고 나서 그는 현관 열쇠를 그 직원에게 주었어 / 그리고 말했지 / 이건 너의 집이야 / 너에게 주는 나의 선물이지

● 전체 해석

나이 많은 어느 목수가 은퇴를 앞두고 있었다. 그는 자신의 사장에게 가족과 함께 여유로운 삶을 살기 위해 주택 건축업을 그만두겠다는 계획을 이야기했다. (C) 그는 매주 받던 급여는 못 받겠지만 은퇴를 원했다. 사장은 훌륭한 직원이 그만 두는 것이 아쉬워서 개인적인 부탁으로 그가 집을 한 채만 더 지어줄 수 있는지 물어보았다. (B) 목수는 그러겠다고 대답했지만 시간이 지날수록 자신의 일에 그의 진심을 다하고 있지 않다는 것을 쉽게 알 수 있었다. 그는 형편없는 건축자재를 사용했고 그의 마지막 작업에 그다지 많은 시간이나 노력을 쏟지 않았다. 그것은 그가 평생 해 온 일을 마무리하는 방식으로는 바람직하지 않았다. (D) 그가 작업을 마무리 했을 때, 그의 사장은 집을 확인하러 왔다. 그 후 그는 현관 열쇠를 목수에게 주며 "이 집은 당신에게 주는 선물입니다"라고 말했다.

● 해설

1. 주어진 글 (A)에 이어질 내용을 순서에 맞게 배열한 것으로 가장 적절한 것은?
① (B) - (D) - (C)　　② (C) - (B) - (D)
③ (C) - (D) - (B)　　④ (D) - (C) - (B)
→ 은퇴계획을 말하고 나서 상사에게 한 가지 부탁을 받은 내용의 (C), 그리고 그 작업을 하던 도중 진심을 다하지 않았다는 (B), 결국 그 집은 상사가 주는 선물이었다는 (D) 순서로 이어져.

2. 밑줄 친 (a)~(e) 중에서 가리키는 대상이 나머지 넷과 다른 것은?
① (a)　　② (b)　　③ (c)　　④ (d)
→ (a),(b),(c)는 모두 나이든 목수(elderly carpenter)이고, (d)는 상사(the boss)지.

3. 윗글의 내용으로 적절하지 않은 것은?
① 가족과 함께 보내기 위해서 일을 그만두려 한다.
② 급여를 받지 않고 마지막 집을 지었다.
③ 좋지 않은 재료로 집을 지었다.
④ 마지막 집은 사장을 위한 집이었다.
→ 목수가 지은 마지막 집은 사장이 목수에게 준 선물이었지.

1~3. 1. ③ 2. ② 3. ⑤

● 지문분석

(A) Families don't grow strong / unless parents invest precious time / in them.

가족은 강해지지 않아 / 부모가 소중한 시간을 투자하지 않으면 / 가족들에게

In *New Man*, / Gary Oliver writes about a difficult decision / made by professional baseball player Tim Burke / concerning his family.
~에 관해서

New Man에서 / 게리 올리버는 어려운 결정에 대해서 쓰고 있어 / 프로 야구선수인 팀 버크가 결정한 / 가족에 대해서

From the time / Tim can first remember, / his dream was to be a professional baseball player.
관계부사 when 생략

그 때부터 / 팀이 처음에 기억할 수 있는 / 그의 꿈은 프로야구선수가 되는 거였어

Through years of hard work / he achieved that goal.

다년간의 노력을 통해서 / 그는 그 목표를 이뤘지

(C) While he was a successful pitcher / for the Montreal Expos, / he and his wife wanted / to start a family / but discovered / that they were unable to have children.

그가 성공한 투수였을 때 / 몬트리올 엑스포스에서 / 그와 그의 부인은 원했어 / 가정을 꾸리기를 / 하지만 깨달았지 / 그들은 아이들을 가질 수 없다고

After much thought, / they decided / to adopt four specialneeds international children.

많이 생각한 후에 / 그들은 결정했어 / 4명의 특수 장애가 있는 국제 아이들을 입양하기로

This led / to one of the most difficult decisions of / Tim's life.

이것은 이끌어냈어 / 가장 어려운 결정 중 하나를 / 팀의 일생에서

(D) He discovered / that his life on the road / conflicted with his ability / to be a quality husband and dad.

그는 깨달았어 / 길에서의 그의 인생은 / 그의 능력과 상충된다고 / 좋은 남편과 아빠가 되는

Over time, / it became clear / that he couldn't do a good job at both.
가주어—진주어

오랜 시간동안 / 명확해졌어 / 그가 둘 다에서 잘 할 수는 없다고

After more thought, / he made / what many considered an unbelievable decision: / he decided to give up professional baseball.

더 많이 생각한 후에 / 그는 해냈어 / 많은 사람들이 믿기 힘든 결정이라고 생각한 것을 / 그는 프로야구를 포기하기로 결정했어

(B) When Tim left the stadium / for the last time, / a reporter stopped him.

팀이 경기장을 떠날 때 / 마지막으로 / 기자가 그를 멈춰 세웠어

And then he asked / why he was retiring.

그리고 나서 그는 물었어 / 왜 그는 은퇴하는 지를

"Baseball is going to do just fine / without me," / he said to the reporter.

야구는 잘 될 거예요 / 나 없이도 / 그는 기자에게 말했어

"It's not going to miss a beat.

그것은 중단되지 않을 거예요

But I'm the only father / my children have / and I'm the only husband / my wife has.

하지만 나는 유일한 아빠예요 / 내 아이들이 가지고 있는 / 그리고 나는 유일한 남편입니다 / 아내가 가진

And they need me a lot more / than baseball does."
대동사, need를 받음

그리고 그들은 나를 훨씬 많이 필요로 합니다 / 야구가 그러는 것보다

● 전체 해석

(A) 부모가 소중한 시간을 가정을 위해 투자하지 않으면 가정은 강해지지 않는다. 'New Man'에서 Gary Oliver는 프로 야구 선수였던 Tim Burke가 자신의 가정에 관해 내렸던 어려운 결정에 대해 적고 있다. 맨 처음 Tim이 기억할 수 있는 그 때부터 그의 꿈은 프로 야구 선수가 되는 것이었다. 다년 간의 노력 끝에 그는 그 꿈을 이뤘다.

(C) 그가 Montreal Expos 팀에서 성공한 투수로 활동하는 동안 그와 그의 아내는 가정을 꾸리고 싶었지만, 아이를 가질 수 없다는 것을 알게 되었다. 심사숙고 끝에 그들은 특수 장애가 있는 네 명의 해외 아이를 입양하기로 했다. 이것으로 인해 Tim은 인생에서 가장 힘든 결정 중에 하나에 이르게 되었다.

(D) 그는 (장거리를) 이동하며 다니는 자신의 삶이 훌륭한 남편과 아버지가 되는 능력과 상충된다는 것을 발견했다. 시간이 흐르면서 그가 일과 가정에서 모두 잘할 수 없다는 것이 명확해졌다. 더 많이 생각한 후에 그는 많은 사람이 믿을 수 없다고 여기는 결정을 내렸다. 즉 그는 프로야구를 포기하기로 결정했다.

(B) Tim이 마지막으로 경기장을 떠날 때 한 기자가 그를 멈춰 세웠다. 그리고 나서 그는 그가 왜 은퇴하려고 하는지 물었다. "야구는 제가 없어도 별 문제 없이 잘 돌아갈 겁니다. 그것은 잠시도 중단되지 않을 겁니다. 하지만 저는 우리 아이들의 유일한 아버지이자 제 아내의 유일한 남편입니다. 그리고 그들은 야구가 저를 필요로 하는 것보다 저를 훨씬 더 필요로 합니다."라고 그는 그 기자에게 말했다.

● 해설

1. 주어진 글 (A)에 이어질 내용을 순서에 맞게 배열한 것으로 가장 적절한 것은?

① (B) - (D) - (C)　　　② (C) - (B) - (D)
③ (C) - (D) - (B)　　　④ (D) - (B) - (C)
⑤ (D) - (C) - (B)

→ 전반적으로 사건의 흐름을 따라 순서를 정해야 하지. 내용상

팀이 꿈을 이룬 다음 입양을 하게 되는데, 큰 결정을 한다는 내용의 (C)가 나와야 해. 그러고 나서 그 어려운 결정에 대한 설명이 나오는 (D)가 나오고, 마지막으로 이를 기자에게 설명하는 장면인 (B)가 와야겠지.

2. 밑줄 친 (a)~(e) 중에서 가리키는 대상이 나머지 넷과 다른 것은?
　① (a)　　② (b)　　③ (c)　　④ (d)　　⑤ (e)
→ (a), (c), (d), (e)는 모두 Tim Burke, (b)는 질문을 한 사람이니 기자야.

3. 윗글의 Tim Burke에 관한 내용과 일치하지 않는 것은?
　① 열심히 노력하여 프로 야구 선수가 되었다.
　② 마지막 경기 후에 기자로부터 질문을 받았다.
　③ Montreal Expos 팀의 투수였다.
　④ 네 명의 아이를 입양하기로 했다.
　⑤ 가정을 위해 프로 야구를 계속하기로 했다.
→ 가족과 함께 하기 위해서 결국 야구를 그만두었지.

4~6. 4. ③　5. ⑤　6. ④
●지문분석

(A) My husband David called me / on my cell phone / the week before our daughter's wedding / and said, / "We have a problem."
내 남편 데이비드는 나에게 전화를 했어 / 휴대전화로 / 내 딸의 결혼식 전 주에 / 그리고 말했지 / 우리 문제가 생겼어
He told me / that the electric company announced / a future power outage in our neighborhood / to allow for a major repair.
그는 나에게 말했어 / 전기 회사가 알려왔다고 / 우리 이웃의 미래의 정전에 대해서 / 커다란 수리를 위해 허용한다고
The real problem / was that we were going to have the power outage / on the day of the wedding.
진짜 문제는 / 우리가 정전이 있다는 거야 / 결혼식 날에
(C) I called the electric company / to ask, or rather to beg, / them / to put off the repair work / since we really, really needed our house / to prepare for the wedding / (makeup, hair, etc.).
나는 전기회사에게 전화를 했어 / 요구하려고 아니 오히려 사정하려고 / 그들에게 / 수리 작업을 미뤄달라고 / 왜냐하면 우리는 정말로, 정말로 우리 집이 필요해서 / 결혼식 준비를 위해서 / 화장과 머리와 기타 등등
I was immediately transferred / to a manager / named Rosa.
나는 바로 연결 되었어 / 매니저에게 / 로사라는
She understood the problem / and explained / that they absolutely couldn't reschedule the power outage, / but she would see / what she could do.
그녀는 그 문제를 이해했어 / 그리고 설명했지 / 그들이 정전

계획을 다시 세울 수 없다고 / 하지만 그녀는 알아보겠다고 / 그녀가 할 수 있는 일을
(D) Two days later, / Rosa called to say / that they could not let only our house keep its electricity.
2일 후에 / 로사가 말하려고 전화했지 / 그들은 오직 우리집에만 전기를 유지하게 할 수 없다고
Then she said, / "We can let you use a room / in our company's building."
그러고 나서 그녀가 말했어 / 우리는 당신이 방을 사용할 수 있게끔 해줄 수 있어 / 우리 회사 건물 안의
I was surprised / and asked / if she had ever done that.
나는 놀랐고 / 물었어 / 그녀가 그것을 했던 적이 있었는지를
She said, / "Actually, it's happened before."
그녀가 말했지 / 사실은 전에 있었어
The next day / Rosa called again in a happy voice / and said / that she had found a solution.
다음 날 / 로사는 다시 한번 기쁜 목소리로 전화했어 / 그리고 말했지 / 그녀는 해결책을 찾았다고
She told me / that my daughter would be able to use electricity / and prepare for her wedding at home.
그녀는 나에게 말했어 / 내 딸이 전기를 사용할 수 있다고 / 그리고 집에서 그녀의 결혼식을 준비할 수 있다고
(B) So we got up early on Sunday morning, / and found a generator parked / right outside of our house / — it was her solution.
　　　　　　　　　　　　　　　　　　　　　'바로'
그래서 우리는 일요일 아침에 일찍 일어났고 / 발전기가 주차되어 있는 걸 발견했지 / 우리 집 바로 밖에 / 그것이 바로 그녀의 해결책이었어
That's right / — our house was connected to electricity / all day / from our own private generator / while the rest of the neighborhood had a blackout!
바로 맞았어 / 우리 집은 전기에 연결되어 있었어 / 하루 종일 / 우리 사적인 발전기로부터 / 나머지 이웃이 정전인 동안에
It was amazing.
놀라웠어
Rosa made it clear / that our happiness was important / to her as well.
　　　　　　가주어-진주어
로사는 분명히 확인해 주었지 / 우리의 행복이 중요하다고 / 그녀에게도 역시
There are truly people / with big hearts.
진짜로 사람이 있어 / 넓은 마음을 지닌
Kindness is still alive.
친절함은 여전히 살아있어

●전체 해석
(A) 내 남편 David는 우리 딸 결혼식 한 주 전에 내 휴대전화로 전화를 걸어 "우리에게 문제가 생겼어요."라고 말했다. 그는 전기 회사에서 중요한 수리를 하기 위해서 앞으로 우

리가 사는 인근 지역에 정전이 있을 거라고 발표했다고 나에게 말했다. 진짜 문제는 결혼식 날에 우리가 정전을 겪을 거라는 사실이었다.

(C) 나는 전기 회사에 전화를 걸어서 우리가 결혼식 준비(화장, 머리 단장하기 등)를 하기 위해서 아주 정말로 집이 필요하므로 수리 작업을 연기해 달라고 그들에게 부탁, 아니 오히려 사정했다. 내 전화는 즉시 Rosa라는 관리자에게 연결되었다. 그녀는 그 문제를 이해했으며 그들은 도저히 정전 계획을 다시 세울 수는 없으나 자신이 어떤 조치를 취할 수 있을지 알아보겠다고 설명했다.

(D) 이틀 후에 Rosa는 전화를 걸어 우리 집만 전기를 유지하게 해줄 수는 없다고 말했다. 그런 다음에 그녀는 "우리 회사 건물에 있는 방을 사용할 수 있게 해드릴 수 있습니다."라고 말했다. 나는 놀라면서 그녀가 그렇게 한 적이 있었는지 물었다. 그녀는 "사실은, 전에 그런 일이 있었습니다."라고 말했다. 그 다음 날에 Rosa는 기쁜 목소리로 다시 전화를 걸어 해결책을 찾았다고 말했다. 그녀는 나의 딸이 집에서 전기를 사용할 수 있고 자신의 결혼 준비를 할 수 있을 거라고 나에게 말했다.

(B) 그리하여 우리는 일요일 아침에 일찍 일어났으며 우리 집 바로 밖에 발전기가 놓여있는 있는 것을 발견했는데, 그것이 그녀의 해결책이었다. 그렇다, 인근 지역의 다른 집들은 정전이 되었지만, 우리 집은 온종일 우리 자신의 전용 발전기에서 나오는 전기에 연결되어 있었다! 그것은 놀라웠다. Rosa는 우리의 행복이 그녀에게도 중요하다는 것을 분명히 밝혀 주었다. 진실로 넓은 마음을 지닌 사람들이 있다. 친절은 여전히 살아 있다.

●해설

4. 주어진 글 (A)에 이어질 내용을 순서에 맞게 배열한 것으로 가장 적절한 것은?
   ① (B) - (D) - (C)   ② (C) - (B) - (D)
   ③ (C) - (D) - (B)   ④ (D) - (B) - (C)
   ⑤ (D) - (C) - (B)
→ 결혼식 날 정전이라는 사실을 알고 당연히 사실 확인을 해야겠지? 그 장면이 나온 부분이 (C)야. (C)의 마지막에 다른 방법을 찾겠다고 했는데 (D)에서는 다시 사실 확인을 하고 결혼식을 위해서 또 다른 해결책을 찾는다고 했어. 그 부분이 나온 것이 바로 마지막 (B)가 되겠지.

5. 밑줄 친 (a)~(e) 중에서 가리키는 대상이 나머지 넷과 다른 것은?
   ① (a)   ② (b)   ③ (c)   ④ (d)   ⑤ (e)
→ (a),(b),(c),(d)는 모두 Rosa고, (e)는 필자의 딸이 되겠지.

6. 글의 필자에 관한 내용과 일치하지 않는 것은?
   ① 딸의 결혼식 날에 집이 정전될 예정이었다.
   ② 일요일에 자신의 집은 정전을 피할 수 있었다.
   ③ 공사를 연기해 달라고 전기 회사에 요청했다.
   ④ 전기 회사의 건물에서 딸의 결혼식을 치렀다.
→ 전기 회사 건물에서 하는 건 하나의 방법이었지만, 결국 자신의 집에서 결혼식을 치르게 되었지.
   ⑤ 전기 회사 직원으로부터 해결책을 찾았다는 말을 들었다.

7~9. 7. ④ 8. ③ 9. ④
●지문분석

(A) A college student was struggling / to pay his school fees.
한 대학생이 어려움을 겪고 있었지 / 대학 등록금을 내느라

He was an orphan, / and not knowing / where to turn for money, / he came up with a bright idea.
_{분사구문}
그는 고아였고 / 알지 못했어 / 어디서 돈을 구해야 하는지 / 그는 좋은 생각이 났지

He decided / to host a music concert on campus / to raise money for his education.
'모으기 위해서', 목적으로 쓰인 to부정사
그는 결정했어 / 학교에서 음악 콘서트를 개최하기로 / 그의 교육을 위한 돈을 모으기 위해서

He asked the great pianist Ignacy Paderewski / to come and play.
그는 위대한 피아니스트인 Ignacy Paderewski에게 요청했어 / 와서 연주해달라고

His manager demanded $2,000 / for the piano recital.
그의 매니저는 2,000달러를 요구했지 / 피아노 독주회로

A deal was struck / and the student began working / to make the concert a success.
'만들기 위해서' 목적으로 사용된 to부정사
거래는 성사되었고 / 그 학생은 다시 작업하기 시작했어 / 콘서트를 성공으로 만들기 위해서

(D) The big day arrived.
드디어 그날이 왔어

But unfortunately, / he had not managed to sell enough tickets.
하지만 불행히도 / 그는 충분한 표를 팔지 못했지

The total amount / collected / was only $1,600.
                 S   V
전체 액수는 / 모인 / 겨우 1,600달러였어

Disappointed, / he went to Paderewski / and explained his difficulty.
분사구문
실망한 채로 / 그는 Paderewski에게 갔어 / 그리고 그의 어려움을 설명했지

Paderewski returned the $1,600 / and told the student: / "Here's the $1,600. / Keep the money / you need for your fees."
Paderewski는 1,600달러를 돌려줬어 / 그리고 그 학생에게 말했지 / 여기 1,600달러가 있어 / 그 돈을 가져 / 네가 너의 학자금을 위해 필요한

The student was surprised, / and thanked him heartily.
그 학생은 놀랐어 / 그리고 진심으로 그에게 고마워했지

(B) Paderewski later went on to become the Prime Minister of Poland.
Paderewski는 나중에 폴란드의 수상이 되었어

He was a great leader, / but unfortunately when World War I began, / Poland was ravaged.
그는 위대한 리더였어 / 하지만 불행히도 1차 세계대전이

시작되었고 / 폴란드는 황폐해졌지

There were more than 1.5 million people / starving in his country, / and there was no money / to feed them.

백 오십 만명 이상이 있었지 / 그의 나라에서 굶주리는 / 그리고 돈이 없었어 / 그들에게 음식을 줄

Paderewski did not know / where to turn for help.

Paderewski는 알지 못했어 / 어디서 도움을 받아야 하는지

Finally, he asked the US Food and Relief Administration for help.

마지막으로 그는 미국의 Food and Relief Administration에 도움을 요청했어

(C) The head there was a man / called Herbert Hoover / – who later went on to become the US President.

그 곳의 수장은 한 남자였어 / Herbert Hoover라고 불리우는 / 그는 나중에 미국의 대통령이 되었지

He agreed to supply tons of food / to the starving Polish people.

그는 수천 톤의 식량을 공급하는데 동의했어 / 굶주리는 폴란드 국민들에게

Paderewski was relieved.

Paderewski는 안도했지

Later, / when he began to thank Hoover / for his noble gesture, / Hoover quickly said, / "You shouldn't be thanking me, Mr. Prime Minister.

나중에 / 그가 후버에게 고마움을 표하기 시작했을 때 / 그의 고귀한 행동에 대해 / 후버는 빠르게 말했지 / 당신은 나에게 고마워할 필요 없어요, 수상님

You may not remember this, / but many years ago, / you helped / a student make it through college. / I was him."

당신은 이것을 기억하지 못할 거예요 / 수년 전에 / 당신은 도왔어요 / 한 학생이 대학을 마치도록 / 내가 바로 그예요

●전체 해석

(A) 어느 대학생이 자신의 학비를 내는 데 어려움을 겪고 있었다. 그는 고아였고, 돈을 어디서 구해야 할지 막막하던 중 멋진 생각이 떠올랐다. 그는 자신의 학비를 마련하기 위해 캠퍼스 음악 콘서트를 열기로 결심했다. 그는 위대한 피아니스트인 Ignacy Paderewski에게 와서 연주해 달라고 요청했다. 그의 매니저는 피아노 독주회에 대해 2,000달러를 요구했다. 거래가 성사되었고, 그 학생은 콘서트를 성공시키기 위해 노력하기 시작했다.

(D) 드디어 그날이 되었다. 그러나 불행히도, 그는 입장권을 충분히 팔지 못했다. 모인 총액은 1,600달러 뿐 이었다. 실망한 채, 그는 Paderewski에게 가서 자신의 어려움을 설명했다. Paderewski는 1,600달러를 돌려주면서 그 학생에게 말했다. "이 1,600달러를 받게. 학비로 필요한 이 돈을 자네가 가지게." 그 학생은 놀라서 그에게 진심으로 감사했다.

(B) 훗날 Paderewski는 폴란드의 수상이 되었다. 그는 훌륭한 지도자였지만, 불행히도 1차 세계대전이 시작되었을 때

폴란드는 황폐해졌다. 그의 나라에는 150만 명이 넘는 사람들이 굶주리고 있었고, 그들에게 식량을 공급할 돈이 없었다. Paderewski는 어디에서 도움을 구할지 몰랐다. 마침내, 그는 미국 Food and Relief Administration에 도움을 요청했다.

(C) 그 기관의 수장은 Herbert Hoover라고 불리는 사람이었고, 훗날 미국 대통령이 되었다. 그는 굶주리는 폴란드 국민들에게 수십 톤의 식량을 공급하는 것에 동의했다. Paderewski는 안도감을 느꼈다. 그 후 그가 Hoover에게 그의 고귀한 행위에 대해 감사를 표현하려고 했을 때, Hoover는 재빨리 "수상님, 저에게 고마워하실 필요 없습니다. 기억 못하시겠지만, 오래 전 당신께서는 한 학생이 대학을 졸업하도록 도와 주셨습니다. 제가 바로 그 학생이었습니다."라고 말했다.

●해설

7. 주어진 글 (A)에 이어질 내용을 순서에 맞게 배열한 것으로 가장 적절한 것은?
   ① (B) - (D) - (C)   ② (C) - (B) - (D)
   ③ (C) - (D) - (B)   ④ (D) - (B) - (C)
   ⑤ (D) - (C) - (B)

→ 앞에서는 콘서트를 성공시키려고 했다는 내용이 나오는데, (D)를 제외한 나머지는 콘서트 이야기가 나오지 않지. 따라서 일단 (D)가 맨 처음에 와. (B)와 (C) 중에서는 (C)는 갑자기 기관의 수장이 나오는데 앞에서는 언급된 적이 없어. 따라서 (B)가 먼저오고 나중에 (C)가 오게 돼.

8. 밑줄 친 (a)~(e) 중에서 가리키는 대상이 나머지 넷과 다른 것은?
   ① (a)   ② (b)   ③ (c)   ④ (d)   ⑤ (e)

→ (a),(b),(d),(e)는 모두 Paderewski고, (c)는 콘서트를 개최했던 Hoover야.

9. 윗글의 Ignacy Paderewski에 관한 내용과 일치하지 않는 것은?
   ① 학생으로부터 연주 요청을 받았다.
   ② 나중에 폴란드의 수상이 되었다.
   ③ 미국에 도움을 요청했다.
   ④ Hoover로부터 학비를 지원받았다.

→ 지원 받은 것이 아니고 Paderewski가 Hoover에게 학비를 지원해주었지.
   ⑤ 학생에게 1,600달러를 되돌려 주었다.

4단계 혼공 개념 마무리 p.195

1. 그것은 노예가 숲에서 도와주었던 바로 그 사자였다.

It was the same lion / that the slave had helped / in the forest.
과거완료: 먼저 발생

그건 같은 사자였어 / 노예가 도와주었던 / 숲에서

2. 부자는 노예가 아주 대단한 사람이어서 사자가 그를 죽이지 않았다고 생각했다.

The rich man thought / that the slave was such a great person / that the lion didn't kill him.
such ~ that ... : 너무 ~해서 ...하다

부자는 생각했어 / 그 노예가 너무나도 대단한 사람이어서 / 사자가 그를 죽이지 않았다고

3. 'New Man'에서 Gary Oliver는 프로 야구 선수였던 Tim Burke가 자신의 가정에 관해 내렸던 어려운 결정에 대해 적고 있다.

In *New Man*, / Gary Oliver writes about a difficult decision / made by professional baseball player Tim Burke / concerning his family.

~에 관해서

New Man에서 / 게리 올리버는 어려운 결정에 대해서 쓰고 있어 / 프로 야구선수인 팀 버크가 결정한 / 가족에 대해서

4. 더 많이 생각한 후에 그는 많은 사람이 믿을 수 없다고 여기는 결정을 내렸다. 즉 그는 프로야구를 포기하기로 결정했다.

After more thought, / he made / what many considered an unbelievable decision: / he decided to give up professional baseball.

더 많이 생각한 후에 / 그는 해냈어 / 많은 사람들이 믿기 힘든 결정이라고 생각한 것을 / 그는 프로야구를 포기하기로 결정했어

5. 진짜 문제는 결혼식 날에 우리가 정전을 겪을 거라는 사실이었다.

The real problem / was that we were going to have the power outage / on the day of the wedding.

진짜 문제는 / 우리가 정전이 있다는 거야 / 결혼식 날에

6. Rosa는 우리의 행복이 그녀에게도 중요하다는 것을 분명히 밝혀 주었다.

Rosa made it clear / that our happiness was important / to her as well.

가목적어–진목적어

로사는 분명히 확인해 주었지 / 우리의 행복이 중요하다고 / 그녀에게도 역시

7. 실망한 채, 그는 Paderewski에게 가서 자신의 어려움을 설명했다.

Disappointed, / he went to Paderewski / and explained his difficulty.

분사구문

실망한 채로 / 그는 Paderewski에게 갔어 / 그리고 그의 어려움을 설명했지

 19일차 **어휘추론**

1 단계 **개념** 요리하기   p.198

●지문 분석

New technologies create / new interactions and cultural rules.

새로운 기술은 창조하지 / 새로운 상호작용과 문화적 규칙을

As a way / to encourage TV viewing, / social television systems / now enable social interaction / among TV viewers in different locations.

한 방법으로서 / TV시청을 부추기는 / 소셜 TV시스템은 / 지금 사회적 상호작용을 가능케 하지 / 다른 지역에서의 TV 시청자들 가운데

These systems are known / to build a greater sense of connectedness / among TV-using friends.

이러한 시스템은 알려져 있어 / 엄청난 유대감의 감각을 구축하는 데 / TV를 사용하는 친구들 가운데

One field study focused / on how five friends / between the ages of 30-36 / communicated / while watching TV at their homes.

한 분야의 연구는 집중했어 / 어떻게 5명의 친구들이 / 30~36세 사이의 / 의사소통했는지 / 그들의 집에서 TV를 보는 동안

The technology allowed / them to see / which of the friends / were watching TV / and what they were watching.

allow A + to부정사

기술은 허용해줬지 / 그들이 알도록 / 어떤 친구들이 / TV를 보고 있는지 / 그리고 그들이 무엇을 보고 있는지

They chose / how to communicate / via social television / — whether through voice chat or text chat.

그들은 선택했어 / 의사소통하는 방법을 / 소셜 TV를 통해서 / 보이스 채팅이나 문자 채팅을 통하던지 간에

The study showed a strong preference / for text / over voice.

이 연구는 강한 선호도를 보여줬어 / 문자에 대한 / 목소리를 넘어

Users offered two key reasons / for favoring text chat.

사용자들은 두 가지 핵심 이유를 제공했어 / 문자 채팅을 선호하는

First, text chat required less effort and attention, / and was more enjoyable / than voice chat.

우선 문자 채팅은 더 적은 노력과 관심을 필요로 하지 / 그리고 더 재미있어 / 보이스 채팅보다

Second, study participants / viewed text chat / as more polite.

두 번째로 연구 참여자들은 / 문자 채팅을 봤어 / 더 정중한 것으로

●전체 해석

새로운 기술은 새로운 상호 작용과 문화적 규칙을 만든다. TV 시청을 부추기는 방법으로 이제 소셜 텔레비전 시스템은 서로 다른 장소에 있는 TV 시청자들 사이의 사회적 상호 작용을 가능하게 한다. 이런 시스템들은 TV를 이용하는 친구들 사이에 더 큰 유대감을 만드는 것으로 알려져 있다. 한 현장 연구는 30세에서 36세 사이의 다섯 명의 친구들이 자기들의 집에서 TV를 보면서 어떻게 의사소통하는지에 초점을

두었다. 그 기술은 그들이 친구들 중 어떤 이가 TV를 보고 있는지와 그들이 무엇을 보고 있는지를 알 수 있게 했다. 그들은 소셜 텔레비전을 통해 의사소통하는 방법, 즉 음성 채팅을 할 것인지 혹은 문자 채팅을 할 것인지를 선택했다. 그 연구는 음성 채팅보다는 문자 채팅에 대한 선호도가 강하다는 것을 보여 주었다. 이용자들은 문자 채팅을 선호하는 두 가지 주요한 이유를 말했다. 우선, 문자 채팅은 수고와 집중을 덜 필요로 했고 음성 채팅보다 더 재미있었다. 둘째, 연구 참여자들은 문자 채팅을 더 예의 바른 것으로 여겼다.

●중요 포인트

be known ~

❶ be known to + 대상: ~에게 알려지다
The book is known to every student.
이 책은 모든 학생에게 알려져 있다.

❷ be known as + 자격: ~로 알려지다
Jack was known as a big star.
잭은 빅스타로 알려져 있었다.

❸ be known for + 이유: ~ 로 유명하다
Paris is known for the Eiffel Tower.
파리는 에펠탑으로 유명하다.

❹ be known by + 판단의 근거: ~를 보면 알 수 있다
She is known by her friend.
그녀는 그녀의 친구를 보면 알 수 있다.

❺ be known to부정사: ~한 것으로 알려지다.
These systems are known to build a greater sense of connectedness.

2단계 개념 맛보기 p.200

보기 (A) offered (B) popular

●지문분석

Tea in Korea / has a long history.
한국에서의 차는 / 오랜 역사를 가져.

Hoping / that its flavor would reach the heavenly god, / people in ancient times / offered tea in various ceremonies.
분사구문, '희망하며'
희망하며 / 그 향이 하늘에 닿기를 / 고대의 사람들은 / 다양한 의식에서 차를 제공했어

Tea first came to Korea / from China with Buddhism / at the end of the Three Kingdoms era.
차는 처음에 한국에 왔어 / 불교와 함께 중국에서 / 삼국시대 말기에

Tea planting / became popular / through the Koryeo period.
차 재배는 / 대중적이 되었지 / 고려시대를 통해서

Then, as Buddhism weakened in Choseon Dynasty, / the art of tea / became common / only among scholars.
그리고 나서 불교가 조선시대에 약화됨에 따라 / 차 기술은 / 일반적이 되었어 / 오직 학자들에게서만

●전체 해석

한국의 차는 오랜 역사를 가지고 있다. 차의 향이 하늘에 닿기를 소망하면서 고대 사람들은 여러 의식에서 차를 바쳤다. 차는 삼국시대 말에 불교와 함께 중국으로부터 들어왔다. 차 재배는 고려시대 내내 널리 보급이 되었다. 그런데 조선시대 불교가 쇠퇴해지면서 차 기술은 선비들 사이에서만 흔하게 되었다.

---

1. (A) limited (B) remove

●지문분석

One of the problems of traditional farming / is that the growing seasons for crops can be limited.
S V
전통적인 농사의 문제 중 하나는 / 작물의 재배 시기가 제한될 수 있다는 거야

To solve this problem, / a scientist suggested growing crops / inside a tall building.
목적으로 사용된 to부정사   suggest + 동명사
이 문제를 해결하기 위해서 / 한 과학자가 작물 재배를 제안했어 / 큰 건물 안에서

Inside the building, / crops could grow all year.
건물 안에서 / 작물은 일년 내내 자랄 수 있어

There would be no need / for chemicals / to remove harmful insects.
어떠한 필요도 없어 / 화학 물질에 대한 / 해충을 제거하기 위하여

●전체 해석

전통적인 농사의 한 가지 문제점은 작물 재배 시기가 제한될 수 있다는 것이다. 이 문제를 해결하기 위해 한 과학자는 높은 건물 안에서 농작물을 재배하는 것을 제안했다. 건물 안에서라면 농작물은 일 년 내내 자랄 수 있을 것이다. 해충을 제거하기 위한 화학물질에 대한 필요도 없게 될 것이다.

●해설

(A) limited: 바로 뒤에 문제를 해결한다는 내용이 나오므로 부정적인 내용이 나와야 돼. 그 문제점이 바로 재배 시기의 제한(limited)이겠지. extended는 '확장된'을 의미해.
(B) remove: 해충은 없애야 하는 대상이지? 따라서 제거하다(remove)가 적절해. revive는 '되살리다'를 의미해.

2. (A) froze (B) causing

●지문분석

I had just finished writing a TV script / and was rushing to print it / when my computer froze up.

나는 막 TV 원고 쓰는 걸 끝마쳤어 / 그리고 그것을 프린트하려고 갔지 / 내 컴퓨터가 먹통이 되었을 때

No cursor. No script. No nothing.

커서도 없고 원고도 없고 아무것도 없어

In a panic, / I called my friend Neil, / a computer consultant.

겁을 먹은 채 / 나는 내 친구 Neil에게 전화했어 / 컴퓨터 전문가인

It turned out / that I had a bad spyware, / and that's what was causing my computer's breakdown.

그것은 밝혀졌어 / 내가 악성 스파이웨어가 걸렸고 / 그것이 내 컴퓨터의 다운을 유발해 냈다고

I'm not exactly sure / how I got it, / but Neil removed it.

나는 정확하게 확신할 수 없어 / 어떻게 내가 그것에 걸렸는지 / 하지만 Neil은 그것을 제거했지

● 전체 해석

내가 막 TV 대본을 다 쓰고 그것을 인쇄하러 갔을 때 내 컴퓨터가 먹통이 되었다. 커서가 사라졌다. 대본도 보이지 않았다. 아무것도 보이지 않았다. 당황한 채 나는 컴퓨터 전문가인 내 친구 Neil을 불렀다. 내 컴퓨터가 악성 스파이웨어에 감염되어 그것이 내 컴퓨터의 고장을 일으킨 것으로 밝혀졌다. 내 컴퓨터가 어떻게 그것에 감염되었는지 정확히 알 수 없지만, Neil이 그것을 제거했다.

● 해설

(A) froze: 뒤에 필자의 컴퓨터가 다운 되었다는 내용이 나오므로 컴퓨터가 먹통이 되어야겠지(froze). sped는 speed의 과거로 '속도를 냈다'를 의미하지.

(B) causing: 스파이웨어는 컴퓨터의 다운을 유발(causing)하겠지. heal은 '치료하다'를 의미해.

3. (A) avoid   (B) correct

● 지문분석

I had the habit of telling my sons / what they wanted to hear / in the moment / and making a ❷ promise / in order to avoid a fight.
❶

나는 내 아들에게 말하는 습관이 있었어 / 그들이 듣고 싶어 하는 것을 / 그 순간에 / 그리고 약속을 하는 / 싸움을 피하기 위해서

Then, when I said something different / and broke the promise, / there was a much bigger battle.
~thing + 형용사: 어순주의
비교급 강조: very, too (X)

그러고 나서 내가 다른 무언가를 말하고 / 약속을 깼을 때 / 더 큰 다툼이 있었어

They lost trust in me.

그들은 나에 대한 신뢰를 잃어버렸지

Now I make efforts / to correct this habit.

지금 나는 노력을 해 / 이 습관을 바꾸려는

Even if it's not what they want to hear, / I try to be honest / and say it anyway.

비록 그것이 그들이 듣고 싶어 하는 것이 아니더라도 / 나는 정직하려고 노력해 / 그리고 어쨌든 그것을 말해

● 전체 해석

나는 아들들과의 싸움을 피하기 위해 그들이 그 순간에 듣고 싶어 하는 말을 하고 약속을 하는 습관을 갖고 있었다. 그런 다음 내가 다른 말을 하고 약속을 어길 때 훨씬 더 큰 싸움이 벌어졌다. 그들은 나에 대한 신뢰를 잃었다. 이제 나는 이 습관을 고치려 노력한다. 비록 아이들이 듣고 싶어 하는 말이 아닐지라도 나는 어쨌든 정직하게 그 말을 하려 한다.

● 해설

(A) avoid: 아이들이 듣고 싶어 하는 말을 한 것은 싸움을 피하기 위한 것이므로 avoid를 쓰는 것이 적절하지. cause는 '야기하다'를 의미해.

(B) correct: 자신의 습관을 고치려 하므로 correct를 쓰는 것이 적절해. keep은 '유지하다'를 의미하지.

4. ④   uncommon → common

● 지문분석

How would you feel / if your children wanted to imitate a celebrity / who has a troubled private life?

당신은 어떻게 느낄까 / 당신의 아이들이 유명인을 따라하고 싶어 한다면 / 사생활에 문제가 있는

Maybe you would worry / that your kids might be affected / by their personal lives.

아마도 당신은 걱정할 거야 / 당신의 아이들이 영향을 받을 수 있다는 것에 / 그들의 사생활에 의해서

This is because / you believe / that celebrities should be role models / for kids in all ways.

이것은 때문이야 / 당신이 믿기 / 유명인은 롤모델이어야만 한다고 / 모든 면에서 아이들을 위해서

But, don't worry!

하지만 걱정하지 마

Your kids just want to be like the celebrities / in their performance as professionals, / not in their private behavior.

당신의 아이들은 유명인처럼 되고 싶어 할 뿐이야 / 전문가로서의 그들의 일을 / 그들의 사적인 행동이 아니라

They are just common people / except that they have excellent skills / in their field.

그들은 단순한 일반인이야 / 그들이 뛰어난 기술을 가지고 있다는 것만 제외하고는 / 그들의 영역에서

● 전체 해석

당신의 아이들이 개인적인 생활에 문제가 있는 유명 인사를 모방하고 싶어 한다면 어떻게 느낄 것인가? 아마 당신은 아이들이 그들의 사적인 삶으로부터 영향을 받을까 걱정할 것이다. 왜냐하면 당신은 유명 인사들이 모든 면에서 아이들의 역할 모델이 되어야 한다고 믿기 때문이다. 그러나 걱정하지 마라! 당신의 아이들은 그들의 사적인 행동과 같아지고 싶어 하는 것이 아니라, 단지 유명 인사들이 전문가로서 하는 일을 따라 하고 싶어 할 뿐이다. 그들은 자신의 영역에서 뛰어난 기량을 가진 것을 제외하면 <u>특별한(→평범한)</u> 사람일 뿐이다.

● 해설

④ uncommon ➜ common: 유명인을 따라하는 아이들에 대해서 걱정하는 부모들에게 전하는 글이지. 마지막을 보면 유명인은 단순히 그 분야에서 뛰어난 것만 제외하고는 평범하다고 해야 내용 전개가 논리성을 가지게 돼.

5. ③ unsustainable → sustainable

● 지문분석

In Ontario, / there is an old-growth forest / near Temagami.
온타리오에서 / 오래된 숲이 있어 / 테마가미 근처에
Some people want to cut down the trees / for lumber.
일부 사람들은 그 나무들을 자르길 원해 / 목재를 위해서
Others want to keep it / as it is: / they believe
있는 그대로
/ it is unique / and must be protected / for coming generations.
다른 사람들은 그것을 지키고 싶어해 / 있는 그대로 / 그들은 믿어 / 그것은 독특하지 / 그리고 보호되어야만 해 / 미래 세대를 위해서
Many people are somewhere in the middle, / wanting some use and some protection.
분사구문 (동시상황)
많은 사람들은 중간 어디쯤에 있어 / 약간의 사용과 약간의 보호를 원하면서
Most people are in favor of / using our resources wisely.
대부분의 사람들은 선호해 / 우리 자원을 현명하게 사용하기를
They prefer practices / that make our resources sustainable.
그들은 관행을 선호하지 / 우리 자원을 지속 가능하게 만드는
That is, / we should use our resources wisely now / and we will still have more / for the future.
즉 / 우리는 우리 자원을 지금 현명하게 사용해야 해 / 그리고 우리는 여전히 더 많이 가지게 될 거야 / 미래를 위해서

● 전체 해석

Ontario 주, Temagami 지역 근처에 원시림이 있다. 어떤 사람들은 목재용으로 그 나무들을 베려고 한다. 다른 사람들은 그것을 그 상태 그대로 지키고 싶어 한다. 그들은 그것이 독특하고 다음 세대를 위해 보호되어야 한다고 믿고 있다. 많

은 사람들은 일부 나무는 사용하고 일부 나무는 보호하기를 원하면서, 중간적 입장에 있다. 대부분의 사람들은 우리의 자원을 현명하게 사용하는 것을 찬성한다. 그들은 우리의 자원을 <u>지속 가능하지 않게(→지속 가능하게)</u> 만드는 관행을 선호한다. 즉, 우리는 현재 우리의 자원을 현명하게 사용해야 하고 그러면 우리는 미래를 위해 여전히 더 많은 자원을 가지게 될 것이다.

● 해설

③ unsustainable ➜ sustainable: 자원을 현명하게 사용하기를 원하는 사람들이라면 자원이 당연히 지속 가능하게(sustainable) 만드는 방법을 좋아하겠지. 따라서 unsustainable(지속 가능하지 않은)은 틀렸어.

3단계 모의고사 요리하기 p.202

1. ①

● 지문분석

In most people, / emotions are situational.
대부분의 사람들에게 / 감정은 상황적이야
Something in the here and now / makes you mad.
make + O + O.C.(형용사)
여기와 지금의 무언가는 / 당신을 미치게 만들지
The emotion itself / is tied to the situation / in which it originates.
강조용법
감정 그 자체는 / 상황에 매여 있어 / 그것이 발생하는
As long as you remain / in that emotional situation, / you're likely to stay angry.
당신이 남아있는 한 / 그 감정적 상황에 / 당신은 화가 난 상태에 머물기 쉬울 거야
If you *leave* the situation, / the opposite is true.
당신이 그 상황을 벗어난다면 / 그 반대가 사실이지
The emotion begins to disappear / as soon as you move away from the situation.
감정은 사라지기 시작해 / 당신이 그 상황에서 벗어나자마자
Moving away from the situation / prevents it from taking hold of you.
  S   V
prevent A from ~ing: A가 ~ing하는 것을 막다
그 상황에서 벗어나는 것은 / 그것이 당신을 제어하는 것을 방해하지
Counselors often advise clients / to get some emotional distance / from whatever is bothering them.
상담가는 종종 고객들에게 조언하지 / 일부 감정적 거리를 두라고 / 그들을 성가시게 하는 모든 것으로부터
One easy way / to do that / is to *geographically* separate yourself / from the source of your anger.
  S   V
한 가지 쉬운 방법은 / 그것을 하는 / 지리적으로 당신 자신을 분리시키는 거야 / 당신의 분노의 원천으로부터

● 전체 해석

대부분의 사람에게 있어 감정은 상황적이다. 현 시점의 뭔가가 여러분을 화나게 한다. 그 감정 자체는 그것이 일어나는 상황과 연결되어 있다. 그 감정의 상황 속에 남아있는 한 여러분은 화가 난 상태에 머물기 쉽다. 여러분이 그 상황을 '떠나면', 정반대가 사실이 된다. 여러분이 그 상황에서 벗어나자마자 그 감정은 사라지기 시작한다. 그 상황에서 벗어나게 되면 그것(상황)은 여러분을 제어하지 못한다. 상담원은 (상담) 의뢰인에게 그들을 괴롭히고 있는 그 어떤 것과도 약간의 감정적 거리를 두라고 자주 충고한다. 그것을 하는 한 가지 쉬운 방법은 여러분의 화의 근원으로부터 여러분 자신을 '지리적으로' 떼어놓는 것이다.

● 중요 포인트

전치사 + which

❶ 전치사 + which는 뒤에 완전한 문장이 와.
The emotion itself is tied to the situation in which it originates. 완전한 문장이야

❷ 전치사 + which는 관계부사로 바꿔 쓸 수 있어.
The emotion itself is tied to the situation in which it originates. = where

● 해설

1. (A), (B), (C)의 각 네모 안에서 문맥에 맞는 낱말로 가장 적절한 것은?

In most people, emotions are situational. Something in the here and now makes you mad. The emotion itself is (A) [tied / unrelated] to the situation in which it originates. As long as you remain in that emotional situation, you're likely to stay angry. If you leave the situation, the opposite is true. The emotion begins to (B) [disappear / appear] as soon as you move away from the situation. Moving away from the situation prevents it from taking hold of you. Counselors often advise clients to get some emotional distance from whatever is (C) [bothering / pleasing] them. One easy way to do that is to geographically separate yourself from the source of your anger.

(A)	(B)	(C)
① 관계있는	사라지다	성가신
② 관계있는	사라지다	즐거운
③ 관계있는	나타나다	성가신
④ 관련없는	사라지다	즐거운
⑤ 관련없는	나타나다	즐거운

(A) tied: 감정과 감정적 상황과의 관계가 서로 연결되어서 문제가 발생하고 있다고 하지. 따라서 tied(관계있는)가 적절해. unrelated는 '관계없는'이야.
(B) disappear: 감정적 상황에서 멀어지면 당연히 그 감정은 사라지게(disappear) 되겠지.
(C) bothering: 바로 앞에서 감정적 거리를 두라고 하고 있으므로 멀리 떨어져야 할 것은 부정적인 의미를 가진

bothering(성가신)이 적절하지. pleasing은 '즐거운'을 의미해.

2. ⑤

● 지문분석

The laser pointer, / which became popular in the 1990s, / was at first typically thick / to hold in the hand.
레이저 포인터는 / 1990년대에 대중적이 된 / 처음에는 전형적으로 두꺼웠지 / 손에 쥐기에는

Before long, / such pointers came in slimmer pocket models / and became easier to handle.
오래지 않아 / 그런 포인터는 더 얇아진 포켓형이 되었고 / 다루기가 너 쉬워졌어

Still, / the laser pointer had its own weaknesses.
부정적 이미지
하지만 / 레이저포인터는 약점이 있었어

Batteries were required / and had to be replaced, / and the shaky hand movements / of a nervous lecturer were shown / in the sudden motion / of the glowing red dot.
S   V
배터리는 필요했고 / 교체되어야만 했어 / 그리고 떨리는 손동작은 / 긴장한 강연자의 / 보여졌어 / 갑작스런 움직임에서 / 빛나는 붉은색 점의

Moreover, / the red dot could be difficult / to see against certain backgrounds, / thus making the laser pointer inferior / even to a simple stick.
분사구문 (동시상황)
inferior than (X)
게다가 / 붉은 점은 어려울 수 있었어 / 특정한 배경에서는 보기가 / 그래서 레이저 포인터를 열등하게 만들었지 / 단순한 막대기 보다

To correct this problem, / more advanced and
목적으로 사용된 to부정사
thus more expensive greenbeam laser pointers / came to be introduced.
이 문제를 고치기 위해서 / 보다 발전되고 그래서 더욱 비싼 녹색 빔의 레이저 포인터가 / 도입되었지

● 전체 해석

1990년대에 인기를 끌었던 레이저 포인터는 처음에는 대체로 손에 쥐기에 두꺼웠다. 오래지 않아, 이 포인터는 더 얇은 주머니형 모델이 출시되면서 다루기가 더 쉬워졌다. 그럼에도 불구하고, 레이저 포인터에는 그 자체의 약점이 있었다. 건전지가 필요했고 이를 교체해야 했으며, 긴장한 강연자의 떨리는 손동작이 반짝이는 붉은 점의 갑작스런 움직임 속에 드러났다. 더욱이, 이 붉은 점은 특정 배경에서는 보기 어려워서 레이저 포인터를 심지어 단순한 지시봉보다 더 열등하게 만들었다. 이 문제를 바로잡기 위해 더 발전된, 따라서 더 비싼 초록빛 레이저 포인터가 도입되게 되었다.

● 중요 포인트

inferior to

superior / inferior / prior는 비교급이지만 뒤에 than 이 아닌 to를 사용해.

The red dot could be difficult to see against certain backgrounds, thus making the laser pointer inferior to a simple stick.

● 해설

2. (A), (B), (C)의 각 네모 안에서 문맥에 맞는 낱말로 가장 적절한 것은?

The laser pointer, which became popular in the 1990s, was at first typically thick to hold in the hand. Before long, such pointers came in slimmer pocket models and became easier to handle. Still, the laser pointer had its own (A) [strengths / weaknesses]. Batteries were required and had to be replaced, and the shaky hand movements of a nervous lecturer were (B) [hidden / shown] in the sudden motion of the glowing red dot. Moreover, the red dot could be difficult to see against certain backgrounds, thus making the laser pointer (C) [inferior / superior] even to a simple stick. To correct this problem, more advanced and thus more expensive greenbeam laser pointers came to be introduced.

(A)	(B)	(C)
① 강점	보여주다	열등한
② 강점	숨기다	우월한
③ 약점	보여주다	우월한
④ 약점	숨기다	우월한
⑤ 약점	보여주다	열등한

(A) weaknesses: 바로 뒤 문장에 레이저 포인터의 단점들이 쭉 열거되고 있어. strengths는 '강점'을 의미하지.
(B) shown: 흔들리는 손동작은 화면에서 보여지는 붉은 색 점으로 나타나겠지(shown). hidden은 '숨겨진'을 의미하지.
(C) inferior: 특정 배경에서는 알아보기가 힘드니, 단순한 막대기보다 못하다(inferior)는 것이 나와야겠지.

3. ④

● 지문분석

Executives' emotional intelligence / – their self-awareness, empathy, and rapport with others – / has clear links / to their own performance.
경영진의 감정적 지능은 / 자기 인식 , 공감, 남들과의 관계 / 명확한 관계가 있어 / 자신의 수행 능력과

But new research shows / that a leader's emotional style / also drives everyone else's moods and behaviors.
하지만 새로운 연구는 보여주지 / 리더의 감정적 스타일은 / 또한 다른 모든 사람의 감정과 행동을 이끈다고

It's similar / to "Smile / and the whole world
명령문 + and: ~해라, 그러면

smiles with you."
그것은 비슷해 / 웃어라 / 그러면 전 세계가 너에게 웃는다는 것과

Emotional intelligence / travels through an organization / like electricity over telephone wires.
감정적 지능은 / 기관을 통해서 움직여 / 전화선 위에 있는 전기처럼

Depressed, / ruthless bosses / create / toxic organizations / filled with negative underachievers.
우울하고 / 무자비한 상사는 / 독성의 조직을 만들지 / 부정적인 미달성자로 가득찬

But if you're an inspirational leader, / you cultivate positive employees / who accept the tough challenges.
하지만 만약 당신이 영감을 주는 리더라면 / 당신은 긍정적인 직원들을 키우지 / 어려운 도전을 받아들이는

Emotional leadership / isn't just putting on a game face / every day.
감정적인 리더십은 / 단순히 당당한 표정을 짓는 게 아냐 / 매일

It means / understanding your impact on others / – then adjusting your style accordingly.
분사구문 〈동시상황〉
그것은 의미하지 / 남에 대한 당신의 영향력을 이해하는 것을 / 그리고 나서 당신의 스타일을 그에 따라 조정하지

● 전체 해석

경영진의 자기 인식, 공감, 다른 이와의 친화적 관계와 같은 감성 지능은 그들 자신의 수행능력과 명백한 관련성이 있다. 그러나 새로운 연구는 지도자의 감성 표현 양식이 또한 다른 모든 사람의 기분과 행동을 움직인다는 것을 보여준다. 그것은 "웃어라, 그러면 온 세상이 너와 함께 웃는다."와 비슷하다. 감성 지능은 전화선을 타고 가는 전기와 같이 조직 전체로 퍼져나간다. 침울하고 무자비한 상사는 부정적인 목표 미달성자로 가득한 독성이 있는 조직을 만든다. 그러나 당신이 감화력이 있는 지도자라면 당신은 어려운 도전을 회피하는(→수용하는) 긍정적인 직원들을 양성한다. 감성 지도력은 단지 매일 당당한 표정을 짓는 것이 아니다. 그것은 다른 이에게 미치는 영향력을 이해하고 이에 따라 당신의 양식을 조정하는 것을 의미한다.

● 중요 포인트

명령문 + and

❶ 명령문 다음에 and가 오면 '~해라, 그러면'을 의미해.
Smile and the whole world smiles with you.

❷ 명령문 다음에 or가 오면 '~해라, 그렇지 않으면'을 의미해.
Study hard, or you will fail the test.
열심히 공부해라. 그렇지 않으면 시험에서 탈락할 거야.

3. 다음 글의 밑줄 친 부분 중, 문맥상 낱말의 쓰임이 적절하지 <u>않은</u> 것은?

Executives' emotional intelligence - their self-awareness, empathy, and rapport with others - has clear links to their own performance. But new research shows that a leader's emotional style also drives everyone else's moods and behaviors. It's ① <u>similar</u> to "Smile and the whole world smiles with you." Emotional intelligence ② <u>travels</u> through an organization like electricity over telephone wires. Depressed, ruthless bosses create ③ <u>toxic</u> organizations filled with negative underachievers. But if you're an inspirational leader, you cultivate positive employees who ④ <u>avoid</u> the tough challenges. Emotional leadership isn't just putting on a game face every day. It means understanding your ⑤ <u>impact</u> on others - then adjusting your style accordingly.

④ avoid ➡ accept: 관계사절의 수식을 받는 positive employees들은 어려운 도전을 회피하는 것이 아니라 받아들이겠지. 따라서 avoid(회피하다)는 accept(받아들이다)로 바뀌어야 해.

4단계 혼공 개념 마무리 p.205

1. 그러나 당신이 감화력이 있는 지도자라면 당신은 어려운 도전을 수용하는 긍정적인 직원들을 양성한다.
But if you're an inspirational leader, / you cultivate positive employees / who accept the tough challenges.
하지만 만약 당신이 영감을 주는 리더라면 / 당신은 긍정적인 직원들을 키우지 / 어려운 도전을 받아들이는

2. 그 기술은 그들이 친구들 중 어떤 이가 TV를 보고 있는지와 그들이 무엇을 보고 있는지를 알 수 있게 했다.
The technology allowed / them to see / which
allow A + to부정사 ①
of the friends / were watching TV / and what ②
they were watching.
기술은 허용해주었지 / 그들이 알도록 / 어떤 친구들이 / TV를 보고 있는지 / 그리고 그들이 무엇을 보고 있는지

3 그 상황에서 벗어나게 되면 그것(상황)은 여러분을 제어하지 못한다.
Moving away from the situation / prevents it
S V
from taking hold of you.
prevent A from ~ing:
A가 ~ing하는 것을 막다
그 상황에서 벗어나는 것은 / 그것이 당신을 제어하는 것을 방해하지

4. 1990년대에 인기를 끌었던 레이저 포인터는 처음에는 대체로 손에 쥐기에 두꺼웠다.
The laser pointer, / which became popular in the 1990s, / was at first typically thick / to hold in the hand.
레이저 포인터는 / 1990년대에 대중적이 된 / 처음에는 전형

적으로 두꺼웠지 / 손에 쥐기에는

5. 이 문제를 바로잡기 위해 더 발전된, 따라서 더 비싼 초록빛 레이저 포인터가 도입되게 되었다.
To correct this problem, more advanced and
목적으로 사용된 to부정사
thus more expensive greenbeam laser pointers / came to be introduced.
이 문제를 고치기 위해서 / 보다 발전되고 그래서 더욱 비싼 녹색 빔의 레이저 포인터가 / 도입되었지.

6. 전통적인 농사의 한 가지 문제점은 작물 재배 시기가 제한될 수 있다는 것이다.
One of the problems of traditional farming is
S V
that the growing seasons for crops / can be limited.
전통적인 농사의 문제 중 하나는 / 작물의 재배 시기가 / 제한될 수 있다는 거야

7. 많은 사람들은 일부 나무는 사용하고 일부 나무는 보호하기를 원하면서, 중간적 입장에 있다
Many people are somewhere in the middle, / wanting some use and some protection.
분사구문, 〈동시상황〉
많은 사람들은 중간 어디쯤에 있어 / 약간의 사용과 약간의 보호를 원하면서

혼공 20일차 어법 추론

1단계 개념 요리하기 p.208

●지문 분석

Take time / to read the comics.
take 시간 to부정사: to부정사 하는데 시간을 쓰다
시간을 쓰자 / 만화를 읽는데

This is worthwhile / not just because they will make you laugh / but because they contain wisdom / about the nature of life.
이것은 가치있어 / 단지 그들이 당신을 웃게 만들기 때문일 뿐만 아니라 / 그들이 지혜를 포함하고 있어서 / 삶의 본성에 대해서

Charlie Brown and Blondie / are part of my morning routine / and help me to start the day
help + O + 동사원형/to부정사
/ with a smile.
찰리 브라운과 브론디는 / 내 아침 일상의 부분이야 / 그리고 내가 하루를 시작하도록 도와주지 / 미소로

When you read the comics section of the newspaper, / cut out a cartoon / that makes you laugh.
명령문
당신이 신문의 만화 섹션을 읽을 때 / 만화를 잘라내 / 당신을 웃게 만드는

Post it / wherever you need it most, / such as
명령문
on your refrigerator or at work / – so that every

time you see it, / you will smile / and feel your spirit lifted.
그것을 게시해 / 당신이 그것을 가장 필요로 하는 어디든지 / 예를 들어 당신의 냉장고나 일터에 / 그래서 당신이 그것을 볼 때 마다 / 당신은 미소를 지을 거야 / 그리고 당신의 기운이 올라가는 걸 느낄 거야

Share your favorites / with your friends and family / so that everyone can get a good laugh, too.
명령문
당신이 좋아하는 것을 공유해 / 당신의 친구와 가족과 함께 / 그래서 모든 사람들이 좋은 웃음을 얻을 수 있도록

Take your comics with you / when you go to visit sick friends / who can really use a good laugh.
명령문
당신의 만화책을 당신과 함께 가지고 다녀 / 당신이 아픈 친구를 방문할 때 / 정말로 좋은 웃음을 사용할 수 있는

● 전체 해석
시간을 내서 만화란을 읽어라. 그것이 여러분을 웃게 만들기 때문일 뿐만 아니라 그것이 삶의 본질에 관한 지혜를 담고 있기 때문에 만화를 읽는 것은 가치가 있다. 'Charlie Brown'과 'Blondie'는 나의 아침 일과의 일부이고 내가 미소로 하루를 시작할 수 있게 도와준다. 신문 만화란을 읽을 때, 여러분을 웃게 하는 만화를 잘라 내라. 그것을 여러분이 가장 필요로 하는 곳, 냉장고든 직장에든, 어디에든지 붙여라, 그러면 그것을 볼 때마다 미소를 짓고 기분이 고양되는 것을 느낄 것이다. 모든 사람들 역시 크게 웃을 수 있게 여러분이 좋아하는 것을 친구들 및 가족과 공유해라. 크게 웃는 것을 정말 잘 활용할 수 있는 아픈 친구들을 방문하러 갈 때 여러분의 만화를 가지고 가라.

● 중요 포인트

help 동사의 특징

❶ help는 뒤에 동사원형과 to부정사가 모두 올 수 있어.
Charlie Brown and Blondie help me to start the day with a smile.
= start

❷ 다음의 경우에만 동명사가 올 수 있어.
cannot help ~ing: ~하지 않을 수 없다
I cannot help finishing my homework.
나는 내 숙제를 하지 않을 수 없다.

2단계 개념 맛보기
p.210

보기 ③

● 지문분석
At what age / should a child learn / to use a computer?

어떤 나이에 / 아이들은 배워야만 하나 / 컴퓨터를 사용하는 것을

The answer seems to depend / on whom you ask.
전치사 + whom (who는 안됨)
대답은 달라지는 것 같아 / 당신이 누구에게 물어보느냐

Some early childhood educators believe / that in modern society / computer skills are a basic necessity / for every child.
일부 아동 교육가들은 믿어 / 현대 사회에서 / 컴퓨터 기술은 기본적인 필수품이라고 / 모든 아이들에게

But other educators say / that children do not use their imagination enough / because the computer screen shows them everything.
하지만 다른 교육가들은 말하지 / 아이들은 그들의 상상력을 충분히 사용하지 못한다고 / 왜냐하면 컴퓨터 화면이 그들에게 모든 것을 보여주기 때문에

Physically, / children / who type for a long time / or use a computer mouse too much / can develop problems / to their bodies.
S ❶ ❷ V
신체적으로 / 아이들은 / 오랫동안 타이핑을 하거나 / 컴퓨터 마우스를 너무 많이 사용하는 / 문제를 일으킬 수 있어 / 그들 신체에

● 전체 해석
아이들은 몇 살에 컴퓨터 사용법을 배워야 하는가? 그 답은 누구에게 묻는가에 따라 달라질 것 같다. 일부 아동 교육자들은 현대 사회에서 컴퓨터 기술은 모든 아이들에게 기본적으로 필요한 것이라고 생각한다. 그러나 다른 일부 교육자들은 컴퓨터 화면이 아이들에게 모든 것을 보여주기 때문에 아이들이 자신의 상상력을 충분히 사용하지 않는다고 한다. 신체적으로, 오랫동안 컴퓨터 자판을 두드리거나 마우스를 너무 많이 사용하는 것은 아이들의 몸에 문제를 일으킬 수 있다.

1. ② show ➡ shows

● 지문분석

Every place on the earth is different.
모든 지구상의 장소는 달라
Just like people, / no two places can be exact alike.
사람들처럼 / 어떠한 두 장소는 정확하게 같을 수 없어
However, / some places are similar / in certain ways.
하지만 / 일부 장소는 비슷하지 / 어떤 면에 있어서
There are patterns in the way / people live and use the land.
방식에서의 패턴은 있어 / 사람들이 살고 땅을 이용하는
The design of buildings / shows one pattern.
건물의 디자인은 / 한 가지 패턴을 보여주지
Many large cities / have very tall buildings / called skyscrapers.

There is not enough land, / so people make more room / by building up into the sky.

충분한 땅은 없어 / 그래서 사람들은 더 많은 공간을 만들지 / 하늘로 지어 올림으로써

● 전체 해석

지구상의 모든 장소는 다르다. 사람들과 마찬가지로 어떠한 두 장소도 정확히 똑같을 수 없다. 그러나 몇몇 장소는 어떤 면에서는 유사하다. 사람들이 살아가는 방식이나 그 땅을 이용하는 방법에는 몇 가지 패턴이 있다. 건물의 디자인이 한 가지 패턴을 보여준다. 많은 대도시들은 마천루라 불리는 아주 높은 건물들을 가지고 있다. 땅이 충분하지 않아서 사람들은 하늘 높이 지어 올려 더 많은 공간을 만든다.

● 해설

② show ➡ shows: 주어는 동사 앞에 있는 buildings가 아니라 the design이므로 단수동사 shows가 와야 해.
① be동사의 보어로 사용되고 있고, 주어인 two places를 수식하므로 형용사 exact가 적절해.
③ 앞에 있는 명사 buildings를 수식하는 데, 해석상 '~라 불리는'이 적절하므로 수동을 의미하는 called가 적절해.
④ 전치사 by 뒤에 동사가 왔으니 동명사 building이 와야겠지.

2. ② was included ➡ included

● 지문분석

Ying Liu wanted / to stop his six-year-old son, Jing, / from watching so much TV.
잉 류는 원했어 / 그의 6살짜리 아들 징을 멈추기를 / 너무 많이 TV를 보는 것을

He also wanted / to encourage Jing / to play the piano / and to do more math.
encourage + O + to부정사
그는 또한 원했어 / 징을 격려하기를 / 피아노를 치고 / 그리고 더 많은 수학을 하도록

The first thing / Ying did / was prepare.
S　　　　　　　　V to 생략 (was to prepare)
첫 번째는 / 잉이 했던 / 준비하는 거였어

He made a list / of his son's interests.
그는 목록을 만들었어 / 그의 아들의 관심사의

It included, / in addition to watching TV, / playing with Legos / and going to the zoo.
그것은 포함했어 / TV를 보는 것과 함께 / 레고를 가지고 노는 것과 / 동물원에 가는 것을

He then suggested to his son / that he could trade TV time, piano time, and study time / for Legos and visits to the zoo.
그는 그리고 나서 아들에게 제안했어 / 그는 TV 시간과 피아노 시간, 그리고 공부 시간을 거래할 수 있다고 / 레고와 동물원 방문을 위해서

They established a point system, / where he got points / whenever he watched less TV.

그들은 점수제를 확립했어 / 그곳에서 그는 점수를 얻어 / 그가 TV를 덜 볼 때마다

● 전체 해석

Ying Liu는 여섯살짜리 아들 Jing이 TV를 너무 많이 보는 것을 멈추게 하고 싶었다. 그는 또한 Jing이 피아노도 치고 수학도 더 많이 하도록 권하고 싶었다. Ying이 가장 먼저 한 일은 준비였다. 그는 아들의 관심사들을 목록으로 만들었다. 그 목록은 TV 시청 외에 Lego 가지고 놀기와 동물원 가기를 포함했다. 그리고 나서 그는 아들에게 TV, 피아노, 공부 시간을 Lego 가지고 놀기, 동물원 가기와 서로 교환할 수 있다고 말했다. 그들은 포인트 시스템을 만들었는데, 그 시스템에서 그는 TV를 보다 적게 시청할 때마다 포인트를 획득했다.

● 해설

② was included ➡ included: 뒤에 목적어인 playing을 가지니까 당연히 능동태로 쓰여야겠지. in addition to watching TV가 삽입되어 마치 목적어가 없는 것처럼 보이는 것이 함정이야.
① 앞에 있는 to play와 같이 encourage의 목적보어로 사용되고 있어.
③ suggested의 목적절을 이끄는 접속사로 사용되고 있어. 참고로 뒤에는 완전한 문장이 오고 있지.
④ 앞에 있는 a point system을 수식하며, 뒤에는 완전한 문장이 오므로 관계부사인 where은 적절해.

3. ④ realized ➡ realize

● 지문분석

Greg felt like a failure / if he didn't receive every single point / on every single assignment.
그렉은 실패처럼 느꼈어 / 만약 그가 만점을 얻지 못한다면 / 모든 과제에서

A grade of 95 / left him asking, / "How did I fail to / achieve 100?"
95점의 점수는 / 그에게 질문을 남겨놓았어 / 어떻게 내가 실패했지 / 100점을 얻는데

Greg realized / that his drive for perfectionism / was putting him / into a state of constant stress.
S
그렉은 깨달았어 / 완벽주의에 대한 그의 욕구는 / 그를 넣고 있다고 / 지속적인 스트레스의 상태로

He decided to work / on stress management.
그는 착수하기로 결정했어 / 스트레스 관리에

He came up with the creative idea / of posting notes / everywhere / with the simple message, / "92 is still an A."
그는 창의적인 생각을 해냈어 / 노트를 게시하는 / 모든 곳에 / 간단한 메시지와 함께 / 92점은 여전히 A야

Gradually, / these simple reminder notes / allowed Greg / to have a different point of
❶
view / and realize / that he didn't have to be
❷
perfect / at everything.

점진적으로 / 이 간단한 기억을 상기시키는 노트는 / 그렉에게 허용했어 / 다른 관점을 가지도록 / 그리고 깨닫도록 / 그는 완벽할 필요는 없다고 / 모든 것에

● 전체 해석

Greg은 모든 과제에서 만점을 얻지 못하면 실패한 사람인 것처럼 느꼈다. 95점이라는 점수는 그로 하여금 "어떻게 내가 100점을 받지 못했을까?"라는 질문을 계속하게 만들었다. 그는 완벽을 추구하는 자신의 욕구가 자신을 지속적인 스트레스 상태로 몰아넣고 있다는 사실을 깨달았다. Greg은 스트레스 관리를 시작하기로 마음먹었다. 그는 '92점도 여전히 A학점이다.'라는 간단한 메시지를 적어놓은 쪽지를 모든 곳에 붙여놓는 독창적인 아이디어를 생각해냈다. 점차로, 생각을 일깨워주는 이 단순한 메모는 Greg으로 하여금 다른 관점을 갖게 하고 자신이 모든 것에 대해서 완벽할 필요가 없다는 사실을 깨닫게 해주었다.

● 해설

④ realized는 these simple reminder notes를 주어로 하는 동사가 아니라 'allow + 목적어 + 목적보어' 구문에서 목적보어인 to have 이하와 and로 연결된 것이므로 realize로 고쳐 써야 해.
① 'leave A B' 구문으로 B는 목적보어 자리야. him이 ask라는 행위가 서로 능동 관계니까 현재분사 asking은 적절하겠지. 참고로 leave는 목적보어 자리에 명사, 형용사, 분사(ing/ed) 모두 가능해.
② decide는 목적어로 to부정사를 가지지.
③ 전치사 of 뒤에 동명사 posting이 왔어.

4. (A) advertised (B) them

● 지문분석

A lot of customers buy products / only after they are made aware / that the products are available / in the market.
많은 고객들은 상품을 구매하지 / 오직 그들이 알게 된 이후에 / 상품 이용 가능하다고 / 시장에서
Let's say / a product, / even if it has been out there / for a while, / is not advertised.
말해보자 / 상품이 / 비록 그것이 출시가 되었더라도 / 잠시 동안 / 광고되고 있지 않다고
Then what might happen?
그러면 무슨 일이 벌어질까
Not knowing / that the product exists, /
분사구문=Because they don't know ~
customers would probably not buy it / even if the product may have worked for them.
알지 못해서 / 상품이 존재한다는 것을 / 고객들은 아마도 그것을 구매하지 않을 거야 / 비록 그 상품이 그들에게 유용하다 할지라도

● 전체 해석

많은 소비자들은 상품이 시장에서 구입 가능하다는 것을 알게 된 후에야 상품을 구매한다. 어떤 상품이 시장에 출시된 이후에도 한동안 광고가 되지 않았다고 가정해보자. 그렇다면 어떤 일이 일어날까? 소비자들은 상품이 존재한다는 것을 알지 못해서, 그 제품이 그들에게 유용하더라도 아마도 사지 않을 것이다.

● 해설

(A) advertised: 주어는 앞에 있는 a product야. 동사 advertise와의 관계를 보자면 상품은 광고되는 거니까 수동 관계가 성립하지. 따라서 수동을 의미하는 과거분사 advertised가 정답이야.
(B) them: 누구를 위하여 유용한 것일까? 바로 주어인 customers겠지. 따라서 복수인 them이 정답이야.

5. (A) were (B) many

● 지문분석

Wheeled carts / pulled by horses / could transport more goods / to market more quickly.
바퀴가 있는 수레는 / 말이 끄는 / 더 많은 물건을 옮길 수 있었어 / 더 빠르게 시장으로
Animals / that pulled plows / to turn the earth over / for planting / were far more efficient / than humans.
비교급 강조 far
동물들은 / 쟁기를 끄는 / 땅을 갈아엎는 / 파종을 위해 / 훨씬 더 효율적이었어 / 인간들보다
The sail made it possible / to trade with countries / that could be reached only by sea.
가목적어-진목적어
돛은 가능하게 만들었어 / 나라들 사이에 거래하는 것을 / 오직 바다로만 도달 가능했던
All three inventions / made the cities of Mesopotamia powerful trading centers / with as many as 30,000 people each.
세 가지 발명품 모두는 / 메소포타미아의 도시들을 강력한 무역 중심지로 만들었지 / 각각 3만 명의 사람들이 있는

● 전체 해석

말이 끄는 바퀴가 있는 수레는 더 많은 상품을 더 빠르게 시장으로 운반할 수 있었다. 파종할 땅을 갈기 위해 쟁기를 끄는 동물들은 사람들보다 훨씬 더 효율적이었다. 돛은 바다를 통해서만 갈 수 있는 나라들과 무역하는 것을 가능하게 했다. 세 가지 발명품은 모두 메소포타미아의 도시들을 각각 3만 명이나 되는 사람들이 있는 강력한 무역 중심지로 만들었다.

● 해설

(A) were: 동사의 주어가 that ~ planting의 수식을 받는 animals이므로 복수지. 따라서 복수 동사인 were가 정답.
(B) many: as 뒤에 나오는 30,000 people을 받으므로 셀 수 있는 명사를 수식할 수 있는 many가 적절하겠지.

③ **모의고사 요리하기**
단계
p.212

1. ③ what → that

● 지문분석

Your parents may be afraid / that you will not spend your allowance wisely.

여러분의 부모님들은 걱정할 수도 있어 / 여러분이 현명하게 여러분의 용돈을 쓰지 않을 것이라고

You may make some foolish spending choices, / but if you do, the decision to do so / is your
own / and hopefully you will learn / from your mistakes.

여러분은 몇 가지 멍청한 소비 선택을 할 수도 있어 / 하지만 당신이 그런다면 / 그렇게 한 결정은 / 당신 자신이고 / 바라건대 당신은 배울거야 / 당신의 실수로부터

Much of learning / occurs through trial and error.
much 단수취급

배움의 상당수는 / 시행착오를 통해서 발생하지

Explain to your parents / that money is
명령문
something / you will have to deal with / for the rest of your life.

당신의 부모님에게 설명해봐 / 돈이란 이런거라고 / 당신이 다뤄야만 하는 / 여러분의 여생 동안

It is better / that you make your mistakes early
가주어–진주어
on / rather than later in life.

더 좋은 거야 / 여러분이 실수를 먼저 하는 게 / 인생에서 나중보다

Explain / that you will have a family someday
명령문
/ and you need to know / how to manage your money.

설명해봐 / 여러분은 언젠가 가족을 이룰 것이라고 / 그리고 당신은 알 필요가 있다고 / 당신의 돈을 관리하는 법을

Not everything is taught at school!

모든 것을 학교에서 배우는 것은 아니거든

● 전체 해석

여러분의 부모는 여러분이 용돈을 현명하게 쓰지 않을 것이 걱정할 수도 있다. 여러분이 돈을 쓰는 데 몇 가지 어리석은 선택을 할 수도 있지만, 만일 여러분이 그렇게 한다면 그 결정은 여러분 자신의 결정이고 바라건대 여러분은 자신의 실수로부터 배울 것이다. 배움의 많은 부분이 시행착오를 거쳐서 일어난다. 돈은 여러분이 평생 동안 처리해 나가야 할 어떤 것임을 여러분의 부모에게 설명해라. 삶에서 나중보다 이른 시기에 실수를 저지르는 것이 더 낫다. 여러분이 언젠가는 가정을 갖게 될 것이라는 것과, 자신의 돈을 관리하는 법을 알 필요가 있다는 것을 설명해라. 모든 것을 다 학교에서 가르쳐 주는 것은 아니다!

● 중요 포인트

단수 취급 주어1

❶ every, each
Not everything is taught at school!

❷ much, little
Much of learning occurs through trial and error.

❸ 추상명사(information, advice, evidence, knowledge)
His advice is helpful to me.
그의 조언은 나에게 도움이 된다.

● 해설

③ what ➜ that: what의 뒷부분이 완전한 절이므로, 형식상의 주어 It에 상응하는 내용상의 주어인 명사절을 이끄는 that으로 고쳐야 한다.

① do: 대동사로 앞에 있는 make some foolish spending choices을 받으니까 do는 OK야.

② occurs: 주어인 much of learning에서 much는 단수 취급하니까 occurs는 맞아.

④ to manage: 「의문사 + to부정사」로 how to의 경우는 '~하는 방법'으로 사용 돼.

⑤ is: 주어인 everything은 단수 취급하므로 is는 맞아.

2. ③ which ➜ who / that

● 지문분석

There is no one right way / to draw.
한 가지 올바른 방법은 없다 / 그림을 그리는

Don't you believe me?
당신은 나를 믿지 못하지

Collect 100 amazing artists in a room / and
명령문
have them draw the same chair.
사역동사 make + O + 동사원형(능동)/~ed(수동)
100명의 놀라운 예술가를 방에다 모아보자 / 그리고 그들에게 같은 의자를 그리도록 하자

What do you get?
당신은 무엇을 얻을까

One hundred very different chair drawings.
백 개의 다른 의자 그림들

Keeping this in mind, / you'll have a lot more
분사구문 〈동시상황〉
fun / drawing the unique art / that comes from
분사구문 〈동시상황〉
you.

이것을 명심한다면 / 당신은 더 많은 재미를 얻을 거야 / 독특한 그림을 그림으로써 / 당신으로부터 오는

You're the only artist in the world / that can
draw the way / you do.

당신은 전 세계에서 유일한 예술가야 / 방식대로 그릴 수 있는 / 당신이 하는

Exploring your personal drawing styles / is
S   V
important.

당신의 개인적인 그림 스타일을 탐구하는 것은 / 중요하지

Notice / how you have grown / or improved /
명령문
as you practice.

주목해 / 어떻게 당신이 성장했는지 / 아니면 개선해왔는지 / 당신이 연습함에 따라

Pay attention to / what you like most / about your drawings.
명령문

관심을 기울여 / 당신이 가장 좋아하는 것에 / 당신의 그림들에 대해서

● 전체 해석

그림을 그리기 위한 올바른 방법이 하나만 있는 것은 아니다. 당신은 믿지 못하겠는가? 100명의 대단한 예술가들을 한 방에 불러 똑같은 의자를 그리도록 시켜보아라. 어떤 그림을 얻을 것 같은가? 백 가지 매우 다양한 의자 그림을 가지게 된다. 이 점을 명심한다면, 당신이 가진 독특한 예술성을 그림으로 표현함에 있어 훨씬 더 많은 즐거움을 가지게 될 것이다. 당신은 당신만의 방식대로 그림을 그리는 이 세상의 유일한 예술가이다. 당신 자신만의 그림 그리는 방식을 탐색하는 것이 중요하다. 연습을 함에 따라 당신이 어떻게 성장하고 발전하는지 주목하라. 당신의 그림에 대해 당신이 가장 좋아하는 점에 주의를 기울여라.

● 중요 포인트

단수취급 주어 2

❶ 동명사, to부정사 주어

<u>Exploring</u> your personal drawing styles is important.

❷ 문장 주어(what, that, 의문사절 주어)

<u>What I have to do</u> is to study hard.

내가 해야만 하는 것은 열심히 공부하는 것이다.

● 해설

③ which ➡ who/that: 선행사가 사람(the only artist)이므로 관계대명사 which는 관계대명사 who 또는 that으로 바꿔야 해.

① draw: 앞에 사역동사 have가 있고 목적어인 them(amazing artists)과의 관계가 능동이므로 동사원형이 오게 되지.

② Keeping: 분사구문으로 내용상 '명심한다면'으로 해석돼. 뒤에 목적어가 있으므로 현재분사가 오게 되지.

④ is: 주어는 동명사인 exploring이 되므로 단수취급하지.

⑤ what: 뒤에 오는 문장이 동사 like의 목적어가 없는 불완전 문장이 왔어.

3. ① (A) whose (B) have (C) recognized

● 지문분석

Alfred Chandler was Professor of Business History / in the Graduate School of Business Administration, Harvard University.

알프레도 챈들러는 경영사 교수였어 / 하버드 대학 경영 대학원의

He was <u>an economic historian</u> / <u>whose work has centered on</u> / the study of business history / and, in particular, administration.

그는 경영 사학자였어 / 그의 연구는 집중해 왔지 / 경영사에 / 그리고 특히 경영관리에

He long argued / that this is a much neglected area / in the study of recent history.

그는 오랫동안 주장했어 / 이것은 많이 무시되던 분야라고 / 최근 역사 연구에서

<u>His studies</u> of big business / <u>have</u> been carried
   S   V
out / with grants from <u>a number of sources</u> / including the Alfred P. Sloan Foundation.

대기업에 대한 그의 연구는 / 수행되어왔어 / 많은 곳으로부터의 지원금으로부터 / 알프레드 솔론 재단을 포함한

His work has been internationally recognized, / his book *The Visible Hand* / being awarded the Pulitzer Prize for History and the Bancroft Prize.
주어가 다른 분사구문

그의 연구는 국제적으로 인정받아왔어 / 그의 책 '보이지 않는 손'은 / 플리쳐 역사상과 방크로프트 상을 수상했지

Chandler taught / at a variety of universities in the US and Europe.

챈들러는 가르쳤어 / 미국과 유럽의 다양한 대학에서

● 전체 해석

Alfred Chandler는 하버드 대학 경영 대학원의 경영사 교수였다. 그는 경영 사학자였으며 그의 연구는 경영사 그리고 특히 경영관리 연구에 집중되어 왔다. 그는 이것이 최근 역사 연구에서 대단히 간과된 영역이라고 오랫동안 주장했다. 대기업에 대한 그의 연구들은 Alfred P. Sloan 재단을 포함한 수많은 기관으로부터 지원된 연구비로 진행되어 왔다. 그의 연구는 국제적으로 인정받아 왔고, 그의 저서인 『보이는 손』은 퓰리처 역사상과 뱅크로프트 상을 수상하게 되었다. Chandler는 미국과 유럽의 다양한 대학에서 가르쳤다.

● 중요 포인트

주어가 다른 분사구문

❶ 분사구문에서는 보통 주어를 생략하지.

<u>Watching TV</u>, he was eating snacks.

TV를 보면서, 그는 스낵을 먹고 있어

❷ 주어가 다를 경우 분사구문에서는 주어를 표현해 줘야 해.

His work has been internationally recognized, <u>his book The Visible Hand being awarded</u> the Pulitzer Prize for History and the Bancroft Prize.

● 해설

(A) whose: 소유격 관계사 whose는 뒤에 명사와 완전한 문장이 와야 해. 여기서는 그 조건에 부합하지. 또한 내용상 소유격이 필요한 부분이니 whose가 맞아.

(B) have: 문장의 주어는 his studies이므로 복수동사인 have가 와야겠지.

(C) recognized: 주어인 His work와 recognize와의 관계를 보면 '연구가 인정받는 것'이 되므로 수동관계가 성립돼. 따

라서 과거분사 recognized가 적절하지.

혼공 개념 마무리 `p.215`

1. 당신 자신만의 그림 그리는 방식을 탐색하는 것이 중요하다.

Exploring your personal drawing styles / is
important.

당신의 개인적인 그림 스타일을 탐구하는 것은 / 중요하지

2. 삶에서 나중보다 이른 시기에 실수를 저지르는 것이 더 낫다.

It is better / that you make your mistakes early
on / rather than later in life.

더 좋은 거야 / 여러분이 실수를 먼저 하는 게 / 인생에서 나중보다

3. 신문 만화란을 읽을 때, 여러분을 웃게 하는 만화를 잘라 내라.

When you read the comics section of the
newspaper, / cut out a cartoon / that makes you
laugh.

당신이 신문의 만화 섹션을 읽을 때 / 만화를 잘라내 / 당신을 웃게 만드는

4. 점차로, 생각을 일깨워주는 이 단순한 메모는 Greg으로 하여금 다른 관점을 갖게 하고 자신이 모든 것에 대해서 완벽할 필요가 없다는 사실을 깨닫게 해주었다.

Gradually, / these simple reminder notes /
allowed Greg / to have a different point of view
/ and realize / that he didn't have to be perfect /
at everything.

점진적으로 / 이 간단한 기억을 상기시키는 노트는 / 그렉에게 허용했어 / 다른 관점을 가지도록 / 그리고 깨닫도록 / 그는 완벽할 필요는 없다고 / 모든 것에

5. 소비자들은 상품이 존재한다는 것을 알지 못해서, 그 제품이 그들에게 유용하더라도 아마도 사지 않을 것이다.

Not knowing / that the product exists, / customers
would probably not buy it / even if the product
may have worked for them.

알지 못해서 / 상품이 존재한다는 것을 / 고객들은 아마도 그것을 구매하지 않을 거야 / 비록 그 상품이 그들에게 유용하다 할지라도

6. 그의 연구는 국제적으로 인정받아 왔고, 그의 저서인 『보이는 손』은 퓰리처 역사상과 뱅크로프트 상을 수상하게 되었다.

His work has been internationally recognized,
/ his book *The Visible Hand* / being awarded
the Pulitzer Prize for History and the Bancroft
Prize.

그의 연구는 국제적으로 인정받아왔어 / 그의 책 '보이지 않는 손'은 / 퓰리쳐 역사상과 방크로프트 상을 수상했지

7. 그는 경영 사학자였으며 그의 연구는 경영사 그리고 특히 경영관리 연구에 집중되어 왔다.

He was an economic historian / whose work
has centered on / the study of business history /
and, in particular, administration.

그는 경영 사학자였어 / 그의 연구는 집중해 왔지 / 경영사에 / 그리고 특히 경영관리에

혼공 MEMO